데리다를 읽는다 ╱
바울을 생각한다

**Reading Derrida / Thinking Paul : On Justice**
by Theodore W. Jennings Jr.

Originally published in English by Stanford University Press
Copyright ⓒ 2006 by the Board of Trustees of the Leland Stanford Junior University
Korean translation copyright © 2014 by Greenbee Publishing Co.
All rights reserved.
This translation is published by arrangement with Stanford University Press through
Shinwon Agency.

클리나멘 총서 010
데리다를 읽는다 / 바울을 생각한다 : 정의에 대하여

초판1쇄 발행 2014년 4월 30일
초판3쇄 발행 2018년 12월 15일

**지은이** 테드 W. 제닝스 | **옮긴이** 박성훈
**펴낸이** 유재건 | **펴낸곳** (주)그린비출판사 | **신고번호** 제2017-000094호
**주소** 서울시 마포구 와우산로 180, 4층 | **전화** 02-702-2717 | **이메일** editor@greenbee.co.kr

ISBN 978-89-7682-417-2 93160
이 도서의 국립중앙도서관 출판시도서목록(CIP)은 서지정보유통지원시스템 홈페이지(http://seoji.nl.go.kr)와 국가자료
공동목록시스템(http://www.nl.go.kr/kolisnet)에서 이용하실 수 있습니다.(CIP제어번호: CIP2014011684)

철학이 있는 삶 **그린비출판사** www.greenbee.co.kr

클리나멘총서
CLINAMEN 010

# 데리다를
# 읽는다
# 바울을
# 생각한다

## 정의에 대하여

테드 W. 제닝스 지음 | 박성훈 옮김

ㅇB
그린비

헨드리쿠스 보어스에게
바친다

# 서문

이 책의 사고실험은 바울(Saint Paul)의 텍스트(특히 로마서)를 이해하려는 시도와 데리다(Jacques Derrida)가 바울의 몇 가지 주요 주제들을 추적하는 방식 사이에 있는 어떤 관계를 제시하고자 하는 노력의 결과물이다.

이러한 저술을 촉발했던 계기는 성서문헌학회(SBL; the Society of Biblical Literature)와 연계하여 조직된 데리다와의 토론을 알리는 안내문이었다. 지난 몇 년간 나는 로마서에 대한 세미나를 통해 학생들을 가르쳐 왔는데, 그동안 세미나와는 관련 없이 일종의 취미생활로 데리다 읽기를 하고 있었다. 이로부터 얻게 된 생각들을 종이 위에 옮겨 적는 시도를 하려던 차에 이 학회에 대한 알림과 그에 이어진 논문 공모가 촉매작용을 했던 것이다. 학생들과 로마서를 읽으면서 해명해 보려 했던 사안들 중 일부를 해결함에 있어 데리다 읽기라는 취미생활로부터 예기치 않은 도움을 받을 수 있었다. 이것은 특히 정의와 법, 선물과 교환, 의무와 부채에 대한 생각들에 관련하여 그러하다.

이러한 연결관계들 중 일부를 통한 사유를 보다 신중한 방식으로 시도함에 있어, 나는 로마서에 대한 연구서나(하물며 주석서라도) 데리다의 사유에 대한 독립적인 연구서를 생산하려고 하지 않았다. 나는 후자와 같은 (데리다에 대한) 연구서를 낼 능력이 없으며, 전자(로마서의 재독해)는 이 책이 개입하여 보완하게 될 완전히 다른 기획이 될 것이다. 나는 그 대신 바울의 논증 가운데 데리다 읽기로부터 가장 크게 도움을 얻을 수 있었다고 여겨지는 주제들 중 몇 가지를 제시하고자 했다. 나는 이 저술이 다른 사람들에게, 일반적으로는 성서 신학의 주제 및 이슈들과 [데리다의] 해체(deconstruction)의 관계라는 문제에, 그리고 특정하게는 바울 신학과 해체의 관계라는 문제에 도전을 촉발하는 계기가 (그리고 초대가) 될 수 있기를 희망한다. 동시에, 신학적(또는 '역사적', 혹은 심지어 '교회적')이기보다는 오히려 철학적인 성찰의 맥락 안에서 바울 읽기의 위치를 재정립하기 위한 논거를 제공할 수 있길 바란다.

나는 여기에서 도입된 방법이 데리다와 바울 모두의 텍스트들에 대해 일정 이상의 폭력을 수반하게 됨을 의식하고 있다. 이 두 사람의 논의가 수렴됨에 따라 해명되는 지점들을 보여 주기 위해서는 이들 각자의 논증들을 부분적으로 발췌해야만 하기 때문이다. 이러한 작업은, 데리다의 편에서 보자면, 이 텍스트의 독자들이 끈기 있는 해체 작업에서 데리다가 취하는 극도의 주의와 신중함을 감지하지 못하게 할 수도 있다. 바울의 편에서 보자면, 이러한 작업은 바울의 관심이 정의의 문제와 관련된다는 점을 강조하기 위해 그의 전반적인 논증의 전향적인 움직임을 주기적으로 중단시키거나 심지어 되돌리기도 한다. 어쨌든 나는 이러한 독해의 폭력이, 두 저자 모두가 진정으로 정의의 문제에 관심을 가지지 않았다는 가정으로부터 유발되는 더 큰 폭력을 막기 위한 시도를 통해 어느 정도 경감되길 바란다.

이 작업은 성서문헌학회의 토론이라는 촉매가 없었다면 착수되지 않았을 것이기에, 해체와 성서 해석에 관련된 분과토론들을 조직했던 사람들, 특히 그 중에서도 이본 셔우드(Yvonne Sherwood)에게 사의를 표해야만 할 것이다. 이 책의 4장으로 실린 글의 초기 형태는 성서문헌학회 토론의 결과물을 이본 셔우드가 편집한 책 『데리다의 성서』(*Derrida's Bible*, London: Palgrave Press, 2004)에 실렸던 것이다.

물론 내가 이미 로마서 읽기에 관여하고 있지 않았다면 이 기획을 추진할 생각을 하지는 못했을 것이다. 바울을 유익하게(그리고 다른 방식으로) 붙들고 씨름해 왔던 것은 내가 오랜 세월 동안 헨드리쿠스 보어스(Hendrikus Boers)의 우정 어린 지도를 얻을 수 있었던 덕분에 가능했던 것이다. 30년이 넘는 기간 동안, 우리의 우정은 바울에 대한 대화를 매개로 지속되었다. 바울 읽기는 어떤 특정한 맥락을 요하는데, 이것은 우선 내가 처음으로 로마서를 가르치는 모험을 감행했던 멕시코의 감리교 신학교(Seminario Metodista de Mexico)에서 제공되었다. 나는 이 작업을 진행하는 데 있어 지속적인 격려와 충고의 원천이 되어 준 친구들과 학생들에게 감사한다.

데리다 읽기는 또한 우정이라는 맥락에서 오래전에 짐 크리치(Jim Creech) 그리고 페기 카무프(Peggy Kamuf)와 함께 처음으로 시작하게 되었다. 이 책의 저술 작업은 매우 오랜 기간의 휴지기를 거친 후 시카고 신학원(Chicago Theological Seminary)에 재직 중인 동료들, 특히 서보명(BoMyung Seo), 베니 탓-시옹 류(Benny Tat-siong Liew), 쿠니토시 사카이(Kunitoshi Sakai), 버질 빌 브라워(Virgil Bill Brower) 등의 재촉에 못 이겨 재개되었다. 나는 특히 그 준비의 초기 단계에 원고를 읽어 주었고, 이 작업을 격려해 주고 조심스럽게 개입해 준 사람들에게 감사를 표한다. 헨드리쿠스 보어스와 페기 카무프는 이 책 전반부에 실린 몇 개의 장을 읽어 주었고, 베니 탓-시옹 류와 버질 브라워는 책 전체의 초기 판본을 읽어 주었다. 그들의 통찰이 수반된 논평들로 인해 이 책의 내용을 보다 명확하게 가다듬을 수 있었다. 스탠퍼드 대학출판부의 노리스 포프(Norris Pope), 앤지 미캘리스(Angie Michaelis), 팀 로버츠(Tim Roberts)는 이 기획이 출판되기까지의 긴 과정에서 끊임없는 도움과 격려를 제공했다. 나는 또한 이 원고가 출판될 수 있도록 준비하는 과정에서 도움을 주었던 윌 브런트(Wil Brant)와 애덤 코츠코(Adam Kotsko)에게 감사한다. 쿠니토시 사카이의 전적인 조력이 없었다면, 내가 관여하고 있는 많은 기획들을 그대로 유지해 나가는 일은 불가능했을 것이며, 이 저술 작업은 상당 기간 유예되었을 것이다. 그리고 [반려자] 로나 케이스(Ronna Case)의 아량이 없었다면, 모든 책을 기획하는 과정에 따르게 되는 집착적인 신경증은 생각할 수도 없을 만치 심각했을 것이다.

# 차례

| 일러두기 |

1 이 책은 Theodore W. Jennings Jr.의 *Reading Derrida / Thinking Paul: On Justice* (Stanford: Stanford University Press, 2006)를 완역한 것이다.

2 본문의 성서 구절은 대한성서공회의 표준새번역을 따라 번역했다. 그러나 문맥상 필요한 경우 이 책 원서의 번역을 따랐다. 성서 구절을 인용하거나 언급하는 부분에서 서명과 장 및 절 정보는 간략하게 적어 주었다(ex. 로마서 2:17).

3 주석은 모두 각주로 표시했으며, 옮긴이 주는 끝에 '―옮긴이'라고 표시하여 구분했다. 본문 내용 중 독자들의 이해를 돕기 위해 옮긴이가 추가한 내용은 대괄호로 묶어서 표시했으며, 인용문에서 지은이가 추가한 내용은 [―제닝스]라고 표시하여 구분했다.

4 원서에서는 인용하거나 참고한 문헌의 서지 정보를 본문 및 각주에서 '(서명, 쪽수)'로 표기했다. 이 책에서는 서명을 한국어로 번역해 괄호 안에 넣어 주었다(ex. 『문학의 행위』, 217). 본문에 표기한 인용문의 페이지는 전부 원서의 표기를 따랐다.

5 단행본·전집·정기간행물 등은 겹낫표(『 』)로, 논문·회화·영화 등은 낫표(「 」)로 표시했다.

6 외국 인명이나 지명, 작품명 등은 2002년에 국립국어원에서 펴낸 외래어 표기법을 따랐으나, 관례적으로 쓰이는 표현의 경우 관례를 따랐다.

데리다를
읽는다
／
바울을
생각한다

# 1장 / 서론

바울의 「로마인들에게 보내는 편지」 읽기는 전반적으로 교의적인 이해
관계에 한정된 고백적인/교회적인 게토(ghetto) 내에 감금되어 있었다.
결과적으로, 정의(justice)에 대한 바울의 관심은 내적인 또는 개인적인
올바름(righteousness)의 문제로 전환되어 있었다. 이것은 특히 종교개
혁 시기의 성서 해석에 있어 칭의(稱義, justification)[1]를 정의로부터 갈
라놓았고, '구원'(salvation)을 신과 믿는 자 사이에서 일어나는 사적인
문제로 바꾸어 버렸던, 칭의에 대한 '사법적' 관점을 동반한다.[2] 그 결과,
레비나스는 이런 방식으로 유래된 교의들의 복합체를 통해 홀로코스트
를 비롯한 기독교적/서구적 잔혹행위의 역사를 설명할 수 있다고 생각

---

1 justification은 '정의로움을 인정함' 또는 '정당화'라는 법정용어로 바꾸어 말할 수 있다.
  legitimation 역시 '정당화'의 의미를 지니지만, 이 책의 용법에 따르면 legitimation은 '합법
  화', 즉 법적 테두리 내에서의 정당화의 의미를 지니는 데 반해, justification은 이를 넘어서
  는 의미로 사용될 수 있다. ─옮긴이
2 이런 견해는 주로 루터교에서 가르치는데, 루터교의 교리에 따를 때 칭의는 의롭다고 인정
  된 개인 자신의 의가 아니라 그리스도의 의에 따라 달성된다. 이런 맥락에서 루터교가 가르
  치는 칭의에 대한 '사법적' 관점이란 그리스도가 믿음이라는 선물을 얻은 죄인의 처벌을 대
  신 당했기에 이 사람에게 죄 없음이 선언된다는 논리이다. ─옮긴이

한다.[3] 이러한 독해방식에 따르면 신은 정의보다는 믿음에 대해 관심을 가지며, 범죄에 대한 교정책은 윤리적인 또는 정치적인 차원의 보상이나 전환이 아니라, 오히려 방임적인 신에 대한 상상적 관계로부터 기인한 가상성에서 발견된다.

최근에 이르기까지 데리다 역시 어떤 오해를 받고 있었는데, 이는 그의 사유가 윤리적·사회정치적 '규범들'을 허무주의적으로 적출함으로써 로마서 독해를 윤리나 정의의 문제와 무관하게 만들어 버리는 비평가들과 연관되어 있다는 것이었다. 그러나, 보다 근래에 이르러서는, 해체의 윤리적인 그리고 정치적인 의의를 무시하는 것이 용이하지 않게 되었다. 어떤 의미에서 보자면, 데리다는 스스로 그의 해석자들에 대한 반격을 가할 수 있었다는 점에서 바울보다는 운이 좋은 편이었다.

이 장에서, 나는 바울이 관심을 가지고 있었던 몇 가지 문제들— 특히 제국의 수도 로마에 살던 사람들에게 보냈던 그의 편지에서 제기된 몇 가지 문제들—을 재고하는 데 있어 데리다 독해가 도움이 될 수

---

3 레비나스는 "용서(pardon)가 전적인 힘을 가지게 되는 세계는 비인간적인 것이 된다"라고 적고 있다. Emmanuel Levinas, *Difficult Freedom: Essays on Judaism*(『어려운 자유: 유대교에 관한 논집』), Sean Hand trans., Baltimore: Johns Hopkins University Press, 1990, p.20. 이후에 그는 다음과 같이 기술한다. "행위의 유효성은 믿음의 마술에 의해 대체되며, 인류의 선을 행할 능력에 호소하는 근엄한 신은 무한하게 관대한 신성(神性)으로 덧씌워져, 결국 인간을 사악함 내에 고착시키고, 이 사악하지만 무장해제된 인간성(humanity)에 기초하여 구원받은 인간을 방면한다"(『어려운 자유』, 104). 이러한 진술은 "히틀러주의의 괴물성이 복음화된 유럽 내에서 생산될 수 있었다"는 의미에서 어떤 분명한 위기를 제기하는 600만의 유대인들의 인종말살과 연관된다. 이것은 "기독교 형이상학이 기독교에서 오래전부터 알려져 있던 한 사람의 유대인에 대해 유지할 수 있었던 그럴 듯한 선입견[을 파괴한다]. 이러한 선입견은 **땅 위에서의 정의**에 대한 **초자연적 구원의 우위**에 관련된다. 이 우위가 적어도 땅 위에서 상당한 규모의 혼란을, 그리고 이 인간적 무책임의 극한을 가능하게 하지 않았는가?"(같은 책, 161). 이러한 문제들은 지금부터 계속 칭의와 모든 정의에 기반한 바울 읽기가 해명해야만 할 문제들이다.

있는 방식을 보여 주고자 한다. 그렇다면 이 글에서 제시할 사고실험의 과제는, 바울이 로마서에서 씨름하고 있는 문제들 중 일부가 어떻게 데리다 읽기에 의해 해명될 수 있는가를 입증하는 데 있을 것이다. 나는 데리다의 정의(justice), 법(law), 선물(gift), 의무(duty), 부채(debt), 환대(welcome), 그리고 코스모폴리타니즘[세계시민주의, cosmopolitanism] 등의 개념에 대해 고찰하는 것이 로마인들에게 보내는 바울의 편지에서 제기되는 주요 문제들에 대한 설명을 제공하고, 그에 더해 어떤 긴장, 모호함, 또는 양가성을 지니는 문제들을 이해할 수 있도록 하는 데 도움이 된다는 논증을 펼칠 것이다.

나는 먼저 바울의 신학적인 '친구들'이 그를 유폐시켜 왔던 교의적 제한[이라는 감옥]으로부터 바울을 구출할 수 있는 몇 가지 길을 제시함으로써 논의를 시작할 것이다. 이는 바울과 빈번히 교차하는 관심사를 지닌 우리 시대의 한 철학자가 펼쳐내는 사유에 관여함으로써 이 책의 논의를 열기 위한 길을 예비한다. 이러한 고찰을 위한 무대를 마련하기 위해서는 필연적으로 바울과 데리다 양자 모두가 정의의 문제에 관심을 가진다는 점을 보여야만 한다. 바울과 데리다 각자의 수용에 있어 이러한 관심사가 부정되거나 감춰지는 방식으로 해석되어 왔기에, 적어도 이들 각자의 작업에 있어 이 주제에 초점을 맞춰야 할 시초적 타당성을 제시하는 일이 중요할 것이다. 이에 더해서, 나는 또한 데리다의 저술들이 때로 바울을 명시적으로 인용하고 있는 몇 가지 측면을 짚어 볼 것이다. 비록 전반적으로 이 인용문들이 이 시론의 가장 중요한 주제들을 건드리지는 않는다고 하더라도 말이다.

이런 방식으로 실질적인 논의를 위한 토대를 마련한 이후, 나는 바울과 데리다 양자 모두가 대응하고 있는 주제의 핵심으로 논의의 방향을 돌리게 될 것이다. 즉, 정의의 요구와 법의 필요가 지니는 관계 및 긴장이라는 문제로 말이다. 나는 데리다의 탁월한 해석들과 성찰들의 일부가 바울이 씨름하고 있는 문제, 말하자면 '(율)법 바깥에'[4] 있는 정의의 가능성과 필연성에 대한 문제를 명확히 하는 데 도움이 된다는 점을 밝힐 것이다.

그러나 어떤 근거로 정의와 법 사이의 구별이 가능한 것인가? 법 자체 또는 법 일반, 실증법 또는 도덕법과 관련하여, 정의에 필수적인 조건이 되면서도 동시에 정의의 요구와 근본적으로 불화하는 것은 무엇인가? 바울의 경우, 이 문제는 신이 보낸 메시아, 즉 신적인 정의의 담지자인 바로 그 인물에 대한 유죄 선고와 사형 집행에서 정점에 이른다. 데리다의 경우, 이 문제는 벤야민(Benjamin)의 고찰에 따라 정의에 관련된 법의 내부적 해체가 법의 정초와 영속화의 고유한 폭력을 드러낸다는 점에서 표면화된다. 이로 인해 우리는 십자가를 정의와 법의 문제와 관련하여 사유할 수 있게 된다.

그러나 만일 법이 그 자체로 정의의 기초로서 기능한다면, 정의는 어떤 방식으로 사유 가능한 의미 가운데 도래하게 되는가? 나는, 바울에게 있어, (율)법의 대립항(정의의 대립항이 아니라)은 은혜라고 주장할 것이다. 마찬가지로 오늘날의 세계에서 그 누구도 데리다만큼 은혜(grace)/선물(gift)의 의미를 해명하기 위한 작업에 매진했던 사람은 없을 것이다. 따라서 나는 바울이 말하려 노력했던 것이 무엇인지 사유하

---

4 영어에서 유대교의 '율법'과 로마의 '세속법' 양자가 법(law)이라는 단어로 말해지는 데 반해, 우리말 성서에서는 '율법'과 '세속법'을 구분하는 경향이 있다. 단순히 '법'이라는 말로 번역하는 방법도 있겠으나, 특히 바울의 법 비판의 경우에 양자 모두를 겨냥한다는 의미를 살리기 위해 '(율)법'으로 번역한다. ―옮긴이

는 데 있어, 데리다가 숙고했던 은혜/선물의 불가능한 가능성이 도움을 줄 수 있다는 것을 주장하려 한다.

하지만 데리다가 밝혔던 것과 같이, 선물의 문제는 엄연히 선물이 지닌 선물로서의 특성을 폐기하거나, 또는 이에 대한 폐기를 위협하는 교환의 논리로 다시 빠져들게 된다. 불가피하게, 선물에 대한 사유는 어떠한 선물도 불가능한 부채의 영역으로 우리를 되돌려 놓는다. 이러한 통찰은 적어도 바울의 사유 가운데 존재하는 어떤 분명한 긴장 관계가 드러날 수 있게 한다. 말하자면, 바울이 선물에 대해 그리고 그 선물에 동등한 또는 적합한 대응물에 대해 사유함에 있어 부채와 노동(work) 그리고 교환을 넘어서기 위해(그가 '행위'works라고 부르는 것을 넘어서기 위해) 고심할 때 나타나는 긴장 관계가 말이다. 데리다는 바로 이러한 배경에서 종종 부채를 넘어서는 의무의 문제를 다루는데, 이 문제는 바로 바울이 "누구에게도 아무것도 빚지지 않"는 그리고 "율법을 완성하"는 이웃 사랑과 관련하여 다루는 주제다.

또한 바울은 정의로서의 선물의 의의를 상세히 설명하는 동일한 맥락에서 타자에 대한 환영(welcoming)이라는 주제로 이끌려 가게 되는데, 이 주제는 환대(hospitality)에 대한 여러 고찰들을 통해 데리다가 철저하게 탐구했던 바 있다. 이러한 맥락에서 데리다는 보다 최근의 저작에서 코스모폴리타니즘의 문제에 관심을 집중하는데, 이는 그가 오늘날의 국제정치 문제에서 기초적인 것으로 확인하는 문제이며, 또한 특정한 바울, 특히 에베소서의 바울이 제시하는 고찰에 뿌리내리고 있다는 점을 확인시키는 문제이다. 우리는 또한 이 주제 자체가 어느 정도까지 로마서에서 바울이 제시하는 고찰들 중 일부에 기초하고 있는지를 살펴보게 될 것이다.

이러한 고찰들의 결말을 향해 나아가면서, 우리는 점증적으로 데리다의 관심을 끌었던 용서(forgiveness)[5]라는 주제로 논의의 방향을 돌리게 될 것이다. 이로 인해 우리는 바울의 칭의가 통상 단순한 용서로 이해됨에 따라, 정의의 문제로부터 단절되었던 문제에 다시 한번 접근할 수 있을 것이다. 데리다의 용서에 대한 고찰은 바울 서신서들 내에서 이 개념이 지니는 한계범위를 확인하며, 정의의 문제에 이 개념이 종속된다는 점을, 또는 이 개념이 정의에 대한 사유를 촉진한다는 점을 분명히 하는 데 있어 도움이 될 것이다.

이러한 사안들에 대한 고찰을 통해, 데리다는 정의, 선물 등의 개념들에 관련된 어떤 종말론적 유보[6]의 중요성에 대해 역설해 왔다. 이러한 고찰들 전체에 걸쳐, 내가 탐색해야 하는 문제는 바울의 사유가 이미 도

---

5 영어상에서 forgiveness와 pardon은 '용서'라는 거의 동일한 의미를 갖는다. 단 pardon의 경우, 프랑스어에서 'par don'으로 읽힐 수 있는데, 즉 '선물로서', '대가 없이' 주어지는 것이라는 의미를 환기시킨다고 생각해 볼 수 있다. 용서에 대한 자세한 논의는 이 책의 7장을 참조하라. ─옮긴이

6 종말론적 유보(eschatological reserve) 또는 망설임은, 일반적인 신학적 관점에서, 그리스도와의 친교가 정립된 제도적 차원의 교회가 세워져 있음을 말하는 '이미'라는 말과, 교회와 세계 내에 그리스도가 도래하지 않았음을 말하는 '아직 아닌'이라는 말 사이의 긴장관계를 지칭하는 말이다.

그러나 새로운 공동체로서의 교회를 세우고 있던 바울이나 당시 메시아 예수의 이름으로 함께하는 공동체에 속한 사람들의 관점에서, 종말론적 유보는 '이미' 메시아가 도래했으나 메시아의 시대가 '아직 오지 않고' 제국적 시대를 살아야 하는 상황에서 드러나는 위화감을 지칭한다고 볼 수 있다. 아감벤은 『남겨진 시간』에서 이를 실천하는 바울 공동체의 태도가 칸트의 '마치 ~인 것처럼'과 대비되는 '마치 ~이 아닌 것처럼'의 구조에서 드러난다고 말한다. 데리다가 이 용어와 관련하여 직접적으로 언급하고 있지는 않지만, 데리다의 주요 개념들 내에는 바울의 종말론적 유보와 일정 이상의 논리적 동질성이 있다. 예를 들어, 데리다에게 있어 정의는 '언제나 이미' 법 안에 내포되어 있지만, 법을 통하지 않는 이상 '아직 실현되지 않은' 것이며 동시에 법을 통해 완전하게 실현될 경우 더 이상 정의가 아니게 될 위험을 안게 되며, 이러한 유보 혹은 망설임은 데리다의 사유 전반에서 동일한 논리 구조로 나타난다.

래한 메시아에 대한 전제로 인해 종말론적이라 하기에는 불충분했던 것인지, 혹은 심지어 여기에서도 제도적이거나 교의적인 토대를 위해 종말론적 상황의 위험성을 제거하고자 하는 교회조직에 속한 그의 친구들에 의해 바울이 심각하게 오해되고 있었던 것은 아닌지에 대한 것이다. 어쨌든, 상당한 정도에 이르기까지, 본 연구는 단지 이 문제에 대한 보다 지속적인 연구를 위한 토대만을 예비하는 셈이 될 것이다.

이와 같이 데리다 읽기를 통해 바울에 대한 사유를 시도함에 있어, 나는 바울 서신들에서, 또는 심지어 로마서에서도, 데리다 읽기를 통해 조명될 수 있는 사안들을 모두 드러내려 하지는 않을 것이다. 오히려 나의 관심의 초점은 정의의 문제에 있으며, 데리다가 다루는 정의의 문제가 바울 역시 관심을 가지고 있을 이 문제의 조명에 있어 얼마나 정확하게 도움이 될 것인지 고찰하는 데 있다. 이 책에서는 데리다 읽기를 통해 해명될 수 있는 바울의 논증이 제시하는 다른 여러 문제들은 거의 다루지 않을 것이다.[7] 더욱이, 나는 데리다가 오늘날 바울을 재사유하는 데 있어 도움이 될 수 있는 유일한 철학자라고 생각하지 않는다. 실제로, 내 희망은 이 책이 제안하는 재해석 방식을 통해 많은 사람들이 다른 형태의 동시대적인 철학과 연계하여 바울을 읽는 것에 착수하도록 격려하는 것이다.[8] 정확히 말해서, 교회조직 내에 있는 바울의 옹호자들 및 수용자

---

[7] 결론에서 이들 중 상당수가 보다 체계적으로 제시될 것이다.

[8] 현대 대륙 철학자들 사이에서 바울에 대한 관심이 증가하고 있다. 바울이 현대적인 주제들에 기여할 수 있을지도 모르는 것들을 사유하기 위한 가장 중요한 시도들 가운데 슬라보예 지젝의 *The Fragile Absolute, or Why is the Christian Legacy Worth Fighting For?*, New York: Verso, 2000[『무너지기 쉬운 절대성』, 김재영 옮김, 인간사랑, 2004]과 *The Puppet and the Dwarf: The Perverse Core of Christianity*, Cambridge: MIT Press, 2003[『죽은 신을 위하여: 기독교 비판 및 유물론과 신학의 문제』, 김정아 옮김, 길, 2007], 그리고 알랭 바디우의 홀

들로부터, 그리고 이와 더불어, 그의 신학적 친구들의 숨막힐 듯이 답답한 품속으로부터 바울을 끌어내는 작업을 통해, 바울에 대한 다양한 '철학적 독해방식'에 관여할 수 있을 것이다. 그러나 그런 일이 가능해지기 위해서는, 오늘날의 철학적 담론들 중에서 특히 중요한 하나의 '예시'를 독해하는 작업을 통해 바울을 어떻게 이해할 수 있는지를 보여 주는 것이 유익할 것이다. 해체가 단순히 바울이 착수하고 있는 것을 조명할 수도 있는 여타의 철학적 담론들 중 일례일 뿐인지, 혹은 그것이 아니라 어떤 예시적인 것일지에 대한 문제, 즉 하나의 개별적인 예 이상으로 그러나 어떤 방식으로든 자유주의나 보수적인 정치철학이 취하지 않는 방식으로 바울과 공명한다는 문제는 여기에서 다루어지지 않을 것이다.

## 공중 앞에 선 바울

데리다와 바울을 함께 읽는 문제를 다루기 위해 필수적인 과정은 이 과제를 수행하는 범위 안에서 검증할 수 없는 가설들을 제시하는 방식으

---

룡한 연구서 *Saint Paul: The Foundation of Universalism*, Stanford: Stanford University Press, 2003[『사도 바울: 제국에 맞서는 보편주의 윤리를 찾아서』, 현성환 옮김, 새물결, 2008]이 있다. 또 다른 주지할 만한 대륙 철학자, 조르조 아감벤은 *l tempo che resta: Un Commento alla Lettera ai Romani*, Toreino: Bollat Boringhieri, 2000[『남겨진 시간』, 강승훈 옮김, 코나투스, 2008]에서 바디우에 의해 제시된 해석과 다른 대안적 해석을 제시한다. 지젝의 바울 읽기는 부분적으로 자크 라캉의 관점으로부터 영향을 받고 있는데, 라캉은 *Ethics of Pscyhoanalysis*(『정신분석의 윤리』), Dennis Porter trans., New York: Norton, 1992에서 바울을 다루고 있다. 이러한 바울 독해 방식은 또한 줄리아 크리스테바의 *Strangers to Ourselves*(『우리 자신에 대한 이방인들』), Leon S. Roudiez trans., New York: Columbia University Press, 1991에서도 채용된다. 다음으로 이어지는 장들에서는, 이 사상가들에 의해 개진된 몇몇 관점들이 데리다와 바울 사이의 관계에 대해 우리가 관심을 집중하는 범위 내에서 제시될 것이다.

로 일정한 신용 한도를 설정하는 일이다. 이 신용 한도에 대한 담보는 지난 수년간 내가 로마서에 대한 정치신학적 독해를 발전시키고자 진행했던 로마서 세미나들에서 시도했던 작업밖에는 없다. 그러므로 나는 이 시론에서 바울의 특정한 주제들에 대한 보다 제한된 범위의 서술이 가능하도록 하기 위해 어떤 특정한 논제들 또는 가설들을 검증할 것이다.

## 인문학적인 읽기

바울 해석가들이 흔히 취하는 접근방식은 마치 그의 서신들이 기독교권의 독점적 사유물이며 그의 이해관심이 제도적으로 격리된 정신의 교조적 이해관심으로 환원될 수 있는 것처럼 간주하는 것이다. 나는, 그런 경향과는 반대로, 바울이 인간의 상황에 대해 깊고 진지하게 생각하는 사람이라면 누구라도 관심을 가질 법한 문제들과 씨름하는 사람이었을 것이라고 믿는다. 이런 전제하에, 나는『게토 바깥으로 나온 신학』[9]에서 헨드리쿠스 보어스가 취하는 기획의 노선을 공유한다. 이 기획이 기본적으로 가정하는 것은 당연히 바울이, 그때나 지금이나, 철학에 관련된다고 여겨지는 문제들에 관심을 가졌던 '철학자' 중 한 사람일지도 모른다는 것이다. 게다가 이것은 바울이 이 주제들을 다루는 방식의 타당성을 다른 철학자들의 공헌에 대한 타당성을 평가하는 것과 동일한 방식으로 평가해야만 함을 의미한다. 즉, 그를 계시의 전승자 또는 한 제도의 창시

---

9 Hendrikus W. Boers, *Theology out of the Ghetto: A New Testament Exegetical Study Concerning Religious Exclusiveness*, Leiden: E. J. Brill, 1971. 이 기획의 성격은 또한 Theodore W. Jennings Jr., "What is Humanistic Interpretation"(「인문학적 해석이란 무엇인가」), *Text and Logos: The Humanistic Interpretation of the New Testament*(『텍스트와 로고스: 신약성서의 인문학적 해석』), Atlanta: Scholars Press, 1990, pp. ix~xvi에서 설명되었다.

자로 상정함으로써 기인하는 권위에 호소하지 않고서 말이다.[10]

## 정의(의로움이 아닌)[11]

그러나 바울은 이런 유형에 속한 어떤 문제들에 또는 주제들에 관심을 가지는가? 로마서 읽기와 관련하여 통상 이어져 내려온 가정에 따를 때, 은혜와 법에 대한 바울의 관심은 이 사안이 신의 정의와 인간에 대한 정당화[칭의] 행위를 강조하는 범위로 한정된다. 그러나 이러한 일군의 문제들, 즉 이 텍스트[로마서]에서(그리고 갈라디아서에서) 의심의 여지없는 중요성을 가지는 문제들은 영어에서 'righteousness'(의로움)라고 지칭되는 어떤 것을 다루고 있다고 가정하는 술책을 통해 비판적인 평가로부터 봉인되었다. 여기에서 이 의로움이라는 용어에는 종교적으로 제한된 의미 ——무엇보다, 개인의 내면으로 축소된 의미 ——가 주어진

---

10 따라서 알랭 바디우는 『사도 바울』에서 다음과 같이 주장한다. "기본적으로 나는 결코 바울을 종교들과 연관시키는 일이 없었다. 내가 오랜 시간 동안 그에 대해 관심을 가졌던 것은 이러한 이유에서나, 또는 어떠한 종류의 신앙(faith)이나 심지어 반신앙(antifaith)에 대해 증언하기 위해서가 아니다"(1). 이 책에서, 바디우는 오랜 세월 이전에 자크 라캉이 정립한 예를 따르고 있는데, 자크 라캉은 『정신분석의 윤리』에서 청중에게 종교 저자들 중 최고의 저자의 글을 읽을 것을 권하고 있으며(97), "의문에 붙여진 지식은 여느 다른 것들과 같은데, 이런 이유로 그것은 우리가 모든 지식의 형식들에 대해 수행해야만 하는 탐구의 영역으로 떨어진다"(171)는 주장을 통해 자신의 바울 읽기를 논변한다(이에 대해서는 이후에 언급할 것이다). 이러한 해석이 단순히 환원적인 독해로 이해(/오해)되지 않는 한, 라캉은 과학적으로 정초된 종류의 지식의 형식보다는 다른 지식의 형식들에 대한 관념을 받아들이는 것 자체에 대해 말하는 것으로, 그는 실제로 은혜라는 바울의 개념을 "대체할 수 없는" 것이며, 아직까지 "고전적인 학문적 심리학 내에서는 동등한" 것이 없는 개념임을 지적한다(같은 책, 171). 앞으로 드러나게 될 것과 같이, 여기에서 제시된 논의는 바울의 개념들이 지닌 심리학적 가치가 아니라 그 정치적 중요성에 관련되어 있다.

11 righteousness는 '올바름'으로 번역할 수도 있는데, 특히 플라톤 연구자들은 이 용어를 선호한다. 이 번역에서는 '올바름'이라는 번역어 이외에도 우리말 성서상의 번역어를 따라 '의로움'이라는 용어를 쓰기도 한다. ―― 옮긴이

다.[12] 내가 주장하고자 하는 것은 **의로움**(righteousness)과 **정의**(justice)에 대한 통속적인 구분과 이 두 용어의 차별적인 사용으로 인해 바울이 착수한 작업에 내포된 의도와 중요성이 모호하게 되었다는 것이다. 때때로 이러한 의미론적이고 신학적인(그리고 이데올로기적인) 구분과 위계화에 대한 이의제기가 있었으나, 이러한 조작이 그릇되며 이데올로기적으로 기능한다는 것을 최초로 명백히 밝힌 학자는 멕시코의 성서학자이며 좌파 지식인이자 활동가(그리고 레비나스의 제자)인 호세 포르피리오 미란다였다.[13] 이러한 제안의 우선적인 귀결은 바울이 사용하는 dik-라는 어원에 기초한 용어들이 언제나 정의로 번역되어야만 하며, 절대로 의로움으로 번역되지 않아야만 우리가 여기에서 예비적인 방식으로 다루게 될 문제점을 명료하게 설명할 수 있다는 것이다.[14] 두번째 귀결은 이를 통해 바울이 정의의 문제 ──의심의 여지없이 철학적인 관련성

---

12 개인의 내면으로의 제한은, 예를 들어 아우구스티누스에게서 그런 것처럼, 바울에 대한 구체적으로 신학적인 해석에 대해서만 적용되는 것이 아니다. 이러한 제한은 또한 20세기에도, 분열된 자기 자신에 대한 실존주의적인 또는 심지어 정신분석적인 해석의 맥락에서 바울 읽기에 대한 기초로서 적용되었다.

13 José Porfirio Miranda, *Marx and the Bible: A Critique of the Phliosophy of Oppression*, Maryknoll, N.Y.: Orbis, 1974[『마르크스와 성서: 억압의 철학 비판』, 김쾌상 옮김, 일월서각, 1991]. 미란다는 그가 제기하는 관심사들에 유사한 캐제만(Käsemann), 미헬(Michel), 리넷(Lynet), 융겔(Jüngel)의 선행적인 저작을 인용한다(『마르크스와 성서』, 173~177).

14 여기에서 우리가 언급하고 있는 어려움의 정도는 장프랑수아 리오타르(Jean-François Lyotard)가 쓴 「하이픈에 관하여」의 영문번역("On a Hypen")의 예를 통해 측정될 수 있을 것이다. "리오타르는 dikaiosune를 책 전체에 걸쳐 la justice, 즉 정의로 번역하는데, 이 책에 대한 번역서는 몇몇 곳에서 리오타르를 따랐지만, 신개정표준역(New Revised Standard Version)의 '의로움'(righteousness)이라는 번역어를 유지하였다. 이와 같이 바울 번역의 탈정치화는 리오타르 번역을 물들이고 있다. Eberhard Gruber, *Hypen: Between Judaism and Christianity*(『하이픈: 유대교와 기독교의 사이』), Pascale-Anne Brault, Michael Naas trans., New York: Humanity Books, 1998), p.27, n.6.

과 계보에 속하는——에 기여하기 바라고 있다고 이해되어야 한다는 것
이다.

## 내면적/개인적인 것이 아니라 사회정치적인 것

이 논의에서 전개될 하나의 추가적인 가설은 바울의 정의에 대한 관심
이 사회적인 또는 정치적인 정의의 문제로 간주되는 어떤 것에 대한 관
심이라는 것이다. 철학적인 측면에서 볼 때, 정의의 문제에는 개략적으
로 적어도 두 가지 측면이 있는 것으로 받아들여져 왔다. 즉, 정의로운
사회(just society)라는 측면과 올바른 개인(just person)이라는 측면으
로 말이다. 이러한 문제들 간의 상호작용은 플라톤과 아리스토텔레스에
게서 찾을 수 있겠으나, 바울과 보다 동시대적인 시기에는, 도시-국가
(city-state)의 배경에 적합한 정의로운 정체(政體, constitution)에 대한
문제가 제국의 압력하에서 개인의 올바름에 집중되어 있는 문제로 교체
되면서(세네카Seneca, 에픽테투스Epictetus, 마르쿠스 아우렐리우스Marcus
Aurelius 등), 사회적인 것을 개인적인 차원으로 축소하는 경향이 나타났
다. 이러한 축소에 반대하여 내가 가정하는 것은 바울이 문명(또는 제국)
전체의 수준으로 정의의 문제를 복권시키고자 했다고 해석할 수 있다는
것이다.

    이러한 전제를 해명하기 위해서는, 데리다가 그랬던 것과 같이, 레
비나스에 대한 읽기를 끊임없이 지속했던 호세 포르피리오 미란다의 논
제들 중 일부로 되돌아가는 것이 유익할 것이다.[15] 포르피리오 미란다
의 주장에 따르면, "바울의 복음은 수세기 동안 개인적 구원의 측면에서
고려되어 왔던 해석과는 아무런 연관성이 없다. 바울의 복음은 세계, 민
족들, 그리고 사회가 암묵적으로 그러나 열망하며 기다려 왔던 그런 것

이다"(『마르크스와 성서』, 179). 그러나 만일 이것이 진실이라면, 이 주장
은 일반적으로 바울이 해석되어 왔던 방식에 대한 문제제기가 된다. "만
일 바울이 다루고 있는 문제가 인간의 문명에 대한 것이며 개인들에 대
한 것이 아니라면, 그리고 바울을 번민하도록 했던 것이 인류학적인 의
미에서의 인간 주체보다 더 넓은 차원을 가진다면, '정의'라는 단어는
관습적으로 생각되었던 것과는 완전히 다른 의미를 얻게 된다"(같은 책,
176).

　　미란다는 이어지는 장들에서 바로 이런 방식으로 우리의 관심의 방
향을 결정하게 될 법과 정의의 관계라는 문제의 형식을 선취하고 있다.
"바울의 혁명적이고 절대 중심적인 메시지, 곧 정의는 (율)법 없이 성취
되었다는 메시지는, 이것이 법이 실현하기를 바랐던 바로 그 정의가 아
니라고 한다면 아무런 힘을 갖지 못할 것이다. 바로 이것이 그의 메시지
가 지니는 혁명적이고 전례 없는 핵심인 것이다"(같은 책, 152). 라틴아
메리카의 해방신학만이 유일하게 바울의 다양한 관심사들의 정치적인
성격에 대해 관심을 가지는 것은 아니다. 북아메리카와 (일부) 유럽의
학자들 또한 바울의 관심사의 아래 깔린 정치 및 제국과 관련된 배경을

---

15　우리는 라틴아메리카의 해방신학자들 가운데 미란다만이 유일하게 레비나스를 그런 방식
　　으로 독해하는 것이 아니며, 그가 엔리케 두셀(Enrique Dussel)과 노선을 공유하고 있음을
　　알고 있다. 그러나 여기에서 우리의 목적과 관련해 보았을 때, 미란다의 저술이 정의의 문
　　제에 고정되어 있기에 훨씬 더 직접적인 연관성을 지닌다고 할 수 있다. 이런 측면에서, 엘
　　사 타메스(Elsa Tamez)는 미란다를 따르고 있는데, 믿음을 통한 칭의라는 관념에 대한 그
　　녀의 탁월한 연구는, 몇몇 라틴아메리카의 신학자들에 의해 수행된 보다 최근의 작업들
　　을 세세하게 열거하고 있다. *The Amnesty of Grace: Justification by Faith from a Latin
　　American Perspective*(『은혜의 사면: 라틴아메리카의 시각으로부터 바라본 믿음을 통한 칭
　　의』), Sharon H. Ringe trans., Nashville: Abingdon, 1993; 원제 *Contra toda condena:
　　La justificación por la fe desde los excluidos*, 1991.

강조하기 시작했다. 디터 게오르기(Dieter Georgi)는 일찍이 1987년부 터 그러한 접근법이 드러낼 풍성한 생산성을 알려 왔다. 리처드 호슬리 (Richard Horsley)는 자신이 편집한 두 개의 중요한 논문 모음집을 통해 이러한 접근법의 중요성을 연이어 강조했던 바 있다. 그러나 내가 언급 한 라틴아메리카의 저작들과 달리, 이 논문들은 로마서에 드러난 정의 와 법, 그리고 은혜와 행위에 관한 바울의 관심사들에서 나타나는 정치· 사회적인 의미의 문제를 추구하지 않는다.[16]

## 유대인과 이방인

법에 대한 바울의 성찰이 때로 유대법이나 또는 모세법의 적용에 제한 되기는 하지만, 나는 바울이 법 그 자체, 정의 그 자체, 선물 또는 은혜 그 자체에 관심을 가진다는 것을 공리로 받아들인다. 바울이 법에 대해 말 하는 것의 중요성을 모세법에 한정하는 기독교 해석학의 전통은 기독교

---

16 디터 게오르기의 『바울의 실천과 신학 내에서의 신정정치』는 1991년에 영어로 번역되었 으나(*Theocracy in Paul's Praxis and Theology*, Minneapolis: Augsburg Fortress, 1991), 원 래는 야콥 타우베스(Jacob Taubes)에 의해 편집된 *Theokratie*(『신정정치』), Paderborn: Ferdinand Schöningh, 1987이라는 모음집의 일부로 묶여 독일어로 출간되었다. 따라서 타우베스의 로마서에 대한 정치적 독해가 게오르기의 저작에 대해 선구적 역할을 담당했 다고 할 수 있다. 이 분야에 대한 타우베스의 작업은 『바울의 정치신학』으로 타우베스 사 후에 출판되었다(*Die Politische Theologie des Paulus*, Aleida Assmann, Jan Assman eds., Munich: Wilhelm Fink Verlag, 1993[『바울의 정치신학』, 조효원 옮김, 그린비, 2012]). 이 책 은 현재 데이나 홀랜더(Dana Hollander)에 의해 *The Political Theology of Paul*이라는 제 목으로 번역 출판되어 있다(Stanford: Stanford University Press, 2004). 미국 내에서, 성서 문헌학회 소속의 '바울과 정치 그룹'(the Paul and Politics Group)이 현재 진행하고 있는 작업은 리처드 A. 호슬리(Richard A. Horsley)가 편집한 *Paul and Empire: Religion and Power in Roman Imperial Society*(『바울과 제국: 로마제국 사회 내에서의 종교와 권력』), Harrisburg: Trinity Press, 1997과 역시 호슬리가 편집한 *Paul and Politics*(『바울과 정치』), Harrisburg: Trinity Press, 2000으로 출판되었다.

의 반-유대주의의 오랜 역사와 공모하고 있으며, 그 토대를 바울의 텍스트에 두지 않는다. 또한 미란다는, 이러한 맥락에서, 우리의 논증의 방향을 선취하고 있다. 이에 따라 그는 로마서 7장 1절에 대한 오토 미헬(Otto Michel)의 주석을 인용한다. "바울은 모세법의 지식뿐만이 아니라 고대 사회의 법적 사유에 대해서도 언급하고 있다"(『마르크스와 성서』, 183). 데리다 역시, 비교적 그 수가 적기는 하지만, 그가 제시한 로마서의 바울에 대한 논의들 중 하나를 통해, 여기에서 문제가 되는 것이 특정한 종류의 법이 아니라, 아마도 법 자체일 것이라는 주장을 펼친다.[17]

그렇다면 전반적으로 내가 제시하게 될 데리다와 관련한 바울 읽기 방식의 배경은 이런 가정인데, 말하자면 바울은 그의 신학적인 '친구들'이 그를 감금했던 고백적 게토 바깥에서도 해석될 수 있으며, 만일 로마서와 연계하여 이러한 해석을 수행한다면 이를 통해 정의라는 주제와의 화해가 수반될 수 있다는 것이다. 그리고 여기에서 이러한 정의는 신과의 공상적인 관계로부터 유래한 개인적 영역이나 가상적 영역에 제한된 것이 아니라, 고대에나 오늘날에나 정의에 대한 구체적인 예시화(instantiation)로서 법에 의해 성문화된 그 무엇도 넘어서는 정의에 대한 희망과 관련된 철학적인 그리고 정치적인 영역을 향해 열려 있는 것이다.

그렇다면 전반적으로, 내가 착수하는 바울과 데리다를 함께 읽는 작업의 배경은 다음과 같은 것이다. 로마서에서 (그리고 갈라디아서에

---

17 우리가 뒤에서 언급하게 될 Jacques Derrida, "Before the Law", *Acts of Literature*, Derek Attridge ed., New York: Routeldge, 1992[「법 앞에서」, 『문학의 행위』, 정승훈·진주영 옮김, 민음사, 2013], p. 217에서 이와 같은 주장을 펼친다.

서) 바울이 논변하고자 하는 정의는 법에 의해 정립되어 있거나, 정립될 수 있는 것이 아니라, 오히려 어떤 의미에서 은혜 또는 선물의 결과로 정립되는 것이다. 은혜 또는 선물은 정의의 필연성을 폐지하는 것이 아니라, 오히려 법의 주제, 목표, 또는 정당화(legitimation)와 관련된 그러한 정의의 기원인 것이다.

## 왜 데리다인가?

### 데리다와 정의의 문제

데리다가 정의의 문제에 대해, 그리고 이 문제와 정치적 영역, 윤리적 영역 및 실질적인 지정학적 영역 간의 연관관계에 대해 관심을 가졌다는 것은 그의 비판자들이나 '친구들'에게 언제나 분명한 것은 아니었다. 특히 미국에서, 데리다의 사유는 흔히 대학의 문학과에서 가장 큰 영향력을 행사해 왔는데, 여기에서 정의의 문제는 학계의 논문발표에 비하자면 [일정 이상] 분명하지 않은 방향으로 주제화되고 있다. 하지만 1990년 데리다가 카르도조 로스쿨(Cardozo School of Law)에서 수행한 담화가 처음으로 출간된 이후로,[18] 데리다와 '해체'라고 지칭되는 어떤 것에 대한 이런 재현 방식은 점점 더 그 설득력을 잃어 갔다.[19]

　　해체와 정의의 관련성은 내가 이 연구에서 관심을 돌리게 될 몇몇 텍스트의 주제가 되고 있다. 한편 이러한 관련성은 또한 프라하의 인권

---

18 처음에는 *Deconstruction and the Possibility of Justice*(『해체와 정의의 가능성』), New York: Cardozo Law Review, 1990으로 출간되었으나, 현재는 *Acts of Religion*(『종교의 행위』), Gil Anidjar ed., New York: Routledge, 2002 내에 "Force of Law"(「법의 힘」)로 수록[『법의 힘』, 진태원 옮김, 문학과지성사, 2004].

활동가들과의 연대, 아파르트헤이트(apartheid)[20]에 대한 투쟁, '알제리 문제', 오늘날 프랑스 내에서의 이주 및 사면의 문제를 둘러싸고 소용돌이치는 논쟁 등에서 드러나는 데리다 자신의 '실천적인' 측면을 통해 표현되었다. 우리가 다루게 될 텍스트들에 대한 이론적인 고찰과 내가 설명했던 실천적인 관여 '사이' 어딘가에는 전 지구적인 불의(injustice)라는 배경에 대한 준-예언적인 또는 예언자적인 한탄의 성질을 나타내는 일련의 언급들이 위치해 있는데, 이 언급들은 그의 보다 이론적인 일부 텍스트들을 공격하며, 이론적이고 실천적인 개입들이 점하는 위치를 끌어안는 모종의 관심의 지평을 정립한다.

예를 들어 이후에 고찰하게 될 텍스트에서, 이 텍스트가 정의와 법의 문제를 전개하는 방식을 통해, 데리다는 독자들/청자들에게 그가 해체에 대해 쓰고/말하고 있다는 것을 상기시킨다. "(그리고 웃음거리가 되거나 무례하게 되는 것을 원치 않는다면, 우리가 여기 5번가에 ——불의의 지옥으로부터 단 몇 블록 떨어진 곳에 ——편안하게 자리하고 있다는 것을 잊지 말도록 합시다)"(『종교의 행위』, 272). 이 인용문은 여기에 제시된 그대로 괄호에 둘러싸여 있으나, 우리에게는, 데리다가 다른 여러 맥락에서 그러는 것처럼, 어떤 것이 둘러싸여 있는 것이고, 어떤 것이 둘러싸고 있는 것인지에 대해 질문할 권리가 부여된다. 여기(5번가, 불의의 지옥에 인접한 곳)로 주의가 환기된 이 맥락은, 텍스트적으로는 맥락에 대한 언급

---

19 데리다가 최근에 와서야 윤리적 문제들에 관해 주목받게 된 사상가라는 생각에 나는 동조하지 않는다. 이미 내 책 *Beyond Theism*(『유신론을 넘어서』), Oxford: Oxford University Press, 1985의 결론에서, 나는 해체(deconstruction)와 산종(散種, dissemination)이 정의의 문제와 관련된 해방적 신학의 기획에 있어 필수불가결한 우군임을 역설한 바 있다.

20 남아프리카 공화국에서 시행되었던 인종차별 정책. ——옮긴이

을 둘러싸고 있는 법과 정의에 대한 성찰을 [오히려] 괄호 안에 집어넣고 있는 것은 아닌가?

우리는 또한 어떤 의미에서 볼 때 그 맥락에 대한 언급이 그 자체로 예시적이지 않은 것은 아닌지에 대해 물을 수 있을 것이다. 물론 그 맥락은 지리적으로 특수한 것이지만(뉴욕, 5번가, 할렘), 다른 측면에서 그것은 소위 빈부 간의 격차라는 것이 데리다가 이 단어를 말할/읽을 때보다 오늘날 훨씬 더 커졌다는——뉴욕에서뿐만이 아니라, 또한 지구적으로——좀더 넓은 맥락에 대한 특징들을 나타낸다. 2001년 9월 11일의 사건(들)이 명확하게 드러내는 바와 같이, 뉴욕은 상업과 세계화의 수도에 맞서 싸우는 그리고 그 수도에 내재하는, 정의에 대한 부르짖음을 좌초시킬 불화의 진앙지로 남아 있다.

추가적인 예를 들자면, 데리다의 타자(the other)와 이방인(the stranger)에 대한 환영의 논의는 난민 세계의 곤경에 관한 관심 가운데 위치 지어진다. 그의 「환영의 말」[21]에는, 레비나스에 대한 데리다 자신의 독해를 위치 짓는 이러한 곤경에 대한 언급이 있다(71, 101). 다시 말해, 이러한 관심의 '중심'은 상당히 명확한 위치를 점하게 된다. 그 위치는 바로 프랑스 정부의 난민의 권리에 관한 제한 규정의 적용을 피해 아프리카 출신 이주민들이 모여들었던 성역이자, 프랑스 국적의 시민들이 정의의 이름으로 법의 힘으로부터 이들을 보호하고자 했던 장소인 성 베르나르(St. Bernard) 교회다.

---

21 Jacques Derrida, "A Word of Welcome"(「환영의 말」), *Adieu to Emmanuel Levinas*(『에마뉘엘 레비나스에 대한 고별사』, 이하 『고별사』), Pascale-Anne Brault and Michael Naas trans., Stanford: Stanford University Press, 1999. ——옮긴이

또 다른 예. 『다른 방향』이라는 텍스트[22]——본질적으로 유럽의 문제를 다루고 있는——는 반복적으로 그리고 집요하게 걸프전의 배경 내에 위치 지어진다. 「오늘날」이라는 제목의 서론에서, 데리다는 (원래는 신문 기고를 위해 쓰였던) 이 글에서 표현된 유럽, 민주주의 그리고 사유와 말하기의 권리에 대한 관심이 "'걸프' 전쟁이라 불리는 어떤 것의 와중에" 쓰였다는 점을 언급한다(『다른 방향』, 3). 그의 미주(尾註)들 중 하나에서는 "이 주석이 쓰여진 오늘, '걸프 전쟁'이라고 불리는 어떤 것의 셋째날에"(같은 책, 116) 대한 관심을 촉구한다. 그리고 이것은 몇 년 뒤 『아포리아들』[23]이라는 텍스트에서 언급될 방식이다(16). 후자의 텍스트에서는, 예를 들어, 에이즈, 그리고 사라예보와 이라크에 대한 폭격(1993년)과 관련된 유사한 위치 짓기 또는 맥락화가 제시된다(『아포리아들』, 60).

『죽음의 선물』[24]에서 이러한 예들은 희생이라는 이름 아래 무언가를 하거나 또는 누군가를 배려하는 단순한 결정을 내림으로써 수많은 타자들의 동등하게 정당한 권리가 희생되는 곳에서 넘쳐난다. 그러므로 단순히 자신의 일을 함에 있어서 그는(나는) [지속적으로] "기아 또는 병으로 죽어가는 나의 동시대인들을······ 매일의 매초마다 우리의 거주

---

22 Jacques Derrida, *The Other Heading: Reflections on Today's Europe*(『다른 방향』), Pascale-Anne Brault and Michael Naas trans., Bloomington: Indiana University Press, 1992. 국내에서는 『다른 곳』이라는 제목으로 번역되었으나[『다른 곳』, 김다은 옮김, 동문선, 1997], '새로운 유럽이 나아가야 할 방향을 모색'하고 있기에 이 책의 본문에서는 『다른 방향』으로 적을 것이다.——옮긴이

23 Jacques Derrida, *Aporias*(『아포리아』), Thomas Dutoit trans., Stanford: Stanford University Press, 1993.——옮긴이

24 Jacques Derrida, *The Gift of Death*(『죽음의 선물』), David Wills trans., Chicago: University of Chicago Press, 1995.——옮긴이

지인 모리아(Moriah)의 땅에서 모든 다른 사람에게 희생되고 있는 모든 사람을 …… 매 순간 희생시키며 배신하고" 있는 것이다(『죽음의 선물』, 69).

데리다는 유사한 방식으로 문명화된 사회와, 아브라함의 범죄 또는 잠정적인 범죄에 대한 그 사회의 추정된 판단에 대해 말하면서, 다음과 같이 서술한다.

반면 그런 사회의 매끄러운 기능, 도덕성, 정치 그리고 법에 대한 그 사회의 담론의 자기만족, 그리고 그 사회의 권리들(rights)의 행사는……사회가 제도화했고 통제하고 있는 시장법들의 구조로 인해, 외부적인 부채 그리고 유사한 불평등의 기제들로 인해, …… 그런 희생을, 즉 자신이 희생되는 것을 피하기 위한 타자들의 희생을 심판할 수 있는 능력이 있다고 간주되는 어떠한 도덕적이거나 사법적인 심판도 없이, ……그 동일한 사회가 수천만의 어린이들을 **사지에 처하게 하거나**, ……이들이 기아와 질병으로 죽어 가도록 **허용한다는** 사실에 의해 손상을 입지 않는다. 실제로, 사회는 이 계산 불가능한 희생에 참여할 뿐만 아니라, 현실적으로 그 희생을 조직한다. 사회의 경제적·정치적·사법적 관심사들의 매끄러운 기능, 즉 사회의 도덕적 담론과 선한 양심의 매끄러운 기능은 이러한 희생의 영속적인 작용을 전제한다. (같은 책, 86)

데리다의 텍스트들로부터 거의 임의적인 방식으로 선택된 이 몇 가지 예들에서, 데리다는 자신이 철학자로서 전념하는 이론적 논의들과 이를 둘러싼 진지한 윤리적 관심 사이의 경계영역[penumbra]을 제시한다. 앞으로 보게 될 것과 같이, 우리 시대의 긴급한 윤리적 난국에 대한 데리다의 감수성은 그 성격에 있어 이러한 지엽적인 각성을 뛰어넘어 정치적이며 국제적인, 또는 달리 말해, 세계시민적인(cosmopolitan) 정의에 대한 이론적 문제들과 정교하고 매우 독창적인 방식의 대결을 펼칠 수 있는 힘을 불어넣게 된다.[25]

## 데리다 그리고 바울의 문제

그런데 어떻게 데리다의 이러한 문제의식이 바울에 대한 관심과 관련될 수 있을까? 여기에서 나는 단지 몇몇 데리다 텍스트들에서 나타나는 직접적인 바울 텍스트 인용문들 중 일부를 지시할 뿐이다. 이 바울 텍스트 인용문들은 보통 잠시 스쳐 지나가며 언급되는 것들이다. 실제로 이 인용문들은 때때로 맹목적인 바울 해석으로 우리를 이끄는 듯 보이기도 한다. 그러나 만일 데리다의 중심적인 관심사들이 보통 그의 암시적인 인용문들에서는 언급되지 않는 바울의 주제들과 어떤 방식으로 접점을 만들어 내고 있는지 이해하려 한다면, 이 인용문들에 대한 일정 수준의 관심은 필수적인 것이 된다. 심지어, 혹은 특히, 로마서의 바울을 시야에 두고 있다면 말이다.

하지만 이 문제에 접근할 때, 우리는 우선 「법의 힘」(『종교의 행위』 내에 포함)에서 데리다가 해체 그리고 법과 신학 양자의 해체와 관련하여 하는 말에 주목할 수 있을 것이다. "만일 그것[해체—제닝스]이 고유

---

25 광범위한 오늘날의 윤리적·정치적 주제들에 대한 데리다의 고찰들은 자크 데리다와 엘리자베트 루디네스쿠(Élisabeth Roudinesco)의 대담을 기록한 *For What Tomorrow* ……: *A Dialogue*(『어떤 내일을 위해서…: 대화』), Jeff Fort trans., Stanford: Stanford University Press, 2004에서 찾을 수 있을 것이다.

한 장소를 가졌다면, 그런 해체적 질문 또는 메타적 질문[문제에 대한 문제제기]은, 어쩌면 철학과나 문학과에서보다는, 신학과나 건축학과에서 그런 만큼이나, 법학과에서 '고유한 장소를 가지게'(at home) 될 것이다"(「법의 힘」, 236). 잘 알려져 있듯이 해체는, 적어도 그 이름으로는, 미국의 문학과에서 그리고 이곳 미국과 프랑스의 철학과에서 논의되어 왔다. 그렇지만 해체가 법학과와 신학과를 본적으로 삼아야 한다는 발언은 그것이 처음 말해질 때 실제로 하나의 도발로 받아들여졌을 수도 있다. 그것은 『경계의 철학』[26]에서 드루실라 코넬의 주장을 통해 법의 측면에서는 받아들여지는 도발이지만, 신학교에서는, 특히 성서 신학에서는 이제서야 겨우 목소리를 찾기 시작했을 뿐이다. 비록 해체에 대한, 그리고 신의 말씀과 해체의 관계에 대한 관심이 꾸준히 있기는 했지만, 이런 관심은 아직 정의와 칭의, 선물과 은혜, 믿음(faith)과 충실함(faithfulness)에 대한 논의에는 미치지 못하고 있는 실정이다.

데리다의 저작으로부터 바울이 언급되고 있을 가능성을 엿보기 위해서, 나는 바울에 대해 가장 암시적인 일부 인용문들을 개괄적으로 제시할 것이다. 다른 부분들은 이후 이 논의가 데리다가 바울의 저작을 사용하고 있는 특정한 문제들(코스모폴리타니즘과 같은 문제)에 이를 때 등장하게 될 것이다.

데리다가 「(자기 자신이라는) 누에」[27]라는 제목의 글에서 바울을, 심

---

26 Druscilla Cornell, *Philosophy of the Limit*, New York: Routledge, 1992. ─옮긴이
27 『종교의 행위』에 수록("A Silkworm of One's Own"). 글의 프랑스어 원제는 *Un ver à soie*이며, 직역하면 '누에 한 마리'가 된다. 그러나 영역본 번역자 제프리 베닝턴의 설명에 따를 때, 'à soie'라는 문구는 '자체로', '자신에게' 등으로 번역되는 'à soi'와 같은 음가를 가지기에 일종의 말장난이 의도되고 있는 것이다. 따라서 이 글의 제목은 '(자기 자신이라는) 누에'가 적당할 듯 보인다.─옮긴이

지어 로마서를 언급했다는 점을 주지해야 할 것이다. 바울에 대한 주요한 논의는 「1995년 12월 4일~8일, 상파울루(Sao Paulo)」라는 제목이 달린 부분에서야 비로소 나타난다(『경계의 철학』, 344~347). 여기에서 제시된 인용문들은 할례의 문제와 머릿수건의 문제[28]를 통해 바울을 확인하고 있다. 로마서가 언급되고 있기는 하지만, 바울이 스스로를 육신의 할례와 마음의 할례를 구분한 첫번째 사람으로 생각했다는 단편적이고 입증 불가능한 의견 외에는, 별다른 논의가 진전되지 않는다. "어떻게 여기에서, 이런 이름을 가진 도시에서, 「로마인들에게 보내는 편지」에 대해 듣는 것을 피할 수 있겠는가?[29] 그 편지의 저자는 자신이 문자[유대교 율법을 말함, the letter]가 말하는 글자 그대로의 의미를 알고 있

---

28 「(자기 자신이라는) 누에」는 일종의 자전적 경험에 대한 서술을 통해 종교 및 자신의 민족적 정체성을 벗어나는 데리다 자신에 대한 고찰이다. 이 글에서는 여러 차례 베일(veil)의 이미지가 언급되고 있는데, 베일은 상황에 따라 여자들이 회당에서 쓰는 '머릿수건'이 되기도 하고, 남자들이 쓰는 기도용 숄 혹은 탈리트(talith)가 되기도 한다. 또한 시내(Sinai) 산에서 율법석판을 가져 내려오던 모세가 얼굴에서 발하는 광채를 가리기 위해 썼던 '가리개'나 성전의 성소와 지성소를 나누는 데 사용된 큰 '가림막'이 되기도 한다. 이 글에서 언급되고 있는 지식(savoir)이라는 말 역시 베일과 연관된다. 프랑스어의 savoir는 s'avoir와 같이 발음되며 이는 avoir(가지다)의 재귀적 용법 혹은 수동의 의미로 '사로잡히다', '둘러싸이다'의 의미로 볼 수 있다. 그렇다면 지식은 어떤 한 사람이 가지는 것이라 할 수도 있겠지만, 동시에 그를 사로잡고 둘러싸 특정한 정체성을 만들어 내는 것이기도 하다. 이 글에서 바울이 언급되는 맥락은 이러한 종교적-민족적 정체성을 일종의 규칙으로 제시한 인물을 언급하기 위한 것이다. 재미있는 것은 데리다가 태어나기 전에 죽은 형의 이름이 이러한 정체성의 정초를 놓았던 모세와 이 경계에 구멍을 낸 바울의 이름을 합쳐 놓은 폴 모세(Paul Moses)였다는 점이다. 그런 의미에서, 잠시 언급되고 넘어가는 바울의 이름은 이 글의 마지막에 언급되는 번데기 상태에 있다가 고치를 뚫고 나오는 누에(나방)와 관련하여, 일종의 경계에 대한 사유의 맥락에서 고려해 볼 수 있을 것이다. ─옮긴이

29 상파울루라는 도시명은 1554년 1월 25일에 예수회 수사들이 브라질 인디오들의 교리문답을 목적으로 세운 학교 및 학교가 위치한 마을 이름에서 유래한다. 이 학교의 이름이 상파울루가 된 것은 학교를 세운 날인 1월 25일이 가톨릭력에서 성 바울에 대한 축일이었기 때문이라고 전해진다. ─옮긴이

다고 생각했다. 그는 틀림없이 그렇게 생각했을 것인데, 그릇되게도 자신이 최초로 숨결(breath)과 영(spirit)에 따른 마음의 할례를 몸 또는 육신의 할례로부터, 즉 '문자에 따른' 할례로부터 구별할 수 있었다는 점에 대해 자부심을 가졌다"(『경계의 철학』, 344). 이에 대한 주석은 로마서 2장 25~29절을 언급하고 있지만, 실제로는 갈라디아서 6장 11~17절이 인용되었다. 그런 이후 고린도 전서 11장 2~16절에 대한 논의와 머릿수건의 문제로 넘어가게 된다. 로마서에서도 이 문제가 언급되고 있기는 하지만, 이러한 맥락에서 읽히는 것으로 보이지는 않는다. 물론 율법과 선지자들이 마음의 할례와 육신의 할례를 구분하고 있다는 것은 사실이다. 그러나 바울이 이런 점을 간과했을 것이라고 보기는 어렵다. 실상 그의 논변은 할례에 관한 기존의 구분에 의존하고 있으며, 이것을 혁신적 해석 방식이라고 할 수는 없다(신명기 10:16; 예레미야서 4:4, 9:26; 에스겔서 44:9). 결국 이 지점에서 바울은 명시적으로 율법을 알고 있는 사람에게(로마서 2:17), 말하자면 신명기 10장 16절에 대해 무지하다거나 또는 심지어 예레미야(Jeremiah)나 에스겔(Ezekiel)에 대해 무지하다고 추정할 수 없는 사람을 대상으로 말 건네고 있었던 것이다. 바울의 논변이 지니는 타당성은 이 구분이 그가 처음으로 발견한 어떤 것이라는 데 있는 것이 아니라, 오히려 [그가 편지를 쓴] 대화 상대자에게 잘 알려진 구분이라는 데 있었다. 그러므로, 적어도 내게는 데리다가 규정하는 바울의 성격을 우리가 어떻게 이해해야 할 것인지가 불분명하다.[30]

---

30 데리다는 "Faith and Knowledge: The Two Sources of 'Religion' at the Limits of Reason Alone"(「믿음과 앎: 오로지 이성의 경계에 위치한 '종교'의 두 원천들」), *Religion*(『종교』), Gianni Vattimo ed., Stanford: Stanford University Press, 1998, p. 49에서 논쟁적 성격이 다소 덜한 방식으로 유사한 논지를 제시한다.

데리다는 또한 자신의 저작 『죽음의 선물』에서 "두려움과 떨림"(공포와 전율, fear and trembling)[31]이라는 문구——키르케고르(Kierkegaard)가 자신의 책 제목으로 사용하기도 했으며 그 책에서 매우 중요한 역할을 담당하는——에 대한 관심을 통해 바울에 대해 간략히 언급한다. 데리다는 빌립보서 2장 12절을 언급하는데, 여기에서 바울은 그의 독자들에게 "두려움과 떨림으로 당신들의 구원을 이루어 나가십시오"라고 권고하고 있으며, 이어 빌립보서 2장 13절에서는 "왜냐하면 당신들 안에서 그의 선한 기쁨에 대해 바라고 행하도록 하시는 이는 하나님이시기 때문입니다"라고 말하고 있다. 마지막 구절과 연계하여, 데리다는 "이 텍스트는 신의 기쁨이 아니라 의지를 말하고 있다.……선한 것을 바란다는 의미에서뿐만이 아니라, 판결을 제대로 하고자 하는 의지를 말이다"(『죽음의 선물』, 57)라는 주석을 달고 있다. 여기에서 이 텍스트에 대한 그리고 이 텍스트의 단어들에 대한 데리다의 언급은 "두려움과 떨림"이라는 문구의 기원을 제시하는 역할을 하는데, 이 문구는 그가 논급하고자 하는 키르케고르의 책 제목이기도 하다. 하지만, 그렇게 말할 수 있다면, 바울은 타자가 아닌 자신의, 자기-이익의 희생으로부터 오는 결과에 관심을 가진다는 점에 주목할 수 있을 것이다("메시아 예수 안에 있었던 이 마음을 품으십시오"). 그러나 여기에서 데리다의 의도는 바울을 읽는 것이 아니라, 키르케고르를 읽는 것이다.

바울은 또한 데리다의 『정신에 대해서: 하이데거와 물음』[32]에서 모

---

31 미국의 이라크 전쟁의 작전명. 보통 "공포와 전율"이라는 말로 번역한다.——옮긴이

32 Jacques Derrida, *Of Spirit: Heidegger and the Question*, Chicago: University of Chicago Press, 1989[『정신에 대해서』, 박찬국 옮김, 동문선, 2005].——옮긴이

습을 드러낸다. 데리다는 '정신'[영, spirit]을 그리스어, 라틴어, 그리고 독일어로 사유하는, 언어의 '역사적 삼각형'(historical triangle)이라 불리는 하이데거의 폐쇄된 울타리(closure)에 대해 논평하고 있으며, 히브리어 ——적어도 그리스어와 라틴어의 정신에 대한 사유를 형성하거나 또는 재형성한——가 이 삼각형으로부터 배제되어 있음(foreclosure)에 대해 문제를 제기한다. 확실히 그는 독일어라는 특권적인 영역 내에서, 어쩌면 특히 '옛 고지 독일어'(old high German)[33]라는 언어 안에서, 하이데거가 사유한다고 간주될 수 있는 어떤 것과 정신에 대한 히브리어적 사유가 묘한 병렬관계에 놓이는 것처럼 보인다는 의견을 제시한다. 데리다는 이러한 맥락에서 다음과 같이 쓰고 있다.

> 루아흐[영·숨결·정신으로 번역될 수 있는 히브리어, ruah]라는 말의 번역으로부터 근절할 수 없는 관계를 가지는 성령론(pneumatology)에 대한 복음서들로부터의 증거들을 인용하지 않고서, 나는 단지 바울이 고린도인들에게 보내는 첫번째 편지[고린도 전서 2:14 ——제닝스]에서 나타나는 바울의 프뉴마[루아흐의 그리스어 번역어, pneuma]와 프쉬케[혼을 나타내는 네페쉬의 그리스어 번역어, psyche]의 구별만을 언급할 것이다. 루아흐와 네페쉬[혼을 의미하는 히브리어, nephesh]의 구분과 상응하는 이 구분은 ——그것의 시작이 아님에도 ——신학-철학적 전통에 속하는데, 하이데거는 그 전통 안에서 가이스트[프뉴마의 독일어 번역

---

**33** 게르마니아는 고지 게르마니아(현재의 독일, 오스트리아, 폴란드 및 체코를 아우르는)와 저지 게르마니아(네덜란드 및 벨기에를 아우르는)로 구분되는데, 고지 독일어란 고지 게르마니아에서 사용되던 언어를 말한다. ——옮긴이

어, Geist]와 실레[프쉬케의 독일어 번역어, Seele]의 관계에 대한 해석을 지속한다. (『정신에 대해서』, 101)

그리고 이를 설명하는 주석에서 데리다는 이어서 다음과 같이 말한다. "하지만 바울이 '심리적인 인간'(psychikos anthropos) ── 혹은 '동물적 인간'(animalis homo) 혹은 '자연적 인간'으로 옮겨지기도 하는 ──과 '영적인 인간'(pneumatikos, spritualis)을 구분하고 있다는 것을 분명히 하도록 하자. 전자는 신의 영으로부터 오는 것(ta tou pneumatos tou theou)을 받지 않는다. 프뉴마로서 **내뱉어진(내쉬어진) 말**(parole soufflée)로서의 성령(Holy spirit)을 말이다"(같은 책, 137~138). 이것은 바울이 여기에서 영에 속한 사람(spirited human), 즉 어떤 특정한 방식으로 신적인 영에 충만한 또는 사로잡힌 사람이 이해할 수 있는 능력을 얻게 된 것을 혼에 속한 사람(souled human)이 이해할 수 없다는 점과 관련하여 말하고 있는 부분에 대한 인용이다. 이러한 구분은 (그리스어로부터라기보다는) 오로지 히브리어로부터 시작했다는 것이 전적으로 정확해 보인다.[34]

바울은 또한 이보다 여러 해 전에 쓰여진 데리다의 카프카(Kafka)

---

34 하이데거의 마르부르크 대학 동료였던 루돌프 불트만(Rudolf Bultmann)은, 비록 여러 측면에서 도움이 되기는 하지만, 영적인 인간(spirited human)과 혼의 인간(soulful human) 사이의 구분이 영지주의로부터 "밀수되었다"는 가정을 제시한다(*Theology of the New Testament*, Kendrick Grobel trans., New York: Charles Scribner's Sons, 1951, 1:204[『신약성서신학』, 허혁 옮김, 성광문화사, 2004]). 이런 의미에서, 한스 발터 볼프(Hans Walter Wolff)의 『구약성서의 인간학』쪽이 이해에 훨씬 도움이 되며, 그러한 구분과 위계화가 히브리어의 용례와 잘 맞는다는 것을 보여 주고 있다(*Anthropology of the Old Testament*, Philadelphia: Fortress, 1974, pp.10~39).

에 대한 논의에서, 즉 『문학의 행위』에 실린 「법 앞에서」라는 글에서, 실로 유령과 같은 모습을 드러낸다. 이 글은 1982년에 행해진 한 강의에 기초하고 있는 것인데, 그런 연유로 우리가 앞으로 관심의 방향을 돌리게 될 법과 정의에 대한 논의에 몇 년 정도 앞서게 된다. 여기에는 관심을 쏟을 충분히 많은 이유가 있으며, 또한 앞으로 진행될 논의에서 이에 대해 다루기를 바라지만, 지금은 오직 바울이 어떻게 카프카의 소설에 대한 논의에 등장하게 되었는지 한정하여 살펴볼 것이다.

시골에서 올라온 사내가 법정으로 들어가기보다는 밖에서 기다리는 편을 선택한다는 결정 ──그것도 결정이라고 할 수 있다면──을 논하며, 데리다는 다음과 같이 숙고한다.

실제로 법은 금지이다/금지된다(prohibition/prohibited). 명사이자 속성이라는 것.[35] 그런 것이 그 자체의 일어남에 대한 공포스러운 이중 구속일 것이다. 그것은 금지라는 말인데, 이것이 의미하는 바는 법이 금지한다는 것이 아니라, 법 자체가 금지되어 있으며, 하나의 금지된 장소라는 것이다. 법은 그 사내를 법 자체의 모순 속에 자리하게 함으로써 그 자체를 금지하고, 그 자체를 부정한다. 말하자면 인간은 법에 가닿을 수 없고, 법을 존경하는 관계를 맺기 위해 인간은 법과 관계 맺지 말아야 하며, 그 관계를 중단해야만 한다. 인간은 오로지 법의 대표자들과, 그 판례들과, 그 보호자들과의 관계에 들어서야 한다. (「법 앞에서」, 203~204)

---

35 프랑스어의 interdit(금지된)를 말하는 것. 이 말은 명사로도 형용사(수동의 의미의 술어)로도 사용된다.──옮긴이

이 놀랍도록 의미심장한 관찰은 어떤 의미에서 법의 대표자들이—실증법(판례들)을 포함하여—법과 멀리 떨어져 있음을 암시한다. 여기에서 데리다와 바울, 특히 로마서의 바울에 대한 고찰에 국한된 우리의 목적에 있어 중요한 것은 인용된 텍스트에서 데리다가 각주를 통해 바울을, 즉 로마서의 바울을 다음과 같이 언급하고 있다는 점이다.

> 이러한 모순은 아마도 단순히 법에 한정되지는 않을 터인데, 이 모순은 그 자체로 위반과 죄에 대한, 즉 과실에 대한, 유효한 또는 실질적인 관계를 전제하며, 따라서 그러한 관계를 생산해 낸다. 「법 앞에서」(Before the Law)는 어쩌면 로마서 7장과 같이 구약과 신약 사이에서 운동 또는 떨림을 통해 보관되고 변경된 텍스트를 생겨나게 할 것이다. 이 두 텍스트 사이의 관계에는 보다 많은 시간을 할애할 필요가 있다. 바울은 그의 형제들, 즉 "법을 아는 사람들"에게 "살아 있는 한 법이 그 힘을 행사할 것"임을 상기시킨다. 그리고 그리스도의 죽음은 우리가 죄를 '알게' 하는 이 오래된 법의 죽음이 될 것임을, 이 법이 그리스도와 함께 죽었음을, 우리가 이 법으로부터 풀려나 사면되었음을, 우리가 이 법, 그것의 위대한 '문자'의 시대에 대해 죽었으나 그와는 상관없이 우리가 새로운 '정신' 안에서 법을 충족시키게 될 것임을 상기시킨다. 그리고 바울은, 법이 없었을 때 그가 살아 있었으나, 법이 들어섰을 때 죽었다는 말을 덧붙인다. (같은 글, 203)

이 숨겨진 인용문, 하나의 문장에 대한 주석 안에 숨겨져 있는 이 인용문은 주목할 만한 것이다. 데리다를 바울에 대한 사유의 길로 끌어들이는 듯 보이는 것은 엄밀히 말해서 우리가 법에 대한 관계에 의해 강력하게 밀려 들어가게 되는 우리 자신과의 모순이라는 상황이다. 자신과의 갈등으로 들어섬으로써, 데리다는 어떤 내면적 갈등에 대한 너무나도 잘 알려진 표현을 통해 로마서 7장을 사유하게 되는 것이다. "내 육신 안에서 나는 옳은 것을 바랄 수 있으나, 그것을 행할 수 없습니다. 왜냐하면 나는 내가 원하는 선한 일은 하지 않고, 도리어 내가 원치 않는 악한 것을 행하기 때문입니다"(로마서 7:18~7:19). 이 텍스트는 아우구스티누스로부터 불트만(Rudolf Bultmann)을 거쳐, 심지어 알타이저(Thomas Altizer)의 시대에 이르기까지, 한 인간이 (율)법의 이중 구속 내에 사로잡혀 있는 상황을 보여 주는 예시가 되어 왔다. 나는 여기에서 바울이 저술하는 것을 일종의 자전적 관찰로, 또는 심지어 어떤 측면에서 보편화할 수 있다고 가정되는 내면적 드라마에 대한 언급으로 이해하는 아우구스티누스적 전통 내에서 독해해야만 한다고 생각하지 않는다.[36] 나는 [오히려] 여기에서 이 텍스트가 정의롭기를 추구하지만, 그로 인해 불의에 공모하게 되는 한 사람의 역설적인 상황을 설명한다고 보는 편으로 기울어 있다. 이것이 바로 데리다가, 『죽음의 선물』에서, 또 다른 타자의 권리주장에 대한 나의 반응이 이를 정당하게 요구할 권리를 가지는 어떤 타자 혹은 모든 타자들의 권리주장에 대한 희생을 수반하는 양상에 대해 숙고하면서 논하게 될 종류의 구속이다. 이렇게 갈등하는 그리고 심지어 대립하는 책임들이라는 상황이 존재한다는 것은 정의가 구현되지 않았고, 멀리 떨어져 있으며, 여하간에 선한 양심(good

---

36 Krister Stendahl, "The Apostle Paul and the Introspective Conscience of the West"(「사도 바울과 서구의 내향적 양심」)을 볼 것. *Paul Among Jews and Gentiles, and Other Essays*(『유대인들과 이방인들 가운데 있는 바울 외 다른 논문들』), Philadelphia: Fortress, 1976, pp. 199~215에 수록.

conscience)이라는 것이 불가능함을 분명히 드러낸다. 왜냐하면 심지어, 또는 정확하게, 우리가 정의의 요구(claim) 또는 요청(call)에 반응하는 바로 그곳에서, 우리는 더욱더 불의에 얽혀 들어가게 되기 때문이다. 그래서 나는 로마서의 이 텍스트를 (아우구스티누스에 의해 발명되었다고 간주되는) 자전적인 또는 내적인 갈등보다는 정의와 책임의 문제라는 좀더 큰 사회적·정치적 맥락 내에서 읽는 방향을 선호하는 것이다.

우리가 언급한 데리다의 텍스트에는, 바울에 대한 추가적인 언급이 있는데, 데리다는 여기에서 자신의 읽기가 **"우리 법(체계)의 문제** 또는 바울의 로마서 7장"과의 "환유적인 일대일 대결"(『죽음의 선물』, 217)을 펼쳤을 수도 있다고 말한다. 그는 그런 이후에 『심판』[37]의 9장에 실린 "탈무드적 해석에 대한 놀라운 장면"이라고 지칭하는 것을 제시하는데, 바로 여기에 「법 앞에서」라고 알려진 우화가 자리하고 있다.[38]

---

37 Franz Kafka, *The Trial*, New York: Knopf, 1956.

38 『심판』은 프란츠 카프카의 소설로 원제는 *Der Prozess*, 즉 '소송'이라는 의미다. 이 작품은 카프카의 가장 잘 알려진 소설들 중 하나로, 알 수 없는 이유로 형사소송을 당하게 된 요제프 K라는 한 남자의 이야기다. 요제프 K는 자신에게 아무런 잘못이 없으므로 당당한 태도로 나선다. 하지만 소송이 진행되는 과정에서 그를 담당하는 수사관이나, 소송이 진행되는 법원, 심지어 그가 고용한 변호사마저 너무나도 불합리한 모습을 보이는 것을 목격하며 차츰 자신감을 잃고 불안에 빠진다. 소설은 요제프 K의 처형 장면으로 완결되기는 하지만, 완성된 형태가 아니다. 이런 이유로 소설에서 K의 혐의나 소송의 결과는 제시되지 않는다. 데리다가 언급한 장은 소설의 마지막에서 두번째 장에 해당하는데, K가 성당에서 자신이 법원과 관련이 있다고 말하는 사제에게서 들은 이야기는 「법 앞에서」라는 제목으로 카프카의 단편선에 묶여 출간되기도 했다. 물론 이 이야기와 바울의 로마서 간의 직접적인 연관은 없다. 하지만 이 「법 앞에서」라는 이야기가, 법을 통해 구현될 것을 약속하지만 결코 이루어지지 않는 정의의 약속을 다루고 있다는 의미에서, 데리다가 제시하는 법과 정의의 관계——간단히 말해서, 법에 의해 구현된 정의가 더 이상 정의일 수 있는가 하는 문제와 관련된 아포리아——나, 바울이 로마서에서 말하는 (율)법의 이중적 분리와 이중적 구속이 만들어 내는 역설(로마서 7:9~7:24)에 대한 간접적인 관련을 생각해 볼 수 있다.——옮긴이

이 탈무드적 해석에 대한 설명은 데리다 자신이 프라하 경찰로 인해 겪었던 카프카적 모험담에 의해 중단된다(『죽음의 선물』, 218). 그러나 데리다는 재판에서 있었던 이야기를 전하는 사제에게로 돌아가 다음과 같이 논한다.

> 그래서 우리는 그 사제로부터 두번째의 해석적-탈무드적 파장을 받게 되는데, 이 사제는 어떤 의미에서 수도원장이자 랍비이며, 어떤 의미에서 성 바울, 즉 "그 문자가 해묵은" 법에 따라서, 법에 대해 그리고 [동시에] 법에 반대하여 말하는 로마서의 바울이다. 그는 또한 "율법이 없으면 죄는 죽은 것입니다", "내가 한때는 법과 떨어져 살아 있었으나, 계명이 오고서 죄가 살아났고 나는 죽었습니다"(로마서 7:9)라고 말하는 바로 그 사람이다. (『죽음의 선물』, 219)

데리다가 바울과 비슷한 인물로 제시된 그 사제에게 귀착시키는 수도원장과 랍비의 조합이라는 성격은, 보다 근래의 성서학 연구에서 나타나고 있는 확연한 유대인이자 또한 랍비적 인물로서의 바울에 대한 묘사를 시사하는 것이다. 비록 바울의 일대기뿐 아니라 논증방식 및 인용의 틀을 살펴볼 때, 이런 견해가 지나치게 시대착오적이기는 하지만 말이다. 바울이 (율)법에 대해 말할 때, (율)법에 따라서 그리고 (율)법에 반대하여 말하는 사람으로 독해하는 방식이 정당하다는 점은 다음 장에서 우리가 살펴볼 주제가 될 것이다.

데리다로부터 내가 인용한 문구들은 그가 바울, 특히 로마서의 바울에 대해 언급한 문구들 중 가장 대표적인 것들이다. 그러나 앞서 밝혔던 바와 같이, 바울 해석에 있어 내게 가장 큰 도움이 되었던 것은 이 인용문들이 아니다. 실제로 서구에는 소위 바울론(paulinism)이라는 것을 전수했던 신학자 아우구스티누스의 관심사들을 통해 바울을 읽는 경향이 존재하는 듯하다. 내 생각에는 이로 인해 데리다의 바울 해석들 중 일부에 어떤 전통주의가 나타나는 듯하다. 이 글의 마지막 부분에 이르기까지, 우리는 코스모폴리타니즘과 국제법의 문제의 연관맥락 내에서 바울이라는 어떤 사람에 대한 보다 과감한 해석 방식을 모색해 보게 될 것이다.

데리다는, 카프카의 「법 앞에서」에 대한 그의 해석의 말미에, 회랑 그늘에서 언뜻 "어떤 성인의 은빛으로 빛나는 형상"이 보인다는 이야기를 하고 있는데, 여기서 그는 이 형상이 "아마도 성 바울의 형상"일 것이라고 말한다(같은 책, 220). 카프카 작품의 페이지들에 출몰하는 유령이 바울의 유령이든 아니든 간에, 데리다의 몇몇 텍스트를 읽는 과정에서, 우리는 분명히 이 텍스트들에 어느 정도까지는 바울이, 로마서 7장을 썼던 바울의 유령이 출몰하고 있다는 점에 대해 놀라게 될 것이다.

### 니체, 데리다, 그리고 바울

이런 관점에서 내가 처음에 인용했던 「(자기 자신이라는) 누에」라는 글에는 내가 보기에 바울과 관련된 데리다의 상당히 다른 논의를 여는 초청으로 여겨지는 또 다른 바울 인용이 있다. 이 텍스트에서, 데리다는 "내가 니체에게서 가장 감탄하는 것은 바울에 대한 명석함이다"라고 말한다(325). 니체에 대한 존경, 니체에 대한 독해로 잘 알려진 바로 이 사람의 놀라운 단언.[39] 이 존경할 만한 사상가 니체의 가장 존경스러운 점은 바로 바울에 대한 명석함인 것이다.[40]

그러나 이 명석함이란 무엇인가? 이 텍스트는 이에 대해 말해 주지 않는다. 여기에는 이를 궁금해할 독자에게 이 놀라운 명석함을 보여 줄 문구가 없다는 것이다. 어쨌든 데리다는 니체의 『아침놀』(68 단락)에 대해 언급하고 있는 것으로 보이며, 우리는 여기에서 니체가 "첫번째 그리스도인"이라고 부르는 사람에 대해 논급하는 것을 보게 된다. 그는 기독교가, 이 인물에게서 떨어져 있었다면, 빠르게 잊혀진 "작은 유대교 종파"가 되어 버렸을 것이라고 생각한다. 그러나 니체는 이러한 논의를 매우 기묘한 방식으로 전개하는데, 왜냐하면 그는 바울이 진정으로 읽혔다 하더라도 기독교의 운명은 동일했을 것이라고, 즉 잊혀져 버렸을 것이라고 주장하고 있기 때문이다. "만일 바울의 저술들이 읽혔더라면……**진정으로 읽혔더라면**……기독교는 오래전에 존재하기를 그쳤을 것이다"(「(자기 자신이라는) 누에」, 39).[41] 기묘한 정초가 아닌가. 초석을 놓았던 사람이자 동시에, 그의 글이 [진정으로] 읽혔더라면, 기독교로 알

---

**39** "Nietzsche and the Machine"(「니체와 기계」)에서, 데리다가 말하는 니체와 하이데거의 차이는 "니체에게는, 모든 것이 해석"이라는 점이다. 그는 나아가 다음과 같이 말하기도 한다. "나는 언제나 니체의 사유의 이러한 측면에 대해 감탄해 왔다." *Negotiations*(『협상들』), Elizabeth Rottenberg trans., Stanford: Stanford University Press, 2001, p. 245.

**40** *Without Alibi*, Peggy Kamuf trans., Stanford: Stanford University Press, 2002(『알리바이 없이』)에 수록된 "History of the Lie: Prolegomena"(「거짓의 역사: 서언」)에서, 데리다는 니체에 대해 바울과의 연관을 통해 언급하고 있다. 그는 아우구스티누스의 거짓말에 관한 서술을 언급하며 다음과 같이 말한다. "[니체는] 언제나 성 바울 즉, 니체의 가장 친근한 적이자 그의 분노를 살 특권을 지닌 상대자와 대화하고 있다"(같은 책, 29). 같은 텍스트에서 (291, n. 18), 데리다는 바울에 대해 언급하며, 이 경우에는 할례에 관하여, 바울이 자신에게 믿기지 않는 것을 믿는 듯 보인다는 의미에서 바울의 거짓말에 대한 문제를 제기한다. 여기에서 데리다는 바울이 "속이는 자 같지만 진실합니다"라는 문구를 그의 선교 및 사목과 연관된 술어들로 연결하는 고린도 후서 6장 8절은 인용하지 않는다.

**41** Friedrich Nietzche, *Daybreak: Thoughts on the Prejudices of Morality*, R. J. Hollingdale ed., The Cambridge Texts in the History of Philosophy, Cambridge: The Cambridge University Press, 1997에서 인용[『아침놀』(니체전집 10), 박찬국 옮김, 책세상, 2004].

려진 어떤 것의 토대가 상실되는 결과가 초래되었을 바로 그 사람이 놓는 정초라는 것은 말이다.

처음에 이것은 니체가 바울에 대해 지적하는, 어떤 불쾌한 인성으로 인한 것이라 여겨질 수도 있다. "가장 야심만만하고 집요한 영혼들 중 하나이자, 교활했던 만큼이나 미신에 사로잡힌 정신을 소유한 인물"(같은 글, 39), 바로 이것이 바울이 묘사되었던 방식이다. 그리고 이어지는 묘사는 아마도 훨씬 더 날이 서 있다고 할 수 있을 것이다. "매우 복잡하게 꼬인, 가련하고, 불쾌한, 스스로 자신이 불쾌하다는 것을 깨달았던 남자"(같은 글, 40)로 말이다. 물론 바울의 인성에 대한 묘사는 일정 이상 진실이며, 우리는 그의 편지들로부터 이를 알 수 있다. 그러나 니체는 여기서 훨씬 더 큰 문제를 건드리고 있는데, 실제로 기독교의 정초/반(反)정초에는 불쾌한 인성이라는 것보다는 훨씬 중요한 근원이 있기 때문이다. 니체가 향하는 것은 바로 이런 것이다. "그는 고정된 관념으로 인해, 또는 좀더 분명하게 말해서, 언제나 그에게 현존했으며 끊임없이 그를 괴롭혔을 고정된 질문——유대교적 율법이 진정으로 관여하는 것은 무엇인가, 그리고 특히, 무엇이 이 율법의 완성인가?——으로 인해 고통받았다"(같은 글, 40). 여기서는 바울에 대해 재구성된 일대기는 접어두기로 한다. 이러한 일대기는 일정 이상 감상적이며, 니체는 아우구스티누스까지는 아니라도 루터의 모순된 경험을 통해 바울을 읽어 낸다(니체의 아버지는 어쨌든 루터교 목사였다). 니체는 고통 가운데 있는 영혼을, (율)법에 대한 갈등 가운데 있는 한 영혼을 묘사한다. 그리고 그는 자신이 여기에서 루터를, 그리고 아마도 루터가 처음으로 읽었을 바울의 모습을 생각하고 있다는 속내를 털어놓는다(그는 1,500년 동안 바울에 대한 진정한 독자들이 없었다고 말한다). 바로 니체 자신이 루터와 바울 간의 유사점이라 보는 것으로 눈을 돌릴 때 말이다. 니체의 서술에 따를 때, "루터는 아마도 비슷한 것을 느꼈을 것"이며, 몇 줄 뒤에 "비슷한 일이 바울에게 발생했다"는 말이 따른다(「(자기 자신이라는) 누에」, 40)(이러한 루터의 바울에 대한 유사성과 바울의 루터에 대한 유사성에서 나타나는 유사성의 방향에 있어서의 전환은 적어도 특정한 측면에서 볼 때 이 두 이름 상호 간의 치환 가능성을 암시한다).

여기에서, 그리고 바울의 고투에 대한 다소 멜로드라마적인 묘사에서, 니체는 아마도 어느 정도는 그 명석함을 상실하고 있을지도 모른다. 왜냐하면 바울은, 아우구스티누스의 시대로부터 해석자들이 펼쳐 왔던 주장에도 불구하고, (율)법에 대한 선천적인 또는 내적인 갈등을 보이지 않고 있기 때문이다.[42] 바울은 심지어 자기만족적인 말로 스스로에 대해 기술한다. 빌립보서에서 그는 자신이 (율)법에 관해서 볼 때 바리새인이며 또한 흠잡을 곳이 없다는 말을 하기도 한다(로마서 3:6). 하지만 이에 대한 진상으로 여겨지는 것은, 니체가 말하는 것과 같이, 바울이 "이 신과 그의 법의 광신적인 옹호자인 동시에 후견인이 되어, 법을 범한 자들과 의심하는 자들을 항상 감시하고 그들과 싸웠으며……이들을 벌하는 편으로 극심하게 경도되어 있었다는 것이다"(「(자기 자신이라는) 누에」, 40). 최소한 이런 정도까지는 텍스트에 의해 보증되는 듯 보인다. 바울은 스스로 자신이 "열성으로는 교회를 박해한 사람"(빌립보서 3:6)이었음을 말할 수 있었으며, 사도행전 9장 1절은 우리의 영웅에 대해 "사울[43]이 여전히 위협을 내뱉고 살기를 띠고 있었다"고 기술하고 있다.

그런 이후에 니체는 우리가 곧 다시 다루게 될 하나의 위대한 전환

---

42 우리가 보았던 것처럼 데리다는 그러한 해석에 완전하게 무지하지 않았다.

에 대해 쓰고 있다. 그러나 이 전환은 "이때 이후로 그는 (율)법 파괴의 선생이다"(「(자기 자신이라는) 누에」, 40)라는 문장으로 귀착된다. 그리고 니체는 다음과 같은 결론을 내린다. "이 사람이 첫번째 그리스도인이며, 그리스도인 됨의 창안자이다. 그의 이전에는 오로지 몇몇 유대교 분파에 속한 추종자들이 있었을 뿐이다"(같은 글, 42). 내가 보기에 니체가 기독교의 (반/)정초로 지적하는 것은 이러한 (율)법에 대한 비판인 듯하다.[44] 그리고 우리는 이어지는 장에서 다음과 같은 문제에 관심을 돌리게 될 것이다. (율)법은 어떻게 이해되어야 하는가? 그러나 우리가 보게 될 것과 같이, (율)법에 대한 비판은 결코 간단히 살펴볼 문제가 아니며, 심지어 니체가 생각했던 만큼 단순한 것도 아니다. 데리다 읽기와 바울 읽기를 통해 보게 될 것과 같이, 이 (율)법에 관해 제기된 질문에 대한 답은 분명히 정의의 문제와 (율)법 비판을 서로에 대한 관계 안에 자리 잡도록 하는 작업에 달려 있다. 그리고 자신의 루터교 신도 선조들의 방해를 받아 니체가 바울에게서 보지 못했던 것은 바로 이 (율)법 비판이라는 문제의 영속성과 정의의 우선성이다.

그러나 니체는 분명히 바울에게서 어떤 이른바 (율)법에 대한 내적인 고통 또는 갈등에 대한 심리학적 고찰을 넘어서는 (율)법의 위기를

---

43 '사울'은 히브리어로 '신께 구해진 바', '간구된 바'라는 의미로, 다마스쿠스에서 환상을 보기 전 바울의 이름이다. 원래 이 이름은 바울과 같은 벤야민 지파 사람이자, 이스라엘의 초대 왕위에 올랐던 사울의 이름이기도 하다. 따라서 바울(작은 자)이라는 라틴어 이름으로의 개명에는 바울에 관한 어떤 시사점이 있다. ─옮긴이

44 앞으로 보게 되겠지만, 여기에서 니체가 주장하는 듯 보이는 것처럼, 바울이 단순히 유대교의 법에 관심을 보이는 것이 아니라 모든 주어진 예시들 내에서의 법에, 그리고 따라서 우리가 "있는 그대로의" 법으로 확인하게 될 무엇인가에 관심을 가지게 된다는 측면에 대해 주지하는 것이 중요하다. 이 논점은 이어지는 장들에서 전개될 것이다.

설득력 있게 확인해 내고 있다. 그것은 십자가와 관련된다. "지금까지 그 치욕스러운 죽음은, 그에게 새로운 가르침의 추종자들이 말했던 '메시아의 왕국'(Messiahdom)에 대응하는 가장 중요한 논증으로 간주되었다. 그러나 만일 그 죽음이 율법의 폐지에 필수적인 것이라면 어떨 것인가!"(『(자기 자신이라는) 누에』, 41). 니체에게 있어, 십자가를 통한 예수의 죽음은 어떤 의미에서든 (율)법으로서의 (율)법을 문제 삼도록 하는 것이다. 실제로 그는 십자가의 죽음이 어떤 의미에서 (율)법 파괴에 봉사한다고 생각한다. 니체는 이러한 통찰을 바울과 예수의 조우 ─ 간질의 효과로 자연스럽게 설명된[45] ─ 에 귀착시켜(사도행전 9:3~9:9), 그 통찰을 바울이 환상으로 보았던 인물과 바울 자신의 동일시에 연결시킨다. "그리스도와 하나가 되는 것, 그것은 또한 그와 함께 법의 파괴자가 되는 것을 의미한다. 그와 함께 죽는 것, 그것은 또한 법에 대해 죽는다는 것을 의미한다"(『(자기 자신이라는) 누에』, 41).

십자가의 폭력(violence)과 신성모독(violation)이, 어떤 의미에서 (율)법에 대해 문제를 제기하고, (율)법이 어떤 '도덕성'의 기초가 되기에는 심각한 문제의 소지가 있음을 드러낸다는 점은 우리가 앞으로 살펴보게 될 사항이다. 바울을 묘사하는 멜로드라마적 방식으로부터 완전히 분리된 이런 통찰은 엄밀하게 데리다가 언급하는 니체의 바울에 대한 명석함과 연결되어 있는 듯 보이며, 이 통찰이 우리의 고찰을 조명하게 될 것이다. 니체로부터 전유하게 될 테제들은, 우선 (율)법의 문제가

---

[45] 바울은 아직 사울이라 불리던 시절에 예수의 제자들을 붙잡아 압송하기 위해 다마스쿠스로 향한다. 길 위에서 사울은 큰 빛과 자신이 예수라 말하는 목소리를 듣고 사흘 동안 눈이 멀게 된다(사도행전 9:1~9:20). 동행자 중 누구도 빛이나 목소리를 들은 사람이 없으며, 성서상에 기록된 내용이 '간질'의 발작과 유사하다는 이야기도 있다. ─옮긴이

최우선적인 문제라는 것, 그리고 둘째로, 어떤 의미에서 (율)법의 파기가 '치욕스러운 죽음'과 관련된다는 것이다.

여기에서, 니체에 의해 사유되지 않는 듯 보이는 것은 바울의 사유에서 정의에 대한 열정이 (율)법에 대한 열정을 향하지 않는다는 점이다. 정의는 열정으로 남게 되며, (율)법 바깥의 정의, 또는 심지어 (율)법에 반하는 정의, 즉 무법적 정의(outlaw justice)[46]가 된다. 그러나 그것이 바로 데리다 읽기에 의해 우리가 사유할 수 있게 될 어떤 것이다.

---

[46] 이 문구는 얼마 전에 스탠퍼드대학 출판부에서 출간된, 로마서에 대한 저자의 정치신학적 주석집의 제목이기도 하다. *Outlaw Justice: The Messianic Politics of Paul*, Stanford: Stanford University Press, 2013. ──옮긴이

# 2장 / 법 너머의 정의

이 장에서 나는 정의와 법의 관계에 대한 문제로 논의의 방향을 전환하고자 한다. 일반적으로, 바울의 (율)법 비판은 정의에 대한 요구의 폐기를 의미하지 않는다. 이를 해명하기 위해서는 데리다가 정의와 법의 관계에 대해 작업해 나가는 방식을 고찰해 보는 것이 도움이 될 것이다. 앞으로 보게 될 것과 같이, 이는 하나의 관계없는 관계라는 성격으로 규정될 수 있을 것인데, 이 관계 내에서 법은 언제나 해체 가능한(deconstructible) 것인 반면 정의는 해체 불가능한(indeconstructible) 것으로 규정될 수 있을 것이다. 달리 말해서, 정의는 필연적으로 법의 동기이자 (잠정적인) 정당화이기도 하지만, 또한 필연적으로 법을 초월하거나, 법에 의문을 제기하거나, 혹은 심지어 법을 불안정하게 하는 것이기도 하다. 그러므로 정의를 법의 바깥에서, 법 너머에서, 그리고 심지어 법에 대립시키면서도, 다른 한편으로 필수적으로 정의 그 자체를 법 안에 그리고 법으로서 예시화하고자 하는 충동을 소거하지 않는 사유를 펼쳐나가야만 할 것이다. 데리다에 의해 이런 사유가 어떻게 펼쳐지는지에 대해 고찰하는 것은 법을 "거룩하고, (정)의로우며, 선한 것"이라고 선언할 수 있으면서도, 동시에 다른 한편으로는 (율)법에 관한 바울의 양가적인(ambivalent) 태도——(율)법의 바깥에 있는 정의(데리다가 신적인 정의라고 말할)에 대해 말하는——를 이해하는 데 도움이 될 것이다. (율)법에 관한 바울의 명백한 양가성은 정의에 대한 관심이라는 측면에서 볼 때 설명 가능하다. 바로 (율)법이 목표로 하고 있지만, 그럼에도 불구하고 동시에 (율)법이 배신하는 '정의에 대한 관심'이라는 측면에서 말이다.

## (율)법의 탈-정당화로서의 서사

(율)법에 대한 관계성이라는 문제는 우선 갈라디아서에서 주제화된다. 갈라디아서에서 바울은 우선 이스라엘의 법으로——그가 바리새인으로서 옹호해 왔던 바로 그 법으로——이해되는 (율)법에 대한 비판을 제시하는 듯 보인다. 갈라디아서에서 제시된 (율)법에 대한 견해는 거의 노골적인 거부에 근접해 있으며, 바울이 이러한 (율)법의 전복에 착수하는 수단은, 우리가 앞으로 보게 될 것과 같이, 초기 데리다가 제시하는 법에 대한 몇몇 고찰이 조명하고 있는 전략과 같은 것이다.

어쨌든 로마서 텍스트에서 전개되는 (율)법에 대한 논의는 상당히 더 복잡하다. 혹자는 심지어 로마서의 바울이 갈라디아서에서 자신이 제시했던 일방적인 (율)법 비판에 대립한다고 보기도 한다. 왜냐하면 로마서에서 바울은 어떤 의미에서 (율)법을 대립하고 극복해야 할 것으로 말하면서도, 다른 한편으로는 "거룩하고, 정의롭고, 선한" 것으로 말하기 때문이다. 이러한 (율)법에 대한 훨씬 더 모순적이거나, 변증법적인 (헤겔적인 의미가 아닌 바르트적인[1] 의미에서) 혹은 아포리아적인 견해에 있어 데리다의 고찰은 가치를 매길 수 없는 해명의 수단을 제공한다.

따라서 이 논의에서 나는 우선 법에 대한 데리다의 초기 고찰을 갈라디아서에서 바울이 사용하는 (율)법의 탈-정당화라는 전략과 병치시킬 것이다. 이 논의는 바울이 로마서에서 보다 균형 있고 복잡한 논의를 통해 이르고자 하는 어떤 것을 해명하는 역할을 하게 될 것이며, 이후에 법과 정의에 대한 데리다의 고찰을 다루는 주된 논의를 예비하는 일종의 서곡으로 기능하게 될 것이다.

### 「법 앞에서」

이미 언급한 바 있는 「법 앞에서」라는 제목의 텍스트를 통해 데리다는 문학과 법의 관계에 대해, 특히 이 관계가 카프카의 이야기에서 드러나는 방식에 대해 탐색한다. 이 문제는 다음과 같은 방식으로 제시된다. "법에 대한 관계의 단독성(singularity)이, 즉 단독성의 법이 있는데, 그것은 법의 일반적인 또는 보편적인 본질에 가닿아야 하지만 결코 그럴 수 없다." 카프카의 이야기는, 이때 "법과 단독성의 조우 없이 나름의 방식으로 이 갈등을 명명하거나 또는 이야기한다"(「법 앞에서」, 187). 이러한 (보편적인 것으로서의) 법과 법을 기다리는 사람의 단독성 사이의 불화는 이후 법의 시간화(temporalization)[2] 또는 서사화(narrativizing)의 문제로 자리가 옮겨진다.[3]

데리다는 카프카에 대한 그의 논의가 도덕법과 관련하여 칸트와 프

---

1 바르트는 십자가를 부정과 긍정의 교차로, 즉 인간의 죄악에도 불구하고 신이 구원한다는 표징으로 이해한다. 다시 말해, 바르트적 변증법이란 통속적으로 받아들여지는 '헤겔적 종합'의 변증법이 아닌 단절과 긴장을 유지하는 '그럼에도 불구하고'의 변증법이다. — 옮긴이
2 시간 안에 놓는 것, 즉 실현되도록 하는 것을 의미한다. 또한 temporalize는 시간을 한정하고 구분한다는 의미를 갖기도 한다. 다시 말해 어떤 것의 이전과 이후로 구획 짓는다는 의미가 된다. — 옮긴이

로이트, 그리고 하이데거를 다룬 세미나에서 이루어진 것이라고 언급하고 있다(「법 앞에서」, 190). 칸트와 관련하여, 그가 "마치 ~인 것처럼"(as if)이라는 문장 구조에 주목하며 말하는 바에 따르면, "그것은 실질적으로 서사성과 허구를 법적인 사유의 핵심에 도입하는 것이다.……법의 권위가 모든 역사성과 경험적 서사성을 배제하고 있는 것처럼 보임에도 불구하고 말이다"(같은 글, 190). 이것은 추가적으로 다음과 같이 설명된다. "절대적인 권위가 부여되기 위해, 법에는 역사, 창조, 또는 어떠한 유래도 없어야 한다. 그것이 법의 법(칙)일 것이다. 순수한 도덕성에는 어떠한 역사도 없다. 칸트가 최초에 우리에게 상기시키는 것과 같이, 거기에는 어떠한 내재적 역사도 없다"(같은 글, 191).

법을 하나의 서사 내에 기입하려는 바로 그 시도는 법에 문제를 제기하게 한다. 법은 어떠한 기원도, 즉 시간적 기원도 가질 수 없기 때문이다. 그럴 경우에 위협을 받게 되는 것은 "법의 법(칙)", 즉 법의 보편성과 그에 따른 무시간성이다. 이 지점에서 우리는 아버지를 살해한 이후에, 그에 따른 죄책감으로 인해 법을 제정하는 형제들에 대한 이야기를 통해 법을 서사화하려는 프로이트의 시도가 언급되는 것을 보게 된다. 하지만 데리다가 논하는 것과 같이 이러한 법에 대한 서사화는 실패하는데, 왜냐하면 모든 것이 그들 자신의 행위에 대해 죄책감을 느끼는

---

3 여러 측면에서, 데리다의 이 복잡한 텍스트는 '문학'과 '법' 사이의 분리를 불안정하게 한다. 여기에서 우리가 관심을 가지는 것은 이 논의의 특정하게 제한된 측면들에 대한 관련성인데, 왜냐하면 그것이 문학이 아니라 법의 정당성을 기각하고자 하는 바울의 시도에 접근하고 있기 때문이다. 갈라디아서에서 이것은, 데리다가 명확히 밝히고 있는 것처럼, 결코 문학과 공외연(公外延)적이지 않은 서사에 의지하는 방식으로 나타난다. 이후 데리다는 '문학'이라는 바로 그 범주가 근대성의 새벽을 알리는 법의 필연적인 발전들에 의존한다고 말하고 있다.

형제들에 의해 결정되기 때문이다. 말하자면 만일 그들이 죄책감을 느낀다면, 이것은 오직 그들이 이미 부친살해의 금지를 인식하고 있기 때문이다. 그러한 금지명령은 법규로 정식화되었는지 아닌지에 상관없이 [그 자체로] 법인 것이다.

법의 기원을 사유하고 그에 따라 법을 하나의 서사 안으로 집어넣으려 했던 프로이트의 시도가 실패했음에도 불구하고, 분명히 이러한 실패는 법의 법-됨(being-law of law)과 법을 하나의 서사 내에 집어넣고자 하는 시도 사이에 모순이 있음을 암시한다. 그렇다면, 이런 의미에서 볼 때, 거기에는 일종의 문학과 법 사이의, 즉 서사와 법의 법-됨 사이의 대립이 있는 것이다(「법 앞에서」, 216).

### 법의 상대화

이러한 맥락에서, 바울이 갈라디아서에서 채용하는 전략은 율법의 기원에 관한 서사를 제시함으로써 율법의 절대성을 침식하는 것으로 이해할 수 있을 것이다.

이 논증은 ——또는 그보다는 여기에서 우리의 관심을 끌고 있는 그 논증의 일부는 ——이중적인 몸짓으로 구성된다. 첫째로 바울은 약속에 관련된 (율)법의 시간화(temporalizing)를 통해, 약속이 율법에 앞선다고 주장한다. "이제 그 약속들은 아브라함과 그의 후손에 대해 맺어진 것입니다.……430년 이후에나 들어선 율법이 먼저 하나님에 의해 승인된 계약[약속——제닝스]을 폐기하지 못합니다"(갈라디아서 3:16, 3:17). 430년이라는 (시간적) 공간은 율법을 약속에 대해 부차적인 것으로 만든다. 무엇보다 율법은 시간적으로만이 아니라 또한 '법적으로도' 부차적인데, 왜냐하면 율법은 그것에 선행하는 약속의 계약을 대체하는 것이 아니라, 오히려 약속에 함축된 [법에] 앞선 계약에 의해 지배되는 일종의 부속조항집으로 이해되어야만 하기 때문이다.

이런 전략은 매개자에 대한 언급으로 보완된다. [율법은] "천사들을 통하여 한 매개자에 의해 제정되었습니다"(3:19). 일종의 율법의 이중적 매개(천사들과 한 매개자)에 대한 이 언급은 또한 율법을 절대적인 지위로부터 떨어뜨려 놓는 역할을 한다. "이제 매개자는 한쪽에만 관여하지 않습니다. 하지만 하나님은 한 분이십니다"(3:20). 바울의 율법에 대한 이러한 이중적 전략은 율법의 파괴가 아니라 상대화를 겨냥하고 있는 것으로 보인다. 적어도 바울은 율법이 약속에 뒤서게 된다고 하더라도 부정되지는 않는다고 주장하려 할 것이다. "그렇다면 율법은 하나님의 약속에 반대되는 것입니까? 그렇지 않습니다"(3:21). 그러나 율법의 '문서'(writ)[4]는 어떤 시작과, 이제는 또한 끝이 있는 후견의 기간에 한정된다.

하지만 율법을 상대화하려는 바울의 시도는 그가 의도하는 것보다 한 걸음 더 나가게 되는데, 왜냐하면 법으로서의 법(law as law)[5]은, 데리다가 주장하듯이, 그런 부차성과 양립할 수 없기 때문이다. 그러므로 바울의 논증은 그의 의도와는 완전하게 동떨어진 일종의 명확한 율법 무용론(antinomianism)[6]이 된다. 비록 바울이 "만일 여러분이 성령(the Spirit)에 의해 인도되어 살아간다면, 여러분은 율법에 종속된 것이

---

4 법적인 힘을 가지는 문서. —옮긴이

5 'law as law'는 '법으로서의 법', 즉 '법 그 자체로서의 법'을 의미하며, 이 책에서는 때에 따라 '법 그 자체'로 옮기기도 한다. —옮긴이

6 마르틴 루터가 만들어 낸 용어. 은혜의 복음에서는 오로지 믿음만이 구원을 위해 필요한 것이기에, 법은 가치를 잃게 되며, 따라서 의무가 될 수 없다는 주장을 제시한다. —옮긴이

아닙니다"라고 서술하고 있기는 하지만(갈라디아서 5:18), 그는 여전히 영에 의한 율법으로부터의 자유와 율법에 의해 금지된 일련의 행동양식들——"간음, 불결함, 방탕함, 우상숭배, 마술"(5:19~5:21)——간의 양립 불가능성이라는 입장을 견지하며, "율법이 없다"는 발언과 반대되는 특정한 행동 양식——사랑과 자비로움 같은——을 그의 독자들에게 부과하려 할 것이다(5:22~5:24). 이에 따라 율법 너머로부터 법과 같은 어떤 것이 출현한다. 그리고 이것은 아마도 상대적인 것으로서의 율법이 아니라 절대적이고 불변적인 것으로서의 법, 즉 율법과는 다른 법일 것이다.

여기에서 내가 의도하는 것은 갈라디아서의 논증 전반에 대해 설명하는 것이 아니라, 바울이 여기에서 착수하고 있는 것을 조명하는 데 법과 문학에 대한 데리다의 고찰들이 도움이 된다는 점을 보이는 것이다. 물론 율법과는 다른 법이 있다는 결론은 이 주제에 대한 바울의 결론이 아니다. 어쩌면 그런 결론은 (율)법을 영과 믿음에 대립시키는 이러한 방향으로 너무나 많이 나간 것일지도 모른다. 어쨌든 로마서에서 이 주제에 대한 바울의 논의는 훨씬 미묘한 의미들을 담고 있거나, 또는 적어도 훨씬 복잡한 것으로 보인다. 기원에 대한 서사, 시대 구분, 다수적 매개를 통해 율법을 침식하려는 갈라디아서의 시도는 사라지게 될 것이다. 이와 달리, 로마서에서 바울이 주장하게 될 논지는 어떤 의미에서 정의는 절대적이며, (율)법에 대한 순종으로 정의롭게 될 수 없지만 여전히 우리는 정의롭게 되어야만 하고, 이를 실현할 어떤 길이 우리에게 주어졌다는 점이다. 이 길은 (율)법의 의도나 요구와 상반되지 않으며, 오히려 다른 매개에 의한 (율)법의 완성이거나 또는 그 반대[완전한 붕괴]일 것이다.

## 데리다, 법과 정의에 대하여

이러한 보다 미묘한 논증을 다루기 위해, 나는 우선 법과 정의에 대한 데리다의 논의가 드러내는 어떤 미묘한 사안을 재현하고자 한다. 이러한 재현은 로마서에서 바울이 의도하는 것이 무엇인지 해명하는 데 있어 예비적 고찰이 될 것이다. 이 논의는 이어질 모든 논의의 방향을 안내하는 역할을 하기 때문에, 반드시 한 걸음씩 점진적으로 진행되어야 한다.

데리다의 이어지는 논의들에서도 언급되는 것과 같이, 「법의 힘」이라는 글에서 그는 먼저 해체(deconstruction)가 정의를 가장 중요한 문제로 삼고 있다고 명시적으로 말한다. 이 텍스트는 1990년에 프랑스에서 (「해체와 정의의 가능성」이라는 제목으로) 출간된 바 있고, 이후에 1994년에 개정되어 재출간되었으며, 2001년에 마침내 『종교의 행위』[7]에 포함되어 영어로 출간되었다. 이 글은 두 부분으로 이루어져 있는데, 그 중 두번째 부분은 벤야민의 『폭력의 비판』[8]에 대한 면밀한 독해로 구성된다. 데리다가 쓴 이 글의 전반부는 이 장에서 우리가 다루고 있는 문제에 관계되며, 후반부 논증은 다음 장에서 살펴보게 될 것이다.

### 해체와 정의/정의로서의 해체

데리다가 이 글 「법의 힘」을 시작하는 논변은 해체의 문제를 정의와 법의 문제에 연결하는 연결고리와 관련되어 있다. 우리가 살펴본 바와 같

---

7 Jacques Derrida, *Acts of Religion*, Gil Anidjar ed., New York: Routledge, 2002.
8 Walter Benjamin, *Zur Kritik der Gewalt*, Frankfurt am Main: Suhrkamp, 1965[『역사 개념에 대하여, 폭력비판을 위하여, 초현실주의 외』, 최성만 옮김, 길, 2008].—옮긴이

이, 카프카의 「법 앞에서」에 대해 데리다가 쓴 글의 전반부는 법의 해체 가능성에 대해 질문을 던지는 형식을 통해 이미 법과 해체의 관계에 대해 상당한 작업의 진척을 이루었다. 그리고 우리는 법의 부차성을 드러내도록 고안된 일련의 몸짓을 통해 법을 전복하려는 듯 보이는, 갈라디아서에서의 바울의 주장을 이 글이 어떻게 반향하고 있는지 살펴보았다.

이제 ── 카프카를 다루고 있기도 한──이 글에서, 데리다는 정의와 법 사이의 구별 가능성에 대한 문제로 방향을 선회한다. "해체의 수난(suffering) ──해체를 고통받게 하는 것과 해체로부터 고통당하는 그들을 고통받게 하는 것 ──은 아마도 규칙들의 부재, 규범들의 부재, 그리고 법과 정의 사이를 명확한 방식으로 구별하는 단정적인 기준의 부재일 것이다"(「법의 힘」, 231). 혹자는 이 글이 바로 그런 "명확한 방식으로 구별하는 단정적인 기준"을 제공하는 시도에 나설 것이라고 생각할지도 모른다. 그러나 그런 움직임은 불가능한데, 왜냐하면 그러한 기준이 법과 정의를 명확히 구별할 법(규칙)의 능력에 호소할 것이기 때문이다. 그 결과는 법이 (법과 정의의 관계를 통해) 정의를 지배하는 것이며, 이에 따라 정의에 관한 법의 헤게모니가 보장될 것이다. 엄밀하게 말해서 그것이 바로 데리다가 여기에서 의도하지 않을 어떤 것이다. 그보다는 오히려 이 두 항들을 구분하는 작업을 시도하게 될 것인데(그러나 규칙, 규범, 또는 당신들에게 주어진 것에 의해서가 아니라면, 어떻게?), 여기에서 정의는 일종의 법의 한계 또는 '너머'가 될 것이다.

## 1) 간접적인 것[9]

이러한 움직임의 토대를 예비하기 위해, 데리다는 그가 이전에 관심을 돌렸던 바 있는 여러 주제들이 사실상 이미 이 정의와 법의 관계에 대한 간접적인 담론들이라고 주장한다.

> 그것이 바로 내가 여기에서 스스로 사용하게 될 방식이다. 우리가 현행
> 적으로 해체라고 부르는 어떤 것이, 정의의 문제를 '다루지' 않는 것 같
> 지만, 직접적인 방법이 아니라 오로지 간접적인 방법으로밖에 그 문제
> 를 다룰 수 없는 이유를 그리고 그렇게 하는 방식을 보여 주는 것. 나는
> **간접적**(oblique)이라고 말하는데, 왜냐하면 내가 바로 이 순간에 준비
> 하고 있는 것은 우리가 즉각적으로 ──법을 배신하지는 않는다 하더라
> 도──정의를 배신하지 않고서는 정의에 대해 **직접적으로** 말할 수 없고,
> 정의를 주제화하거나 대상화할 수 없으며, "이것은 정의롭다"거나 심
> 지어 "나는 정의롭다"고도 말할 수 없다는 점에 대한 입증이기 때문이
> 다. (같은 글, 237)

여기에서 데리다는 종종 '해체'가 도덕적으로 경박하며, 사실상 모
든 가능한 윤리적 진정성을 훼손한다는 비난을 일삼았던 그의 비판자
들에게 대응하고 있는 것으로 보인다. 최소한 특정한 측면에 대해, 데
리다는 표면적인 층위에서 그런 견해가 어느 정도는 정당성을 가진다
고 인정할 각오가 되어 있는데, 왜냐하면 정의의 문제가 그의 특정한 글
들──앞서 언급된 글들과 레비나스에 대한 그의 훨씬 이전의 논의(「폭
력과 형이상학」)와 같은──에서 제기되었다고 하더라도 오로지 간접적

---

9 The oblique. oblique는 '사선적'이라는 의미도 담고 있는데, 해당되는 문제에 빗금을
  친다는 의미와 문제를 우회하는 방식 양자 모두의 의미를 내포한다. 데리다가 사용하는
  diagonal(대각적인)이라는 말과 같은 의미로 볼 수 있다.──옮긴이

으로 제기되었을 뿐이며,[10] 이 문제와 관심사를 보다 명시적으로 표현할 토대가 이미 준비되었기 때문이다.

비록 데리다가 이제 정의의 **문제**에 대해 어느 정도는 보다 명시적인 주제화로 돌아설 것이라고는 하지만, 그가 말하는 주제화는 여전히 그리고 필연적으로 간접적일 수밖에 없을 터인데, 이는 그가 정의에 대해 간접적인 방식으로 말할 수밖에 없기 때문이다. 정의에 대해 직접적으로 말할 수 없는 것은 직접적인 발언이 정의를 다시 법에, 정의를 법으로부터 명료하게 구분하는 수단인 어떤 규범(norm)에 종속시킬 것이기 때문이다. 최소한, 이는 정의를 **주제**가 아닌 **문제**로 말할 것이라는 의미이다. 정의에 대한 주제화는 "정의는 x이다"라는 형식을 취하는 언표들의 생산이라는 목표를 향할 것이다. 그러나 엄밀하게 볼 때 이러한 언명의 형식은 **정의**라는 용어가 법 바깥에 있는 것을 지시하는 데 사용되는 이상, 데리다가 **정의**라는 용어를 사용하게 될 방식이 아니다.

이는 여기에서 이미 간략히 암시된 결과로 이어진다. 이를테면, 어떠한 상황도, 즉 내가 처한 또는 관여하는 어떠한 현실적인 행동도 그 자체의 정의로움을 주장할 수 없으며, 따라서 사회나 개인의 '선한 양심'을 주장할 수 없다는 결과로 말이다.

내가 보기에 이것은 데리다의 정의에 관한 가장 설득력 있는 통찰들 중 하나이다. 우리는 아리스토텔레스로부터 칸트와 그 이후에 이르기까지, 윤리의 문제가 무엇보다도 실제로 선한 양심을 어떻게 획득할 수 있을 것인가를 발견하는 데 관련되었던 방식에 대해 사유할 수밖에

---

10 Jacques Derrida, *Writing and Difference*, Alan Bass trans., Chicago: University of Chicago Press, 1978[『글쓰기와 차이』, 남수인 옮김, 동문선, 2001], pp. 79~153.

없다. 레비나스의 영구적인 중요성은 양심을 주장할 수 없는 것으로 만들었다는 점이다.[11] 그리고 이러한 통찰과 선한 양심을 지닌 자들——아우슈비츠로부터 아프가니스탄에 이르기까지, 그들 자신의 행위로부터 법적인 그리고/또는 의무적인 성격에 대해 자긍심을 가졌던 사람들——사이의 관계는 이 통찰의 정치적 급진성을 확인한다. 우리가 사유하게 될 정의와 법의 분리라는 측면에서 보자면, 양심은 언제나 정의보다는 법의 편에 속한다. 그러나 이를 명확히 하기 위해서는, 해체와 정의의 관계에 대한 질문을 이어나가야만 한다.

## 2) 정의로서의 해체

정의의 문제가 '해체'라고 불리는 것 안에서 이미 다루어지고 있었다는 점은 데리다 자신의 작업의 도정에서 현재에 이르기까지 보다 명시적으로 다루어져 온 바 있는 주제들의 소환을 통해 취해지는 다음과 같은 몸짓으로 입증된다. "말할 것도 없이, 이중적 긍정, 교환과 분배를 넘어서는 선물에 관한 담론들은, 또한 단독성과 차이 그리고 이질성에 관한 담론들은, 철저하게, 정의에 관한 적어도 간접적인(oblique) 담론들이다"(「법의 힘」, 235).

정의의 문제가 법과 관련하여 이미 이전의 논의 내에서 예표된 바

---

11 레비나스의 기술에 따르면, "윤리는 자유가, 그 자체에 의해 정당화되는 것이 아니라, 그 자체를 임의적이고 폭력적이라고 느낄 때 시작된다". Emmanuel Levinas, *Totality and Infinity*(『전체성과 무한』), Alfonso Lingis trans., Pittsburgh: Duquesne University Press, 1969, p. 84. 그리고 이후에, "**타자**의 환영은 사실 그 자체로 나 자신의 불의에 대한 의식으로, 자유가 그 자체에 대해 느끼는 부끄러움이다"(『전체성과 무한』, 86). 또한 Adriaan Peperzak, *To the Other*(『타자를 향해』), West Lafayette: Purdue University Press, 1993, pp. 88~119. 특히 pp. 115~118을 참고할 것.

있다는 이 주장은 아포리아와 불가능한 것 등의 '주제'를 통해 추가적으로 입증된다(「법의 힘」, 244). 실제로 데리다의 고찰은 특징적으로 아포리아로, 필연적으로 어떤 가능한 것의 불가능성으로 향하게 될 수밖에 없다. 여기에서 정의가 이러한 조건에 연결된다는 것은 정의가 아포리아적인 것이 펼쳐지는 곳이라면 어디에서든 간접적으로 논의되었다는 것을 암시한다. 따라서 데리다는 여기에서도 정의가 '아포리아의 경험'을 요구한다고, 그리고 이에 따라 "정의는 우리가 경험할 수 없는 어떤 것의 경험일 것"이라고 말할 수 있는 것이다. 무엇보다 요컨대, "나는 아무리 그것이 불가능하다고 하더라도, 이러한 경험이 없는 정의는 없다고 믿는다. 정의는 불가능한 것의 경험이다"(같은 글, 244).

비록 이것이 성급한 독자에게는 불필요하게 어려운 것처럼 보일지 모르나, 그것은 만일 정의가 법의 '저편'이라면 직접적으로 파악할 수 없다는 점을 말하는 또 다른 방식이다. 우리는 정의가 오로지 시야의 주변에서 어렴풋이 감지될 수 있을 뿐이라고 말할 수 있을 것이다. 우리는 정의를 직접적으로 경험할 수 없는데, 왜냐하면 그것은 현존하지 않으며, 분명히 주어진 집합적인 법체계 안에 또는 집합적인 법체계로서, 현존하지 않기 때문이다. 어쨌든 이러한 간접적인 담론의 요지는 무엇이 정의일 수 있는지에 대한 일종의 간접적인 경험을 유발하는 것이다. 이런 의미에서, 이 논의는 '수행적'(performative)인데, 말하자면 그것은 이 논의가 간접적으로 노리고 있는 것을 독자에게 제시하는 목표를 추구하는 것이다. 수행적 발화의 가장 친숙한 예를 들자면, 마치 결혼 선서가 결혼을 성사시키거나 또는 선전 포고가 전쟁을 야기하는 것과 같이 말이다. 이와 같이 정의의 '불가능성'에 대한 담화는 법이 목표로 하면서 동시에 배신하는 것을 사유함에 있어 불안을 초래하는 효과를 노리고 있다. 우리는 이러한 효과가 여기 정의와 법에 대한 논의에서 그리고 또한 선물과 의무에 대한 논의 등에서 작동하고 있음을 보게 될 것이다. 이 시점에서 중요하게 언급해야 할 것은 정의에 대한 논의(아포리아로서의 정의, 불가능한 것으로서 정의 등에 대한 논의)가 다른 맥락에서 그리고 다른 문제들에 관련하여 해체의 절차와 맺고 있는 어떤 특정한 병렬관계다.

또한 바로 이 지점에서 독자에게 이 논의를 따라가는 데 따르는 어려움과 당혹감이 전혀 불필요하거나 또는 하찮은 것이 아니며, 오히려 우리가 사유하기 위해 노력하고 있는 것에 대한 충실성(fidelity)에 의해 요구될 수도 있으므로 인내하도록 요청하는 것이 유익할 것이다. 소크라테스 이래로, 우리가 이전에 상대적으로 쉬운 문제라고 생각해 왔던 무엇인가에 대해 당혹스러움에 빠지도록 하는 것이 바로 질문의 역할, 즉 '지성적인' ── 또는 그렇게 되기를 추구하는 ── 사유에 속한 본연의 책무라는 점은 명백하게 드러났다.[12] 나는 데리다와 바울이 그러한 전통에 속한다는 것을, 그리고 그 전통이 신학에 유익하다는 것을 증명하고자 한다.

법과 정의의 구분에 대한 사유는 데리다를 법과 힘(force) 또는 법

---

12 질문하기가 사유의 유일한 책무라거나, 또는 사유의 출발 지점이 아니라는 것은 데리다에 의해 첫번째로는 *Of Spirit: Heidegger and the Question*, Geoffrey Bennington, Rachel Bowlby trans., Chicago: University of Chicago Press, 1980[『정신에 대해서: 하이데거와 물음』, 박찬국 옮김, 동문선, 2005], 특히 pp. 129~136, n.5에서, 그리고 *Points……: Interviews 1974~1994*(『논점들…: 1974~1994년의 인터뷰』), Peggy Kamuf trans., Stanford University Press, 1995, p. 202를 통해 제시된 하이데거에 대한 논의에서 부정적으로 제시된다. 이 논의들과 다른 논의들에서, 데리다가 어떤 확실한 긍정(certain affirmation) 또는 심지어 '감사의 표명'(thanking)이 사유의 활동으로서의 질문하기에 선행한다고 말하고 있음이 분명해지게 된다.

적 집행력(enforceability)에 대한 논의에 관련시키는데, 이에 대해서는 다음 장에서 고찰하게 될 것이다. 하지만 이 논의의 맥락에서 우리는 몽테뉴(Montaigne)의 논의를 통해 그러한 구분에 대한 일차적인 암시를 얻게 된다. 이 논의에서, 데리다에 따르면, 몽테뉴는 "여기에서 법들(laws)[13], 말하자면 법(law)[14]을 정의로부터 구분하여 말한다. 법의 정의, 법으로서의 정의는 정의가 아니다"(「법의 힘」, 240).

이 논의는 데리다가 자신의 의도가 이런 것이라고 이미 말했던 것을 입증하게 될 것이며, 그의 의도는 다음과 같다. "나는 동시에 법을 초월하거나 법에 모순이 될 뿐만 아니라, 어쩌면 법과 관련이 없거나, 법을 요구하는 동시에 배제하는 법과의 기묘한 관계를 유지할 정의의 가능성을, 실제로는 법의 가능성을 보존해야 한다고 주장하려 한다"(같은 글, 233). 이러한 해체의 기획 또는 해체의 과정과 관련하여 제시되는 구분의 정식은 이런 것이다. "논의를 위해 내가 제시하려고 하는 이 역설은 다음과 같다. 이러한 법을 이루는 해체 가능한 구조, 또는 만일 이렇게 말하는 편이 낫다면, 법으로서의 정의를 이루는 해체 가능한 구조 역시 해체의 가능성을 보증한다. 그 자체로 법의 바깥 또는 너머에 있는 정의는, 만일 그런 것이 실존한다면, 해체 가능한 것이 아니다. 해체 자체가, 만일 그런 것이 실존한다면, 그런 것만큼이나 말이다. 해체는 정의다"(같은 글, 243).

데리다가 이어지는 텍스트들에서 지속적으로 언급하게 될 "정의

---

13 lois. 법체계, 법조문을 뜻한다. —옮긴이
14 droit. 권리를 뜻하는 말이지만, 여기에서는 법정신 또는 법조문이 아닌 법 그 자체를 뜻한다. —옮긴이

는……해체 가능한 것이 아니다"라는 언표는 부정의 형식을 통한 긍정[단언, affirmation]이다.[15] 이후, 이 정식은 일종의 표어(motto)로 기능하게 된다.[16]

이에 대한 두 가지 관찰이 뒤따를 수 있을 것이다. 우리는 해체와 정의 사이에 위치하는 "만일 그런 것이 실존한다면"이라는 병행구에 주목한다. 이러한 "만일 그런 것이 실존한다면"이나 또는 "만일 약간이라도 있다면"과 같은 병행구는 또한 이후에 논의될 텍스트들 내에 위치한 선물에 대한 정식[定式, formulation]들에서도 발견된다.

"만일 그런 것이 실존한다면"이라는 이 병행구가 정의에 관해서 말해진다는 것이 중요한데, 왜냐하면 이미 우리는 "이것은 정의롭다", "나

---

15  예를 들어, 『비밀에 대한 취향』(*A Taste for the Secret*, Cambridge, UK: Polity Press, 2001)에서, 데리다는 (마우리치오 페라리스Maurizio Ferraris와 함께) 당시에 「해체와 정의의 가능성」("Deconstruction and the Possibility of Justice")이라는 제목으로 출판했던 글의 전반부를 언급하며 이렇게 쓰고 있다. 데리다가 기술하고 있는 바에 따르면, "나는 처음으로 너무나 많은 말들을 통해 **어떤 해체 불가능한 것이 있다는 것을**, 그리고 정의가 해체 불가능하다는 것을 말했다"(「해체와 정의의 가능성」, 56). *Specters of Marx: The State of the Debt, the Work of Mourning, and the New International*, Peggy Kamuf trans., New York: Routledge, 1994[『마르크스의 유령들』, 진태원 옮김, 그린비, 근간], pp. 183~184, n.8에서 유사한 언급이 제시된다. "The Deconstruction of Actuality"(「현실성의 해체」)에서, 데리다는 다음과 같이 반복한다. "만일 그런 것이 있다면, 해체 불가능한 것은 정의다"(『협상들』, 104).

16  슬라보예 지젝은, 비록 때때로 명백하게 어떤 특정한 해체에 대해 비판적이지만, 그럼에도 그가 지칭하는 해체의 한계에 대한 결정적인 통찰을 데리다의 공로로 돌린다. "우리는 바로 여기에서 해체의 한계와 조우하게 된다. 데리다 자신이 지난 20년 동안 실현했듯이, 해체가 더욱더 급진적일수록, 해체는 더욱더 해체에 내재하는 해체 불가능한 조건에, 정의라는 메시아적인 약속에 의존해야만 한다. 이 약속은 진정한 데리다적 믿음의 대상이며, 데리다의 궁극적인 윤리적 공리는 이 믿음이 환원 불가능하다는, 즉 '해체 불가능'하다는 것이다"(『죽은 신을 위하여』, 139). 지젝이 인지하지 못하고 있는 듯 보이는 것은, 데리다가 정의와 해체를 동일시한다는 점이다. 정의가 해체에 대한 한계(limit)가 아니라 해체 자체의 경계구역(limit) 또는 해체를 가능하게 하는 원동력이라고 보는 방식으로 말이다.

는 정의롭다" 또는 "정의는 이것이다"와 같은 형식을 취하는 어떤 종류의 언표(사실 확인적인constative)를 기대하는 것에 대해서도 주의하라는 경고를 받았기 때문이다. 이러한 유보의 이유는 바로 그러한 언표가 정의를 (하나의) 법 또는 규범에 종속시킨다는 것이다. 그러나 여기에서 관건은 정의를 법 바깥에서 또는 그 너머에서 사유하는 것이며, 이를 통해 법 혹은 규범은 심문받게 될 것이다.

"해체는 정의의 해체 불가능성을 법의 해체 가능성으로부터 분리하는 간격에서 발생한다"(「법의 힘」, 243). 이 "해체는 정의다"라는 정식의 기반 위에서, 우리는 정의와 법 사이의 구분의 한 극단에서, 말하자면 정의의 측면에서, 해체가 발견될 것을 기대할지도 모른다. 그러나 여기에서 해체는 그 사이에, 이 구분이 사유되고 그에 따라 정의가 법 너머로서 사유되는 한에 있어서만 발생하는 어떤 '사이'에 위치한다.[17] 따라서 데리다는 심지어 이 글의 기초가 되었던 강연문의 제목 「해체와 정의의 가능성」을 「해체의 가능성으로서의 정의」라는 제목으로 뒤집을 수도 있다고 말한다(같은 글, 243).

---

17 여기에서 중요한 모든 사안에 대해 말하지는 않더라도, 해체가 언제나 한계 그 자체의 너머에서 질문하기가 아니라, 한계에서 그리고 한계에 '대해서' 질문하기라는 점은 반드시 확인해야 할 것이다. 문제가 정의나 선물 또는 죽음 중 어느 것에 관한 것인가에 관계없이, 이 용어들은 지식의 한계를 분명히 하고, 그에 따라 한계 '내부에' 구축된 지식을 불안정화하는 기능을 수행한다. 우리는, 정의와 관련하여, 법을 해체하거나 또는 그것으로 인해 법이 해체될 수 있는 것을 바로 정의라고 말할 수 있을 것이다. 달리 말해, 해체는 정의의 요구에 의해 유발되거나 고무된 사유의 활동이다. 따라서 해체는 정의와 법 사이의 '휴지기'에 또는 '경계' 위에서 발생하며 그 자체로는, 있는 그대로의 (정의의) '저편'이 아니다. 그러나 해체는 (정의의) 저편이 없이는, 그리고 저편에 대한 또는 한계(예를 들어, 법)를 초월하는 것에 대한 사유함이 없이는 사유 가능하거나 또는 실행 가능하지 않다. 한계 또는 경계의 '문제'는 *Aporias*(『아포리아들』), Thomas Dutoit trans., Stanford: Stanford University Press, 1993, 특히 pp.1~42에서 충분히 논해진다.

## 정의와 법의 불안정한 구분

데리다는 "정의와 법 사이의 난해하고 불안정한 구분을, 한편으로는 정의(무한한, 계산 불가능한, 규칙에 반역적이며 균형에 외래적인, 이질적이고 전위적인) 그리고 다른 한편으로는 법, 합법성 또는 적법 절차로서의, 다시 말해 안정 가능하며, 조문에 따르는, 계산 가능한 장치로서의 정의의 실행 사이의 구분을 드러내거나 또는 어쩌면 생산하게 될"(같은 글, 250) 예들을 제시하겠다고 말한다. 여기에 제시된 잠정적인 구분들을 살펴보도록 하자. 정의와 법 사이의 구분에 대해 사유하기 위해, 일군의 대립항들이 도입된다. 우리가 상기하게 될 그대로, 그런 대립항들의 집합은 '안정된' 채로 유지되지 않을 것인데, 그러한 대립항들의 안정은 여기에서 고려되는 정의와 법의 구분을 손상시킬 것이기 때문이다. 그러나 여기에서 고려된 정의와 법 사이의 구분을 가리키는 일종의 예비적인 암시로 인해, 계산 가능한 것(법)과 계산 불가능한 것(정의) 사이의 대조가, 즉 정당하거나 또는 적법한 것(법)과 "규칙에 반역적인" 것(정의) 사이의, 이질적/전위적인 것(정의)과 안정되고 고정 가능한(법령화된) 법 또는 그러한 법을 목표로 하는 어떤 것 사이의 대조가 제시된다.

데리다는 한 발 더 나아가 이러한 구분을 다음과 같이 강조하고 있다. "법은 정의가 아니다. 법은 계산의 요소이며, 그저 거기에 있을 뿐이지만, 정의는 계산 불가능하다"(같은 글, 244). 그는 이어서 의문을 제기한다. "어떻게 유일무이한 상황 내에서 언제나 단독성, 개인들, 집단들, 대체 불가능한 실존들, 타자로서의 타자 또는 나 자신에 관련되어야만 하는 정의의 행위를 필연적으로 일반적인 형식을 취하는 규칙, 규범, 가치, 또는 정의의 명령과 화해시킬 수 있을 것인가?"(같은 글, 245). 이 마지막 숙고는 앞에서 제시된 「법 앞에서」에 관해 쓰여졌던 단독성과 보편적인 것 사이의 관계를 다루는 글에서 표명된 몇 가지 관련된 문제들을 포착해 낸다. 그러나 여기에서 결정적으로 주목해야만 할 것은 정의와 연관된 것은 단독적인 행위인 반면, 법과 연관된 것은 일반적인 규칙 또는 규범이라는 점이다. 그러므로 정의의 요구 또는 촉발은 보편화할 수 있으며 계산 가능한 법의 형식 바깥에 또는 너머에 있다.[18]

여기에서 신학자는 정의가 하나의 초월적인 범주를 명명하며 이를 통해 내재적인 정식들(법률 또는 법 자체)이 검토된다고 말하고 싶은 유혹을 받게 될 것이다. 그리고 여기에서 이런 이야기는 진실로부터 그리 멀리 떨어져 있지 않다.[19] 그러나 우리는 여기에 머물지 않을 것인데, 왜냐하면 모든 그런 정식들이 여기에, 즉 그들이 지적하고 싶어 하고자 하는 구분의 [저편이 아닌] 이편에 놓여 있기 때문이다. 만일 우리가 안정적인 것[법]과 이를 불안정화하는 것[정의]의 구분을 안정화하는 것이 무엇이냐고 묻는다면 우리는 이에 대한 어떤 의미를 얻게 될 수도 있다. 이 둘의 구분이 직접적으로 실행될 경우, 이로 인해 나타난 구분의 안정성은 우리가 아직 안정적인 것을 넘어섬으로써 이를 불안정화하는 것

---

18 보편적인 것(the universal)과 단독적인 것(the singular) 사이의 관계는 데리다의 『죽음의 선물』에서 키르케고르에 대한 논의를 통해 다루어지고 있는데, 여기에서 데리다는 우선, 키르케고르에게 있어, 단독적인 것은 보편적인 것의 '윤리적' 형식과의 단절이지만, 그 이후에는 정확하게 이 단독성(이삭을 희생제물로 드리겠다는 아브라함의 결단)이 모든 윤리적 결정의 성격으로 보편화될 수 있다는 점에 대해 특별히 언급하고 있다. *The Gift of Death*(『죽음의 선물』), David Wills trans., Chicago: University of Chicago Press, 1995, pp. 64~67.

19 제프리 베닝턴은, *Interrupting Derrida*(『데리다 가로막기』), New York: Routledge, 2000에서, 데리다 사유 내에 있는 준-초월성에 대해 말한다. 원탁 토론에서, 데리다는 선험 철학에 대한 그의 관련성에 대해, "나는 초월성에 전혀 반대하지 않는다"고 말한다. *Questioning God*(『신을 묻다』), John Caputo, M. Dooley, M. J. Scanlon eds., Bloomington: Indiana University Press, 2001, p. 61.

을 지시하는 데 성공하지 못했다는 점을 분명하게 드러낸다. 안정적인 것 또는 보편화할 수 있는 것 또는 우리에게 주어진 것(법)은 이미 불안정화하는 것(정의)을 제거하는 것에, 또는 적어도 그것을 종속시키는 것에 성공했을 것이다. 그런 경우에, 법의 부동성은 이미 승리를 거두었을 것이며, 해체에 관련된 어떤 것은 잘못된 이해로 증명될지도 모른다. 나는 이 논의를 진행하면서 이것이 보다 명확해질 것이라고 믿는다. 그러나 지금 당장 중요한 것은 여기에서 전개된 구분의 필연적이면서 동시에 잠정적인 성격을 이해하는 것이다. 우리가 법과 정의의 구분에 관련될 수도 있는 어떤 것을 살피는 데 있어 그러한 구분은 필연적이다. 그러나 만일 우리가 이러한 구분을 완전한 법의 승리로, 법이 정의를 삼키는 결과로, 법을 실제로 불안정화하고, 운동 가운데 두며, 그 구분의 다른 한편[정의]에 대해(타자에 대해) 계속 열려 있도록 하는 모든 질문이 법이 소거해 버리는 귀결로 회귀하는 것을 막아야 한다면, 그 구분은 필연적으로 잠정적인 성격을 가지게 될 것이다.[20]

정의와 법의 구분에 있어 무엇이 문제가 될 것인지를 어느 정도라

---

20 여기에서 데리다는 레비나스에 대해 이야기하지만, 이 고찰에 추가적으로 관여하지 않을 것을 선택한다. 레비나스와 데리다 사이에 공유되는 어떤 것은 타자의 개념이다. 그러나 두 사람 사이에서 이 개념을 다르게 만드는 요소들 중 하나는 레비나스가 윤리를 말하는 곳에서 데리다는 정의를 말하고자 한다는 것이다. 이는 타자(들)의 다수성과 관계되는데, 이에 대해 각각의 모든 타자는 전적으로 다르다고, 우리는 말할 수 있을 것이다. 데리다는 정의를 강조하기 위해 그가 레비나스의 윤리에 대한 논의의 기본적인 항들을 바꾸었다는 점을 인식하고 있다. 왜냐하면 윤리가 타자의 문제일 뿐만 아니라 '또 다른 타자'의 문제이기도 할 때에 있어 관건이 되는 것이 정의이기 때문이다. 이때 관건이 되는 것은 각각의 타자의 (절대적인) 요구들에 대한 판단(adjudication)이고, 이것은 정의의 문제이며, 그리고 따라서, 레비나스도 말하는 것처럼, 정치의 문제이다. 데리다는 "Ethics and Politics Today"(「오늘날의 윤리와 정치」), *Negotiations*(『협상들』), pp. 295~314에서 정의의(그리고 또한 정치의) 문제를 특권화하는 것에 관련하여 이 문제에 특별한 관심을 기울인다.

도 이해하기 위해서, 중요한 것은 이러한 구분을 법 ——구체적인 적법 절차와 합법성의 체계로서의 ——의 불의(injustice)에 관한 다양한 지점 들에서 야기되는 질문들과 관련시키는 동시에 그러한 질문들로부터 구 별해 내는 것이다. 데리다는 파스칼과 몽테뉴에 대한 논의와 관련하여 이러한 구분을 정식화해 낼 방법을 제공한다. 몽테뉴에 관한 데리다의 언급에 따르면, "그럴 때 우리는 그것으로부터 근대적인 비판적 철학의 전제들을, 심지어 사법적 이데올로기에 대한 비판을, 사회의 지배적인 힘들(forces)의 경제적·정치적 이해관계들을 숨기면서 동시에 반영하 는 법의 상부구조들에 대한 침식작용을 발견할 수 있다. 이것은 언제나 가능할 것이며, 때로 유용할 것이다"(「법의 힘」, 241). 이 구분이 단지 "때 로 유용"할 뿐인 이유는 그것이 여전히 문제의 근본적인 중심부로 향하 지 않는다는 점이다. 그것은 법과 정의의 구분이 단순한 법의 개정에 의 해 개선 가능한 것이라는 인상을 남기게 될 것이다. 이 경우에, 법과 정 의의 구분은 단지 한시적인(temporary) 것일 뿐이다. 이를 생각함에 있 어 초래되는 난점은, 법률의 개정을 제도화했을 때, 문제로서의 정의가 소멸되어 버리게 될지도 모르는 방식으로 법과 정의의 일치를 생각하게 될 수도 있다는 점이다. 법 개정 운동의 역사가 암시하는 것은 모든 기존 사법질서가 정확하게 이런 방식으로 정의의 문제를 침묵시키려 한다는 점이다. 법은 개정되었고(왕정, 귀족정, 짐 크로우 법Jim Crow Legislation[21] 은 폐지되었고), 그러므로 현행의 질서는 '정의'로우며, 따라서 정의의 편 으로부터 어떠한 문제도 제기될 수 없게 되는 것이다.

　　그러나 개정 문제의 중요성을 제한하는 방식에 수반되는 위험이 있 다(현행법이 권력자들의 정치적·경제적 이해관계의 적층積層이라는 의미에 서). 왜냐하면 이것은 언제나, 실제로 긴급한 사안이기 때문이다.[22] 더욱

이 대체로 법에 관련된 정의의 문제로 들어서는 최초의 열림이 만들어지는 경로는 바로 법이 권력자들의 이해관계에 종속된다는 인식을 경유하는 것이다. 만일 사법적 질서가 권력자들의 이해관계의 보호로 귀결된다는 것을 알게 된다면, 이러한 인식은 정의의 문제를 민감하게 만들 것이다. 다음 장에서, 우리는 데리다가 법에 대한 정의의 이질성을 드러내는, 보다 근본적인 또는 급진적인 방식을 취하고 있음을 알게 될 것이다. 어쨌든 성급한 자들이 해체가 역사, 정치, 또는 구체적인 정의의 문제를 심각하게 받아들이지 않았다고 상정하는 것은 바로 법에 대한 이런 유의 비판("때로 유용한")을 향한 명백히 부정적인 몸짓이다. 차라리 해체에 대해 이렇게 말하는 편이 낫지는 않았을까. 역사적이며 구체적인 상황들이 예시들일 뿐인 관계에서, 무책임한 순진함에 빠지지 않으려 한다면 언제나 그래야 할 것처럼, 근본적으로 무엇이 관건인지 묻는 경우를 제외하고, 해체는 거의 언제나 유용하며 일반적으로 상당히 긴급하다고 말이다.[23]

---

21 미국의 남부 주들에서 1876년부터 1965년까지 실행된 흑인 차별법. 남북전쟁 이후, 전쟁 중에 '남부 연방'(the Confederacy) 소속이었던 주들은 흑인들의 "구별적이지만 평등한"(separate but equal) 지위를 법적으로 명시했다. 이 법으로 인해 실질적인 정치, 경제, 교육의 불평등이 발생하였고, 1964년 공민권법(Civil Rights Act)과 1965년 투표권법(Voting Rights Act)에 의해 차별조항들이 폐지될 때까지 지속되었다.─옮긴이

22 우리는 데리다가 정의의 문제들이 지닌 긴급성을 완전하게 인식하고 있으며, 이 문제가 아마도 법에 의해 해결될 수 없을 것임을 인식하고 있다는 점을 알게 되었다. 1장을 참고하라.

23 내가 보기에는, '육신'에 의해 장악된 (율)법에 대한 바울의 논변은 법이 어떤 방식으로 줄곧 그것을 제안하고 집행할 수단을 가진 자들의 사리사욕에 봉사하게 되는지 이해하기 위한 작업틀로서 기능한다. 이 경우에, '특정한 예시들'은 언제나 법이 실존하는 모든 곳에서 실증법(positive law)으로서 적용되는 일반적인 규칙의 예로 기능한다. 하지만 이러한 제안은 이에 대한 데리다의 논변이 또한 바울의 논변에서 나타나는 다른 요소들과 공명하는 방식에 대한 해명이 추가적으로 가능할 때까지 유보되어야만 한다.

## 정의와 법의 상호작용

법과 정의가 깔끔하게 밀봉 용기에 담겨 (어떤 고정된 또는 안정적인 규범에 따라) 분리될 수 없다는 것은 이 둘 사이의 관계의 복잡성을 확인함으로써 분명해진다. "그러나 법은 정의의 이름으로 그 자체를 실행할 것을 요구하며, 정의는 그 자체로 '집행된' 힘에 의해 실행되는(구성되고 적용되는) 법의 이름을 통해 정립될 것을 요구한다는 점이 드러난다. 해체는 언제나 이러한 양 극단 사이에서 발견되며 그 자체로 이 사이에서 운동한다"(「법의 힘」, 251). 우리는 다음과 같은 방법으로 이를 정식화할 수 있을 것이다. 법은, 표명되거나 또는 강제로 실행될 때마다, 정의라는 개념에 의지한다. 모든 법 또는 법전[법체계, body of laws]은 바로 정의를 준거로 하여 구성되는 것이다. 구체적으로 이러한 구성은 정의를 담당하는 '부'(部) 또는 '성'(省) 내에 법 행정을 위치시키는 형식을 취한다. 그런 관청의 책무는 법(law) 또는 법률(laws)을 운영하거나 또는 유효하게 하는 것이다. 언제나 법은 오직 정의를 준거로 하는 법이며, 그러한 준거가 없다면, 법으로 유지되거나, 운영되거나, 또는 집행될 수 없다.

반면, 정의에 대한 책임은 필연적으로 정의의 요구 또는 요청을 사회적 질서에 유효하고, 이해할 수 있으며, 적용할 수 있는 것으로 만드는 형식을 취하게 된다. 만일 그렇지 않다면, 정의에 대한 책임은 순수하게 사변적이며, 단적으로 유토피아적인 견해로 남게 될 뿐이다. 그러나 이러한 견해는 언제나 정의가 유효하며, 실행 가능하게 되기를, 정의의 요구가 인간의 사회성(sociality)에 대해 의무적인 것으로 인정되기를 요구하는 정의의 이념 또는 요구 자체에 상반된다.[24] 그러므로 법과 정의는, 아무리 선명하게 그 둘 사이를 구분할 필요가 있다고 하더라도, 어쨌든 서로를 요구한다. 확실히 이 둘은 서로 안에 깊이 뿌리 내리고 있다.

그렇다면 이 논변의 지점에 대해서, 우리는 정의와 법 사이를 구분할 필요가 있다. 그런 구분 없이, 우리는 진정하게 법을 사유할 수 없다. 즉, 실증법으로서든 또는 도덕법으로서든, 법의 타당성 앞에서 사유는 무력화된다. 해체의 본질은 여기에서든 혹은 다른 어느 곳에서든 사유가 무력화되어서는 안 된다는 것이며, 해체는 모든 것을 운동 가운데 두고자 하는 것, 다시 말해 사유를 위한 공간을 열고, 이러한 사유에 필요한 공간 내기(spacing)를 사유하는 것이다.

법과 정의에 대한 이 고찰들은 다시 돌아오게 될 것이다. 어쨌든 우선 중요한 것은 데리다가 여기에서 제시했던 구분을 취하여 중요한 방식으로 전개하는 세 가지 텍스트들을 이어서 살펴보는 것이다.

## 법(들)과 권리(들)

데리다는 이후에 쓴 텍스트 『마르크스의 유령들』에서, 이 정의와 법의 관계라는 문제로 되돌아간다. 여기에서 그는 우리가 이미 고찰한 바 있는 논의로부터 자신의 사유를 구축한다. "해체적인 사유, 여기에서 내게 중요한 그것은 언제나⋯⋯정의라는 어떤 특정한 이념(여기에서 법으로부터 분리된)의 해체 불가능성을⋯⋯지시해 왔다"(『마르크스의 유령들』, 91).[25] 그러나 우리는 여기에서 이미 제시된 구분에 대한 어떤 다소간 시

---

24 법에 대해 진행 중인 비판과 전환의 과정에 대해 이야기하면서, 데리다는 다음과 같이 말한다. "그러나 이 과정은 정의의 이름으로 펼쳐진다. 즉, 정의는 법을 요구한다. 우리는 법으로 정의를 구현하고자 시도하지 않으면서 단순히 정의를 요구할 수 없다. 따라서 정의는 단지 법의 바깥에만 있는 것이 아니며, 정의는 법을 초월하지만 동시에 법을 요구하는 어떤 것이다"("Hospitality, Justice and Responsibility"(「환대, 정의 그리고 책임」), *Questioning Ethics: Contemporary Debates in Philosophy*(『윤리를 묻다: 철학의 동시대적 토론들』), Richard Kearny and Mark Tooley eds., London: Routledge, 1999, pp.72~73).

험적인 확장에 관심을 둘 것이다.

　서언에서, 그는 다음과 같이 쓰고 있다. "만일 내가 유령들에 대해서 충분하게 말할 준비를 하고 있다면……그것은 **정의**라는 이름을 통해서이다. 정의에 관하여, 아직 그것이 있지 않은 곳, **거기에** 있지도 않은 곳, 그것이 더 이상 없는 곳에서, 그것이 더 이상 **현존하지** 않는 곳에 대해, 그리고 법 자체가 그런 만큼이나, 그것이 결코 법들 또는 권리들로 환원될 수 없을 그런 곳에 대해 알아보도록 하자"(『마르크스의 유령들』, xix). 정의의 담화와 '유령들'의 담화의 관계, 즉 죽은 자들(그리고 데리다가 말하듯이 실제로 아직 태어나지 않은 자들)의 현재를 지탱하며,[26] 그들에 대한 그리고 그들에 앞선 어떤 특정한 책임을 유발하는 방식으로 현

---

25　또한 『마르크스의 유령들』, pp.183~184, n.8을 볼 것.

26　내가 보기에, 데리다는 반복적으로 죽은 자의 현존으로서의 유령들이라는 보다 상식적인 관점을 특권화하는 듯 보이며, 이런 경향은 *Memoires for Paul de Man*(『폴 드 만에 대한 회상』. 이하 『회상』), Cecille Lindsay, Jonathan Culler, Edwardo Cadava, Peggy Kamuf revised edition, New York: Columbia University Press, 1989의 특히 pp.22~32에서 보다 더 인상적으로 드러난다. 페기 카무프가 내게 이야기해 준 것처럼, 『마르크스의 유령들』에서 데리다가 특별히 태어나지 않은 자들을 염두에 두고 있다는 점 또한 사실이다. 게다가 『회상』에서 제시된 언급들이 명확히 하는 것처럼, 이것은 또한 흔적(trace)이라는 보다 일반적인 주제와 연관된다. "Marx & Sons"에서[「마르크스와 아들」, 『마르크스주의와 해체』, 한형식·진태원 옮김, 길, 2009에 수록], 데리다는 "흔적을 사유하고자 하는 시도는……유령성(spectrality)을 사유하고자 하는 시도로부터……분리 불가능하며, 처음부터 이러한 시도로부터 글자 그대로 떼어 놓을 수 없는 것이었다". *Ghostly Demarcation: A Symposium on Jacques Derrida's "Specters of Marx"*(『희미한 경계: 자크 데리다의 『마르크스의 유령들』에 대한 심포지엄』), Michael Sprinker ed., London: Verso, 1999, p.268. 유령성과 정의라는 '주제들' 간의 관계에 대한 정교한 분석을 위해서라면, 페기 카무프의 "Violence, Identity, Self-Determination, and the Question of Justice: On Specters of Marx"(「폭력, 정체성, 자기-결정, 그리고 정의의 문제: 마르크스의 유령들에 관해서」), *Violence, Identity and Self-Determination*(『폭력, 정체성, 그리고 자기-결정』), Hent deVries, Samuel Weber eds., Stanford: Stanford University Press, 1997을 참고하라.

재를 지탱하는 기묘한 양식에 대한 관계는 우리가 미래로 연기해야만 할 주제이다.[27] 여기에서 우리의 목적에 대해 중요한 것은 두 가지 부가적인 범주들이 작동하게 되는 방식이다.

한편으로, 우리에게는 법 자체와 정의의 연관이 주어지는데, 복수형을 취하는 법들(laws)[28] 또는 권리들(rights)[29]과의 구분이 관련되기 때문이다. 즉, 우리는 법들(laws)로부터 구분되는 단수적인 것으로서의 **법**(the law) 또는 법 자체를 사유하도록 초청받게 되는 것이다. 이 지점에서, 우리는 여기서 법 또는 법 자체가 단순히 정의를 나타내는 다른 하나의 단어일 뿐인지, 아니면 우리가 어떤 이중적인 구분——정의와 법 사이의 구분, 그리고 정의/법 그리고 법들/권리들 사이의 구분——을 사유하도록 초청하는 것인지에 대한 의문을 품을 수도 있을 것이다. 만일 여기에서 이중적인 구분을 사유해야만 한다면, '법'(the law)은 법들(laws)과 정의 사이에 위치될 뿐만 아니라 또한 어떤 의미에서 보자면 불안정한 것이 될 터인데, 이것은 법이 정의의 측면에서 보자면 정의와 법들 사이의 구분으로 그리고 법들의 측면에서 보자면 정의와 [단수적인] 법(들) 사이의 구분으로 사유될 것이기 때문이다.

이 단계에서, 우리는 '법'(the law)——말하자면 칸트적 정언명령, 즉 도덕법 같은 어떤 것——이 성문법적인 정식으로 환원될 수 없다고, 그것은 언제나 그러한 정식을 초과한다고 말할 수 있을 것이다. 또한 칸

---

27 우리가 여기에서 착수하고 있는 정의에 대한 논의는 적어도 한 유령에 대한 문제를 수반하는데, 그 유령은 데리다의 「법 앞에서」에 대한 이전 논의에서 이미 어렴풋이 보였던 것처럼, 정말로 그렇다면, 데리다의 담론에 출몰하고 있는 바울의 유령이다.

28 법률, 법들이 모여 만드는 법의 체계.——옮긴이

29 시민권, 인권을 의미.——옮긴이

트적 정언명령을 생각해 보면 법들과 권리들이 여기에서 어떻게 구체적으로 연관되는지를 이해하는 데 도움이 되는데, 왜냐하면 "다른 개인들을 수단이 아닌 목적으로 대하라"는 그 명령은 법에 대한 존중이 다른 개인에 대한 존중으로 이해될 수 있음을 말하기 때문이다. 그러한 존중은 하나의 권리들의 집합으로(그런 관계의 대상/주체가 된다는 것은 무엇을 의미하는가?) 또는 법들의 집합으로(나는 타자의 권리들을 존중해야만 하고 타자는 나의 권리들을 인정해야만 한다는 것은 무엇을 수반하는가?) 정식화될 수 있다.

그러므로 여기에서 등장하는 두번째 사안은 법들과 권리들 그리고 법과 권리의 관계이다. 이러한 연관은 근대성(modernity)에 있어 결정적인 것인데, 권리와 권리들의 문제를 정의와 정의의 토대에 문제를 제기하는 특징적인 방식으로 삼는다는 측면에서 그렇다. 데리다가 "정의의 이념——우리가 법 또는 권리로부터 그리고 심지어 인간적 권리들 [인권, human rights]로부터 구분하는"(『마르크스의 유령들』, 59)이라고 말하는 이후의 문구에서 어떤 이중적 구분을 고려해야만 한다는 것이 명확해진다. 여기에서 중요한 것은 심지어 권리와 권리들에 대한 근대성의 매혹마저도 정의로부터 구분되며, 그리고 정의에 종속된다는 점이다. 우리는 데리다가 다음과 같이 쓸 때 주목했던 그런 종류의 구분으로 회귀하게 된다. "우리가 항상 기억해야만 할 것은 심지어 이 불가능한 것의 무시무시한 가능성의 기초 위에서도 정의가 희구될 수 있다는 점이다. 권리와 법을 **통해** 그리고 또 이 둘 **너머에서** 말이다"(같은 책, 175). 여기에서도 나는 다시 한번 정의와 법/권리 그리고 법/권리와 법들/권리들이라는 이중적 구분이 작동하고 있다는 점을 관찰하는 데 그치고자 한다.[30]

우리는 여기에서 나타나는 듯 보이는 개념적 배치를 시험적으로 요약해 볼 수 있을 것이다. 정의는 법(그리고 권리)과의 다소 대립적인 관계에 서게 되고, 법(그리고 권리)은 다시 법들/권리들과의 다소 대립적인 관계에 서게 된다. 따라서 이전에 제시했던 정의에 대한 법과 적법성의 관계라는 문제와 관련하여 우리에게는 먼저 권리가 주어진다(예를 들어 '인간적 권리들'에서와 같이). 이에 더하여, '정의-법/권리(그 자체)-법들/권리들'의 층위 또는 차원을 통해 우리 스스로에게 잠정적으로 재현될지도 모르는 이중적 구분이 주어진다. 또한 우리가 이러한 구분들의 필연적인 불안정성을 유념하고 있는 한, 이러한 불안정성이 가장 잘 드러나는 곳은 중간항의 지점, 즉 법 자체라고 말할 수 있을 것이다. 왜냐하면 이러한 불안정성은 한편으로 이러한 관계로 인해 어떠한 법체계라도 결함이 있다고 (그리고 그런 한에 있어 법 자체가 법들과의 관계에서 정의로 기능한다고) 간주될 수 있다는 점을 나타내며, 다른 한편으로 법 자체를 포함하는 법의 해체 가능성과의 관계에서 해체 불가능한 것으로 간주되는 정의의 편에서 보면 여전히 문제로 남기 때문이다.

---

30 여기에서 데리다의 논변이 어느 정도는 droit의 어법상의 가능성들에 의존하고 있다는 점에 대해 주지하는 것이 중요할 것이다. 이 단어는 '정의'(justice) 또는 '법'(law), 그리고 또한 인권(human rights)이라는 의미에서의 '권리'(right)로 번역될 수 있다. 독일어의 Recht가 또한 유사한 사례일 것이다. 여기서 데리다는 그의 텍스트들에서 전반적으로 그런 것과 같이, 의도적으로 사유의 관용적 어법으로 지칭될 법한 어떤 것을 드러내고 있다. 즉, 사유가 단순히 보편적일 뿐만이 아니라, 사유가 작동하는 특정한 언어(또는 관용어법)의 자원에 의존하며 그 언어의 장애에 부딪치는 방식을 말이다. 나의 시론은 그 자체로, 바울의 정의에 대한 관심에 가해지는 잘못된 번역을 줄이면서(올바름, 올바르지 못함, 사악함 등의 용어로부터 유래된 논의가 초래하는 오해에 빠지기보다는), 동시에 정의의 요청과 요구가 들릴 수 있는 번역을 겨냥한다는 의미에서, 번역의 문제에 대한 개입이다. 그러나 이것은 또한 데리다의 '철학적' 언어(프랑스어에서 영어로 번역된)와 바울의 '종교적' 언어(그리스어에서 영어로 번역된) 사이의 번역을 시도하는 것이라 할 수 있다.

내가 보기에, 이 논점은 『죽음의 선물』에서 전개된 키르케고르에 대한 논의에서 특히 명료하게 드러나게 되는데, 실제로 거기에서 명백히 드러나는 것은 정의에 의해 요구되는 것 또한 보편화될 수 있는 책임이라는 의미에서 법 자체를 위반할 수도 있다는 점이기 때문이다. 우리는 이후 이 문제로 되돌아가게 될 것이다.

## 보복적 정의 그리고 분배적 정의를 넘어서

그러나 우선적으로 중요한 것은 데리다를 통해 우리가 때로 '정의'라고 불리는 것을 ─ 말하자면, 우리가 보복적인 정의를 그리고 심지어 분배적인 정의를 말할 때 의미한 그런 것조차도 ─ 넘어서는 정의를 사유할 또 다른 길을 얻게 된다는 점이다. "햄릿이 불평하는 것처럼 ─ 니체 이전에, 하이데거 이전에, 벤야민 이전에 ─ 만일 권리 또는 법이 복수로부터 유래하는 것이라면, 우리는 어느 날, 더 이상 역사에 속하지 않는 그날, 준-메시아적인(quasi-messianic) 그날, 마침내 복수라는 숙명으로부터 떨어져 나온 그러한 정의를 바랄 수 있는가? 제거되는 것보다 더한, 그것의 근원에 있어 무한하게 외래적이고 이질적인 것으로?"(『마르크스의 유령들』, 21). 물론 완전하게 보복을 넘어서며, 이에 따라 되갚음을 넘어서는 이러한 정의의 개념은 선물(gift)의 문제 또는, 기독교인들이 말하는 소위 은혜의 문제를 유발한다. 여기에서 데리다가 관심을 가지는 정의의 개념은 보복으로부터 벗어나며, 따라서 탈출구 없이 끝없는 보복적 순환(악무한)으로 들어가는 복수라는 길에서 벗어나는 것이다. 햄릿에게 번민을 유발하여, 다른 길을, 다른 정의를, 다른 종류의 시간을 생각하게 하는 것도 바로 이 복수라는 책무인 것이다.

데리다를 당혹스럽게 하는 문제들 중 하나는 정의라 칭해지는 끝없는 복수의 순환인데, 이 순환은 예루살렘을 그 수도로 하는 듯하지만 우리 모두를 집어삼킬 듯 끝없이 위협하는 동족살해적(fratricidal) 투쟁을 통한 나선운동을 지속한다. 그러나 대개 이러한 나선운동에 다시 불을 붙이는 그 외침은 정확하게 말해서 정의를 부르짖는 요구이며, 말하자면 어떤 방식으로든 빚을 청산하게 될 되갚음으로서의 정의를, 복수로서의 정의를 요구하는 외침이다. 그러나 이 끝없는 '번민−복수−번민'의 순환은 진정으로 정의에 대한 요구에, 또는 보다 정확히 말해서 정의의 요구에 귀 기울일 때 요구되는 어떤 것인가?

법은 이러한 끝없는 순환을 제한하는 방편, 이를테면 이러한 끝없는 번민의 축적을, 이 받은 것을 되갚으려는 끝없는 선동을 형식화하고, 계산하며, 제거하는 방편이거나 또는 그러한 방편이 되는 듯 보인다. 법의 저편인 정의는 복수의 악무한으로의 회귀일 수 없다. 그러나 그렇지 않다면, 대체 무엇이란 말인가? "어떻게 이 두 어그러짐(disadjustment)의 사이를, 부당한 것(the unjust)의 어긋남과 타자에 대한 관계의 무한한 비대칭성을 여는 어긋남 사이를, 말하자면 정의를 위한 장소를 식별할 수 있을 것인가?"(같은 책, 22) 정의에 관한 어그러짐 또는 부정합의 문제는 하이데거의 모아냄(gathering) 또는 어울림[결합, joining] 또는 어쩌면 '바로잡기'(adjusting)[31]로서의 dike에 대한 사유와 연관된다. 그렇다면, [dike의 반대말인] adikia는 부정합으로서의 불의일 것이며, 이것은 통속적으로 정의라 불리는 것(그것에 대해 보복이나 심지어 분배조차도 상응하게 될)을 붕괴시킨다. 그러나 여기에는 또한 타자들과의 관계를 위한 공간을 여는 정의와 법 사이의 부정합

---

31 혹은 끼워 맞추기.—옮긴이

(disadjustment[adikia])에 대한 사유가 있다. 「니체와 기계」에서 데리다는 다음과 같이 설명한다.

> 내가 해명하고 있는 정의의 개념은 연합함으로서의, Fug[권리, 올바름을 의미하는 독일어]로서의, 모아냄으로서의 dike라는 하이데거적 개념과 대립하는 것이며, 그것은 정의가 불일치(discordance)이며, 반드시 그래야만 함을 말한다. 정의가 다른 사람과의 관계를 함의하게 되자마자, 그것은 중단(interruption), 탈−결합(disjoining), 분리 또는 탈−구−되어 있음(being-out-of-joint)을 상정하게 되는데, 그것은 부정적인 것이 아니며, 해체 불가능하지 않은 탈−구−됨(out-of-jointness), 즉 해체로서의, 모든 확정된 법[droit]의 가능적인 해체로서의 정의인 것이다. (『협상들』, 230)[32]

법과 정의의 불일치는 보복적 정의에 따른 법의 (끝없는) 순환의 중단일 뿐만 아니라, 또한 분배적 정의에 따른 법이라는 의미에 따라 정당하게 주어져야 할 것에 대한 고유한 계산의 중단이기도 하다. "그러므로, 계산 가능한 평등을 위한 것도, 주체들과 대상들을 대칭화하는 동시적인 책임 있음 또는 책임 지움을 향한 것도, 인가, 배상, 그리고 **권리 행사**에만 제한될 터인 **보상적 정의**[되돌려 주는 정의, rendering justice][33]를 위한 것도 아니며, 오히려 타자들에 대한 비−경제적 탈−입장(an-

---

32 「믿음과 앎」에서, 데리다는 다시 이 분리를 '정의의 조건' 또는 정의에 대한 사유로 역설하고 있다(p.69, n.15).
33 '정의를 행사함'이라고 읽을 수도 있다. ─옮긴이

economic ex-position)이라는 선물과 단독성으로서의 정의를 위한 것이다. 레비나스의 서술에 따르면 '타자들에 대한 관계, 그것은 즉 정의'이다"(『마르크스의 유령들』, 22~23). 거의 언제나 그렇듯이, 몇 개의 주제들이 이 문장에 응축되어 있다. 우리는 선물(증여)에 대한 논의를 다음 장으로 미루고, 여기에서는 배상과 계산에 관한 논의에 관심을 기울이도록 할 것이다. 정의에 대해 책임을 지거나 또는 정의를 계산하는 한 가지 중요한 방식은 분배와 관련된 것이다. 말하자면, 각자에게 받을 것을 주고, 그에 의해 미덕과 해악에 상응하는 포상과 벌을 기록하는 결산 장부를 만드는 것이다. 이것은 누가 나쁜 아이였는지 그리고 착한 아이였는지를 조심스럽게 합계하여 선물이라는 범위 안에서 적절하게 호의를 분배하는 일종의 산타클로스와 같은 정의다. 그러나 데리다는 또한 이러한 이차적인 정산의 방식을 넘어서는 정의를, 즉 계산을 넘어서는 정의를 사유할 것을 요구한다. 우리는 법이 바로 이러한 계산의 일종으로 이해될 수 있음을 보았다. 그러므로 데리다는 계산을 넘어서는 정의를 사유하도록 촉구하는 것이다.[34]

　「현실성의 해체」라는 글에서, 데리다는 다음과 같이 기술한다. "정의는 권리들(rights)과 동일한 것이 아닌데, 말하자면 그것은 인간의 권리들을 초과하여 정초되는 것이며, 그것은 또한 분배적 정의도 아니다. 심지어 그것은 전통적인 의미에 따른 한 인간 주체로서의 타자에 대한

---

**34** 『조종(弔鐘)』에서, 데리다는 이미 헤겔의 『기독교의 정신』(*Spirit of Christianity*)에 대한 논의를 통해 정의의 문제와 교환 원리의 초과를 함께 연결해 냈던 바 있다. 하지만 여기에서는, 그가 헤겔을 독해하고 있기 때문에, 법과 정의 사이의 구분은 표명되지 않는다. "충만함(pleroma)의 과잉은 정의를 규제하는 등가성의 원리, 상행위, 교환 경제의 균형을 무너뜨린다"(*Glas*, Jon P. Leavery Jr. and Richard Rand trans., Lincoln: University of Nebraka Press, 1986, p. 59).

존중도 아니다"(『협상들』, 105).[35] 여기에서, 데리다는 다시 한번 정의와 권리들(다른 개인에 대한 존중이라는 권리들의 기초마저도 아우르는) 사이의 구분에 주목하며, 이와 함께 우리가 이 지점에서 관심을 가지는 정의와 소위 '분배적 정의'라는 것 사이의 구분에 대해서도 언급하고 있다. 『마르크스의 유령들』에서, 데리다는 법의 저편으로서의 정의가 의미하는 것이 무엇이든 간에, 그것은 "각 사람에게 받아야 할 것을"이라는 보복적 또는 심지어 분배적 규칙에 따른 단순한 계산으로 환원되어서는 안 된다는 점을 해명한다. "그것은 단순하게 정의를 나타낼 뿐인가, 아니면 반대로 마땅히 주어져야 할 것, 부채, 범죄, 또는 과오를 **넘어서** 주는 것인가?"(25) 여기에서 다시, 우리는 다음 장에서 돌아오게 될 선물에 대한 논의를 접하게 된다.

### 환대의 법(들)

이러한 여러 고찰들은 『환대에 대하여』에서 함께 제시되어 보다 더 날카롭게 표명되고 있다. 여기에서 정의/법/법들(justice/law/laws) 사이의 관계에 대한 문제는 이방인(stranger)에 대한 환영이라는 문제와 연계되어 다루어지고 있는데, 이 주제는 이미 레비나스에 의해 상당히 다루어진 바 있으나, 여기에서는 민족국가의 영토와 공간을 난민들에게 개방하는 특수한 사례와 관련된 맥락 안에 위치 지어진다. 이 문제는 내가 이미 1장에서 언급한 바 있는 상당한 시의적 중요성을 가지고 있는

---

35 이때 이것은 타자의 문제 그리고 선물의 문제를 촉발한다. "타자로서의 타자의 경험, 즉 내가 타자를 타자로 둔다는 사실은 상환 없는, 재전유(reappropriation) 없는 그리고 사법권 없는 선물을 전제한다"(『협상들』, 105).

사례, 즉 난민의 권리와 이들의 피난처 요구에 대한 국가적 제한 사이의 충돌에 대한 것이다. 데리다에게 있어 특징적으로 드러나는 이 문제는, 예를 들어, 칸트의 특정한 텍스트들에 관련하여 이방인의 환대에 대한 요구를 진지하게 받아들이기 위해 의도되었을 어떤 것을 철저하게 사유하기 위한 계기가 된다. 말하자면, 이런 질문을 하기 위해서 말이다. 무엇이 이러한 갈등 속에서 사유될 수 있도록 주어지며, 이러한 사유는 (철학적이며 문학적인) 규범에 어떻게 활용될 것인가?

우리는 정의의 정치 또는 윤리에 대한 전범적인 문제로서의 타자에 대한 환영이라는 문제로 돌아가야만 할 것이다. 여기에서 나는 다만 이 문제와의 연관을 통해 선명하게 드러나는, 법(law)에 대한 정의의 관계 그리고 법들(laws)에 대한 법(또는 정의)의 관계에 대한 논의를 강조하는 수준에서 그칠 것이다. "정의는 법에 대해 이질적이지만 너무나 법에 가깝고, 실제로는 그것으로부터 분리 불가능하다"(『환대에 대하여』, 27).[36] 이 이질성과 분리 불가능성의 정식은 우리의 고찰들의 여러 맥락을 통해 드러나게 될 것이다. 이 정식은 여기에서 정의가 법이 아니면서도(이질성), 또한 다른 한편으로 법 안에 필연적으로 함축되는(법으로부터 분리 불가능한) 방식을 특정하는 역할을 맡는다.

그러나 여기에서 우리는 또한 법들(laws)과 법(law)의 관계에 대한 하나의 정식을 얻게 된다. "환대의 이율배반은 화해할 수 없는 방식으로 그 법(*The* law)[37]을, 그것의 보편적인 단독성 내에서, 분산(dispersal)일

---

**36** Jacques Derrida, *Of Hospitality*, Rachel Bowlby trans., Stanford: Stanford University Press, 2000[『환대에 대하여』, 남수인 옮김, 동문선, 2004]. 원서 초판은 1997년에 출간.
**37** 실체적인 의미를 지닌 법들, 법체계와 구분되는 의무로서의 법, 절대적인 법.─옮긴이

뿐만 아니라 구조 지어진 다수성(multiplicity)인 복수성(plurality, 복수형을 띤 법들)에 대해 대립시킨다"(『환대에 대하여』, 79). 이어서 데리다는 로마서에서의 바울의 논증에 대한 부연설명이라 할 수 있는 상당히 놀라운 구절을 제시한다.

> 비극은 ―― 왜냐하면 그것이 어떤 운명적인 비극이기에 ―― 이 이율배반의 두 대립적인 항들이 대칭적이지 않다는 것이다. 이것에는 어떤 기묘한 위계가 있다. 그 법(*The* law)은 법들(the laws) 위에 있다. 그러므로 그것은 불법적이며, 위반적이고, 법 바깥에 있으며, nomos anomos, 즉 무법적인 법과 같이, 법들 위의 법이며, 그리고 법 바깥에 있는 법이다. …… 그러나 심지어 그 스스로를 환대의 법들 위에 계속 둔다고 하더라도, 그 무조건적인 환대의 법은 법들을 필요로 하며, 그것들을 **요구한다**. 이러한 요구는 구성적(constitutive)[38]이다. 그 법이, 만일 유효하고, 구체적이며, 확정된 것이 아니어도 **되었다면**, 만일 그것이 되어야만-함(having-to-be)으로서의 존재가 아니었다면, 그것은 결과적으로 무조건적이지 않을 것이다. 그것은 추상적이고, 유토피아적이며, 가공적인 것이 되어, 그에 따라 그것의 대립항으로 전복될 위험을 떠안게 될 것이다. 그 자체가 되기 위해, 그 법은 요컨대 그것을 부인하거나, 또는 어떤 의미에서 그것을 위협하고, 때로는 그것을 타락하게 하거나 또는 도착에 빠뜨릴 수 있는 법들을 필요로 한다. 그리고 그것은 언제나 이를 행할 수 있어야만 한다. 왜냐하면 이러한 도착 가능성(倒錯 可能性, pervertibility)은 본질적이고, 환원 불가능하며, 필연적이기도 하기 때문이다(같은 책, 79).[39]

이러한 **그** 법과 법들이라는 법의 두 체제는 이와 같이 모순되고, 이율배반적일 **뿐만 아니라,** 또한 분리 불가능하다. 이들은 동시적으로 서로를 내포하면서 배제한다(같은 책, 79~81).

절대적인 단수형으로서의 그 법은 복수형으로서의 법들에 상반되지만, 그것은 그때마다 법 **내부의** 법이며, 그리고 그때마다 법 내부에 있는 **법의 외부이다**(같은 책, 81).

여기에서 나는 이 단편적이기는 하지만 상당히 긴 인용구를 데리다의 논변으로부터 전재했다. 왜냐하면 이 인용구가 바울의 논증에 관해

---

**38** 이 말은 '법을 제정하는' 혹은 '구성하는'의 의미로 읽을 수 있다. ─옮긴이

**39** 법의 환원 불가능한 도착 가능성은 또한 데리다가 피할 수 없는 자가면역(autoimmunity)으로서의 과학과 종교 양자에 대한 관계를 통해 고찰하는 어떤 것과 연관 지어질 수 있다. 「믿음과 앎」, p. 44 그리고 pp. 72~77, n. 27을 볼 것. 나는 이러한 연관에 관심을 가지도록 이끌어 준 점에 대해 페기 카무프에게 빚지고 있다. 보다 최근의 텍스트, 「자가면역: 실재적인 그리고 상징적인 자살들」에서, 데리다는 이 자가면역이라는 주제를 소위 테러와의 전쟁이라는 것과의 관계를 통해 발전시켰다. Giobanna Borradori, "Autoimmunity: Real and Symbolic Suicides", *Philosophy in a Time of Terror: Dialogues with Jurgen Habermas and Jacques Derrida*, Chicago: University of Chicago Press, 2003[『테러 시대의 철학』, 손철성 옮김, 문학과지성사, 2004] 여기에서 데리다는 "자가면역의 도착적 효과 그 자체[를 지적한다]. 왜냐하면 우리는 지금 그 효과의 정신분석적이고 정치적인 의미에서의 억압이 ─ 그것이 경찰, 군대, 또는 경제를 통한 것인지에 관계없이 ─ 그것이 무장해제하고자 하는 것 자체의 생산, 재생산(reproduction), 그리고 재생성(regeneration)으로 귀결된다는 것을 알기 때문입니다"(『테러 시대의 철학』, 99)라고 말한다. 그리고 그는 그 사례로 미국이 소련의 지배를 무너뜨리고자 하는 시도에서 오사마 빈라덴의 무장과 훈련이라는 결과가 야기되었다는 점과, 소련에 대한 미국의 '승리'로 인해 핵을 이용한 테러행위가 가능하게 되었다는 점을 든다(같은 책, 94~98). 그 일반 원리는 다음과 같이 표명된다. "우리가 아는 것처럼, 자가면역적인 과정은 준-자살적 방식으로 살아 있는 존재 '그 자체'가 작동하여 자신의 방어수단을 파괴하는 이상한 작용이다. 스스로에게 '스스로'의 면역성에 대한 면역성을 부여하는 것."

내가 이야기하려고 하는 어떤 것에 매우 밀접하게 다가가기 때문이다. 하지만, 또한 여기에서 데리다가 법(law)에 대해, 그 법(the law)에 관련된 정의에 대해 말하는 것이 아니라, 법들(laws)에 관련된 법 또는 그 법에 대해 말하고 있음에 주의해야 한다. 『마르크스의 유령들』로부터의 텍스트들에 대한 논의에서, 내가 다루고자 했던 것에 대한 좋은 예를 찾을 수 있는데, 말하자면 법과 법률의 관계가 설정되는 방식이 정의와 법의 관계가 설정되는 방식과 상당히 유사해 보인다는 것이다. 이것은 적어도, 여기에서 제시되는 법(law) 바깥에 있는 또는 심지어 법에 반대하는 하나의 법(a law)에 대한 정식들에 비추어 볼 때 알 수 있는 점이다. 환대의 법에 있어 관건은 언제나 환대의 법의 무제한적인 요구에 관하여 위반적인 범위 또는 한계 안에 환대를 기입하는 어떠한 주어진 법에서도 벗어나는 것이다.

　미국의 사례를 예로 들어 보면, 정부가 중미 지역에서 전쟁을 일으킨 것으로 인하여, 이 (낮은 강도의) 전쟁을 겪게 된 국가들의 많은 시민들이 미국에서 안전 및 피난처를 구하게 되었다. 몇몇 그룹들이 그들의 망명 또는 난민 지위를 관리하는 법(들)에 대립하는 입장에 처하게 되더라도, 어쨌든 그들에게 피난처를 제공하고자 했다. 환영과 성역(sanctuary)[40]의 '법'은 난민에 관한 법들[법률] 위에 서 있는 동시에 이 법들과 상반된 것을 말했다. 그 법들이 그 자체로 난민들에게 피난처를 제공하기 위해 만들어졌고, 따라서 망명과 난민 지위의 요구에 대한 표명임에도 불구하고 말이다. 현실적인 법들에 대한 전적으로 이데올로

---

40 피난처의 의미. 역사적으로 교회나 성전과 같은 장소는 세속의 법이 미치지 않는 피난처의 역할을 해왔다. ─ 옮긴이

기적인 왜곡——공산주의 국가들로부터 탈출하는 사람들에게는 예스(yes)를, 그러나 미국 정부로부터 자금을 받는 우파 암살대로부터 탈출하는 사람들에게는 노(no)를 말하는——과는 별개로, 무제한적인 개방은 그런 환대를 승인하는 한 국가의 정체성[동일성, identity] 자체를 폐기할 것으로 보이기에, 이데올로기적 편향이 수정된다고 하더라도 여전히 문제가 남게 될 것이다. 여기에서 문제는 이민 정책에 대한 토론에서 어느 한편의 옹호나, 또는 심지어 환대 개념 자체——이 글에서 그리고 데리다와 레비나스에 의해 쓰여진 몇몇 다른 글에서 주제가 되는——에서 관건이 되는 것에 대한 해명이 아니며, 그보다는 오히려 여기에서 어떻게 법과 법들의 개념이 표현되는가에 대해 살펴보는 것이다. 이후로는 '환대'의 문제가 단순하게 정의와 법의 관계에 대한 여러 다른 문제들 중 하나일 뿐인지, 아니면 오히려 어떤 '특권적인' 문제, 혹은 필수적인 패러다임, 즉 정의 그 자체의 문제에 대한 예시가 되는 것은 아닌지 물어야만 할 것이다.

　　몇몇 다른 논점들을 어느 정도 설명할 필요가 있을 것이다. 첫번째는 어떤 위계가 있다는 것, 즉 법이 언제나 법들 위에 있다는 의미에서의 '기묘한' 위계가 있다는 것이다. 하지만 앞에서 제시된 정의의 예에서 정의가 법을 통해 실행되어야 한다는 주장을 보았듯이, 법은 법들을 통해 예시화되어야 한다. 정의에 대한 요구가 모든 주어진 법에 문제를 야기하는 이상, 정의는 여전히 법들을 통한 예시적 실현을, 즉 권리들과 책임들을 규정하면서 동시에 여전히 이것들을 제한하는 구체적인 합법성의 형식들 내에서의 실현을 요한다. 이 텍스트에서는 바로 이런 방식으로 우리가 앞에서 '정의와 법의 상호작용'이라는 소제목하에 살펴보았던 것이 (여기에서는 법과 법들의 상호작용에 대해서) 전개된다.

## 종말론적 정의

내가 보기에 이러한 고찰들은 자크 데리다와 마우리치오 페라리스가 함께 저술한 『비밀에 대한 취향』의 논의들에서 진일보한 형태로 제시되고 있다. 우리는 우선 여기에서 데리다가 법과 정의 사이의 구분에 대한 또 다른 정식을 제시하는 것에 주목한다. 정의로운 사람인 지오반니 팔코네(Giovanni Falcone)[41]에 대해 이야기하면서 그는 다음과 같이 기술하고 있다. "그리고 내가 말했던 '정의'는 권리 또는 '법'[droit]과 동일한 것이 아니며, 일단 모든 조건적인 주어진 것들이 고려되고 나면, 그 자체를 하나의 맥락 안에 가두는 것을 허용하지 않을 것에 대해 증언하는 무조건적인 것에 대한 관계다"(『비밀에 대한 취향』, 17). 조건지어진 것(맥락)에 상반되는 무조건적인 것이라는 이러한 정식은 키르케고르에게서 차용한 것인데, 키르케고르는 같은 텍스트에서 이 인용문에 앞서 논해지고 있다. 이 정식은 어떤 특정한 방식을 통해 우리가 『환대에 대하여』에서 전개했던 법(Law)과 법들(laws) 사이의 구분을 정교화한다. 하지만 우리가 사유하기를 시도했던 또 다른 구분이 소환된다. "정의는 권리(droit)가 아니지만, 그럼에도 새로운 권리를 생산해 내고자 시도하는 것이다"(『환대에 대하여』, 17). 여기에서 데리다는 우리가 『마르크스의 유령들』에서 조우한 바 있는 정식으로 회귀하는 듯이 보인다. 권리와 권리들의 관계, 그리고 정의가 권리(법)와 권리들(법들) 양자 모두에 대한

---

**41** 지오반니 팔코네는 이탈리아의 법조인으로 마피아 기소 및 재판을 전문적으로 담당하던 치안판사였으나, 1992년에 암살당했다. 페라리스는 팔코네 암살 사건에 대한 데리다의 언급에 대해, 데리다 자신이 받고 있는 근거 없는 공격으로 인해 데리다가 팔코네와 자신을 동일시하는 듯 보인다고 말한다. 데리다는 이 맥락에서 판사(justice)인 그가 정의로운 사람(just man)이었다고 말하며, 제닝스가 『비밀에 대한 취향』으로부터 인용한 부분을 이야기한다. ──옮긴이

간접적 관계로 들어서게 되는 방식과 관련된 정식으로 말이다.

　이러한 이전의 논의들에 대한 메아리들의 너머에서, 데리다는 또한 내가 정의의 종말론적 성격이라 지칭하는 것을, 정의를 법과 법들로부터 구분하는, 어쩌면 가장 좋은, 방식으로 발전시킬 것이다. 정의의 종말론적 성격은 이 인용구에서 고지될 것이다. 그러나 그것은, 어떤 의미에서, 이미 『마르크스의 유령들』에 있는 것으로 여기에서 데리다는 다음과 같은 고찰을 제시한다. "권리 또는 법 너머에서 그가 누구든지 **존재하지 않는** 자에 대한, 더 이상 또는 아직 살아 있지 않은, 현재적으로 살아 있지 않은 자에게 돌려져야 할 존중에서 발생하는 정의의 명령"(97). 이것은 이미 『마르크스의 유령들』의 서언에서 말해졌던 것을 반복한다. "아직 태어나지 않은 또는 이미 죽은 자들의 유령들 앞에서……어떠한 정의도——우리는 '어떠한 법도'라고 말하지 않으며, 또한 여기에서 법들에 대해 말하고 있는 것이 아니다——어떤 책임이라는 원칙 없이는 가능하지 않거나 또는 사유 가능하지 않은 듯 보인다"(xix).[42]

　내가 이 고찰들을 여기에 위치시키는 이유는 죽은 자들과 관련되는, 죽은 자들에 대한, 죽은 자들을 위한, 또는 심지어 죽은 자들의 책임과 관련되는 것(심지어 아직 태어나지도 못한 자들에 대해서조차도)으로서의 정의의 문제가 '도래할 것'으로서의 정의의 문제에, 적어도 죽은 자들의 부활 혹은 '산 자와 죽은 자'의 심판이라는 주제들에 상당한 관

---

[42] 이 말이 1993년에 암살당했던 남아프리카 공화국의 공산당 지도자 크리스 하니(Chris Hani)에 대한 헌사임을 주지할 것. 『마르크스의 유령들』이 종종 '유령'이라는 지시 대상으로서의 특권을 죽은 사람들에게 부여하기는 하지만(햄릿의 아버지의 유령이나 또는 심지어 마르크스 자신의 유령에서처럼), 이 용어는 또한 이 인용구에서처럼 아직 태어나지 않은 자들의 요청 또는 요구를 포함하도록 확장된다.

심을 가지는 신학에 귀속되는 것이기 때문이다. 『비밀에 대한 취향』에서, 데리다는 이를 보다 명시적으로 언급하고 있다. "정의 ——또는 현실적인 정의로서의 어떤 것을 넘어서, 앞으로 그렇게 될 것을 약속하는 정의 ——는 언제나 종말론적 차원을 가진다"(20). 그렇다면 정의의 탐색이 향하는 방향은 어떤 과거의 정초적 사건이 아니며(법적 질서의 정초와 같은), 어떤 의미에서든 '저 위에' 있는 무시간적 초월의 차원도 아니고, 오히려 약속이 우리를 향하게 하는 그것, 즉 오게 될 것의 미래 또는 도래(advent)[43]인 것이다.

종말론적 차원은 존재론이라고 지칭될 수 있을 것과 어떤 확실한 관계를 가진다. "정의는 언제나 법(droit)을 넘치는 것으로 사유되어야 하며, 언제나 실증적으로 육화되어 실증적인, 확정 가능한 규범들의 집합이다. 그러나 정의는 법으로부터 구분되어야 할 뿐 아니라, 또한 일반적으로 **존재하는** 것(what *is*)으로부터 구분되어야 한다"(같은 책, 21). 정의가 존재하는 것으로부터 구분되어야만 한다는 말의 의미는 적어도 도래할 그것이 아직 현존하지 않으며, 그래서 '일반적으로' 존재하는 것의 질서에 속하지 않는다는 것이다. '존재하는 것'의 문제와 죽은 자들에 관련된 책임의 문제 사이의 연관으로부터, 데리다는 한 발 더 나아간 고찰을 위한 훌륭한 동기로서의 언어 유희를 통해, 존재론(ontology)을 대체하는 유령론(hauntology)[44]에 대해 말한다(『마르크스의 유령들』, 161).

지금까지, 우리는 법의 저편 또는 법의 위에 있는 것으로서의 정의를 살펴보았다. 그런데 여기에서(그리고 이미 『마르크스의 유령들』에 제

---

**43** 종교적인 의미에서 그리스도의 출현, 강림, 재림 등을 말하는 단어. ——옮긴이
**44** 프랑스어에서는 존재론(ontologie)과 유령론(hauntologie)의 발음이 같다. ——옮긴이

시된 몇몇 정식들에서), 정의가 법 너머에 있다는 의미에서 정의가 법에 앞서 있다는 것은 분명해진다. 즉, 법에 관련된 정의의 초과가 현재에 관련된 미래의 초과로 사유되어야 한다는 것이다. "나는 정의의 또는 미래의 **초과**를 시야에서 놓치는, 바로 그 순간에, 의심할 여지없이 전체화의 조건들이 완성될 것이라고, 그러나 이에 따라 정의 없는 권리[droit]의, 선한 윤리적 양심과 사법적 양심의 **전체주의**를 이루는 조건들 또한 그럴 것이며, 이 모든 것은 미래 없는(sans avenir) 현재로 합산된다고 생각한다"(『비밀에 대한 취향』, 22). 모든 주어진 현재(present)를 초월하는 유토피아적 '장소'로서의 미래에 대한 언급은 존재하는 것(what is)에 대한 비판을 위한 공간을 열려 있는 채로 유지하며, 이에 따라 그 자체에 대해 정의와의 일치(adequation)를 요구하게 될 모든 체제 또는 질서 내에서 존재하는 것의 안정화를 막는 역할을 하게 된다.

엄밀하게 말해서 데리다가 메시아주의에 대해, 특히 신적인 정의가 어떤 특정한 의미에서 이미 도래했다고 주장하는 메시아주의(기독교적인, 예를 들자면)에 대해, 의문을 제기하도록 이끄는 것은 우리 스스로를 정의로 향하도록 하는 길로 제시된 바로 이 '도래할-것'(to-come)에 관한 단언이다. "나는 종교들의 전쟁에서 편가르기를 원치 않지만, 메시아가 도래하여, 메시아적 소명이 이미 완수된 종교들은 언제나 전체주의에 관하여 이러한 정의와 도래할-것의 초월성을 결여하게 될 위험을 떠안게 된다"(같은 책, 22). 이러한 경고에 대한 성찰을 통해, 우리가 묻고자 하는 것은 바울이, 또는 적어도 기독교인이 된 바울이, '이미'(already)라는 말을 통해 종말론적 지평을 중지할 가능성을 지닌 함정에 떨어졌는가라는 것이다. 나는 이러한 종말론적인 것의 중지가 현실적으로 바울에게서 일어나고 있는지에 대해 의심하지만, 그러나 이러한 경고를 최대한 심각하게 받아들이는 것이 중요하다고 믿는다. 그렇다면 우리는, 어떤 의미에서 바울이 정의를 종말론적으로 이해했는지에 대해서만이 아니라(이것은 쉬운 부분이다), 또한 어떤 의미에서 메시아가 이미 도래했다는 그의 믿음에 의해 정의가 훼손되는지에 대해서도 의문을 제기해야만 할 것이다. 이것이 정말 그런지 보다 명확하게 이해하기 위해서, 우리는 우선 바울이 정의와 (율)법에 대해 말하는 것에 조심스럽게 주의를 기울이게 될 것이다.

## 바울과 탈-법적 정의

데리다의 단편들에 대한 독해가 바울의 법과 정의의 문제를 사유하는 데 있어 어떻게 도움이 될 수 있는지 살펴보기로 하자. 나는 우선 바울이 정의의 문제에 관심을 가졌으며, 그에게 있어 이 문제가 주요한 문제로 유지된다는 점을 드러낼 것이다. 이후에는 (율)법에 대한 문제로 눈을 돌리게 될 것이다. 여기에서 (율)법은 모세법일 뿐만 아니라, 또한 로마법이기도 하며, 따라서 법 자체라는 점을 명시하는 것이 필수적일 것이다. 어쨌든 그런 이후에 바울에게 있어, 법 또는 법체계가 정의와 상반된다는 것을, 정의 그 자체 또는 신의 정의가 법 또는 법 체계와 근본적인 긴장 관계에 놓인다는 것을 드러내야 할 것이다. 이것은 정의와 법 사이의 관계가 데리다에게 있어 그런 만큼이나, 바울에게 있어서도 안정적인 구분으로 설정될 수 없음을 의미한다. 바로 이 불안정성이 우리가 데리다 읽기로부터 사유를 위한 도움을 얻을 수 있는 지점이다. 이후에 나는 어떻게 바울에게도 역시 보복적인 정의와 분배적인 정의가 나타나는지, 그리고 그가 이러한 정의를 신적인 정의 또는 '진정한 정의'로부터 구분하기 위해 어떻게 노력하는지 보이게 될 것이다. 이 부분에서는 신적인 정의의 종말론적 성격에 대해 서술함으로써 데리다 읽기에 기초한 나의 로마서 읽기 작업을 마무리하려 한다.

## 신적인 정의

먼저 바울에게 있어 중요한 것은 바로 정의의 문제라고 가정하도록 하자. 이러한 가정은 어느 정도까지 검증될 수 있을 것인가? 영어 번역본에서 이러한 관심사는 숨겨지곤 하는데, dik-라는 접두어를 어근으로 가진 용어들을 번역할 때 정당화라는 최소한의 사전적 의미를 결여한 'righteousness'(올바름)[45]를 도입하고 있기 때문이다. 그러므로 바울의 사유 내에서 정의의 장소를 인식하기 위한 첫번째 단계는 그리스어의 영어 번역으로부터 '올바름'이라는 의미를 제거하고, 그 용어를 정의(justice)로 교체하는 것이다. 오로지 이 길만이 정의의 인식에 대한 설득력 있는 변화를 낳을 것이다.

예를 들어 바울은 그가 말하고자 하는 주제로 상정되어 온 것을 언명하는 로마서 1장 16~17절에서, "나는 복음을 부끄러워하지 않습니다"라고 기술하며, 그리고 "그 안에서(그것을 통해서) 하나님의 정의가 드러나기 때문입니다"라고 설명한다. 그가 '복음' 안에서 모습을 드러낸다고 믿는 신적인 목적에 대한 결정적인 해명에서(로마서 3장), 그는 다시 한번 신적인 정의에 대해 말하게 될 것이다. 우선 그의 말에 따르면 어떤 의미에서 정의는 우리의 불의(injustice)를 통해 확인되며(로마서 3:5), 그것은 엄밀하게 말해서 신적인 정의 ——이를테면, 진정한 정

---

[45] 우리말 성서에서는 주로 '의로움'이라는 용어가 사용된다. ——옮긴이

의 ──에 초점을 맞추지 못하는 인간적인 정의의 실패이다.

곧이어 어느 정도 주의를 기울여 읽어 나가야만 할 구절인 로마서 3장 21~26절에서, 이러한 신적이거나, 진정한 또는 절대적인 정의는 네 차례나 언급되고 있다(로마서 3:21, 3:22, 3:25, 3:26). 어디에서도 정의의 요구 또는 요청이 훼손되거나 상대화되지 않는다. 오히려 반대로, 관건은 정의에 대한, 진정한 정의에 대한, 따라서 신의 정의라고 불리는 것에 대한 완고한 고수이자 주장이다. 우리가 보는 그대로, 바로 (율)법으로부터 구별되는 이러한 정의가 바울이 주장하고자 하는 것이다. 그러나 (율)법에 대해 어떤 말이 있었다고 하더라도, 다시 말해 복음 또는 그가 말하고자 하는 변화의 효과에 대해 어떠한 것이 요구될 수 있다고 하더라도, 그것은 결코 정의를 '해체하지' 못한다. 정의는 신의 정의이며, 이런 의미에서 어떤 측면에서든 우리와 법(law), 그 법(*the* law), 또는 법들(laws)의 관계를 교란시키기 위해 사유될 수도 있는 어떤 것이라는 목적, 즉 의도로 성립한다.

그러므로 바울이 스스로 부여받았다고 믿는 메시지는 어떤 의미에서 신적인 정의가 드러나는 것과 관련되어 있다(3:21).이러한 신의 정의는 신의 메시아의 신실함(faithfulness)을 통해 발생했던 것과 연관되는 것이다(3:22). 그것이 어떤 것이든 간에 이 메시아에게 일어난 것과 그를 통해 일어난 것은 신의 정의를 드러내고, 신이 정의롭다는 것을 보여주는데, 말하자면 어떤 방식으로든 현실적으로 정의를 생산한다는 의미에서 정의롭다는 것을 보여 주는 것이다(3:26).

우리의 목적을 위해, 카푸토에 의해 제기된 문제를 유념해 두는 것이 좋다고 생각한다. "정의가 신을 위한 또 다른 이름인가, 아니면 신이 정의를 위한 또 다른 이름인가?"[46] 어쨌든 바울에게 있어, 분명하게 정의와 신적인 것의 완전한 엮임(intertwining)이 있으며, 이러한 의미에서 그의 논제는 '신=정의'로 표현될 수 있다. 이 등식은 가역적이다. 혹은 적어도 그런 것처럼 보인다. 그렇다면 자신이 말해야만 하는 것으로 인해, 이 정의의 요구에 대한 발현으로서의 법에 의문이 제기됨에도 불구하고, 바울이 지게 되는 논증 책임은 그가 말해야만 하는 것을 통해 정의의 요구와 요청이 정당하게 입증됨을 보이는 일이 될 것이다.[47]

이 정의는 우선 불의, 즉 바울의 관점에서 보자면 언제나 신적인 정의에 의해 판단되는 인간적인 불의와 상반된다. 그러므로 이방인 사회에 대한, 그리고 이어서, 유대인 사회에 대한 바울의 기소[48]는 엄밀하게 그들의 불의에 대한 기소인 것이다. 이러한 기소를 선취하는 일종의 강령적 선언문에서, 바울은 "하나님의 진노가 진리를 불의 속에 가두는 모든 인간적 불경건함과 불의함에 대하여 하늘로부터 드러납니다"라고 말한다(1:18). 물론 영어 번역에서는 'wickedness'(사악함)와 'unrighteousness'(부정함, 바르지 않음)라는 번역어들이 adikia라는 단

---

46 John D. Caputo, *The Prayers and Tears of Jacques Derrida: Religion Without Religion*(『자크 데리다의 기도와 눈물: 종교 없는 종교』), Bloomington: Indiana University Press, 1997, pp. 68, 116.

47 물론 정의, 신적인 정의의 문제, 그리고 이 문제가 지닌 우선성에 대한 확인은 로마서만의 혁신적인 인식은 아니다. 이 문제는 갈라디아서에서 긴급한 문제로 다루어질 뿐 아니라, 이미 고린도 후서에서도 제시되어 있다. 바울은 메시아적 사건에 사로잡힌 자들에 대해 "하나님의 정의", 정의의 열매를 맺으며(고린도 후서 9장 10절, 또한 빌립보서 1장 11절을 볼 것), 그리고 정의의 도구가 된다고(고린도 후서 6:7), 즉 그의 일차적인 관심사인 신적인 정의의 도구가 된다고 말한다. 우리는 여러 지점들에서 정의의 요청과 요구에 관련된, 심지어 "법 바깥의" 정의에 관련된 로마서의 논증이 지닌 중요한 요소들이 바울의 로마서 이전에 쓴 편지들에서 선취된다는 것을 보게 될 것이다.

48 비난이라는 일반적인 의미로 읽을 수도 있겠으나, 로마서는 일종의 법정적 의미를 담고 있기에 기소라는 법정용어를 사용한다. ― 옮긴이

일한 용어를 대체하고 있는데, 이 용어는 'injustice'(불의, 정의롭지 않음)의 의미를 가진다. 한편 인간적 불의는 분명히 신의 정의를 요청하게 되는데, 정확하게 이를 분노의 형태로 불러낸다. 그리고 바로 이러한 인간적 불의가 이방의 문명에 대한 그의 약식 기소를 도출한다(로마서 1:29). 게다가 이스라엘에 대한 그의 기소장의 결론에서, 바울은 심지어 "우리의 불의가 하나님의 정의를 확인합니다"(3:5)라고 말하기까지 한다. 이방인들의 불의에 대한 기소장에서든 혹은 유대인들의 불의에 대한 기소장에서든, 정확하게 신적인 정의는 어느 때보다 더 극명하게 강조되는 듯 보이며, 따라서 어떤 특정한 의미를 통해 드러난다. 만일 인간의 영역이 불의로 특징지어진다면, 이것은 오직 신과 정의 그 자체의 연관성을 그만큼 더 명료하게 만드는 기능을 할 뿐인 것이다.

## 정의 대 (율)법

바울은 바로 이 정의와 신의 분리 불가능성에 기반하여 (율)법 또는 법들(laws)의 문제들을 제기하려고 한다. 정의는 어떤 의미에서 무조건적이지만, (율)법에 대해서는 동일한 술어가 적용되지 않는다. 왜냐하면 바울에게 가장 중요한 것은 정의(우리가 지칭하는 신적인 정의)가 "(율)법으로부터 떨어져 있"다는 점이기 때문이다(3:21). 정의, 즉 진정한 정의는 법 바깥에, 법의 너머에, 그리고 어떤 의미에서는 법에 맞서 있다.

　이것은 몇 가지 방식으로 구체화된다. 만일 아브라함이 정의롭다고 말해질 수 있다면, 적어도 바울에게 있어, 이것은 명료하게 (율)법 "앞에서" 그런 것이다(4:1~4:5, 4:13). 법 앞에(before), 법 바깥에(outside) 또는 법 너머에(beyond) 있다는 것, 즉 이러한 전치사적인 위치들은 카프카의 「법 앞에서」에 대한 데리다의 고찰을 통해 우리에게 상기된 바 있는데, 그의 고찰은 'before'(앞에, 독일어의 vor)에 대한 몇 가지 의미들을 이용하고 있으며, 이 전치사 'before'(앞에)에는 법에 관하여 외부성(exteriority)의 형식을 취하는 선행성(anteriority)의 관계가 포함된다. 여기에서 바울은 할례와 관련된 계명의 선행성이라는 의미에서 아브라함의 (율)법에 '앞선' 정의(justice)[49]를 주장하고 있는데(4:10), 이것은 이 계명의 범위의 '바깥에' 있는 할례를 받지 않은 사람들(4:11)과 심지어 할례를 받았지만, 그들의 정의가 할례에만 제한되지 않고 실질적으로 그 계명에 선행하여 신실했던 그 한 사람의 정의를 모방하는 사람들, 다시 말해 양자 모두를 포함하는 다른 외부성의 형식들을 향해 일반화하기 위한 것이다(4:12).[50]

바울이 어떤 의미에서 (율)법 바깥에 있는 것, 즉 판단하는 또는 정죄하는 (율)법의 능력 너머에 있는 것에 관심을 가지고 있다는 점은 성서 해석학의 한 가지 주요한 주제다. 그러나 이러한 전통적인 그리고 관습적인 해석이 흔히 반복적으로 인식에 실패했던 지점은 정확하게 정의

---

**49** 우리말 성서 본문에서는 의로움.—옮긴이

**50** 우리는 또한 바울이 여기 로마서에서 언급하는 외부성으로서의 선행성이 그가 갈라디아서에서 언급하는 것과는 다르다는 점에 주목해야 한다. 후자에서, 우리는 아브라함의 믿음/정의를 모세의 법(바울이 말하는 그대로, 아브라함보다 430년 이후에 도래했던)에 선행하는 것으로 대하게 되지만, 이에 반해 로마서에서 '법 앞에서'라는 표현은 할례에 관한 명령 앞에 있는 것으로 나타난다. 율법의 도래에 대한 복수화 그리고 이에 따른 율법 '앞에서'에 대한 복수화는 로마서 5장에서 매우 복잡한 방식으로 이어지는데, 여기에서 아담은 위반(즉, 명백한 명령의 위배)을 저지른 범죄자로 말해진다. 바울의 의도는 결코 이 율법 '앞에' 있음과 관련된 다른 상황들을 체계적으로 혹은 심지어 연대기적 순서로 배열하기 위한 것이 아니다. 확실히 그러한 순서 배열이 그가 관심을 가지고 있는 상황의 해명에 대해 가능하거나 바람직할 것이라는 보장은 전혀 없다. 하지만 '법 앞에서'라는 표현의 다수적 상황들(아담의, 아브라함의, 모세의)은 바울이 있는 그대로의 법을 향해 암중모색하고 있다는 것을 암시한다. 로마법을 포함할 때 이는 더욱 피할 수 없는 귀결이 될 것이다.

가 (율)법의 '외부에서' 또는 (율)법'으로부터 떨어져서' 표명된다는 점이다. 그리고 이러한 (율)법과 동떨어져 표명되는 정의를 신의 정의 또는 신적인 정의라고 지칭하는 것은 정의에 대한 주장과 요청을 무효화하는 데 사용되는 방편과는 너무나도 거리가 먼 이야기이고, 실질적으로 이러한 정의를 신적인 정의로 지칭하는 방식은 정확하게 이것을 정의로 강조하여 나타내는 효과를 가진다.

바울은 바로 정의의 요청, 요구 그리고 분명한 약속과 관련하여 (율)법의 상대화를 진행할 수 있는 것이다. 즉 예컨대, 약속(아브라함에 대한)은 율법으로부터 또는 율법으로 인해 오는 것이 아니며(로마서 4:13), 오히려 다른 종류의 정의를 통해 오는 것, 말하자면, 믿음(faith)과 관련된 정의에서 오는 것이다. 게다가 우리가 보게 될 것과 같이, '믿음의 정의'가 어떤 측면에서든 정의를 폐기하는 것으로, 그 요구를 침묵시키거나 또는 제거하는 것으로 이해되는 것은 이 경우에 맞지 않으며, 오히려 엄밀하게 볼 때 그 요구를 예시화하는 것으로 이해되며, (율)법에 대한 충실한 지지에 의해서는 불가능한 그런 의미에서의 신적인 정의(또는 데리다가 해체 불가능하다고 말할 정의)에 일치하는 것으로 이해된다.[51]

그러므로 정의의 생성 ──정의의 요구 또는 요청에 응답하는── 은 (율)법에 대한 순종으로부터 유리된다. "사람은 정의롭게 만들어진다고 [또는 된다고], …… 율법의 공로와는[또는 율법에 대한 순종과는] 상관없이……"(3:28). 여기에서 요점은 누구도, 오로지 (율)법이 요구하는 것

---

51 따라서 엘사 타메스는 바울의 칭의를 다룬 그녀의 훌륭한 연구서 『은혜의 사면』에서, 상당 부분 내가 서론에서 언급했던 호세 포르피리오 미란다의 통찰에 기초하여, "신은 정의가 실행되도록 정의로움을 인정한다(justify)"는 것을 정확하게 언급하며(90), 이어서 "칭의의 목적은 인간 존재들을 정의를 실행하는 주체들로 전환하는 것이다"(110)라고 주장한다.

을 행함을 통해서만 정의롭다고 또는 정의롭게 된다고 확신할 수 없다는 점으로 보인다. 그러나 우리가 보았듯이, (율)법의 기능은 일반적으로 누군가가 그에 대한 순종을 통해 스스로의 선한 양심을 보증할 수 있는, 즉 정의롭다는 것을 보증할 수 있는 규칙과 규범의 집합을 제공하는 것이다. 따라서 정의가 (율)법에 대한 순종을——그리고 (율)법의 실행을——통해 실현될 수 없다는 주장은 이미 (율)법을 '해체'하는 것이며, 이 경우에 (율)법에 대한 근본적인 비판을 제시한다고 여겨진다.[52]

---

52 헨드리쿠스 보어스는 바울이 여기에서 나타나는 그의 사유와 그가 바로 앞 장(1장)에서 논변했던 것——말하자면, (율)법을 단지 듣는 자들이 아니라 행하는 자들이 정의롭게 될 것이라는 것(로마서 2:13)——사이의 긴장을 잠시 잊고 있었던 것은 아닌지 의심한다. *The Justification of the Gentiles*(『이방인들의 칭의』), Peabody, Mass.: Hendrikson, 1994, pp. 166, 107을 볼 것. 이것은 이미 바울의 논증에 내포된 긴장을 암시하며, 나는 이에 대한 설명을 시도할 것이다. 내가 확인해야 할 것은, 비록 여기에서 바울에 대해 취하고 있는 접근법이 보어스의 책에서 취해진 것과는 상당히 다름에도 불구하고, 그럼에도 두 접근법들에는 중요한 공통적인 기반을 지닌 영역들이 있다는 점이다. 그가 로마서에 대해 매우 정교화된 의미론적이고 구조적인 접근법을 전개하는 반면, 나는 한때 포스트-구조주의적이라 불렸던 어떤 것, 또는 보다 적합하게 말해 해체론적 접근법의 중요성을 보이고자 노력한다는 의미에서 말이다. 우리 두 사람은 정의(justice)를 올바름(righteousness)으로 또는 불의(injustice)를 사악함(wickedness)으로 교체하는 탈정치적 번역의 경향에 저항할 뿐만이 아니라, 또한 바울의 논증이 로마서 4장에서 끝나는 것이 아니며 [로마서의] 결말까지 이어진다는 견해에 동의한다. 게다가 우리는 (율)법과 순종(또는 심지어 '행위'works)에 관한 바울의 사유가 일방적으로 믿음을 위해 이 개념들을 부정하는 것으로 해명되어서는 안 된다는 점과, 믿음이 윤리적 중요성에 대립된다고 간주되는 오로지 종교적인 것으로 주어져서는 안 된다는 점에 동의한다. 따라서 우리는 바울이 개신교적 정통에 갇히지 말아야만 한다는 전제에 동의하며, 바울을 이해하는 데 있어 그를 한 사람의 사상가로, 즉 단지 '기독교인들'에게 있어 중요한 문제들만이 아니라, 인간 실존에 대한 기초적인 관심사에 속한 문제들을 통해 사유해야 한다는 명령을 심각하게 받아들이는 사람으로, 모든 사람들에게 중요한 주제들을 진지하게 사유하는 사람으로 보는 접근방식에 의해 상당한 도움을 얻을 수 있다는 가정에 동의한다. 이것은 우리가 바울의 논증에 대한 해석에 있어 합의에 이르렀다는 의미는 아니다. 그러나 나는 심지어 가장 강한 의견의 불일치가 일어나는 지점들에서조차 추가적 성찰을 위한 필수적인 유인을 얻게 되었다.

우리는 갈라디아서에서 이미 이 논의에 대해 분명한 진전이 이루어 졌음을 볼 수 있을 것이다. 왜냐하면 (율)법의 능력에 대한 비판이 선행 적이거나 기초적인 또는 무조건적인 정의의 요구에 기반하고 있다는 것 이 명확해지고 있기 때문이다. 이러한 정식들 중 일부에서 제시될 수도 있을 것처럼, 정의 또는 신의 정의에 대한 사유를 경유하여 (율)법은 어 떤 의미에서 부차적인 것으로 간주될 것이다.

(율)법의 중지라는 측면에서 가장 명시적인 것으로 여겨지는 정식 중 하나는 바울이 로마서 10장에서 제시하는 "메시아는 율법의 끝"이 (10:4)라는 것이다. 그러나 그런 후에 바울은 "정의가 있을 수 있도록" 이라는 단서를 명시적으로 덧붙인다. 즉, (율)법의 중지에는 정확히 정 의 이외에 어떠한 다른 목표도 없다. 그리고 이 정의는 그 효과에 있어 제약을 받지 않는데, 왜냐하면 바울은 "모든 사람을 위해서"라고 말하 고 있기 때문이다. 이와 같이 율법의 종결은 모든 사람을 위한 정의의 실 현 또는 현실화를 겨냥한다. 여기에서 "모든 사람"은 정확하게 유대인 과 이방인 양자 모두를 포괄하는 것이며, 따라서 모든 인류를 포괄하는 것이다(바울에게 있어 유대인과 이방인 이외에 제3의 인간 형태는 없다). 물론 그는 이후에 또한 "믿음을 가진 모든 사람들"이라는 말을 더한다. 그러나 그 문구는 유대인과 이방인 사이의 구분과 같은 종류의 새로운 분리를 설정하는 의미로 받아들여질 수 없다는 점을 이해해야만 한다.[53] 오히려 그 문구가 말하고자 하는 것은 믿음 또는 신실함이 정의를 가능

---

53 하지만 보어스는 이러한 분리가 바로 세례가 할례를 대체하게 될 때 발생하는 일이며(『이 방인들의 칭의』, 103), 일반적으로 기독교인들을 위한 종교적 특권이라는 개념은 그러한 모 든 특권에 반대하는 바울의 논증을 억압함으로써 재도입된다고 말한다.

하게 하며 심지어 현실적인 것으로 만드는 무엇인가에 대응하거나 또는 이에 상당하는 어떤 것이라는 점이다. 우리가 선물 또는 은혜의 문제를 다루기 전에는 그 문제를 해명할 수 없을 것이다. 하지만 이 시점에, 명확히 해야 할 것은 메시아를 통한 (율)법의 중지 또는 심지어 명백한 폐기가 정의의 요청과 요구에 대한 실현을, 또는 정의를 유효하게 만드는 것을 목적으로 삼는다는 점이다.

## 모세와 로마

앞에서 살폈던 것처럼, 데리다에 대한 논의에서 중요한 것은 법과 정의의 관계에 대한 논의가 또한 근대를 점령한 권리 또는 권리들의 언어에도 적용된다는 점에 대한 해명이다. 상당히 유사한 방식으로, 바울이 필수적으로 해야 할 일은 (율)법과 정의에 대한 논증을 통해 (율)법에 대해 말하고, 이어서 (율)법을 예시화하는 두 가지 방식에 대해 설명하는 것이다. 갈라디아서에서 바울은 우선적으로 모세의 법에 ——즉, 이스라엘의 소유이자 자랑이며, 바울 스스로가 열렬히 옹호했던 그 율법 또는 율법체계에 ——관심을 가진다. 그러나 로마서에서 바울은 율법과 정의의 관계를 보다 충분하게 사유하는 데 관심을 보인다. 그러므로 바울은 여전히 성서적인 율법에 대해 특권을 돌리고 있는 한편, 여기에서도 또한 그리고 필연적으로 로마법을 연루시키는 비판에 관심을 보인다.

　로마법(이방인의 법)과 이스라엘의 법이 서로 비교될 수 있다고 생각한 것은 어떤 의미에서 바울의 혁신이 아니다. 이런 종류의 비교법 또는 정치체 비교 또는 비교 정치학이라는 장르에 속하는 것은 이전에도 이미 있었던 것으로 보인다.[54] 로마의 자기-선전에는 로마법을 인류를 위한 정의의 담지자로 언급하는 문구가 수반되었다. 이러한 제국적인 선전에 면하여 몇몇 유대인 사상가들은 로마법에 대한 모세법의 우위를 주장했다. 바울은 그의 논증 내에서 결코 그러한 우위를 위해 경쟁하지 않았다. 실제로, 그의 논증의 대부분은 로마법에 대한 모세법의 우위라는 인식에 기초한다. 그러므로 전자에 대한 비판은 후자에 대해 더욱 강력하게 적용될 것이다.

이러한 인식의 틀 안에서, 바울은 이 두 정치체에 속한 시민들에게 말하고자 한다는 의도를 명시한다. 마치 그가 이 두 정치체에 의해 각각 명시되는 이방인/유대인이라는 실체들에게 이야기하려고 하는 것처럼 말이다. 그로 인해 이 편지 전반에 걸쳐 반복적으로 나타나는 문구는 "유대인들에게 우선이며 그리고 이후에 이방인들에게"(로마서 1:16, 2:9, 2:10)라는 구절인데, 이 구절은 "유대인들 그리고 이방인들/그리스인들 모두에게"(3:9, 29, 4:11~12, 9:24, 10:12)라는 문구에 의해 부가적으로 보충된다. 첫번째 표어가 명시하는 것과 같이, 언제나 이 모두/그리고(both/and)에는 어떤 분명한 우선권이 존재한다. 그러나 언제나 그가 이야기를 전달하는 대상은 실제로는 양자 모두인 것이다.

그리고 표면적인 수준에서 그의 웅변은 대부분의 경우 유대인을 향하고 있음에도 불구하고, 밑에 깔린 말 건넴은 이방인 또는 로마인을 암시한다. 어떻게 그런가? 우리가 일반적으로 잊고 있는 것처럼, 이 편지는 로마에 있는 사람들을 향하는 것이다. 그는 "로마에 있는 모든 하나님이 사랑하시는 자들"이라고 말하고 있다(1:7). "내가 여러분을 간절히

---

54 이 주제에 대한 한 가지 중요한 논의를 Stanley Stower, *A Reading of Romans: Justice, Jews and Gentiles*(『로마서 읽기: 정의, 유대인 그리고 이방인들』), New Haven, Conn.: Yale University Press, 1994, pp. 34~36에서 찾을 수 있다.

보고 싶어 하는 것은, 여러분에게 신령한[영적인, 영에 의한] 은사를 좀 나누어 주어"(1:11, 15:23, 15:28, 15:32와 비교)라는 문구에서 드러나는 바와 같이, 이 편지는 바울이 로마에 있는 사람들에게 이야기할 무언가 중요한 것을 가지고 있음을 그들에게 설득하고자 하는 목적으로 쓰인 것이다. 그러므로 그들은 무엇보다 로마인들로 말해지는 것이다.

이제 이러한 관계에 대한 작업은 바울 서신 해석에서 가장 논쟁의 소지가 많은 영역들 중 몇 가지 문제로 우리를 끌고 들어간다. 나는 (율)법에 대한 비판이 어떻게 바울의 관심의 초점에 들어오게 되는지, 보다 분명하게 관심을 기울일 수 있게 되는 다음 장에서 충분한 지면을 할애하여 이를 탐구할 것이다. 바울이 (율)법 밖에 있는 또는 (율)법과 떨어진 정의에 대해 말할 때, 우리는 이방인(로마법) 그리고 유대인(모세법)이라는 (율)법의 이중적 준거를 유념해야만 한다. 그가 여기에서 유대인의 율법에 대해 보다 명시적인 태도를 보인다는 것은 부정할 수 없는 일이지만, 그가 (율)법에 대해 말할 때 이것만이 그의 유일한 관심사라는 방식으로 독해하는 것은 이 편지 전반에 걸쳐 전개되는 그의 기본적인 논증 절차에 대한 모독이 될 것이다. (율)법에 내재하는 이러한 이중적인 비판의 준거에 대한 인식의 실패로 인해, 후대의 기독교 신학자들은 유대교의 특성을 **율법**(the Law)의 종교로 규정하고, 이에 따라 유대교와 기독교 사이의 절대적인 대립이 있다고 상정하게 되었다.

## (율)법의 필연성

바울은, 이러한 비판이 정의와 관련하여 근본적인 (율)법의 비판을 초래한다는 사실에도 불구하고, 이것이 (율)법의 파괴를 의도하지 않는다고 주장해야만 하는 상당한 부담을 떠안게 된다(해체는 파괴가 아니다[55]). 우리는 바울이 이전에 갈라디아서에서 제시한 논증이, 구원을(또는 그가 여기에서 이야기하고 있는 정의를) 생산할 수 있는 (율)법의 능력에 대해 비판하려는 그의 의도보다 한 걸음 더 나간 것일 수도 있음을 알게 되었다. 그러한 비판이 효과를 가질 수 있었던 측면들 중 한 가지는 구원을 신으로부터 분리하는 (율)법의 이중적 매개에 대한 주장을 통하는 것이다(천사들에 의해, 한 매개자를 통해, 그리고 따라서 신을 통해서가 아닌). 그러나 로마서에서, 그는 "율법은 거룩하며, 계명 또한 거룩하고, 정의롭고, 선한 것"(로마서 7:12)이라고 명시하길 원한다. 어떤 것이 "거룩"하거나 또는 심지어 "거룩하며, 정의롭고, 선하다"고 말하는 것은 틀림없이 그것을 신과 결부시키는 듯이 여겨진다. 우리가 이미 읽었던 것이 말하는 것처럼, 신 이외에 무엇이 선하거나(다른 랍비가 물었듯이), 또는 거룩하거나, 또는 정의로울 것인가?[56]

(율)법은, 비록 정의([율]법의 외부에 머무르는)를 생산할 능력이 없지만, 어쨌든 필연적으로 정의에, 정의의 기획과 약속에 함축되어 있다. 우리는 간략하게 비슷한 효과를 지향하는 바울의 다른 선언들에 대해 주지할 수 있을 것이다. "그렇다면 우리가 율법을 폐합니까? 결코 그럴 수 없습니다. 도리어 율법을 굳게 세웁니다"(3:31). 그리고 "여러분은 율법 아래 있지 않고"(6:14)라는 주장이 남아 있음에도 불구하고, 어쨌든 그는 다시 (율)법의 외부에 또는 (율)법으로부터 떨어져 있는 것으로 확인된 정의에 "율법이 요구하는 바를 우리 안에서 이루게 하시려는"(8:4)

---

55 '해체'에 대한 설명과, 이를 파괴(하이데거의 Destruktion)로부터 구분하려는 한 가지 가장 명료한 시도가 데리다의 "Letter to a Japanese Friend"(『한 일본인 친구에게 보내는 편지』), *Derrida and Difference*(『데리다와 차이』), David Wood, Robert Bernasconi eds., Evanton: Northwestern University Press, 1988, pp. 1~6에서 제시된다

목적이 있음을 말한다. 바울이 여기에서 목적으로 삼는 바는 데리다가 여기에서 우리의 사유에 도움을 주는 어떤 것으로 보인다. 이를테면 정의와 법 사이의 필연적인(그러나 불안정한 것으로 우리가 기억하는) 구분이 있지만 그럼에도 정의가 법을 필요로 한다는 문제로 말이다. 그것이 이루어져야만 한다는(정의의 요청 또는 요구) 그리고 이것이 우리의 사회적 현실 내에서 효과를 가져야 한다는 바로 그 주장은 법 안에서의/으로서의(in/as law) 정의의 표명을 수반한다.

바울의 (율)법에 관한 성찰은 데리다의 성찰이 그런 것처럼 매우 복잡하지만, 우리는 논의를 진행시키기 이전에 (율)법의 용도로 지칭될 수도 있을 어떤 것에 관한 바울의 우선적인 논변에 관심을 기울여야 한다. 이미 갈라디아서에서 바울은 (율)법의 고유한 또는 심지어 필연적인 기능을 사유했고, (율)법이 약속 이후의 얼마간의 세월 동안, 그리고 법을 넘어서는 어떤 것의 도래로 점철되는 과도기 동안 일종의 후견인과 교육자의 역할을 맡는다는 결론을 내리고 있지만 말이다.

---

56 그렇다면 이런 의미에서 지젝의 단언은 정확하다. "그렇다면 이것이 바로 우리가 기독교에 의한 유대 율법의 '성취/완수'라는 생각을 파악해야 할 방식이다. 말하자면 유대 율법을 사랑의 차원으로 보충하는 것(supplementing*)이 아니라, 법 자체를 완전하게 실현하는 것 말이다"(『죽은 신을 위하여』, 117). 그러나 이것은 오로지 우리가 지젝에 의해 제안되는 추가적인 경고를 더하는 (그리고 변경하는) 경우에만 확인될 수 있을 것이다. "요컨대 유대 율법은 다른 법들처럼 사회적인 법이 아니다. 말하자면 다른(이교적인) 법들이 사회적 교환을 규제하는 반면, 유대 율법은 어떤 다른 차원을, 사회적 법에 관해 철저하게 이질적인 신적인 정의의 차원을 도입한다"(같은 책, 119). 이런 주장을 바울의 논증과 일치시키기 위해, 우리는 로마법 역시 정의를 준거로 한다는 점을 더해야 할 것이다. 이 두 법 또는 정치체를 구분하는 것은 정의에 대한 준거가 로마의 전통에서 그런 것보다 이스라엘의 전통에서 더 직접적으로 법을 해체할 수 있다는 점일 것이다. [* 여기서 '보충하다'는 말은 채워서 완전하게 한다는 의미의 complement(보완하다)와는 다르다. 이 말은 무언가를 채워 넣어서 보충되는 것을 다른 것으로 만들어 버린다는 의미가 있다. 그래서 데리다에 대한 국내 번역서들은 대부분 이 말을 '대리보충'이라는 말로 번역하고 있기도 하다.]

로마서에서 바울은 (율)법의 필연성에 대해, 즉 정의에 대한 법의 필연성에 대해 적극적인 논변을 제시한다. 그 논변을 통해 바울은 (율)법이 없다면, 불의에 대한, (율)법의 위반에 대한, 또는 통상적으로 이해되는 그대로, 죄에 대한 인식이 없었을 것이라고 말한다. 잠시 단순하게 죄가 불의를 말하는 것 ──즉, 다른 개인에 대한 범죄 ──이라고 생각해 보자. 이때 그 논변의 요지는 (율)법이 정의의 목적에 필수 불가결하다는 것이 되는데, 왜냐하면 바로 (율)법으로 인해 우리는 타자에 대한 범죄 ──즉, 불의(또는 죄) ──의 심각성에 대해 각성하게 되기 때문이다. 이때 바울은 이렇게 말한다. "만약 율법에 비추어 보지 않았다면, 나는 죄가 무엇인지 알지 못했을 것입니다. 율법이 '탐내지 말라'고 하지 않았다면, 나는 탐내는 것이 무엇인지 알지 못했을 것입니다"(로마서 7:7). 이것은 한 층위에서, 그가 이전에 말했던 "율법을 통해서는 죄에 대한 지식이 올 뿐입니다"(3:20)라는 말에 대한 긍정이다. 그러므로 로마서에서 바울은 (율)법이 지식의 체계에 귀속된다는 것을, 그것이 기능하여 우리가 '불의'를 알 수 있게 된다는 것을 주장하는 것이다. 어쨌든 바울은 "지식과 진리의 구현"(2:20)이 (율)법 안에 있다고 아는 자들의 주장으로 인해 위축되지 않는다.

(율)법과 정의의 관계가 표현되는 한 가지 방식은 민족들 또는 시민들의 정의를 측정하는 방법으로서 (율)법을 사용하는 것이다. 이방인들과 관련하여, 바울은 그 자신이 이방인들의 "불의"(1:18, 1:29)라고 칭하는 것을 보여 주기 위해 작성된 목록을 제시하는데, 이때 그들은 신의 "정의로운 심판"(1:32, 2:5) 혹은 소위 정의 그 자체의 심판에 처하게 된다. 이에 따라 바울은 (율)법을 행하는 자들 또는 (율)법이 요구하는 것을 행하는 자들이, (율)법을 가지고 있는지 아닌지에 상관없이, 신의 진

노로부터 안전할 것이며, (율)법이 요구하는 것을 행하지 않는 자들은 멸망하게 될 것이라고 주장할 수 있게 된다. 여기에서 (율)법의 실행과 정의의 실행이 (잠정적으로) 동일시된다(2:12~2:14). 기본적으로 이러한 논증은 몇 문장 뒤에서 반복된다(2:25~2:27). 그러나 이러한 법과 정의의 잠정적인 동일시에는 즉각적인 문제제기가 뒤따른다. "그러므로 율법의 행위에 의해서는 그분 앞에서 정의롭다고 인정받을 사람이 아무도 없는데, 왜냐하면 율법을 통해서는 죄의 지식이 있을 뿐이기 때문입니다"(3:20). 여기에서, 죄 또는 불의를 분명하게 드러내는 것으로는 정의 그 자체를 생산해 내기에 충분하지 않다고 간주된다. 우리는 (율)법이 어떤 다른 기능을, 어쩌면 (율)법 자체와 양립할 수 없는 기능을 가진다고 말할 수 있을 것이다.

하지만 여전히 정의와 (율)법에 대해 말하면서도 이들 둘을 구분할 수 있는 훨씬 더 설득력 있는 방식이 존재한다. "그러나 이제, 율법과는 상관없이, 하나님의 정의[신적인 또는 해체 불가능한 정의]가 나타났는데, 그것은 율법과 예언자들이 증언한 정의입니다"(3:21). 여기에서 우리는 정의가 (율)법의 외부에 또는 (율)법과 떨어져서 존재한다는 사실뿐만 아니라, 그 동일한 정의가 (율)법에 대해서 그리고 (율)법을 통해서 증언된다는 사실에 주목할 수 있을 것이다. 이때 (율)법은 정의와 동일한 것이 아니라, 정의를 지시하거나 또는 정의에 대해 증언하는 것이 된다. 어쨌든 이러한 구분은 우리가 이 논의를 통틀어 (율)법에 대해 알게 된 것 —다시 말해, 심지어 (율)법 그 자체가 정의롭지 않다거나 또는 실질적으로 불의를 생산하는 것으로 간주될 수 있는 곳에서도, 그것이 정의를 지시하며, 정의의 이름으로 기입된다는 것, 그리고 따라서 그것에 의해 정의의 요구가 예시화된다는 것 —과 일관될 것이다.

나는 (율)법의 목적이 정의라고 말했다. 이것은 바울이 이방인들에 대해 말할 때 사용하는, 한 표현에 의해 확인된다. "그들은 율법이 요구하는 것이 자신의 마음에 적혀 있음을 드러내 보입니다"(로마서 2:15). 바울은 그들이 "본성을 따라 율법이 요구하는 바를"(2:14) 행함으로써 이렇게 한다고 말하며, 이어서 그에 덧붙여 "율법의 요구들을 지키는" (2:25) 할례받지 않은 사람들에 대해 이야기한다. 이것은 명백히 (율)법이 구체적으로 지정하고 있는 모든 것을 행한다는 의미가 될 수 없다. 어쨌거나 그들은 할례를 받지 않았기 때문이다. 그러나 그것은 실제로 또는 본질적으로 (율)법이 목적으로 하는 것, 즉 정의를 행하는 것을 의미한다. 하지만 다시 한번, 정의는 (율)법 바깥에 있다는 것이 증명된다. 여전히 이 "(율)법 바깥에 있음"은 (율)법의 무효화를 유발하는가? 바울은 이에 대해 "그럴 수 없습니다. 도리어 우리는 율법을 굳게 세웁니다"라고 대답한다(4:31). 비록 (율)법과 정의가 확실하게 이질적이기는 하지만, 데리다가 우리에게 가르치는 바와 같이, (율)법과 정의는 분리될 수 없다.

이러한 (율)법의 '불안정성'이 표현되는 가장 충격적인 방식들 중 하나는 '메시아의 법'이라는 모순적인 정식 내에 있다. 이 경우에, 법은 궁극적인 정의, 즉 (율)법을 넘어서는 또는 (율)법의 저편이 된다고 추정되는 정의를 위한 이름으로 사용된다. 그러나 우리의 데리다 읽기에서, 우리는 법 ——법들(laws)과는 구분되는——의 사용이라는 어구가 정확하게 '환대'(hospitality)에 대한 논의의 맥락 가운데 사용되었다는 점을 언급했다. 공교롭게도, 그것은 또한 바울의 경우에도 해당된다. "그리스도[또는 메시아]의 법"이라는 문구를 타자에 대한 또는 타자를 위한 책임의 요구에서 사용하는 것이다. "서로의 짐을 져 주고, 이를 통해 메시아의 법을 성취하십시오"(갈라디아서 6:2). 바로 메시아의 법을 말이다. 만일 우리가 그런 것을 말할 수 있다면.

## (율)법의 불안정성

데리다에 대한 언급에서 우리는, 한편으로는 정의에 대하여, 그리고 다른 한편으로는 법들에 대하여, 법의 자리가 필연적으로 불안정하다는 것을 보았다. 그리고 우리는 또한 바울의 논증에서도 그와 비슷한 것을 발견하게 된다. 그러므로 바울에게 있어 (율)법은 정의 그 자체로 말해질 수 있는 동시에, 다른 한편으로는 법들 또는 법체계들로 해체된다. 혹자는 바울에게는 이에 관한 명료함이 부족하다고 생각할 수도 있겠지만, 바울이 그의 논증을 통해 숙고하는 것이 법 그 자체 내에 있는 교정할 수 없는 양가성인지, 아니면 이제 우리가 말할 수도 있을 것처럼 "있는 그대로의" 법인지에 대해서도 또한 의문을 품어야만 한다.

　　(율)법이 정의를 생산할 수 없으며 오히려 (율)법이 불의를 생산해 낸다는 바울의 논증은 다음과 같은 질문으로 그를 이끈다. "그러면 우리가 무엇이라고 말하겠습니까? 율법은 죄입니까?"(로마서 7:7) 이에 대해 그는 "그럴 수 없습니다. 그러나 율법에 비추어 보지 않았다면, 나는 죄가 무엇인지 알지 못했을 것입니다"라고 대답한다. 이에 의해 그는 (율)법이 '죄', 또는 이를테면 불의, 즉 타자에 대한 위해를 금지함을 통해, 우리가 이러한 위해의 심각성을 보게 하고, 타자에 대한 상해 또는 폭력행위를 용납할 수 없다는 인식을, 이에 대한 공적으로 구체적인 사례를 만들어 내려는 것이다(여기에서 사용된 예시는 엄밀하게 말해 이러한 상해의 가장 일반적인 형태, 말하자면 타인의 것을 탐냄이다. 그것은 즉, 자신의 사적인 용도로 타자를 전유하려는 의지인 것이다). 이때 드러나는 난점은 계

명, 즉 "생명을 가져와야 할 계명이 죽음을 가져온다는 것을 내가 알았다"는 것이다(로마서 7:10). 다시 말해, (율)법 또는 계명은 생명 ——즉, 정의 ——을 겨냥하고 있으나, 실제로는 죽음을 가져온다는 것이다. 이어서, (율)법이 정의를 지향한다는 의미에서, 바울은 "율법은 거룩하며, 계명 또한 거룩하고, 정의롭고, 선한 것입니다"(7:12)라고 말한다. 말하자면, 정의의 법으로서의 (율)법은 (율)법과 (율)법들로 표현된다. 그러나 바로 이 동일한 (율)법이 정의가 아닌 불의를, 생명이 아닌 죽음을 초래하도록 작동하는 것이다. 따라서 전자의 의미에서, 바울은 (율)법에 대해 "나는 속 사람[내적인 사람, the inward man]으로는 하나님의 법을 즐거워하나"(7:22)라고 말할 수 있으나, 바울이 육신이라 부르는 것의 양상 아래 있는 동일한 (율)법은 죽음이 되는 그리고 죽음을 초래하는 것이다.

(율)법의 관념의 핵심에 위치하는 이러한 양가성은 로마서 8장 2절의 "그리스도 예수 안에서 생명을 누리게 하는 성령의 법이 당신을 죄와 죽음의 법으로부터 풀어 주었기 때문입니다"라는 구절에서 나타나는 바와 같이, 바울이 이러한 두 가지 의미의 (율)법에 대해 제시하는 병렬적 배치에서 가장 첨예하게 집중된다. 이와 같이 '(율)법'은 완전히 다른 두 가지 실체들을 표명하는 것일 수 있다. 메시아적이며, 따라서 생명과 정의에 연관되는 실체, 그리고 죽음과 연관되며, 따라서 '죄'(또는 불의)와 연관되는 그런 실체를 말이다. 아마도 그의 (율)법에 대한 논변을 감안할 때 가장 놀라운 것은 메시아의 영이 또한 '법'으로 표현될 수 있다는 점인데, 엄밀하게 말해서 이러한 법은 죽음을 초래하며 불의에 갇혀 있는 그런 의미에서의 법을 넘어서는 법이다. 법 외부의 법 또는 법에 맞서는 법에 관한 데리다의 단언들과 비교하여 이보다 더 가까운 유사물

을 찾는 것은 기대하기 어려울 것이다. 그리고 그러한 맥락에서 우리가 보았던 그대로, 법의 양가성은 정확히 법과 정의의 관계가 나타내는 양가성, 즉 정의의 요구와 요청을 표명하는 동시에 배신하는 그런 양가성인 것이다. 그러나 이러한 개념들은 바울에게 있어 그저 서로 나란히 자리하는 정도에 그치는 것이 아니다. 오히려 정의(생명)와 관련된 의미에서의 법은 죽음과 관련된, 따라서 죄 또는 불의와 관련된 의미에서의 법을 넘어선다는 것이다.

### (율)법과 육신

(율)법이 불의를 폭로함에도 불구하고 정의와 구별된다는 점은 (율)법과 그것의 피할 수 없는 타락의 관계를 통해 표현된다. 우리가 보게 될 것과 같이, 이러한 구별은 (율)법의 폭력이라는 문제에 관련되어 있다. 그러나 바울에게는 이 관계를 육신에 대한 성찰을 통해 표명하는 또 다른 길이 있다. 육신(sarx)은, 적어도 히브리어에서(basar), 무엇보다 인간의 약함, 즉 인간의 취약성 및 죽음을 면할 수 없는 운명을 지시한다. 이러한 약함과 취약성은 심지어 ——어쩌면 특히 ——타자를 희생하여 자신의 이익을 추구하려는 그런 종류의 자기-방어적인(self-protective) 관심사를 유발하거나 또는 유발할 수도 있을 것이다.[57] 이런 의미에서, 정확하게 육신으로 인해 타자에 대한 침범으로서의 불의가 야기되는 것이다. 적어도 바울의 논증은 부분적으로 어떤 불의를 야기한다고 이해

---

57 루돌프 불트만은 다음과 같이 말한다. "'육신'에 의해 정향된 태도, 즉 '육신'으로부터 살아가는 태도는 자기 자신의 힘을, 그리고 그에 의해 통제될 수 있는 것을 확신하는 인간의 자기-의존적 태도이다"(『신약성서신학』, 1, 240).

되는 '육신'이 (율)법을 통제해 왔으며, 언제 어디에서나 그렇게 하고 있다는 점을 드러낸다. 이것이 (율)법의 본질적인 타락 가능성이며, 그 언제나 이미(always already)는 (율)법으로 인해 타락하게 되었다.[58]

하지만 여기에 하나의 다른 그러나 관련된 통찰이 더해지는데, 말하자면 정의가 (율)법으로 표명되는 즉시 불의가 함께 깨어난다는 것이다. 즉, (율)법은 그 자체의 대립항인 불의에 의해, 또는 정의를 생산해 내려 하는 그 목표 또는 의도에 대립되는 불의에 의해 언제나 이미 붙잡혀 있다. 바울이 말하는 것은 "그러나 죄는 이 계명을 통해 기회를 잡아, 내 속에서 온갖 탐욕을 만들어 냈습니다"(로마서 7:8)라는 것이다. 여기에서 내가 말하고 싶은 것은 강한 자들의 이익을 위하고 약한 자들에 반하는 (율)법의 악용이 (율)법의 단순히 우연적인 특징이 아니라 (율)법에 불가피하게 수반되는 귀결이라는 점이다. 이것은, 데리다가 파스칼과 몇몇 사람들에 대한 언급에서 그랬던 것처럼, 내가 이 문제를 보이는 것보다 더욱 심각하게 받아들이고 있음을 의미한다. 그러나 이로 인해 데리다의 기본적인 논점이 지니는 중요성이 감소되지는 않는다. 말하자면, 법과 정의의 차이는 그것이 ('때로') 유용한 만큼이나 결코 단순히 법의 개혁을 통해 해결될 수 있는 것이 아니라는 논점 말이다. 오히려 이러한 차이는 영구적이며, 환원 불가능한 것이다. 바울이 최초로 그러한 환원 불가능성을 사유하는 방식은 그가 육신에 대해 말하는 무엇인가를

---

58 여기에서 우리는 다시 한번 데리다의 자가면역(autoimmunity)에 대한 성찰에 주목하게 되는데, 이것은 내가 '자기-방어성'(self-protectiveness)이라고 지칭했던 것에 상당히 가깝게 일치한다. 또한 바로 이것이 이것에 의해 집행되는 법을 도착에 빠지게 하는 것이다. 데리다와 바울 양자 모두에게 있어, '생물학적' 은유는 이러한 논점을 지시하는 기능을 한다(각각, '자가면역' 그리고 '육신').

통하는 것이다. 어떤 특정한 측면에서, 그는 그로 인해 심지어 (율)법이 (네가 이러한 일들을 하게 되면 너는 죽을 것이라고 말함으로써) 우리를 도덕성에 대해 자각하게 하는 도구가 되기도 하지만, 그 자체로 불의를 유발하는 동기가 된다고 생각하는데, 왜냐하면 바로 그 동기가 (율)법을 장악하여 우리의 이해관심, 생존 등에 종속적인 것으로 만드는 것이기 때문이다. 이러한 조건하에서, 육신의 도구로서의 (율)법은 비난을 할당하는 역할을, 그러나 특히 그러한 비난을 편향시키거나 전치(轉置)시키는 역할을 하게 된다.

이에 대한 좋은 예는 '이삭을 희생제물로 바치는 아브라함의 자발성'에 대해 키르케고르가 제시한 성찰을 논하는 데리다의 텍스트에서 찾을 수 있다.[59] 우리의 법들은——그리고 실제로 모든 문명화된 법은——그러한 행위에 대해 유죄로 판결할 것이며, 또한 그렇게 해야만 한다. 하지만 같은 법이, 이를테면 우리가 지금 너무나도 자랑스럽게 여기는 서구(자본주의적) 민주주의의 법이 수백만의 아이들을 기아와 질병에 희생제물로 바치는 것을 보이지 않게 하며, 이러한 '희생'(sacrifice)으로부터 관심을 돌릴 뿐만 아니라 현실적으로 그러한 희생을 필요로 하는데, 왜냐하면 이 법은 무엇보다 우선 소유의 법[재산법, law of property]이며 어떠한 대가를 치르고서라도 그 이름으로 자본적 확장의 강제력을 보호하는 법이기 때문이다.

실제로 이런 문제는 오늘날 소위 문명화된 법을 지킨다는 미명하에 철저히 법을 무시하며 진행되는, 테러리즘이라는 악과의 전투에 우리가 쏟아붓는 에너지를 고려할 때 훨씬 잘 드러나게(그리고 훨씬 드러나지 않

---

59 데리다, 『죽음의 선물』, 특히 pp. 58~59.

게) 된다. 왜냐하면 이러한 전투가 테러리즘을 양육하는 장(場)인 공포, 적의, 절망, 자포자기의 원인들을 해결하고 일종의 대항폭력으로서의 테러리즘에 원인이 되는 그러한 폭력을 억제하려는 시도로 이어지는 것이 아니라, 오히려 문명의 법 자체의 이름으로 거의 상상할 수 없는 테러를 약한 자들과 상처 입기 쉬운 자들에게 가하기 때문이다.[60] 확실히 이 것이 암시하는 직접적인 테러의 모방을 감추려는 시도 따위는 전혀 없다. 오사마 빈라덴을 내놓지 않으면 너희 읍과 동리를 폭격할 것이다. 사담 후세인을 내놓지 않으면 너희 아이들은 기아와 질병으로 죽게 될 것이다. 법은 범죄 책임의 왜곡 및 전치를 위한 기제가 된다. 그리고 법은 이를 단지 이따금씩 실행하는 것이 아니라 본질적으로 언제나 그리고 어디에서나 실행한다.

어쨌든 이 문제는 바울이 말하는 "율법으로 말미암아 일어나는 죄의 욕정"(로마서 7:5)을 의미할 것이다. 그렇지 않다면 '죄'가 어떻게 "계명을 말미암아 기회"를 붙잡거나 또는 포착한다고 말할 수 있겠는가(7:7, 7:11). 심지어 그 죄가 (그리고 다시 한번 불의에 관해 생각해 보자) 어떻게 "계명을 통해 한정 없이 죄악된 것이 될" 수 있겠는가(7:13).[61] 그리고 확실히, (율)법의 도래는 심지어 "율법이 들어와, 죄[위반]가 늘어나는 결과"를 가져온 것으로 이해될 수도 있다(7:20).

이러한 정식들을 통해, 바울은 모든 법의 타락이 불가피함을 지적하고 있다. 그 불가피함이란 언제나 법이 증언하는 정의로부터 법을 구분하는 이 불가피한 타락 또는 도착(倒錯) 가능성이다. 다음 장에서는, 바울이 (율)법 ──우리가 보게 될 것처럼 법의 두 형태 모두── 의 수호

---

60 테러와의 전쟁이라는 미국적 맥락을 고려할 것.──옮긴이

자들의 처분에 맡겨진 메시아의 운명을 통해 이러한 (율)법의 타락에 관심을 집중시키는 것을 보게 될 것이다. 그러나 바울은 또한 스스로 '육신'이라고 칭하는 것에 대한 고찰을 통해, (율)법이 정의를 예시화하는 데 있어서의 우발적인 또는 경험적인 실패(개선을 촉발하는 문제)와 (율)법과 정의의 이질성을 분명하게 나타내는 폭력 사이에 위치한 일종의 중간 공리(middle axiom)를 제시했다.

### 정의 그리고 분배적/보복적 정의

우리는 데리다가 정의에 대한 고찰을 통해 진정한 정의를 보복적 정의 및 분배적 정의라는 항들로부터 구분하는 결론에 이르는 것을 보았다. 바울에게서도 이런 구분이 작동하고 있는 것을 볼 수 있다.

보복(retribution)에 관해서, 바울은 분명히 이러한 구분을 소환하는데, 특히 이방인들, 이방의 불의에 관련하여, 그런 것으로 보인다. 그러므로 그는 "하나님의 진노가, 부정한 행동으로 진리를 억누르는 사람의 온갖 불경건함과 부정함을 겨냥하여, 하늘로부터 나타나기 때문에"(1:18)라고 쓰고 있다. NRSV(신개정역)은 바울의 말을 이렇게 해석

---

61 이 인용문들은, 물론 '위반의 유혹'이라 지칭하는 주제를 다루는 라캉의 책 『정신분석의 윤리』에서 라캉의 바울 읽기에 의해 특별히 선택된 텍스트들 가운데 속한다(2). 이어서 라캉은 '물 자체'(thing)를 '죄'로 대체함으로써 바울의 텍스트를 달리 설명하면서(83), 로마서 7장 7절을 인용한다. 이후 그는 이 대체가 과잉적인(superfluous) 것이었다고 말하게 될 것이다(170). 라캉에게 크게 영향을 받은 지젝은 당연히 바울의 통찰이 "법과 죄의 상호적 연루"(mutual implication) 너머로 나아간다고 말하며, 기독교가 "그것[법]을 위반하고자 하는 욕망을 초래하는 바로 그 지독한 금지의 순환, [즉] 성 바울이 로마서 7장 7절에서 기술했던 그 순환"을 끊는다고 주장한다(『무너지기 쉬운 절대성』, 100, 135). 나 자신의 바울 읽기는 『우리 자신에 대한 이방인들』에서 줄리아 크리스테바에 의해 선언된 "바울은 단순히 정치가일 뿐 아니라, 또한 심리학자다"라는 공리를 뒤집는다(82).

하고 있지만, 바울은 여기에서 개인적인 차원의 부도덕한 행위가 아니라 adikia, 즉 불의[정의롭지 않음, injustice]에 대해 말하고 있다. 따라서 신의 분노(orgai)는 이교도들이 이해할 수 있는 방식(말하자면 하늘의 징조)을 통해 드러나며, 이 분노는 엄밀하게 불의를, 즉 진리에 대한 억압 또는 심지어 이에 대한 감금과 그에 따른 압제의 형식을 취하는 불의를 향하게 된다. 여기에서 그러한 신적인 보복이 뒤따른다는 것은 바울이 제시하는 논변의 기초가 된다. 그리고 이러한 논변은 불의를 실행하고 퍼뜨리는 [앞에서 언급된] 동일한 이교도들 또는 이방인들이 "죽어야 마땅하다는 것"을 이미 알고 있다는 불길한 경고로 끝을 맺는다(로마서 1:32).

이렇듯 바울의 최초의 논증은 정의가 —여기에서 신적인 정의로 읽을 수 있는 정의가 — 복수, 보복, 되갚음의 형태를 취할 것이라고 전제하는 듯하다. 그러나 전반적인 바울의 논변은 신적인 정의 또는 진정한 정의를 보복으로부터 분리시키는 것을 목적으로 하고 있다. 어떤 방식을 통해서? 먼저 바울이 관심을 가지는 것은 인간 상호 간의 정의의 영역으로부터 되갚음을 제거하는 것이다. 바로 이것이 인간 상호 간의 정의의 실행이라는 영역으로부터 보복을 배제하기 위해 보복을 신에게 유보하라는 말이 의미하는 것이다. "스스로 원수를 갚지 말고, 그 일은 하나님의 진노하심에 맡기십시오"(12:19). 신과 복수의 연관은 우리의 서로에 대한 관계들로부터 복수를 제거하는 기능을 맡게 된다.

그러나 이를 넘어서, 바울의 논증이 취하는 전체적인 방향은 명확하게 신적인 정의가 되갚음, 복수, 보복의 폐기로 이루어진다고 주장하기 위한 것이다. 진정한 정의, 즉 (율)법 밖의 정의를 예시화하는 또는 이를 도입하는 신의 행위는 엄밀하게 말해서 "(율)법의 위반을 계산"하지 않거나 더 이상 계산하지 않는 정의이며, 그런 한에 있어 '용서'(pardon)의 개념 또는 행위와 연관되기 때문이다(이 책의 7장을 볼 것).

유사한 의미에서, 보상과 형벌의 측정에 따른 분배로서의 정의라는 밀접하게 관련된 개념에 대해, 정의는 공로(merit)의 측정으로부터 분리된다. 그러나 언뜻 보기에 이들은 관련되어 있는 듯 보인다. 따라서 바울은, 다시 신적인 정의에 대해 말하면서, 다음과 같이 기술하고 있다. "하나님[정의로운 판결, 또는 정의로서의 판결의 주체가 되는 신, dikaiokrisis]께서는 각 사람에게 그가 한 대로 갚아 주실 것입니다. 인내로서 선을 구하고 영광과 명예와 불멸의 것을 구하는 사람에게는 영원한 생명을 주시지만, 이기적이고 진리가 아니라 불의를 따르는 사람에게는 진노와 분노가 있을 것입니다"(2:6~2:8). 이 주장에서 ——다시 한번, 선한 행실을 통해 명예와 영광을 구하는 이방인들 또는 이교도들에게 그들 자신의 방식으로 말 건네며 —— 바울은 마땅히 주어져야 할 것이 주어지는 것으로서의 정의 개념을 개진하는 것이다.

그러나 이것은 또한 바울의 이어지는 논증에서 의문에 놓이게 될 것이다. 왜냐하면 정의는 통상 마땅히 주어져야 할 것에 따라 주어짐을 의미하지만, 또한 그런 만큼이나(심지어 그보다 더) 마땅히 주어져야 할 것을 넘어서는 주어짐이기 때문이다. 달리 말해, 정의는 신적인 정의의 선물을 받아야 할 공로 없는 또는 가치 없는 특성을 유지함으로써 셈해지거나 혹은 설명될 수 있는 초과라는 것이다. 정의의 표현으로서의 이러한 계산과 (은혜로 인한) 청산의 중지에 대한 해명은 4장의 선물/은혜에 대한 논의에서 다뤄지게 될 것이다. 여기에서는, 바울이 정의를 보복 및 분배와 동일시하는 철학적 입장들을 몰랐던 것이 아니며, 이러한 철학적 입장들을 넘어서고자 하는 의도를 가진다는 점을 이해하는 것으로 충분하다. 그러므로 이 지점에서는 데리다가 이러한 문제에 관해 서술했던 것을 상기해 보는 것이 적절할 것이다. "그것[dike의 선물]은 단지 정의를 나타내기 위해 오는 것인가, 아니면 반대로 마땅히 주어져야 할 것이냐, 부채, 범죄나 과오를 **넘어서** 주기 위해 오는 것인가?"(『마르크스의 유령들』, 25)

## 정의의 미래

현재의 맥락에서 법에 관련하여 정의에 결부되는 종말론적 성격의 문제를 완전하게 다루는 것은 불가능하겠지만, 적어도 바울에게 있어 (율)법과 정의의 구분이 현재에 대한 연장 또는 확장이 아닌 미래의 도래에 대한 준거를 생산해 내는 몇 가지 방식을 지시할 수는 있을 것이다. 바울의 사유가 묵시적으로 또는 종말론적으로 다양하게 기술되는 지평 내에 위치되어야만 한다는 것은 특히 에른스트 캐제만에 의해 단언된 바 있으며,[62] 이후에 J. 크리스티안 베커에 의해 강력하게 그리고 폭넓게 정교화되었다.[63] 이것은 실제로 바울 저작 전체에 대해 그리고 또한 로마서에 대해서 그렇다. 그러나 우리는 어느 정도에 이르기까지 이 '종말론적' 시각을 정의와 (율)법의 문제에 연관 지을 수 있을 것이며, 또 연관 지어야 할 것인가? 확실히 바울은 심판(judgment)의 개념과 관련하여——즉, 신적인 정의의 도래와 관련하여——종말론적 관점들을 사용

---

62 예를 들어, Ernst Käsemann, "On the Subject of New Testament Aopcalyptic"(「신약성서 묵시록 저자의 주제에 관하여」), *New testament Questions of Today*(『오늘날의 신약성서 문제들』), Philadelphia: Fortress, 1969, pp. 108~137를 볼 것.

63 J. Christiaan Beker, *Paul the Apostle: The Triumph of God in Life and Thought*(『사도 바울: 생명과 사유에 대한 신의 승리』), Philadelphia: Fortress, 1980.

했다. 따라서 도래하는 신의 분노, 도래하는 신의 심판 등이 이미 언급되었던 것이다.

하지만 메시아를 통해 나타난 신의 정의에 충실한 자들의 지지에서 시작된 (율)법을 넘어서는 정의의 실현에 관해서도, 여전히 관건이 되는 것은 그러한 정의의 완수에 대한 기대 가운데 사는 것이다. 그래서 바울은 이런 말을 쓴다. "우리는 이 희망[소망]에 의해 구원을 얻었습니다. 눈에 보이는 희망은 희망이 아닙니다. 보이는 것을 누가 바라겠습니까? 그러나 우리가 보이지 않는 것을 바란다면, 인내로써 그것을 기다려야 합니다"(로마서 8:24~8:25). 희망이라는 주제는 현존하는 것, 즉 '보이는 것'으로부터 새로운 정의의 장소를 바꾸어 놓는다. 희망은 오직 희망하는 것의 비현존(nonpresence)이라는 기초 위에서만 가능하다. 그러나 여기에서 그가 희망하는 것은 이미 (율)법 너머에서 어렴풋이 감지된 바로 그 정의의 완성이다. 따라서 법을 넘어서는 정의를 만들어 나가는 이 기획에 참여하는 사람들도 어떤 방식으로든 격려를 받게 된다. "여러분은 지금이 어느 때인지 압니다. 잠에서 깨어나야 할 때가 벌써 되었습니다. 지금은 우리의 구원이 우리가 처음 믿을 때보다 더 가까워졌습니다. 밤은 깊고 날이 가까이 왔습니다"(13:11~13:12a).

이러한 확언은 아직 바울의 정의에 대한 관심 ─(율)법 너머의 정의에 대한 관심 ─이, 이미 완성된 메시아주의가 정의라는 이념 그 자체에 대해 파괴적일 수도 있다는 잠재적인 문제에 대한 데리다의 지적으로부터 '안전'하다고 말하는 것이 아니다. 그러나 이러한 확언이 암시하는 것은, 바울에게 있어 정의로 고지되는 것이 어느 정도는 아직 오지 않은 것에 대한, 그리고 따라서 "우리가 보지 않은" 것에 대한, 희망과 기다림의 지평 혹은 차원 안에 남아 있다는 점이다.

## 3장 / 힘, 폭력 그리고 십자가[1]

정의와 법 사이의 단절은 어떤 방식으로 생성되고 의식되는가? 이러한 단절은 어떻게 법에 맞서는 정의, 그리고 정의에 맞서는 법이라는 대립으로 주제화되는가? 우리는 이것이 결코 정의와 법 사이의 관계를 사유하는 유일한 길이 아님을 알게 되었다. 그러나 이들 둘 사이의 관계의 문제를 관심의 초점에 들여오기 위해 필수 불가결한 전제는, 우리가 모종의 대립을 사유할 수 있어야 한다는 것이다. 데리다의 경우, 이 문제는 우리가 이미 살펴본 「법의 힘」의 전반부(또는 「해체와 정의의 가능성」으로 알려진 글)에 담긴 성찰에 상응하는 부분인 발터 벤야민의 「폭력 비판을 위하여」(Critique of Violence)[2](또는 「강제력 비판을 위하여」Critique of Force(Gewalt)[3])에 대한 데리다의 고찰들에 가장 왕성하게 논해지는 듯하

---

1 여기서는 '힘'이라고 번역한 force라는 말에는 강제력이라는 의미가 있다. ──옮긴이

2 영어로 된 번역문은 Walter Benjamin, *Reflections*(『성찰들』), Peter Demetz ed., New York: Harcourt Brace Jovanovich, 1978, pp. 277~300에서 찾을 수 있다.

3 Gewalt라는 독일어 단어는 힘, 권력, 강제력, 폭력 등의 의미를 담는다. 일반적으로 「폭력 비판을 위하여」라고 알려진 글이 비판의 대상으로 삼는 것은 Gewalt이며, 여기에서 저자는 이 제목이 단지 폭력(violence)만이 아닌 법의 강제력(force)에 대한 비판이라는 점을 분명히 하기 위해 Gewalt를 병기하고 있다. ──옮긴이

다. 먼저 나는 그 글에서 데리다가 벤야민 읽기를 시도하는 몇몇 부분들을 확인한 이후, 바울이 정의에 관한 법의 문제를 인식하게 되는 계기를 확인하는 데 있어 데리다의 고찰들이 어떤 측면에서 도움을 주는지 밝힐 것이다. 나는 이것이 십자가의 문제와 관련된다고 말할 것이다.

만일 법이 정의를 의도하며 따라서 십자가의 문제와 밀접하게 연결된다면, 바울에게도 또한 의심의 여지없이 (율)법의 위기와 같은 어떤 것이 존재할 것이다. 우리는 (율)법의 위기가 법의 두 심급, 즉 모세의 법(들)과 로마의 법(들)에 의한 예수의 단죄라는 문제와 관련된다고 가정할 수 있다. 어쨌든 예수가 무죄라는 바울의 재평가는 (율)법에 문제를 제기하는 것으로 간주되는데(어쩌면 법 그 자체에 대해), 왜냐하면 그러한 재평가는 법의 두 심급 모두가 정의에 대한 대립으로 들어서게 되며, 따라서 탈-정당화(delegitimate)된다는 것을 보여 주기 때문이다. 이때 (율)법은 정의를 전복하며 정의가 아니라 오히려 불의를 생산하게 된다.

## 데리다

이 문제는 '법의 힘'에 관해 데리다가 쓴 글 후반부에서 가장 직접적으로 논의되고 있기는 하지만, 이미 이 글 전반부의 논의에서 예표되어 있다. 칸트의 『권리론』(*Theory of Right*)을 인용하여, 데리다는 다음과 같이 서술한다. "분명히 집행되지 않는 법은 있지만, 집행 가능성이 없는 법은 없으며, 힘[강제력, force] 없는 법의 적용 가능성이나 집행 가능성은 없다"(『종교의 행위』, 233).[4] 이런 진술은 파스칼의 논평에 대한 인용에서 보다 구체화되는데, 이에 대해 데리다는 "힘 없는 정의는 무력하다. 다시 말해, 정의가 '집행'될 힘을 가지지 않는다면, 정의는 정의가 아니며,

정의는 완수되지 않는다. 무력한 정의는, **법의 의미에서** 보자면, 정의가 아니다"(『종교의 행위』, 238). 여기에서 내가 우선적으로 관심을 두는 것은 무력한 정의는 법의 의미에서 정의가 아니라는 것이다. 즉, 강제력을 필요로 하는 것은, 그렇게 말할 수 있다면, 정의 그 자체가 아니며 결과적으로 법으로서의 정의인 것이다. 힘 없는 정의의 힘이라는 문제는 이후에 다시 다루게 될 것이다.

그렇다면 문제는 정의의 외부로서의 법, 또는 어쨌든 어떤 의미로 정의의 외부에 있는 법을 정초하는 것으로 보인다. 정확하게 폭력 또는 강제력이 행사되는 지점에서, 우리는 법과 정의의 외부성과 마주치게 된다. "그러나 법을 정초하고, 창설하고, 정당화하는 것에, 즉 법을 **만드는 것**에 상응하는 작용은 힘의 행사(coup de force)로, 그 자체로는 정의롭지도 불의하지도 않은 수행적이고 따라서 해석적인 폭력으로 구성될 것이다"(같은 책, 241). 이러한 정의롭지도 불의하지도 않은 법의 토대라는 정식은 데리다가 이미 미국 독립선언서를 "해석적인 '힘의 행사'"(『협상들』, 51)로 읽어 내는, 1976년에 저술한 「독립 선언」(Declaration of Independence)(같은 책, 46~54)이라는 글에서 주장한 것과 일치한다.[5]

하지만 폭력과 법의 관계는 벤야민의 힘 또는 폭력 비판과의 직접적인 대결을 통해서 심화된다. 우선 데리다는 폭력과 그에 대한 비판을 사유함에 있어 우리가 "법과 정의의 영역 내에" 있다는 주장을 펼친다 (『종교의 행위』, 265). "폭력의 개념은 법, 정치 그리고 도덕의 상징 질서 내에 속한다"(같은 책, 265). 그리고 이것은 곧이어 법 자체의 특수한 질

---

4 「법의 힘」은 『종교의 행위』이라는 일종의 모음집에 수록되어 있으며, 『해체와 정의의 가능성』이라는 제목의 책에도 수록되어 있다. — 옮긴이

서에 관계 지어진다. 데리다가 벤야민을 인용하는 맥락은 법이 "폭력의 독점에 관심[을 가지는 효과에 대한 것이다]. 이러한 독점은 어떠한 정의롭고 합법적인 목적이 아니라 법 자체를 보호하기 위해 노력한다"(『종교의 행위』, 267; 벤야민의 「폭력 비판을 위하여」, 281). 이에 대한 데리다의 논평에 따르면, "이것은 진부한 동어반복같이 보인다. 그러나 법을 인정하지 않는 모든 것이, 이번에는 무법적(hors-la-loi)이라는 의미에서, 폭력적이라고 포고함으로써 그 자체를 정초하는 어떤 법의 폭력이 드러내는 현상적 구조란 동어반복이 아닌가?"(『종교의 행위』, 267) 이러한 구조는 폭력과 법 사이의 관계가 가지는 복잡성에 기초한다. 한편으로 법은 폭력에 대한 대체물 또는 승화로 제시된다. 따라서 법은 폭력이 법에 의해 대체되어야 한다고 규정한다. 벤야민의 서술에 의하면 "법체계는, 개인적 목적이 폭력을 통해 유용하게 추구될 수 있는 모든 영역에서, 법적인 힘을 통해서만 실현될 수 있는 법적인 목적을 수립하도록 노력한다"(같은 책, 280). 그러나 이러한 법에 의한 폭력의 대체는 법과 합법성의

---

5 데리다가 이런 관점을 표명한 이래로, 다른 대륙 사상가들이 데리다의 정초적인 통찰(벤야민 읽기에 기초한)을 반향하여 이를 여러 다른 방식들로 발전시켰다. 예를 들어, 슬라보예 지젝은 『무너지기 쉬운 절대성』에서 데리다와 유사한 방식으로, 미국 혁명(또는 정초적 폭력)에 대해 이와 같이 쓰고 있다. "한편으로, 사건(the Event)은 구조의 실재, 사건과 동시적인 상징 질서의 실재, 즉 바로 이 사후적으로 '불법적인 것'을 만들어 내는 법적인 질서를 초래하는 폭력적 몸짓을 발생시키는 것이다"(92). 그는 "구조는 오직 그것을 정초하는 사건에 대한 은폐를 통해서만 기능할 수 있다"고 주장한다(93). 이러한 정초적 폭력의 성격에 대한 라캉적인 읽기는 조르조 아감벤이 『호모 사케르』에서 수행하고 있는, 벤야민과 독일의 정치 철학자 칼 슈미트에 대한 생생한 독해에 기초한 방식과 대조될 수 있을 것이다. *Homo Sacer: Sovereign Power and Bare Life*, Stanford: Stanford University Press, 1998[『호모 사케르: 주권과 벌거벗은 생명』, 박진우 옮김, 새물결, 2008]. 이 책에서 아감벤은 '예외 상태'를 강조하는데, 그것은 '정상' 상태로 흘러넘치고 이를 압도하며, 데리다의 논점과 관련하여, 정초적 폭력과 보존적 폭력 사이의 구분을 오염시키는 것으로 이해될 것이다(15~67). 하지만 아감벤은 자신의 해석을 데리다의 해석으로부터 구분한다(57, 65).

외부 또는 외부성을 폭력적인 것으로 간주하는 방식으로 야기된다. 이러한 결과는 매우 명백하다. 심지어 오늘날에도, 어떤 특정한 법적 권위의 권리에 대해 인정하기를 거부하는 사람들은, 죽음을 초래하는 힘의 사용 또는 위협과는 아무런 상관이 없음에도, '테러리스트'라 불리고 있다.[6] 법이 그 자체로 폭력에 대한 대체물로 제시되고 선전되기에, 법 바깥에 있는 것은 무엇이든 필연적으로 폭력적인 것이 된다. 그러나 우리가 보게 될 것과 같이, 이는 어떤 방식으로든 법 바깥에 있는 것이 법의 폭력 그 자체를 드러내기 때문이다.

이리하여 데리다는 벤야민의 '위대한 범죄자'의 예를 인용한다. "'위대한 범죄자라는 인물'이 사람들에게 미치는 존경 어린 매혹……"(『종교의 행위』, 281/불어판 183)은 다음과 같이 설명될 수 있을 것이다. "우리가 비밀스러운 존경을 느끼는 것은 이러저러한 범죄를 저지른 누군가가 아니라, 법(loi)에 대한 저항을 통해, 사법적 질서 자체의 폭력을 폭로하는 그런 사람이다"(같은 책, 267). 여기에서 중요한 것은 특정한 범죄가 아니라 모종의 존경을 야기한다고 말해질 수 있는 분명한 법 그 자체에 대한 저항이라는 점이다.[7] 그리고 이러한 존경은 법의 폭력으로 폭로된 것에 기초한다. 바울의 저술을 읽어 본 사람이라면 누구라도 바

6 나는 이에 대한 예로 한국의 학생들을 생각하는데, 이들은 북한에 대한 미국 대통령의 실질적인 전쟁 선포에 항의하기 위해 서울에 위치한 미국 상공회의소 건물을 점거했다(내가 2002년에 이 페이지들의 초고를 작성하고 있는 동안). 미 국무부는 이들을 테러리스트로 분류한 이후 이들의 명단을 미국 측에 넘길 것을 요구했는데, 추정하기로 이는 끝없이 진행되는 미국의 자기-선언적인 테러와의 전쟁을 전개하기 위해서였을 것이다.

7 헤겔은 일찍이 "한 위대한 악당이 숭앙될 것"이라고 언급했다. *The Spirit of Christianity and its Fate*, in *Early Theological Writings*, T. M. Knox trans., Philadelphia: University of Pennsylvania Press, 1971[『기독교의 정신과 그 운명』, 『청년 헤겔의 신학론집』, 정대성 옮김, 인간사랑, 2005], p. 216에 수록.

울이 메시아 예수를 어떤 '위대한 범죄자'와 같은 인물로, 즉 "죄 그 자체"가 된 인물(고린도 후서 5:21) 또는 저주받은 인물(갈라디아서 3:13)로 지칭하는 방식을 떠올릴 것이다. 그러므로 예수에 대한 이런 방식의 지칭은 바울의 사유 내에서 예수가 점하는 위치를 매우 잘 보여 주는 듯하다. 보다 정확하게 말하자면, 십자가에 달린 자, 그로 인해 위대한 범죄자와 유사한 어떤 이로 확인되는 자, 또는 마찬가지로 바울이 말하게 될 것과 같이, 죄(또는 범죄) 그 자체가 되는 자로 말이다. 물론 엄밀히 말해서 예수는 그저 여느 범죄자가 아니라, 어떤 의미로든, 질서에 위협이 되는 인물로 처형된 자이기에 위대한 범죄자가 된다. 유대적 질서에 우선적으로 국한되기보다는, 정확하게 우리가 읽게 될 텍스트 내에서 바울이 편지를 쓰고 있는 로마라는 지역으로부터 퍼져 나오는 이방적 질서, 즉 로마적 질서를 상기하도록 하자.

데리다는 나아가 위대한 범죄자와 관련된 벤야민의 착상을 확장하여 그 변호사[8]가 법의 판단 능력에 도전하기 위해 추구하는 '단절의 전략' — '법의 질서'에 이의를 제기하는 — 을 포함시키면서(『종교의 행위』, 267), 다음과 같은 질문을 더하고 있다. "그러나 어떤 법의 질서인가? 일반적인 법의 질서, 또는 이 국가의 힘에 의해 제도화되고 작동하는('집행되는') 법의 질서? 아니면 일반적으로 국가와 풀어낼 수 없을 정도로 뒤얽힌 것으로서의 질서?"(같은 책, 267)[9] 그러므로 우리는 다른 두 입장들로부터 — 하나는 법의 내부로부터 그리고 다른 하나는 법의 외

---

8 데리다가 말하고 있는 변호사는 자크 베르제스(Jacques Vergès)라는 인물이다. 자크 베르제스는 현재는 입헌군주국 태국으로 전환된 시암왕국 출신의 프랑스 변호사이다. 전범재판으로 유명하다. — 옮긴이

부로부터 ——법의 임의성(arbitrariness)을 드러내며, 이에 따라 법의 폭력을 드러내는 위대한 범죄자와 위대한 변호사 양자 모두에 의해 야기되는 동일한 효과를 발견하게 된다.

그런 이후에 데리다가 언급하는 것은 그가 벤야민의 "구별적인 예"로 파악하는 파업의 권리, 즉 가장 직접적으로 총파업(general strike)의 권리인데, 이때 그것은 특수한 요구들을 넘어서 법질서 자체에 대한 저항으로 이어지며 이로 인해 법질서의 옹호자들이 포함된 부분으로부터 폭력적인 대응이 유발되는 것으로 귀결된다. 이런 상황에 대해, 데리다는 다음과 같이 기술한다. "그러한 상황은 사실상 우리가 법과 폭력의 동질성에 대해, 법의 행사로서의 폭력 그리고 폭력의 행사로서의 법에 대해 이해할 수 있도록 하는 **유일한 상황**이다. 폭력은 법의 질서에 외부적인 것이 아니다. 그것은 법 내부로부터 법에 위협을 가한다"(『종교의 행위』, 268).

내가 보기에, 이것은 적어도 정식의 명료함 또는 명석함의 측면에서, 우리가 벤야민의 글에서 읽을 수 있는 것을 상당히 넘어서고 있다. 그러나 벤야민의 글에는, 우리가 폭력과 법의 관계를 이해할 수 있도록 하는 또 다른 현상에 대한 언급이 있다. "벤야민은 두 가지 종류의 총파업을, 즉 한 국가의 질서를 다른 것으로 대체하는 방향을 향하는 것(**정치적 총파업**)과 국가를 폐지하는 것(**프롤레타리아 총파업**)을 구분한다"

---

9 「오늘날의 윤리와 정치」에서, 데리다는 다시 한번 이 자크 베르제스(Jacques Vergés)라는 변호사의 문제로 되돌아가는데, 변호사로서 그가 취한 전략은 법 내부에서 작동하지만 "이 법과 그 모든 귀결들의 정당성에 **철저하게 의문을 제기**"하는 것이다. 이어서 데리다는 다음과 같은 질문을 던진다. "그는 이를 윤리, 정치 또는 어떤 다른 법의 이름으로 한 것인가?"(『협상들』, 308).

(같은 책, 271). 이에 대해 데리다는 이어서 "요컨대, 두 가지 해체의 유혹들"(같은 책, 271)이라는 문구를 더한다. 그것은 즉, 법에 대해 비판적으로 사유하는 한 방식으로서의 해체가 일종의 정초적 폭력, 즉 해체적 해석의 폭력을 통해 하나의 질서를 다른 질서로 교체하거나, 또는 해체가 기존 질서의 개념 또는 현실 그 자체를 폐지하고자 하는 유혹을 받을 수 있다는 것이다. 첫번째 경우로는 일종의 철학적 자코뱅주의(급진주의, Jacobinism)가, 그리고 두번째 경우로는 철학적 무정부주의(anarchism)가 있다. 그러나 이것들은 해체를 곤경에 처하게 하는 유혹들임에 주목해야 한다. 그리고 우리가 보았던 바와 같이, 법의 해체 가능성은 또 다른 법(심지어 제도조차도)을 세우거나 또는 정초하는 데, 그리고 법 자체의 폐기를 추구하는 데 봉사하지도 않고 봉사해서도 안 된다. 왜냐하면 해체는 정의가 법의 필연성 ——그것이 아무리 해체되어 있다고 하더라도——을 통해 표명되어야만 한다고 주장하기 때문이다.

우리는 이러한 '유혹들'이 바울 독해에서도 또한 발견될 수 있다는 사실을 간과해서는 안 된다. 말하자면, 바울이 법 자체를 파괴한다고 해석하거나(니체의 독해를 상기하라), 또는 더욱 까다로운 요구와 더욱 엄혹한 심판의 능력을 지닌 새로운 법을 제정한다고 해석할 수도 있다는 점을 말이다. 이는 특히 인간 의지의 가장 내밀한 부분에까지 영향력을 부과하고자 하는 교회법 내에 제도화될 때 더욱 그럴 것이다.

벤야민의 사유에는 정치적 총파업과 프롤레타리아 총파업 사이의 양자택일이 있는 듯 보인다. 그러나 데리다는 이러한 대립 또는 양자택일에 대한 '해체'에 나선다. "또 다른 국가에 대한 재정초를 추구하는 정치적 총파업과 국가의 파괴를 추구하는 프롤레타리아 총파업 사이에 결코 순수한 대립은 없다"(같은 책, 272). 해체는 어떤 의미에서 이 총파업,

즉 이 정치적/프롤레타리아적 총파업이다. 해체가 어떤 방식에서든 법 또는 법의 힘(언어적인, 장르적인, 도덕적인 또는 사법적인)을 침식한다는 의미에서 말이다. 동시에 해체가 목표로 하는 것은 법의 소멸이 아니라, 법이 정의의 요구에 외재적이지만 그럼에도 정의에 의해 요구된다는 점에 대한 논증이다.

법 정초와 법 보존 사이에, 즉 전자를 행하는 폭력과 후자를 행하는 폭력 사이에 제시된 구분에서, 일정 이상 같은 것이 발생한다. 데리다는 벤야민이 "법과 관련하여, 두 종류의 법의 폭력 사이에 있는 [중요한] 구분, 말하자면 정초적 폭력, 즉 법을 제정하고 제안하는 폭력, 그리고 보존적 폭력, 즉 **법**(Law)의 영구성과 집행력을 유지·확인·보장하는 폭력"(『종교의 행위』, 264)의 구분을 제시하고 있다는 데 주목한다. 데리다가 언급하는 바에 따르면, 정초적 폭력과 보존적 폭력의 대립은 기껏해야 불안정한 대립일 뿐인데, 왜냐하면 정초적 폭력은 그것 자체의 "반복 가능성"을 그리고 그에 따른 [반복의] 보존을 상정하게 되며(같은 책, 272), 한편으로 보존적 폭력은 되풀이하여 그것이 "보존하는" 것을 재정초하기 때문이다.

법과 폭력의 관계는 특히 벤야민이 법과 사형의 완전한 공모관계에 관해 말하는 것을 통해 드러난다. 여기에서 벤야민은 법이 폭력에 의해 오염되는 측면으로 인해 "법 내부에서 부패한" 것에 대해 말하는데, 그것은 정확히 사형에 초점이 맞춰진 것이다. 데리다는 다음과 같이 주장한다. "우리가 감히 법의 주제에 사형을 언도한다면, 특히 그것이 사형선고의 문제일 때, 법은 유죄 판결을 받은(condemned), 파멸된(ruined), 잔해 속에 있는(in ruins), 파멸적인(ruinous) 것이다. 그리고 벤야민은 사형선고에 관한 문구를 통해서 법 안에서 '부패한' 것에 대해 말하고 있다"(같은 책, 273). 이것은 이어지는 구절에서 다시 한번 등장한다. 데리다의 벤야민 읽기에서, 사형에 대한 비판은 피상적인 것일 수 없는데, 왜냐하면 "우리가 사형에 대해 다룰 때, 우리는 다른 형벌들 중 하나가 아니라 법의 기원을 통해, 바로 법의 체계를 통해, 법 그 자체를 다루는 것"이기 때문이다(같은 책, 276). 이는 다음과 같이 설명된다. "법의 질서(l'ordre du droit)는 사형의 가능성을 통해 그 자체를 완전하게 드러낸다. 사형의 폐지를 통해, 우리는 다른 여러 **장치**(dispositif)들 중 하나를 건드리게 되는 것이 아니다. 오히려 우리는 법의 원리 그 자체를 부정하게 되는 것이다"(같은 책, 276).

비록 이것이 데리다에 의해 명시적으로 말해진 것은 아니지만, 바로 여기에 (법적) 폭력의 본질이 있는 것으로 보인다. 폭력이 폭력이 되는 것은 바로 다른 사람의 생명 자체에 대한 침범을 유발할 때, 즉 그것이 타자를 죽이거나, 또는 죽이겠다고 위협할 수 있을 때이다. 따라서 우리가 폭력에 대한 비판에 관여할 때, 우리는 살인 면허, 즉 살인의 정당화에 대한 비판에 관여하는 것이다. 그리고 이것은 벤야민이 주지하듯이 가장 기본적으로 전쟁과 사형에서 표명된다. 현재에 이르기까지 전쟁과 사형은 죽음을 초래하는 인가된 형식들이며, 이를 통해 법 또는 법의 담지자로서의 국가는 표현에, 즉 실존에 이른다. 그리고 국가들이 사형의 폐지를 추구하는 우리의 시대에 여전히 사유해야 할 문제는 사형 폐지가 어느 정도까지나 법의 폐지를, 법의 집행력의 폐지를 의미하는가 하는 것이다. 이런 의미에서 법이 결정적으로 전환된다면 무엇이 남는가?[10] 최소한 사형의 폐지를 통해 초래될 법의 전환은, 언제나 이미, 정의에 대한 법의 종속에 관한, 따라서 정의에 대한 법의 영구적인 상대화에 관한 인정일 것이다.

이 글의 마지막 부분에는, 또한 우리의 주제를 담고 있기도 한, 희생과 생명(life) 그리고 심지어 죽음 너머의 삶(life)에 대한 성찰이 있는데, 여기에서는 우리가 살아 있는 자를 위해 살아 있는 존재(다른 사람)의 희생을 용인하는 것과 (자기 자신의 생명의) 희생을 자임하는 것의 차이에 대한 고찰로 옮겨 가는 듯 보인다. 여기에서 우리는 어쩌면 새로운 일군의 문제들을 개방하여, 또한 십자가의 장면과 상징에 대해 주의를 기울일 수도 있겠지만, (아직) 이런 문제들에 대한 고찰에 머무르지 않을 것이다. 어쨌든 내가 다루게 될 것은 법, 국가의 질서 자체에 문제를 제기하는 여러 방식들의 합류이다. 이 시점에서, 그 문제들은 위대한 범죄자, 법의 질서에 도전하는 변호사, 총파업, 사형 반대, 그리고 해체라는 것들이다. 이들 각각의 예시에서, 법과 정의 사이에 위치한 차이의 표현이 발생한다. 그리고 각각의 경우에(해체의 경우를 제외하고?), 우리는 정의와 법의 불일치를 그리고 그에 따라 법의 해체와 정의의 해체 불가능성 양자 모두를 사유할 수 있게 하는 어떤 특정한 폭력의 출현을 보게 된다.

---

10 사형의 문제는 이 책에서 그런 것처럼 오랜 세월 동안 이론적 문제로서, 그리고 가장 직접적인 정치적 과정으로의 개입이 일어나는 장소로서 데리다를 훈련시켰던 문제다. 『알리바이 없이』에서, 이 책의 번역자 페기 카무프는 이런 경향이 카릴 체스만의 재판에 관련된 출간되지 않은 편지로까지 거슬러 올라간다고 말한다(286). 『협상들』에는, 무미아 아부자말 재판에 관해 빌 클린턴과 힐러리 클린턴에게 보낸 편지(1996년에 쓰여짐. pp. 130~132에 수록)와 1995년 유네스코(UNESCO) 회의에 앞서 쓰여진 이 재판에 관련된 데리다의 의견을 담은 의사록이 수록되어 있다. 여기에서 데리다는 25년 전에 실패로 끝났던 "지옥 같은 사법-감금 기구로부터" 조지 잭슨을 구해 내기 위한 노력을 상기한다(『협상들』, 125). 데리다의 가장 빛나는 산문들 중 일부가 "때로 민영 기업들에 의해 가장 평온한 양심으로 운영되기도 하는 실질적인 죽음의 수용소들"로서의 미국 수감 제도에 대한, 열정적이지만 또한 신중한 추론에 따른 분석에서 나타나고 있다(『협상들』, 127). 다른 7년간 쓰여진(심지어 2001년 9월 11일 뉴욕의 세계무역센터에 가해진 테러 행위보다 이전에) 부분은 데리다의 한탄

## 발터의 마지막 이름[11]

데리다의 글 「법의 힘」의 두번째 부분은 "벤야민의 첫번째 이름"(The First Name of Benjamin)이라는 제목으로 쓰인 글이며, 실제로 1990년 캘리포니아 로스앤젤레스 소재의 UCLA에서 개최된 "나치즘과 최종 해결책: 재현의 한계에 대한 탐구"(Nazism and the Final Solution: Probing the Limits of Representation)라는 제명의 학회에서 발표된 것이었다. 물론 벤야민의 (첫) 이름은 발터(Walter)이며, 이 이름이 Gewalt[게발트] 즉 '힘'(force) 또는 '폭력'(violence)에 대한 관계를 통해 말장난의 대상이 되고 있다.

벤야민의 (첫) 이름에 대한 고찰을 또한 발터(Walter)의 마지막 이름, 즉 성에 대한(또는 심지어 폭력에 대한) 고찰로 끌어내는 간접적인 (oblique) 초청으로 수락해 보자. 이는 벤야민이라는 이름이 법의 이름의 외부와 내부 양자 모두에서 폭력이라는 주제에 대해 자체적으로 공명하고 있기 때문이다. 물론 그 이름은 야곱(Jacob)/이스라엘(Israel)

---

으로 가득한 글쓰기의 통렬함을 보다 명징하게 드러낸다. 그 글에서 언급된 주지사 톰 리지는 아부자말을 사형시키겠다는 약속으로 출마했던 이력이 있는데, 이 사람은 당시 '국토안보국'(Homeland Security, 현재는 '부'로 승격)의 책임자가 되어, '사법부'(Department of Justice)와 합동으로 권리장전(the Bill of Rights)을 통해 과거로부터 존중되어 왔던 인권을 침식하고자 하는 확고한 의지를 가진 듯 보이는 인물인데, 이것은 추가적으로 씁쓸한 아이러니를 낳는다. 어쩌면 사형에 대한 가장 일관된 논의는 데리다의 『알리바이 없이』에 수록된 「정신분석은 국가의 영혼에 관하여 탐색한다: 주권적 잔인성 너머에 있는 불가능한 것」(Psychoanalysis Searches the States of Its Soul: The Impossible Beyond of a Sovereign Cruelty)이라는 글에서 제시되는데, 이 글에서 그는 세계 무대에서 드러나는 미국이 희석되지 않은 국가 주권에 대한 고집을 포기하지 않기에 사형이 영속화되고 있다고 말한다.

11 이 제목은 원래 발터의 성(surname)이라고 읽는 것이 맞다. 저자의 의도는 데리다가 "벤야민의 첫번째 이름"이라는 제목으로 시도한 말장난에 대구를 맞추는 것이다. ──옮긴이

의 막내아들의 이름을 딴 이스라엘 민족의 한 지파의 이름이다. 그러나 그 이름은 매우 빈번하게 기묘한 폭력과 연관된다. 어쩌면 어떤 폭력이 이미 야곱/이스라엘의 사랑하는 부인이자 벤야민의 어머니인 라헬(Rachel)이 죽도록 만든, 벤야민의 탄생이라는 폭력에 기입되었을지도 모른다(창세기 35:16~20).

이 이름의 폭력은 다시 "기브아의 잔혹행위"에 대한 이야기에서 나타나는데, 이 이야기에는 벤야민 지파 사람들 사이에 섞여 살지만 그 자신은 다른 지파에 속하는 어떤 사람에 의해 한 레위인이 환대를 받는 장면이 연출된다. 따라서 이 환대를 제공한 사람은, 소돔에 살았던 롯(Lot)과 같이, 낯선 사람에게 환대를 제공하는 한 낯선 사람인 것이다. 그러나 벤야민 지파 사람들은, 창세기의 소돔 사람들과 같이, 이 낯선 사람을 그들의 폭력에 대한 제물로 내놓을 것을 요구한다. 이 이야기에서는 레위인의 첩이 희생자가 되었고, 그녀의 능욕당한(violated) 몸이 그 집의 문 앞으로 돌아왔을 때, 이 분노한 사람(그러나 여전히 안전하게 자신을 보존한 레위인)은 그녀의 몸을 조각조각 잘라 다른 지파 사람들에게 보내 벤야민 지파 사람들에 대한 성전(聖戰, holy war)을 촉구한다.

물론 그 레위인은 이 서사 내에서 결코 호감이 가는 인물로 그려지지 않는다. 그는 자발적으로 첩을 벤야민 사람들의 폭력에 희생시켰을 뿐만 아니라, 또한 벤야민 지파 사람들을 몰살시키는 동족살해 전쟁을 요청하기 위해 그녀의 몸을 토막 냈다(그녀의 몸을 토막 낼 당시 그녀의 생사 여부는 명시적으로 말해지지 않는다). 이 이야기에서 그 레위인은 모세가 이른바 민족의 타락에 대항하는 거룩한 전사들이라는 자격을 정립하기 위해 이스라엘의 진영을 돌아다니며 아들들과 형제들을 죽여 이스라엘 민족에 대한 '문화 혁명'에 착수하라고 명령했던 레위인들을 상기시킨다(출애굽기 32:26~32:29). 폭력은 바로 법을, 법의 힘을 정립하는 기능을 가진다.

기브아의 잔혹행위(사사기 19장)와 벤야민 지파를 말살하는 동족 살해 전쟁의 발발(20, 21장)에 관한 이야기는 성서의 화자에 의해 '법 이전의' 시기로, 즉 이스라엘에 왕이 없었던(19:1, 21:25), 따라서 "모든 사람들이 그들 자신이 보기에 올바른 것을 했던"(21:25) 그러한 시기로 맥락화된다. 이런 방식으로, 성서의 화자는 왕의 도래를, 법 이전의 폭력이라는 배경에 대한 법과 질서의 승리로 보도록 유도한다. 그러나 역설적인 것은 소명을 받은 왕 자신이 벤야민 지파 사람——사울(Saul)이라는 사람——이라는 것인데, 그는 왕권을 제정하고 따라서 법의 힘을 제정하며, 그의 살인적인 분노를 처음에는 자신의 아들[요나단]에게, 그리고 이후에는 원래 그가 사랑하는 미소년이었으나 또한 왕이 될 사람으로 지명된 그 사람[다윗]을 암살하기 위한 평생에 걸친 노력에 쏟아붓게 된다.

그러나 이것이 벤야민이라는 마지막 이름(성)에 얽힌 이야기의 결말은 아니다. 왜냐하면 우리가 벤야민 부족에 속하며 사울이라 이름 지어진 다른 한 사람[12]에 대해서(그는 빌립보서 3:5와 로마서 11:1에서 그렇게 말한다), '기독교인들'에 대한 그의 살인적인 분노——그가 믿었던 그대로 (율)법에 의해 인가된——를 마침내 (율)법에 대한 비판으로 그리고 특히 (율)법의 힘에 대한 비판으로 전환시켰던 바로 그 사람에 대해서 알고 있기 때문이다. 벤야민의 (첫) 이름(발터Walter)이 그런 것만큼이나, 발터의 마지막 이름(벤야민Benjamin)은 우리를 법의 폭력에 대한 고

---

12 바울을 지칭함. 바울의 개명 이전의 유대식 이름은 사울(Sha'oul, Saoulos, Saulus)이었으며, 그는 벤야민 지파에 속한 사람이었다. —옮긴이

찰로, 따라서 법과 정의의 분리에 대한 고찰로 이끈다.

한 사람의 이름에 대한 미드라쉬적인[13] 고찰은 누구보다 더 정의와 법의 분리에 관심을 가졌던 바로 그 벤야민 지파 사람(사울/바울)의 사유에 대한 고찰로 넘어가는 연결부의 역할을 하게 될 것이다.


## 바울과 십자가

정의의 문제 그리고 데리다가 바울의 저술과 맺고 있는 관계에 대해 살펴봤던 도입부의 말미에서, 나는 데리다가 니체의 바울에 대한 견해에서 발견하는 '명석함'에 대해 언급했던 바 있다. 내가 『아침놀』로부터 발췌한 인용문에서, 니체는 법의 문제 또는 난점을, 말하자면 우리가 여기에서 데리다로부터 얻은 도움을 통해 탐색했던 (율)법의 문제를 지적했으며, 또한 바울에게 있어 그 문제가 중심적이라는 점을 발견했다. 비록 정확하게 니체 자신에 의해 추정된 방식으로 중심적인 것은 아니더라도 말이다. 나는 그 이유가 바울이 여전히 (율)법과 관련된 정의의 문제를 고수하고 있기 때문이라고 주장했던 바 있다. 하지만 바로 그 고찰에서, 니체는 메시아의 십자가형이 (우리가 여기에서 말하게 될 그대로) 법을 해체하는 듯 보인다고 지적했다. 한편 우리는 데리다에게 있어, 법의 폭력 또는 법의 힘이라는 문제가 법의 시작 또는 정초와 집행 양자 모두와 관련한 법의 근거 없는 토대를 폭로하며, 따라서 이를 해체 가능한 것

---

13 미드라쉬(Midrash). 유대인들의 성서 해석법, 또는 성서 주석집. 미드라쉬의 주석집인 게마라(Gemara)와 함께 탈무드를 이루는 한 축이며 토라의 단어들에 대한 의미관계적 해석을 내놓는 독특한 해석법을 가진다. ―옮긴이

으로 만든다는 점을 살펴보았다. 그렇다면 남은 과제는, 바울에 대한 니체의 성격 묘사에서, 바울에게 있어 메시아 또는 신의 정의로 여겨지거나 주장되는 한 사람의 십자가형이라는 사건이 (율)법을 근본적으로 의심하게 되는 사안이었다는 니체의 지적이 옳았음을 입증하는 것이다.

바울을 통한 (율)법 논의에서, 우리는 그의 비판이 모세법과 로마법에 동등하게 적용됨에 대해 주목한 바 있다. 그리고 바울에게 있어 모세법이 로마법에 우위를 점하고 있기에 어느 정도는 그 두 법 간의 어떤 불균형이 있는 듯 보인다는 점에 대해 주목했던 바 있다. 여하튼 로마서에서 바울이 씨름하고 있는 (율)법의 문제는 로마법과 모세법 양자 모두에 대해 공통적으로 적용 가능하며, 갈라디아서의 논의에 비해 진일보한 로마서의 논의에서 중요한 부분을 차지한다.

로마서에서의 바울의 논증에서 나타나는 흥미롭지만, 처음 대할 때 당황스러운 특징들 중 하나는 그가 십자가에 대해 직접 언급하기까지, 또는 신의 메시아로서 따라서 신적인 정의의 구현으로서 파악하는 바로 그 인물의 운명을 언급하기까지, 너무나 오랜 시간을 끈다는 점이다. 이 인물에 대한 언급은 실제로 5장에나 이르러서야 다소나마 직접적으로 표현되는 듯 보인다.[14] 그리고 이것이 당황스러운 이유는 엄밀하게 말해서 바울이 다른 서신서들에서는 언제나 그가 말하고자 하는 주제가 바로 십자가, 즉 예수의 처형이라는 점을 직접적으로 나타냈기 때문이다.

---

14 이것은 적어도 바울이 서두에서 "육신에 따라 다윗의 자손"으로 선언된 "아들"(로마서 1:3) 예수에 관해 간접적으로 언급하기까지는 드러나지 않는다. 그러한 독해에 관해, 예수를 다윗의 자손으로 말하는 선언은 바로 "유대인들의 왕"이라는 표지 아래 행해졌던 예수의 처형이 의도하는 어떤 것이다. 그리고 이 처형은 바로 "육신에 따라" 일어난 것인데, 이는 메시아의 약함이 바로 거기에서 드러났을 뿐만 아니라 이런 방식으로 보호되는 세속-정치적 권력의 불안 또한 드러났기 때문이다.

그는 고린도 전서에서 "우리는 십자가에 달리신 메시아를 선포합니다"(1:23)라고 주장한 후, "나는 여러분 가운데서 예수 메시아 곧 십자가에 달리신 그분 외에는 아무것도 알지 않기로 결정했습니다"(2:2)라고 말할 때 이미 이 주제를 단언했던 바 있다. 이어서 갈라디아서에서 그는 독자들에게 "바로 여러분의 눈앞에서 예수 메시아는 십자가에서 공개적으로 처형당했습니다"(3:1)라고 상기시켰던 바 있다.[15] 제국의 권력 당국에 의해 집행된 메시아의 처형이라는 주제를 직접적으로 언급하는 과정에서 로마서의 바울이 드러내는 이 조심스러움은 무엇을 의미하는가?

이 문제에 대한 답을 찾자면, 이 편지가 결코 특정되지 않은 시간에 특정되지 않은 장소에 사는 사람들에게 전달된 일반적인 논의가 아니라, 정확하게 로마에 사는 어떤 사람들에게 전달되었다는 점이 관건이다. 로마는 제국의 수도였다. 제국은 그 자체의 권위를 십자가의 폭력을 통해 유지했다. 로마에 대한 저항이나, 또는 그렇다고 간주되는 행위는 특히 이런 끔찍한 형태의 처형을 통해 처벌되었다. 그리고 이 십자가형을 통한 법집행이라는 정책은, 우리가 알고 있듯이, 상당히 효과적이었다.

여기서 로마에 있는 사람들을 향해, 십자가형이라는 형벌을 통해 유지되는 제국의 심장부를 향해 전달된 편지에서 문제는 바로 메시아가 십자가에 달렸다는 점이다. 즉, 메시아가 제국이 그 자체를 유지할 수 있도록 하는 형벌을 당했다는 점이다. 제국이 내린 판결의 전복을 통해, 이들은 위험할 정도로 제국 자체에 대한 전복으로 접근하게 된다.[16] 그러

---

15 내가 바울이 갈라디아서 이후에 로마서를 썼다는 견해와 이 두 서신서들이 고린도 교회와의 서신교환에 선행했다는 견해를 받아들인다는 점은 앞으로 명확히 드러날 것이다. 이 견해는 바울 서신서들에 대한 대부분의 표준적인 논의들에 의해 받아들여지는 견해와 일치한다.

므로 어떤 임기응변이 요청되는 것이다.

바울에게 있어 (율)법의 문제는 정의와 (율)법의 대립을 통해 (율)법에 문제를 제기하는 방식으로 제기된다고 가정해 보자. 우리는 데리다로부터 이러한 법에 대한 문제제기, 즉 법의 정의에 대한 문제제기가 법의 폭력적 토대와 집행에 대한 폭로와 연관될 수밖에 없다는 점을 살펴보았다. 데리다에게 있어, 이것은 법과 관련하여 언제 어디에서나 발견될 수 있는 문제이다. 바울에게 이 문제는 정확하게 어떤 폭력의 특수한 '예시'(처형, 사형, 십자가형)에 관련되어 있는 것처럼 보인다. 말하자면 바울이 신의 메시아로서, 그리고 따라서 신적인 정의의 담지자로서 인정하는 바로 그 인물에게 부과된 폭력의 특수한 예시에 관련되는 듯 보인다.[17]

물론 여기에서 이러한 판결은 정의에 대한 단적인 실패로 이해될 수 있을 것이다. 즉, 법관들이 불법적으로 행동했다고 말이다. 그런 경우, 문제에 처하는 것은 법이 아니라, 특정한 사건들에 연관된 사법 관리들이다. 예컨대 우리는 예수의 처형에 대한 책임을 유대교 지도자들의 발치

---

16 만일 혹자가 알카에다의 일원이라는 혐의가 있는 사람들의 또는 심지어 그 동조자들의 구금방식을 불의하다고 말한다면, 이 사람은 오사마 빈라덴과 같은 편이라고 말해질지도 모른다. 그러한 관계의 결과는 쉽게 상상될 수 있다.

17 존 밀뱅크(John Milbank)는 *Being Reconciled: Ontology and Pardon*(『화해의 존재: 존재론과 용서』), New York: Routledge, 2003에서 유사한 논점을 제시한다. 비록 데리다에 대한 언급은 없지만, 그는 다음과 같이 주장한다. "따라서 우리는 십자가가 궁극적으로 예외적인 그러나 전형적인 예시를 통해 임의적인 주권적 힘의 구조를 노출시켰다고 주장할 수 있을 것이다. 이것은 가장 나쁜 인간적 폭력에 대한 식별 행위다"(93). 이후에, 밀뱅크는 "어떤 것이 일어나 주어진 사회적·정치적 구조들 내에 잠재하는 폭력과 테러를 새롭게 노출시켰고 새로운 대안을 낳았음에 틀림없다"고 말한다(95). 내가 말하는 것은 바로 데리다의 벤야민에 대한 고찰들이 생성한 관점을 통해 바울이 여기에서 무엇을 해결하기 위해 노력하고 있는지 보다 정확하게 사유하는 데 도움을 얻을 수 있다는 것이다.

에 두려는 시도가 기독교적 반(反)-유대주의의 근거로 작동했던 너무나 많은 사례를 볼 수 있다. 심지어 빌라도가 죄책감을 완화하고자 시도했던 것[손을 씻는 행위]은 로마 또는 제국의 법을 면책하는 하나의 방편이었다. 예수 처형의 책임을 로마로부터 '유대인들'에게로 돌리려는 시도는 언제나 예수가 돌에 맞아 죽은 것이 아니라 십자가에 달려 죽었다는 점, 즉 그를 죽인 것은 유대인들이 아니라 제국이라는 문제를 안고 있다.

어쨌든 이 모든 정황이 십자가에 대한 바울 자신의 견해와는 완전히 상반되는 듯 보인다. 고린도 전서 2장 8절에서, 그는 십자가형의 집행자들이 "이 시대의 지배자들"이었다고 명시한다. 이제 이 시대의 지배자들이라는 말은 유대인들, 심지어 유대 관리들을 의미하는 것이 아니게 된다. 그들은 어떠한 상상력을 통해서도 이 시대의 지배자들이 아니다. 그러나 황제와 그의 대리인들, 로마 권력과 지배 기구는 이 시대의 지배자들로 인식될 수 있으며, 이것은 또한 그들이 스스로 주장했던 바이기도 했다. 바울이 말하는 바에 따를 때, "영광의 주를 십자가에 달았던" 것은, 즉 그 영광스러운 이가 특히 굴욕적이며 수치스러운 형태의 처형을 당하게 한 것은 바로 그들이다. 유대관리들이 메시아를 부인한 것에 대해 바울이 어떤 이야기를 한다고 해도, 그가 이 시대의 지배자들, 즉 제국의 지배자들, 로마의 지배자들이 예수의 처형자였다고 말한다는 점은 매우 분명하다.[18] 그리고 이러한 정황으로 인해, 내가 앞에서 언급했던 것과 같이, 로마에 있는 독자들에게 편지를 씀에 있어 어떤 특정한 임기응변이 요구될 수도 있었다는 점을 이해하게 된다(데리다가 해명했던 바와 같이, 누가 자신의 독자가 될 것인지 절대로 예상할 수 없다[19]).

바울은 (율)법이 단순히 실수를 범했다고 생각했던 것이 아니라 심각하게 부당하거나, 또는 적어도 정의를 생산할 능력이 없는 것으로 드러났다고 생각했다. 이러한 이유로, 메시아는 (율)법의 실책이 아니라, (율)법과 정의 사이의 근본적인 대립을 통해 유죄 판결을 받고 처형되었던 것일 수밖에 없다. 즉, 예수의 유죄 판결은 (율)법의 관점에서 볼 때 잘못된 것이 아니며, 그의 처형 또한 합법성이라는 관점에서 볼 때 잘못된 것이 아니다. 오히려 반대로, (율)법의 관점에서 유죄 판결과 처형은 옳은 것이었다.[20] 그렇다면 (율)법 자체에 문제가 있다는 귀결이 따르게 된다. (율)법은 합법적이지만 불의하며, 정의와 충돌하거나 또는 근본적으로 대립하는 위치에 선다. 그리고 이것은 합법적으로 유죄 판결을 받고 처형된 그 인물이 신의 정의, 신의 메시아였기 때문이다.

---

18 이런 측면에서, 나는 "예수를 사형에 처했던 역사적이고 국가적인 과정은……바울에게 있어 결코 어떠한 관심사도 아니"(『사도 바울』, 101)라는 바디우의 주장에 이의를 제기한다. 이런 측면에서는, 야콥 타우베스(Jacob Taubes)가 훨씬 더 진실에 가깝다고 생각한다. 타우베스는 다음과 같이 말한다. "중요한 것은 노모스[법, nomos]가 아니라 노모스에 의해 십자가에 못박힌 그 사람이고, 그가 임페라토르[imperator는 '황제', '개선장군'을 칭하는 라틴어인데, 여기서는 '메시아'와 바꾸어 읽을 수도 있겠다]라는 점이다! 이 사람은 믿을 수 없을 정도로 놀라운 인물이며, 이 인물과 비교하자면 모든 자잘한 혁명가들은 **아무것도 아닌 자들**이었다"(『바울의 정치신학』, 24).

19 이것은 분명히 데리다의 『우편엽서』의 중심적인 관심사들 중 하나이자, 데리다가 주장했던 그대로, 언제나 글쓰기의 상황에 고질적인 것으로 이해되어야만 하는 상황이다. *The Postcard: From Socrates to Freud and Beyond*(『우편엽서: 소크라테스로부터 프로이트까지 그리고 그 너머』), Alan Bass trans., Chicago: University of Chicago Press, 1987. 바울이 그의 독자들을 알았는가 아닌가 하는 문제는 이후에 제시될 환대에 관한 문제에서 돌아오기는 하겠지만, 적어도 이 지점에서 바울이 그의 독자들 중에, 데리다는 차치하고서라도, 오리게네스, 아우구스티누스, 루터, 칼뱅이 포함될지 알 수 없었을 것이라는 점에 대해 강조해야만 하겠다. 즉, 모든 로마서 해석은 데리다가 도착방황성(destinerrance*)이라고 지칭한 어떤 것, 즉 우편엽서가 어떤 확정된 우편 수취인으로부터 일탈하는 것에 의존한다. 이것은 모든 텍스트의 독해 가능성의 조건이다. 그러나 그것은 또한 동시에 모든 읽기에, 최소한으로 말하더라도, 문제를 일으키거나 또는 난점이 그리고 심지어 배신이 뒤따르게 만든다. [* 수신방황성 또는 글자 그대로 운명방황성. 이것은 '운명, 도착, 수신'을 뜻하는 destin-에 '방황'을 뜻하는 errance가 합쳐진 말이다.]

우리는 예수에 대한 판결이 (율)법의 관점에서 옳았다는 것을 검증할 또 다른 길이 있다는 점에 주목해야 한다. 이러한 주장을 내세우기 위해 굳이 법적인 정확성을 기할 필요도 없으며, 실제로 이러한 특정한 판례(case)와 관련된 사법적 형식들에 대해 바울이 어떤 종류의 정보를 가졌을 것인지에 대해 알 수 있는 방법은 없다. 그러나 우리가 보았던 것과 같이, 법의 관점으로부터 볼 때, 법 외부에 서 있는 누구라도 당연히 '폭력적인' 인물로 간주된다. 즉, 법질서라는 견지에서 볼 때, 법질서를 문제 삼는 것은 법의 존재 자체에 대한 위협이다. 왜냐하면 그것은 법이 가두어 둘 것을 요구하는 바로 그 폭력이 흘러들어올 수문을 열어 주는 것처럼 보이기 때문이다. 만일 한 사람이 정의를(예를 들어, 신의 뜻을) 대표한다고 주장하면서, 다른 한편으로 법에 의문을 제기한다면, 그 사람은 법질서에 대해 결정적인 위협을 가하게 된다.[21] 그런 경우에, 그 개인은 누구에게도 신체적 위해를 가하지 않더라도, 폭력을 수행하는 자로 간주될 수 있다. 법이 이러한 일반적 복리(general welfare)라고 상정되는 것에 대한 위협을 제거하기 위해 실행하는 대응은 '정당화된다'. 만일 법 또는 법의 힘이 언제나 정당화될 수 있다면 말이다.

내가 보기에는 이것이 우리가 로마서에서 발견하는 (율)법에 대한 근본적인 비판, 즉 정의의 이름을 통한 법 비판에 대해 제시될 수 있는

---

20 바울이 스스로 십자가에 달린 메시아의 추종자들에 대한 박해자로 활동하기 이전에 메시아의 배제와 처형이 합법적인 것이었다는 점에 대해 납득했을 것이라고 가정하지 않을 이유가 없다. 바리새파의 확신에 찬 그리고 성실한 일원으로서, 바울은 그가 이 메시아의 추종자들에 대한 조치들을 취하기에 충분한 정보를 가지고 있다고 생각했을 것이다.

21 우리가 생각해야 할 것은 데리다가, 벤야민의 사유를 통해, 법을 정초하는 힘(그리스적)과 법을 파괴하는 힘 또는 폭력("내게는 유대적인 것으로 보이는"이라고 서술된) 사이에서 제시하는 대립이다. 『법의 힘』 그리고 『종교의 행위』, p. 265에 수록.

유일한 설명이다. 정의와 (율)법 사이를 갈라놓은 쐐기가 바로 메시아의 처형이라는 점은 갈라디아서에서도 물론 명시적으로 단언된다. "정의로움의 인정(justification)이 율법으로 되는 것이라면, 그리스도는 헛되이 죽으신 것입니다"(갈라디아서 2:21). 즉, 정의가 (율)법에 대하여 이질적인 것으로 간주된다는 이야기는 정확하게 메시아의 죽음에 목적 또는 의도가 있다는 말이 된다.

이것은 우리가 데리다에게서 발견하는 논리와 '동일한 것'이 아니다. (율)법이 정의를 생산할 능력이 없다는 바울의 인식은 신의 메시아가 합법적으로 유죄 판결을 받았고 (율)법에 의해 처형되었다는 문제에 기초한다. 데리다의 논증은 메시아의 도래에 대한 주장이 아니라 법과 정의의 주장에 관한 철저한 사유에 달려 있다. 데리다는 언제나 (말하자면 "현상학적으로") 그런 것이 무엇인지 묻지만, 이에 반해 바울은 하나의 사건을 통해, 메시아의 십자가에서 발생한 이 모순을 통해 사유한다.

그렇다면, 어쨌든 여기에서 봉착하게 되는 또 다른 문제가 있다. 그것은 사건, 예시, 그리고 예시성(exemplarity) 사이의 관계이다. 문제는 이런 것이다. 신의 메시아에 대한 판결이 어떻게 정의와 관련하여 일반적인 법의 비판의 가능성을 불러일으키는가? 우리가 여기에서 마주치게 될 난점은 만일 이 사건의 특이성이 지나치게 강조되면, 법 자체에 관해서는 어떠한 결론도 뒤따르지 않을 것이라는 점이다. 다른 한편으로, 만일 이것이 일반적인 규칙에 대한 여러 가능한 예시들 중 하나라면, 어떤 구조적인 문제를 드러낼 설명력을 갖추지 못할 것이다. 즉, 우리는 정의의 실패라는 문제로 되돌아가야만 한다. 바울이 전개하는 담론의 양상은 십자가의 중요성을 유일무이한(sui generis) 것으로 삼는 경향이 있다. 그것은 '신의 아들'의 죽음이다. 만일 이것이 지나치게 강조된다면, 말하자면 신을 위한 결론은 얻게 될지 모르나, 인간의 역사라는 평면 위에 놓인 그 누구를 위한 결론도 얻지 못하게 된다. 그리고 정확하게 바로 이것이 일반적으로 바울과 십자가에 대한 신학적 해석에서 통상적으로 발생해 왔던 문제다. 십자가는 신과 그의 아들 사이에서 체결된 특유한 계약이 된다. 그리고 이런 문제가 발생할 때, (율)법은 단순히 있는 그대로 남겨지고, 사실상 통상적으로 그 헤게모니 내에서 지지된다.

이 지점에서 우리는, 바울이 단순히 이 사건(메시아에 대한 판결)에 대한 설명력을 높이기 위해 그리스도론적 주장이라 칭해지는 것을 사용하고 있다는 가설을 제시할 수 있을 것이다. 말하자면, 메시아의 처형이 '예시적'인 것이라는 가설을 말이다. 그러한 가설은 (율)법과 정의 사이의 대립을 확정적인 방식으로 표명해 낸다. 이 가설은 너무나도 분명하게 (율)법이 정의에 관해 총체적인 위기에 처한다는 것을 사유할 수 있는 상황을 조명해 낸다. 그러나 우리는 이 사건의 예시성(예를 들어, 그리스도론적 주장)을 강조하는 바로 그 논변이 또한 이 사건의 의미를 손상시키는 위협을 가한다는 점을 인정해야만 한다. 만일 그 사건이 너무나 단독적인 것으로 간주된다면, 그것은 어떠한 법 비판으로서의 함의도 가지지 못할 것이다. 그 사건의 의미를 강조하는 바로 그 말이 또한 그 사건의 의미를 침식할 수 있으며, 또한 이러한 주장에 대한 신학적 전유의 역사 내에서 실제로 그러한 결과를 찾을 수 있다.[22]

---

22 데리다에 의해 사유되었던 예시성이라는 관념의 가능성들과 한계들에 대한 설명은 이 책의 주요 주제로부터 너무 멀리 떨어져 있다. 마지막 장에서, 나는 이 주제와 다른 주제들이 어떻게 바울의 그리스도론(또는 메시아론)과 같은 것을 통해 사유하고자 하는 노력에 수렴될 수 있는지 나타낼 것인데, 이러한 논의는 해체가 바울의 사유를 조명하는 방식의 정교화에 추가적인 단계로 제시될 것이다.

바울의 (율)법 비판에서 작동하고 있는 어떤 것이 메시아의 십자가라는 운명일 수도 있다는 점을 제시한 이후, 이제 우리는 메시아의 십자가형이 어떻게 데리다의 발터 벤야민 독해와 연결되는지에 대해 관심을 집중할 것이다. 첫째로 "사법적 질서의 폭력 그 자체를 드러내는" 또는 폭로하는 방식을 통해 매력을 얻는 '위대한 범죄자'라는 인물의 역할을 상기하게 된다(『종교의 행위』, 267). 이 역할은 정확히 '메시아 예수'가 바울의 사유 내에서 맡게 되는 역할이거나 또는 그런 역할인 듯 보이는데, 왜냐하면 그가 바로 범죄의 위반, 즉 죄의 구현으로 드러나기 때문이다. 갈라디아서에서 메시아의 처형은 (율)법에 의해 저주받는다는 강한 의미에서, 뒤집을 수 없는 방식으로 그를 (율)법 바깥에 위치시킨다. "메시아는 우리를 위해 저주받은 자가 되어, 우리를 율법의 저주에서 속량해 주셨는데, 이것은 기록된바 '나무에 달린 자는 모두 저주를 받은 자'라고 하였기 때문입니다"(갈라디아서 3:13; 신명기 21:22~21:23 참조). 여기에서 바울은 메시아가 (율)법에 의해 저주를 받아, 영원히 그리고 최종적으로 (율)법의 바깥에 그리고 율법에 반대하는 위치에 서게 된 인물이라고 생각한다. 우리가 보게 될 것과 같이, 이것은 또한 어떤 의미에서 법 자체가 저주에 관해 무력하게 되었다는 귀결을 수반할 것이다. 바울은 이번에는 고린도 후서의 또 다른 논증을 통해 다음과 같이 주장한다. "[하나님께서는] 죄를 모르는 [메시아를] 우리를 대신하여 죄인으로 만드셨고, 그로 인해 우리가 하나님의 정의가 될 수 있도록 하셨습니다"(5:21). 다시 한번, 메시아로서의 예수는 범법자라는 인물상으로, 죄 그 자체로 떠밀려 들어가게 되지만, (아직 해명되지 않은) 완전히 다른 방식으로 정의 그 자체의 근원 및 동력이 되기도 한다. 두 경우 모두, 고려의 대상은 정의의 담지자로서의 메시아가 서는 입장, 즉 법의 힘에 의해 유죄 판결을 받아 처형됨을 통해 법에 대한 그의 외부성이 극적으로 명백히 드러나는 인물로서의 메시아가 처한 입장이다. 그의 유죄 판결과 처형을 통해 나타나는 로마법과 모세법의 수렴은 그를 벤야민이 언급한 '위대한 범죄자'와 매우 유사한 입장에 위치 짓는다.

벤야민에 관한 논의에서, 데리다는 법의 힘에 대한 '해체'를 통해 사형이 법의 폭력을 드러내는 방식을 확인했던 바 있다. 따라서 법의 힘이, 그리고 법 집행의 가능성이 존재하는 바로 그 지점은 정확하게 사형을 관통하고 있다. "우리가 사형에 대해 다룰 때, 우리는 다른 형벌들 중 하나가 아니라 법의 기원을 통해, 바로 법의 체계를 통해, 법 그 자체를 다루는 것이다"(『종교의 행위』, 276). 사형이 법 그 자체, 그것의 집행 가능성을 대표하는 방식이라는 점에 더해, 이 형벌에 대해 문제를 제기한다는 것은 또한 당연히 있는 그대로의 법과 법의 절대성 자체에 문제를 제기하는 것이다. "법의 질서는 사형의 가능성을 통해 그 자체를 완전하게 드러낸다. 사형의 폐지를 통해, 우리는 다른 여러 장치들 중 하나를 건드리게 되는 것이 아니다. 오히려 우리는 법의 원리 그 자체를 부정하게 되는 것이다"(같은 책, 276). 법이 주권적 판결을 실행할 권한을 갖고 있지 않는 한, 법은 그 정초적인 또는 절대적인 성격을 상실한다.

만일 메시아의 사형이 없다면 명백히 십자가는 아무것도 아니다. 바울이 사형을 일반적인 정치적 문제로 제기한다고 말할 수는 없지만, 그럼에도 그가 실행하고 있는 작업이 사형의 대상이었던 인물을 생명의 근원으로 만들고 있다는 의미에서 볼 때, 그 작업은 어쩌면 훨씬 더 급진적인 것일 수도 있다(로마서 5:17~5:18). 따라서 사형은 가능한 한 가장 철저한 방식으로 전복되는데,[23] 왜냐하면 이것은 특정한 소송 사례에서 판결이 뒤집혔다는 의미에 머무는 것이 아니라, 사형으로부터 완전하게 총체적으로 권력 또는 강제력을 박탈하는 '죽은 자의 부활'을 통해서, 그 판결이 신(정의 그 자체)에 의해 전복된다는 것이기 때문이다. 그리고 만일 사형이 어떠한 힘도 가지지 못한다면, 메시아에 대해서뿐만이 아니라, 메시아와 연대하는 모든 사람들, 즉 그 사건을 예시로 삼는, 또는 그 사건에 의해 예증되는 모든 사람들에 대해서도 '유죄 판결'은 없는 것이다. 바울은 이러한 연대에 대해 다음과 같이 서술하고 있다. "우리가 그의 죽음과 같은 죽음을 통하여 그와 함께 연합했다면, 우리는 확실히 그의 부활과 같은 부활을 통하여 그와 연합하게 될 것입니다"(6:5). 그러나 바울의 논증이 제시하는 논리는 또한 이러한 보다 보편적인 주장을 가능하게 한다. "한 사람의 의로운 행위가 모든 사람을 위한 칭의[정당화, justification]와 생명의 원인이 되었습니다"(5:18). 사실상 바울은 부활에 대한 설명에서 반복적으로 부활의 보편적인 중요성 또는 유효성을 말하는 방향으로 향한다. 따라서 메시아의 사건은 부활을 염두에 둘 때 일부를 위한 것이 아닌 모두를 위한 예시로서 재현되는 것이다. 그런 방식으로 법은, 즉 법의 힘은 매우 철저하게 전복된다.

이 죽음의 폐지, 따라서 사형의 폐지라는 관점으로부터 흘러나오는 것으로 보이는 몇 가지 결론들이 있다. 첫째, (율)법을 관리하여 유

---

23 아우구스티누스 시기 전반에 걸쳐, 로마법과 사형 집행 가능성의 동일시로 인해 기독교인들은 행정관 직위를 받아들일 수 없었다(군복무를 피하는 데 있어서 유사한 근거가 사용되었다). 아우구스티누스가 제시한 사형의 강제적 집행에 반대하는 자신의 역할에 대한 변론은 마케도니우스라는 행정관에게 쓰여진 서신 153에서 발견된다. 아이러니는 오늘날, 적어도 미국에서, 사형 제도의 가장 열렬한 지지자들이 자신을 보수적인 개신교(즉, 어떤 의미에서 아우구스티누스적) 기독교인들로 정의하는 사람들 가운데 발견된다는 점이다. [개신교인들은 로마 가톨릭의 권위에 대립하여 그들 자신이 초대교회의 정통성으로, 말하자면 아우구스티누스적 전통으로 회귀했다는 주장을 펼쳤다.]

죄 판결을 내리거나 또는 심판하는 자들의 권한이 폐지된다. 바울은 우선 이방인 관헌들에 대해 이를 논변한다. "그러므로 그대가 다른 사람들을 심판할 때, 그대가 누구이든지, 그대는 죄가 없다고 변명할 수 없으니, 그대는 다른 사람에 대한 심판을 통해 자신을 정죄[유죄 판결, condemnation]하기 때문입니다"(로마서 2:1). 비록 여기에서 바울은, 내가 생각하는 몇 가지 명시적인 이유들로 인해[앞에서 언급된 것처럼 이 편지가 제국의 수도 로마에 사는 사람들에게 전달된 것이라는 정황으로 인해], 예수에 대한 심판이나 처형을 언급하고 있지는 않지만, 그가 이방인 관헌들의 심판 또는 유죄 판결을 내릴 능력에 대해 부정하는 것을 볼 때, 이러한 사법 당국에 대한 태도는 결코 그의 생각으로부터 동떨어진 것일 수 없다.

그가 관심을 자신의 민족으로 돌릴 때 어떤 유사한 문제가 발생한다. "그러나 그대가 스스로 유대인이라고 칭한다면……왜 다른 사람들을 가르치는 당신이 자기 자신은 가르치지 않습니까?"(2:17, 2:21) 심지어 여기에서, 말하자면 (율)법의 특정한 가르침이 지니는 권위에 대한 이 예비적인 형태의 탈-정당화(delegitimation)에서, 문제가 되는 것은 (율)법의 특정한 권한에 기초한 판결을 내릴 수 있는 (율)법의 대표자들의 법적 지위다. 만일 바울 자신이 이러한 (율)법의 선생들 중 한 명이었다면, 그리고 만일 그의 가르침의 양상이 예수를 메시아로 따르는 자들에 대한 정죄[유죄 판결]라는 그리고 심지어 '박해'라는 형식을 취했다면, 이러한 겉보기에 온건한 책망은 훨씬 더 큰 힘을 가지게 된다.

그러나 이 정죄 또는 심판의 권한의 취소는 신적인 정의의 대표자와 대립하는 것으로 밝혀진 (율)법을 옹호했던 유대인과 이방인에게만 해당되는 것이 아니다. 그것은 또한 메시아의 지지자에게도 적용되는 것인데, 왜냐하면 이 지지자는 신적인 법에 대한 보다 능력 있는 관리자가 되어 판단할 입장에 서는 것이 아니라, 판단을 행할 자격을 잃게 되기 때문이다. 바울은 "믿는 자"에게 "당신이 누구인데 판단합니까?"(14:4), "왜 그대는 형제 또는 자매를 판단합니까?"(14:10), "더 이상 서로를 판단하지 맙시다"(14:13)라고 말한다. 이러한 충고들을 통해, 바울의 권유는 또한 서사적인 복음서들을 통해 매개되었던 것으로서의 예수 전승에서 표현되는 어떤 것과 맞닿게 된다. 복음서에서, 예수는 종종 판단에 맞섰으며 그의 제자들에게 서로를 판단하는 또는 정죄하는 습속을 버릴 것을 요구했다고 기억된다(마태복음 7:1~7:6).

이러한 아이러니는, 니체가 언급했던 그대로, 기독교 '윤리'가 정확히 이러한 심판의 일반화된 재연(再燃)에 의해 특징화된다는 것인데, 이는 니체가 더 이상 기독교적인 도덕 교훈과 관련이 없다고 생각했던 최후의 심판의 장면들에서 드러날 뿐만이 아니라, 타인들의 삶에, 특히 자신의 삶에 판결을 내리는 경향을 통해서도 드러난다. 예수와 바울이 이러한 판결의 가능성을 붕괴시키는 듯이 보인다는 것은 행위를 판단할 뿐 아니라, 특히 느낌, 욕망, 그리고 의도를 판단하는 장치의 발명을 전적으로 더 어렵게 만든다. 어쩌면 바울은, 고린도 전서의 독해에서 드러나는 것처럼, 이러한 경향으로부터 완전히 자유롭지는 못할 것이다. 비록 이후에 그가, 판결을 내리는 법의 능력을 폐지할 것을 강변함에도 불구하고 말이다. 그러나 바울이 말하는 정죄하는 권위의 폐기에 대한 다소간의 편차가 발견되거나 또는 주장된다고 하더라도, 로마서에서 바울은 의심의 여지없이 로마법과 모세법의 대표자들에 대해서뿐만이 아니라 그가 말하는 '메시아의 법'의 대표자들에 대해서도 이러한 권위가 폐기되어야 함을 강변한다.

판결의 능력을 박탈당하는 것은 유대인, 이방인, 그리고 동료 신자들뿐만이 아니다. 심지어 신, 즉 정의 그 자체마저도 더 이상 유죄 판결을 내릴 권위를 사용하지 않을 것이라 말할 수 있다. 어쨌든 바울은 "그러므로 이제 그리스도 예수 안에 있는 사람들에 대한 유죄 판결은 없습니다"(로마서 8:1)라고 주장하려는 듯 보이며, 곧이어 그는 "정의롭게 하시는 것은 하나님입니다. 누가 정죄하려 듭니까?"(8:22b~8:34a)라고 말한다. 여기에서 관건이 되는 것은 ──나는 이후에 이런 주장을 전개할 것인데 ──일반 사면과 같은 어떤 것이다.[24] 따라서 신의 메시아인 위대한 범죄자에 대한 유죄 판결 및 사형 집행을 통해 관심의 중심에 놓이는 (율)법 내부의 위기가 의미하는 것은 법의 힘의 전복이다. 물론 이것은 (율)법이 의도하는 것, 즉 (율)법의 목적 또는 텔로스[telos, 끝]의 폐기를 의미하지 않는다. 결코 그렇지 않다고 바울은 말한다. 그러나 이를 설명하기 위해 우리는 보다 더 많은 해명을 기다려야만 한다.

벤야민에 대한 논의에서, 데리다는 다른 방식들을 통해 법의 폭력을 드러내며, 따라서 정의에 대한 법의 외부성을 폭로하는 것에는 위대한 범죄자라는 인물이나 사형뿐 아니라, 또한 정의의 이름으로 법질서 자체에 협조하기를 거부한다고 간주되는 총파업이라는 사례가 있다는 점을 지적했다. 어떤 운동이 '법의 지배'를 붕괴시킬 수도 있다는 것은 단지 무정부주의자들에게만 국한되는 발견이 아니며, 역사적인 측면에서 볼 때, 시민 불복종 또는 비폭력 저항이라는 운동들을 통해 가장 현저

---

24 바울의 논증을 일반 사면과 유사한 것으로 이해하는 과정은 엘사 타메스에 의해 『은혜의 사면』(스페인어 원제는 『모든 정죄에 반대하여』 *Contra toda condena*)에서 진행된다. 나는 이 주제를 7장에서 보다 철저하게 탐구할 것이다.

하게 드러날 수 있다. 그런 운동들의 전략은 법 체계에 내재하는 폭력을 폭로하는 것이다.[25] 이것이 바로 간디에 의해 영국 식민지 지배자들의 폭력이 촉발되었던 사례나, 또는 시민권 운동에 의해 미국의 남부 지역 내의 짐 크로우 법안을 담당하는 행정관들의 폭력이 유발되었던 사례, 또는 동독과 심지어 천안문 광장이나 프라하의 벨벳 혁명[26]이 의도하는 바인 것이다.

내가 보기에 바울이 여기에서 말하고 있는 운동은 어떤 특정한 측면에서 볼 때보다 최근의 운동들과 닮아 있다. 그것은 어떤 특정한 종류의 정치사회적 질서에 대한 참여로부터 빠져나옴이라는 의미에서 일종의 총파업이다.[27] 바울에게 이것은 박해를 견뎌 냄에 대한 언급을 통해, 그리고 그가 메시아에게 속한 것이었다고 이해되는 종류의 고난(정확하게 말해서 저항, 유죄 판결, 투옥, 처형)에 연대함에 대한 언급을 통해, 오로지 간접적으로 표현될 뿐이다. 그렇기에 바울은 메시아의 고난에 대한 참여로서, 비슷한 기원과 효과를 가진 유대 및 로마의 법정 모두에서

---

25 아리스토텔레스의 잠재태(potentiality)와 현실태(actuality)라는 개념들을 재사유할 것을 제안하는 맥락에서, 아감벤은 내가 하나의 예시적인 정식으로 파악하는 어떤 것과 관련하여 다음과 같이 말한다. "말썽꾼은 바로 주권적 권력이 현실태로 변형되도록 강제하고자 시도하는 자다"(『호모 사케르』, 47).

26 1989년 11월 17일부터 12월 29일까지 지속되어 체코의 권위주의 정부를 전복시켰던 비폭력 무저항 시위를 일컫는다. —옮긴이

27 이러한 전후 맥락에서, 우리는 바울의 에클레시아(ekklesia)가 "투사들로 이루어진 소규모 집단"으로 이해되어야 한다는 알랭 바디우의 제안(『사도 바울』, 20)과 "바울은 그의 진정한 레닌주의적 사업, 즉 기독교 공동체라 불리는 새로운 당을 조직하는 사업으로 나아간다"는 지젝의 제안(『무너지기 쉬운 절대성』, 9)을 상기할 것이다. 비록 나는 이러한 설명들이 바울 공동체보다는 마가복음 공동체에 더 잘 맞는다고 생각하기는 하지만, 이 제안들은 적어도 바울의 운동이 결코 정치와 관련이 없는 운동이 아니라는 점을 분명히 한다. 타우베스는 로마서가 "하나의 정치 신학, 카이사르에 대한 정치적 선전 포고"라고 주장하기까지 한다(『바울의 정치신학』, 16).

관헌들(authorities)[28], 즉 법의 대표자들에 의한 그 자신의 고난을 반복적으로 지시하는 것이다(고린도 후서 6:4~6:10, 11:23~11:33, 12:10). 게다가 그는 그의 공동체들에 대해서도 동일한 고난에 동참하라고 말한다(빌립보서 1:28~1:29). 바울은 그의 독자들에게 어떤 방식으로 그들의 운명 또한 (총파업과 같이) 법의 불의를 폭로하게 될 것인지에 대해서 명확하게 지시하지 않는다. 이를 위해서는, 1세기의 또 다른 창의적인 신학자의 작업을 기다려야만 한다. 바로 마가복음의 저자를 말이다.[29] 바울 공동체들이 전복적인 공동체로 간주된다는 점을 인정하는 데 있어 가장 큰 난점은 바로 로마서에서 바울이 권위에 대한 순종을 언급한다는 점인데, 우리는 곧 그 텍스트를 다루게 될 것이다. 그러나 우선 바울이 논변하는 것과 데리다가 말하는 정의와 법 사이를 가르는 단절의 합치에 의해 드러나는 다른 측면들에 주목해야만 할 것이다.

## 약한 그리고 강한

『법의 힘』에 대한 일종의 머리말에서, 데리다는 특히 해체와 차이의 힘에 대해 고찰하는 맥락을 통해 그가 전부터 '힘'(force)이라는 말에 의존

---

28 우리말 성서에서는 authorities를 권위, 권세, 권세자들, 때에 따라 관헌들이라는 번역어를 통해 번역한다. 하지만 이 용어를 현대의 번역어로 옮기면 권력 당국 혹은 당국자들이라는 의미가 된다. 이 책에서는, 성서와 관련된 부분에서는 주로 권세 혹은 권세자들이라는 번역어를, 그리고 이에 대한 해설에서는 주로 현대의 번역어를 사용한다. ―옮긴이

29 나는 이것이 바울 자신의 처형 이후에 쓰여진 마가복음에서 강조되는 바로 그 사안이라는 논변을 다른 맥락에서 시도한 바 있다. *The Insurrection of the Crucified: The Gospel of Mark as Theological Manifesto*(『십자가에 달린 자의 봉기: 신학적 선언으로서의 마가복음』), Chicago: Exploration Press, 2003. 그리고 이 논변의 단편이 『텍스트와 로고스』에 「사람의 아들의 순교」(The Martyrdom of the Son of Man)라는 제목으로 기고되었다.

하고 있었다는 점을 언급한다. 그러나 그는 또한 그의 기획을 어떤 다른 종류의 힘과, 말하자면 전제적이거나 또는 악의적인 힘과 제휴시키는 듯한 인상을 줄 수 있다는 의미에서, 이 힘이라는 말에 대한 의존에 대해 우려했다고 말한다. 이러한 맥락에서, 이를테면 '해체의 힘'이 여기에서 설명되는 힘과는 다른 것임을 설명하면서, 데리다는 "가장 큰 힘과 가장 큰 약함이 단적으로 장소를 바꾸는 전적으로 역설적인 상황"에 대해 언급한다(『법의 힘』, 235). 가장 큰 약함은 어떤 분명한 정의의 무력함에 관하여 이후에 읽게 될 어떤 것 ─ 즉, 법으로 무장하지 않은 정의 ─ 을 우리에게 상기시킬 것이다. 추가적인 힌트가 내가 이미 인용했던 정의에 대한 상당히 이후의 고찰에서 발견된다. 『비밀에 대한 취향』에서, 데리다는 이렇게 말한다. "변증법에 저항하는 것은 약한 것이며, 강한 것이 아니다. 권리는 변증법적이지만, 정의는 변증법적이지 않으며, 정의는 약한 것이다"(33). 적어도 이러한 고찰은 우리가 겉으로 드러난 법의 힘에 비해 약한 것으로서의 정의 '그 자체'에 대해 사유해야만 한다는 것을 확인시켜 준다. 특히 법이 힘 또는 폭력 ─즉, 죽일 수 있는 권리 ─에 의해 뒷받침될 때 말이다.

이러한 힌트는 바울에 대한 우리의 고찰과 무관한 것이 아니다. 우리가 보았듯이, 바울은 로마서에서 예수의 처형에 관한 명시적인 언급에 대해 조심스러운 태도를 취한다. 그러나 그가 언제나 이런 언급을 피하는 것은 아닌데, 적어도 이러한 경향은 제국의 권력의 중심부로부터 더 멀리 떨어져 있는 청중을 대할 때나, 더 나아가 그와 그의 설교에 보다 친숙한 청중을 대할 때 드러난다. 갈라디아서에서 바울은 공개적으로 십자가를 그려내는 방식으로 자신의 선포를 기술한다(3:1). 그리고 고린도 전서에서 그는 "나는 여러분 가운데서 예수 메시아 곧 십자가에 달리신 그분 외에는 아무것도 알지 않기로 결정했습니다"[고린도 전서 2:2]라고 말한다. 이 지점에서 가장 흥미로운 것은 바울이 '해체'의 서술(약함과 강함이 자리를 바꾸는)과 정의에 대해, 비슷해 보이는 방식으로 그의 메시지를 특징짓고 있다는 점이다(어떤 의미에서든 해체는 정의라는 것을 유념하자). 바울은 또한 약한 것으로 드러나는, 실제로 매우 약한 무엇인가에 관심을 가진다. 그러나 이러한 약함(그리고 또한 어리석음)은 사실상, 또는 다른 의미에서, 매우 강한 것이며, 가능한 것들 중 가장 강한 것이다. 그것은 심지어 신적인 강함이다. 바울은 "십자가에 대한 말씀이 멸망할 자들에게는 어리석음이지만, 구원받게 될 우리에게는 하나님의 능력입니다"(고린도 전서 1:18)라고 말하며, 심지어 "하나님의 어리석음이 사람의 지혜보다 더 지혜롭고, 하나님의 약함이 사람의 강함보다 더 강합니다"(1:25)라고 말하고 있다.

처형당한 메시아에 관한 담론이 명백히 신의 약함에 관한 담론이라는 점은 비교적 명료하다. 여기에서 이 담론이 어떤 힘(약함의 힘)을 신에게 귀속시키고 있다는 점 또한 명료하다. 갈라디아서에서 추가되는 것은 신적인 무력함에 관한 이 담론(가장 큰 약함과 가장 큰 강함의 교환의 장소)이 또한, 혹은 심지어, 우선적으로 (모세의) 법에 대한 비판이라는 점이다. 그리고 이를 이전의 관점들로부터 끌어내지 않더라도, 로마서에서는 추가적으로 십자가, 십자가에 관한 메시지, 또는 여기에서 바울이 말하는 '하나님의 복음'이 모세법뿐만 아니라 법 일반 또는 법 전체에 위기라는 점이 드러난다. 그리고 그 위기는 바로 정의에 대한 관심으로부터, 다시 말해 데리다가 말했던 '약한' 정의로부터, 법으로, 법의 힘으로 무장하지 않은 이상 필연적으로 약한 정의로부터 기인한다.[30]

이런 방식으로, 십자가 또는 십자가에 관한 메시지는 위대한 범죄자 또는 (프롤레타리아) 총파업을 통한 폭력의 노출에 관해 볼 수 있었던 어떤 것으로부터 구분되어야 한다. 왜냐하면 이러한 사례들에서 법의 폭력은 대항폭력을 통해서, 또는 적어도 손쉽게 대항폭력으로 다시 기술될 수 있는 것을 통해서 노출되는 것으로 보이기 때문이다. 따라서 이러한 예들이 나타내는 상황은 법에 대한 정의의 무력함이 진정하게 또는 명확하게 표현되지 않는, 하나의 폭력에 대한 또 다른 폭력의 대항으로 (오)독해될 수 있을 것이다. 바울이 향하고 있는 지점은 이를 보다 분명하게 해명하는 예시로 보이는데, 여기에서 폭력 ——법의 폭력——에 의해 압도되는 메시아의 약함(또한 어쩌면 신의 약함 또는 신적인 것의 약함)은 법의 폭력을 노출시키고, 이에 따라 법보다 더 강력하며, 그리고 실제로 진정하게 법(말하자면 또한 국가, 제국 등)을 이기는 것이다.

분명히 이것은, 적어도 때로, 내가 비폭력적 투사성에 대해 언급했던 사례들에서 발생하는 어떤 것으로 여겨진다. 그러한 사례들의 '성공'

---

30 『협상들』에서, 데리다는 다음과 같이 기술한다. "우리가 힘은 약함이고 때로 약함 가운데 더 많은 힘이 있다고, 혹은 약함이 힘보다 더 강한 것으로 드러난다고 말하는 바로 그 순간 우리는 더 이상 고전 논리적 정합성이 없는, 그리고 더 이상 신뢰할 수 없는 힘에 관한 담론에 관여하게 된다"(35). 이것이 고전 논리를 넘어서게 된다는 점은 적어도 바울이 진정한 힘으로서의 약함과 진정한 지혜로서의 '어리석음'을 연결시킨다는 점과 양립 가능하다(고린도 전서 1:18 이하). 데리다는 「니체와 기계」에서 이 약한 것과 강한 것의 관계로 되돌아가는데, 여기에서 유령성(spectrality)에 대해서 그리고 언제나 충족되지 않는 정의에 대해서 이야기하면서, 그는 "이 유령성은 무력한 동시에 가장 큰 강함에 저항하는 힘없는 자들의 약함이다"라고 말한다(『협상들』, 252). 다른 글, "Performative Powerlessness: A Response to Simon Critchley"(「수행적 무기력: 사이먼 크리츨리에 대한 응답」), *Constellations* 7, no. 4, 2000에서, 데리다는 그가 자신의 작업 전반에 걸쳐 너무나 많은 관심을 쏟아부은 수행성이라는 바로 그 개념이 어떤 특정한 주권적 힘 또는 지배를 유발할 수 있다고 언급한다. 하지만 그는 "어떤 주권 없는 무조건적인 것이, 권력 없는 무조건적인 것이 있다"고 생각한다(467~468). 정의가 바로 그러한 권력 없는 무조건적인 것이라는 점은 우리의 논의로부터 명백해진다.

은——만일 성공한다면 그리고 성공할 때——법의 과잉적 행동을 유발시키며, 그리고 법의 힘이 완전하게 펼쳐내는 공격에 스스로를 노출시켜, 법(국가)의 폭력을 드러낼 때 달성된다. 역사에서 이러한 사례를 말하는 이름을 찾을 수 있을 터인데, 그것은 바로 순교라는 것이다. 비록 이 이름은 우리가 여기에서 다루기에는 너무나 큰 것이기는 하지만, 어쨌든 주목해야만 할 것은 순교자들이 법의 힘의 작용으로 인한 죽음에 스스로를 노출시킴으로써 법의 힘보다 더 큰 힘이 있음을 증거했던 사람들이었다는 점이다. 의심의 여지없이 이 순교라는 것은 흔히 새로운 또는 더 높은 법을 도입하고자 하는 시도와 관련하여 나타났으며, 새로운 제국 또는 국가의 도입으로 귀결되기도 했다. 그렇다면 우리는 오래 전부터 동일한 권력의 교활한 책략일 뿐인 외견상의 약함에 대해 고찰해야만 한다. 데리다의 성찰은 언제나 그러한 귀결이 선행적인 것인지 아니면 사후적인 것인지 구분하기가 쉽지 않다는 점을 이해할 수 있도록 돕는다. 그러나 데리다의 성찰은 또한 어떤 분명한 약함과 취약성 그리고 법의 힘의 폭로 사이의 연결관계가 결코 우연적인 것이 아니라는 점을 이해하도록 한다. 그리고 내가 보기에 이것은 정확하게 바울이 십자가에 대한 고찰들을 통해 완전히 다른 방식으로 표현해 내고 있는 것과 동일하다.

법의 폭력이 그리고 그에 따른 법의 정의로부터의 분리가 드러나는 방식에 대한 논의를 뒤로 하기 전에, 주목해야 할 사항은 바울 또한 여기에서 어떤 분명한 역설이(또는 데리다가 말할 것처럼 아포리아가) 나타난다는 점을 인식하고 있었다는 것이다. 왜냐하면 바울은 정의의 위반 역시 정의의 요구를 훨씬 더 명백하게 드러내는 기능을 수행한다는 주장으로부터 물러서지 않기 때문이다. 로마서 3장의 서두에서 제시되는 일련의 도발적인 역설들을 통해, 바울은 인류 전체의 불의를 입증했던 바 있는데, 여기에서 그는 이 불의가 실질적으로 신의 정의를 확인하는 것으로 여겨지는 문제에 직면하게 된다. 그는 신에게 속한 사람들의 불충실함[신실하지 않음, unfaithfulness]으로 인해 신의 충실함[신실함, faithfulness]이 거짓으로 확인되는가를 묻는다. "그들이 신실하지 않음이 하나님의 신실하심을 무효로 하겠습니까?"(로마서 3:3). 그리고 그는 이에 대한 대답이 부정적일 수밖에 없다고 주장한다. 실제로 바울은 이후에 인간의 불충실함이 실질적으로 신의 충실함을 드러낸다고 주장할 것이다(9~11장). 이와 유사하게, 그는 어떤 의미에서 인간적인 불충실함은 오로지 신의 충실함을 확인시킬 수 있을 뿐이라고 말한다(3:7). 그러나 우리의(그리고 바울의) 관심사에 가장 가까운 정식은 인간적인 불의와 신적인 정의 사이의 관계라는 문제와 관련되는데, 왜냐하면 그가 "우리의 불의가 하나님의 정의를 확인"한다고 말하기 때문이다(3:5).

만일 폭력, 즉 법의 폭력이 바로 법을 넘어서는 정의의 요구를 드러내는 것이라면, 어떤 의미에서 불의는 신적인 정의를 확인하는 셈이 된다. 바울이 이 아포리아를 철회하는 것이 아니라 오히려 역설하는 해명을 ──"인간적인 방식으로 말"하는(3:5) 해명을── 통해 독자에게 마지막이 아닌 경고를 던지고 있는 만큼, 이런 관계는 바울에게도 또한 아포리아라는 점이 인정된다. 이 경고를 통해 우리는 바울이 진리에, 정의의 요청 또는 요구에 어울리지 않는 측면에 대해 말하고 있다고 생각할 수 있을 것이다. 그리고 여기에서 관건이 되는 문제는 그의 율법 비판에 따른 외견상의 귀결, 즉 이 비판이 "선이 들어서도록 하기 위해서 악을 행하자"(로마서 3:8)는 류의 도덕적 허무주의에 이른다는 결론이다. 이것은 우리가 선을 행하여 악을 이길 수 있도록 해야 한다는, 앞으로 바울이 전개하게 될 주장과 너무나 거리가 먼 것이다(12:21).

## 권위

이러한 시사점과 관련하여 바울을 해석하는 데 있어 중요한 시험적 사례는 로마서 13장 1절에서 바울이 '권위'라고 칭하는 사람들과의 관계에 대해 제시된 논의다. 통상적으로 이 텍스트는 단순히 모든 권력 당국, 특히 정치 또는 국가 당국이라고 명명되는 것에 대한 복종을 요구한다고 해석되어 왔다. 가장 '반동적인' 결론들이 국가 또는 제국적 권력을 지지하는 이 텍스트로부터 도출된 바 있다. 하지만 그런 해석은 정의에 대한 바울의 관심을 제거하고 또한 (율)법에 대한 그의 비판을 제거하는 방식의 해석에 의존한다. 게다가 그런 해석은 이 텍스트를 텍스트 자체의 맥락으로부터, 말하자면 로마서 내에서 제시된 바울의 전반적인 논증과 그의 '권면'[교훈, parenesis] 또는 가르침이 내포하는 보다 특수한 관심사들로부터 이 텍스트를 격리시킨다.

이 구절을 보다 완전하게 위치시키는 데 있어, 중요하게 기억해야 할 사항은 이 구절이 '박해'에 대한 적절한 반응을 논하는 맥락에 바로 이어지고 있다는 점이다["여러분은 박해하는 자들을 축복하십시오. 저주하지 말고 축복해 주십시오"(12:14)]. 전체적인 맥락에서 볼 때, 이러한 가르침들(박해와 '권력 당국자들'에 관한)은 이를테면 공동체가 "내적으로" 살아가야 할 방식을 논하는 최우선적인 주제에 의해 괄호 쳐지고 있으며,[31] 그 최우선적인 주제는 서로에 대한 사랑을 말하고 있다(12:9~12:10, 13:8~13:10). 따라서 바울을 읽는 독자들 사이의 관계들을 말하는 부분이, 다른 사람들과의 관계라는 문제 ── 즉 '신자들'(faithful)

의 집단 바깥에 있을 뿐만 아니라 그 집단에 대해 적대하는 자들과의 관계라는 문제 ——에 대해 언급하는 부분을 괄호처럼 둘러싸고 있는 것이다. 물론 다른 관점에서 보자면, '외부'에 대한 관계들이 내부적인 관계들을 괄호 치고 있다는 점 또한 명확하다. 그러므로, 어떤 의미에서 보자면, 어떤 것이 텍스트이고, 어떤 것이 맥락인가 하는 문제 ——어떤 것이 괄호 쳐진 것이고, 어떤 것이 괄호 바깥인지 ——는 결정 불가능하다.

어쨌든 신자들의 집단과 박해의 관계 그리고 '권력 당국자들'의 관계에 관한 고찰들은 분명히 함께 귀속된다. 바울은 박해라는 일반적인 맥락 내에서 저술하고 있기에 이를 잘 알고 있으며, 그의 독자들 역시 박해에 대해 잘 알고 있다는 것을 당연시한다. 그 관계는 이미 이 텍스트 내에서 명백해졌고, 우리는 다른 텍스트들로부터 그것을 보다 더 명시적으로 알게 된다(고린도 후서 1:8~1:11, 11:23~11:33; 빌립보서 1:12~1:14).

이러한 관심사들이 내부적으로 연관되어 있다는 점 또한 분명하다. 박해 자체는 바울이 여기에서 '권력 당국'이라고 부르는 것과의 어떤 특정한 관계를 필요로 한다. 적대나 비판은 어떤 방향에서라도 올 수 있겠지만, 박해 그 자체는 적대를 실행할 수 있는 권력 당국의 지지를 수반한다. '권력 당국자들'의 등장 없이, 즉 그들의 직접적인 개입 없이, 박해라는 것은 있을 수 없다. 박해에는 법의 힘에 의한 단호한 적대의 인가에 관여하는 사법질서의 실행자들로서의 권력 당국이 필요한 것이다.

로마 기독교 공동체와 박해의 관계를 숙고하는 고찰은 분명히 정의

---

31 괄호 쳐진다(bracketed)는 말은 글자 그대로 앞뒤를 둘러싸고 있다는 의미이며, 괄호 안에 있는 것에 영향을 미치고 이를 틀 지운다는 함의를 내포한다. ——옮긴이

와 (율)법의 간극이 어떤 방식으로 관심의 초점으로 들어오는지에 관한 이해로 연결된다. 하지만 이로부터 이어지는 텍스트는 (율)법과 정의에 대한 논의를 통해 정의와 (율)법의 간극이, 즉 그것들의 '외부성'이 (율)법에 대한 단적인 반대나 또는 (율)법에 속한 권위의 폐기로 귀착되지는 않는다는 점을 상기시킨다. 정의와 (율)법의 이질성과 관련하여 어떠한 것이 말해질 수 있거나 말해져야 한다 해도, 정의가 (율)법을 필요로 한다는 점과, 바울이 (율)법을 "거룩하고, 정의롭고, 선한" 것으로 규정한다는 점은 여전히 유효하다. 바울이 박해의 상황에 대한 논의를 통해, 즉 정의와 (율)법의 이질성이 로마에 살고 있는 독자들의 일상적인 경험에 의해 뚜렷해지는 그런 상황에 대한 논의를 통해 말하는 것은 바로 정의와 (율)법 사이의 (관계없는) 관계가 지닌 이러한 측면이다.

여기에서 바울이 다루고 있는 것은 일반적으로 제국의 권위, 말하자면 가장 높은 층위에 있는 국가와 같은 무엇인가로 간주된다. 하지만 이것은 결코 확실하지 않다. 바울이 자신의 논의를 세금 및 관세를 내는 문제와 연관 짓고 있다는 사실은 최소한 그가 사법적 질서의 행정을 담당하는 상당히 낮은 층위의 공무원들을, 즉 그의 독자들이 가장 일반적으로 매일 부딪히게 되는 바로 그런 형태의 '권력 당국'을 다루고 있다는 점을 분명하게 한다. 게다가 바울이 로마의 사법적 행정을 담당하는 공무원들이 아니라 유대교 회당 행정조직의 관리자들을 염두에 두고 있는 것일 가능성도 있다. 이것은 어쨌든 마크 나노스가 『로마서의 비밀』에서 개진하는 논변이다.[32] 물론 이 의견과 그 결과로서의 논의를 판단하는 것이 내가 의도하는 바는 아니다. 정확히 말하자면 요점은 그런 해석의 가능성이 내가 줄곧 주장했던 것 —— 말하자면, (율)법과 정의에 대한 바울의 논증이 그가 인지하고 있던 두 가지 주요한 정치체(polities)

또는 '정치'(politics)에, 즉 그리스-로마 세계와 유대교 회당에 적용된다는 것 ──을 확인한다는 점이다.[33] 지역적인 층위에 속한 이들 두 정치체는 모두 바울 자신의 사례에서 그리고 그가 편지를 쓰고 있는 공동체들의 사례에서 그가 박해로 인식하고 있는 것에 관련되어 있었다. 따라서 박해에 대한 논의와 '권력 당국자들'에 대한 논의에서 바울은 분명히 양쪽 모두를 염두에 두고 있을 개연성이 있다.[34] 이것은 모세법과 로마법의 일체성에 대한 우리의 논의와 맞아떨어진다.

독자에게 "선으로 악을 이기"라는 말을 한 이후에, 바울은 다음과 같이 주장한다(그리고 여기에서 이 논지를 조금 더 명확하게 드러내기 위해 풀어서 설명한다). "모든 사람[영혼, 프쉬케psyche]은 위에 있는 권위에 복종해야 하는데, 왜냐하면 하나님에 의하지[또는 하나님을 통하지] 않은 권위는 없으며, 이미 있는 권세자들이 하나님에 의해 임명되었고, 따라서 권세자들에 반항하는 것은 신적인 규례[명령 ──제닝스]에 대항하는 것이기 때문입니다"[로마서 13:1]. 만일 이 문구를 우리가 관심을 가지는 정의의 문제로 바꾸어 해석한다면, 다음과 같은 것을 얻게 될 것

---

32 Mark D. Nanos, *The Mystery of Romans : The Jewish Context of Paul's Letter*, Minneapolis: Fortress Press, 1996. ──옮긴이

33 실제로 바울 또한 갈라디아서 2장에서 언급되는 예루살렘의 어떤 '기독교적 권위들'과의 관계에서 문제를 안고 있다. 거기에서도 문제는 이 권위들이 바울이 책임지던 이방인 신자들을 현실적으로 또는 가능적으로 '박해'한다는 점이었다.

34 두 정치체 모두 세금과 관세의 징수에 관여했을 것이다. 이것은 또한 세금 징수의 요구에 대한 응답을 다루는, 마태복음에서 나타나는 두 논의에서 반영되는 상황이다. 한 논의에서, "카이사르에게 바칠 것"(마태복음 22:15~22:22)이라는 표현으로 세금이 언급되며, 다른 논의에서, 디아스포라 유대인들이 예루살렘에 바치던 소위 성전세가 언급된다(17:24~26). 두 사례 모두에서, 우리는 역설적으로 세리들의 정당성과 그 요구에 대한 순응의 한 형태가 지닌 근거의 침식을 보게 되며, 따라서 원칙적으로 그러한 권세자들의 정당성 훼손과 세금 징수에 대한 단순한 반발을 혼동할 수 없다.

이다. "사법질서에 속한 행정관들에 대한 정당성[합법성, legitimacy]을 인정해야 하는데, 이것은 이 사법적 행정관들이 신적인 정의로부터 그들의 정당성을 얻으며, 이와 같이 그들이 그러한 정의로부터 유래하기 때문입니다. '법의 집행관들'에 대한 저항은 그러므로 그들의 신적인 유래에 대한 저항입니다." 우리는 반복적으로 법과 법체계가(그리고 따라서 법질서의 후견인들 또는 행정관들이) 정의에 대한 요구와 요청으로부터 유래한다는 점을 보았다. 비록 법과 정의의 이질성을 인정할 필요가 있다고 하더라도, 정의는 또한 법이라는 형태로 표명되어 실존해야 한다. 정의의 요구는, 법 또는 법질서의 구체적인 형식으로 표현되기에, 인간 상호 간의 구체적인 맥락 내에서 효과를 얻거나 실현되는 것이다. 우리가 아무리 어떤 이질성에 대해 주장할 수 있고 또 주장해야만 한다고 하더라도, 우리는 또한 정의의 법제화를 그리고 따라서 정의에 대한 법의 '정당화'[합법화, legitimation]를 주장해야만 한다. 사실상 이러한 (정의가 법으로부터 구별되지만 법을 필요로 한다는) 이중 구속을 통하지 않는다면, 우리는 데리다의 도움으로 사유할 수 있었던 아포리아에 다가설 수 없다.

정의와 법(그리고 따라서 사법체계의 행정) 사이의 관계에 대한 주장은 정의와 법의 이질성을 폐지하지 않는다는 점 또한 분명하다. 비록 바울이 쓴 이 구절이 흔히 폭정을 정당화하는 용도에 소환되어 왔지만, 폭정에 대한 저항을 위한 기반을 제공하는 것으로 읽히기도 했다. 엄밀하게 말해서 권력 당국자들이 정의의 요구에 연결되는 한 그들의 행정조직 또한 정의에 대한 요구에 종속된다. 이런 시각은 예를 들어 칼뱅과 아우구스티누스의 방향성을 결정하며, "정의가 없는 왕국들이 큰 도적떼들이 아니면 무엇이겠는가"(『신의 도시』, 4권 4장)[35]라는 아우구스티누스의 유명한 금언은『기독교 강요』[36]의 서문에서 나타나는 "영토를 다스림에 있어 신의 영광에 봉사하지 않는 왕은 그에 걸맞는 지배를 행하는 것이 아니라 강도질을 행하는 것이다"(12)라는 문구를 통한 칼뱅의 프랑스 왕을 향한 청원에서 반향된다. 그리고 이러한 입장은『기독교 강요』의 결론부에서 '사람'(정확하게 칼뱅이 지배자들을 의미하는)을 섬길 것이 아니라 신을 섬기라고 하는 명령에서 언명되며, 뿐만 아니라 심지어 지배자들이 '인민의 자유'를 위협한다면 행정관들에게 지배자들에 대항하거나 심지어 전복하도록 요구하라는 형태로 다시 언명된다(4, 20, 31). 로마서로부터 인용된 이 텍스트는 미국 혁명 반대자들과 대개 칼뱅의 영향력을 더 크게 받았던 미국 혁명 지지자들 양자 모두에 의해 각각 활용되었다. 미국의 시민권 투쟁과 또한 아파르트헤이트에 대한 투쟁에서 이 텍스트의 양가적인 역할은, 바울 자신의 논증이 법적 권위를 정립하기도 하고 붕괴시키기도 하는 측면에 대한 다양한 예들을 제공한다.

정확히 말해서 바울의 논변은 어떤 의미에서 볼 때 양날의 검과 같은 것이기 때문에, 그것은 단적으로 모든 상황에 대해 유효한 계획을 제공할 수 없다. 말하자면, 이 텍스트는 이중적이고 모순적인 명령과 타협하게 되는 어떠한 상황에서도 구체적인 책임을 폐기하는 것 ——즉 우연적이거나 불분명한 분석의 귀결 ——이 아니라 책임을 회피할 수 없게 하는 것이며, 따라서 필연적이기에 결정을 가능하게 하는 텍스트이다. 즉, 결정의 필연성을 제거하는 기제에 준거하여 결정의 책임을 면할 수

---

35  Augustinus, *De Civitate Dei*, AD 413~427[아우구스티누스,『신국론』, 성염 옮김, 분도출판사, 2004].

36  Calvin, *Institutio christianae religionis*(『기독교 강요』), 1536. ——옮긴이

없다는 점을 말하는 텍스트인 것이다.[37]

　양심이라 불리게 될 어떤 것을 대면할 때 드러나는 난점은 권위가 적대적이지 않다고 말하는 바울의 주장에 의해 해결되는 것이 아니라 오히려 한층 더 강조된다. 말하자면 권위는 선한 품행에 대해서가 아니라, 오로지 악한 행실에 대해서만 공포 또는 두려움(포보스phobos)이 된다는 주장에 의해서 말이다. 바울은 권위를 두려워하지 않으려면 오직 선을 행해야만 하며, 이로 인해 권위의 인정을 얻게 될 것이라고 주장한다. 이 주장은 권위가 정의를 목표로 하는 이상 옳은 것이다. (율)법을 집행하는 행정관이 정의를, 정의의 실현을 목표로 한다는 것은 이 권력 당국자가 신의 조력자라는 바울의 의견에서 관건이 되는 듯 보이며, 이 권력 당국자를 "여러분의 유익을 위한" 신의 종(로마서 13:4)이라는 의미와 더불어 불의한 자들에게 진노를 내릴 종이라는 이중적 의미 가운데 두게 된다. 따라서 정의에 속한 행정관은, 선한 자들의 보호와 불의한 자들의 형벌을 집행하는 자이기에, 신의 종, 즉 정의의 종인 것이다. 이러한 이중적 의미는 오로지 권위가 분명하게 선(정의)의 행위를 방해하는 그 지점에서 문제에 봉착하게 될 뿐이다. 이와 같이 선한 행위는 정당한 권위에 대립될 수 없다. 반면, 선한 행위를 방해하는 권위는 이러한 행위를 통해 그것이 진정으로 권위가 아니라는 것을, 진정한 정의에 속한 행

---

37 데리다가 윤리에 대한 논의에서 가장 큰 관심을 기울였던 주제들 중 하나는 단순하게 일반적 규칙의 함축을 실행하는 것으로 간주되는 책임 또는 결정의 불가능성인데, 이러한 불가능성으로 인해 책임 있는 결정은, 만일 그런 것이 일어나야 한다면, 그러한 규칙 또는 법에 대한 호소를 통해 그 자체에 대해 해명할 수 있어야 한다. 예를 들어, 『우정의 정치』, 『협상들』, p. 178을 볼 것. 특히 분명한 논의는 『아포리아들』의 p. 19에서 제시된다. 이 책의 결론에서 나는 이 주제로 되돌아가 바울 자신이 그의 공동체들이 당면한 문제들과 관련한 입장들을 협상하기 위해 경주하는 노력에 대해 가능한 설명을 제시할 것이다.

정조직이 아니라는 것을 드러낸다. 비록 그 권위의 실행자들이 정의를 담당하는 부서[38]로부터 봉급을 받는다 하더라도 말이다.

우리는 이러한 맥락을 통해서 다시 「법의 힘」에 대한 이야기를 듣게 된다. 우리가 본 바와 같이, 법 또는 사법적 체제는 힘의 행사를 통해 구체화되며 스스로를 유지한다. 그리고 바울은 이 구절에서 독자들에게 바로 이 사안을 상기시킨다. 왜냐하면 그는 (율)법을 담당하는 행정관들에게 그릇된 행위를 하는 자를 향해 그들에게 부과되는 힘을 사용할 권리가 있다고 말하기 때문이다. 게다가 이 힘, 즉 법의 힘은 그 자체로, 그리고 있는 그대로 어떤 분명한 신적 폭력이다. 법의 힘은 이를 요구하며, 이런 방식으로 법의 '지상권'(majesty)을 소환한다. 여기에서 우리는 사형에 대한 벤야민의 가정을 상기할 수 있을 것인데, 그 가정이란 사형이 바로 법의 토대, 즉 법이 지닌 권위——심지어 이에 대해 신적인 권위라고 말할 수도 있을 것이다——의 토대라는 것이다. 또한 우리는 벤야민에 의해 소환된 법을 정초하는 폭력과 법의 토대를 무너뜨리는 신적인 폭력 사이의 구분을 불안정하게 만드는 데리다의 고찰에 주목할 수 있을 것이다. 어쨌든 사형의 위협은 법이 현실적으로 신적인 권위를 행사하는 방식이며, 이런 방식을 통해 법은 불의에 대한 신의 진노를 구현해낸다고 간주된다.[39] 바울은 이미 로마서 2장 5절에서 이 진노가 사법 당

---

38 여기서 '정의를 담당하는 부서'란 원래 법무부를 의미하지만, 이 책이 다루고 있는 보다 넓은 의미에서 사법부까지 아우른다(고대에는 삼권분립 개념이 없었다는 점을 상기할 것).——옮긴이

39 칼뱅이 명시적으로 이 텍스트[로마서 2:5]를 사용하여 사형을 옹호했다는 점에 주목할 것. 그러나 바울의 전반적인 논변에서 정의의 진노는 은혜 또는 정의의 선물로 전환되었기 때문에, 사형에 대한 이러한 방식의 변론은 매우 의심스럽다. 모든 확정적인 인간적 판단을 위한 기초가 되는 신적 진노의 폐지는, 우리가 보았듯이, 이미 심판과 정죄의 제거를 통해

국자들을 통해 매개되는 것이 아니라 이들을 향하는 것이라고 말한 바 있다. 실제로 거기에서 우리는 판단하는 자들을 향하는 진노에 대해(로마서 2:1), 즉 (율)법의 힘, (율)법의 강제력을 행사하여 유죄 판결을 내리는 자들을 향하는 진노에 대한 이야기를 들었다. (바울이 "당신들이 누구이든지 간에"라고 말하는) 이들은 "하나님의 정의로운 심판이 나타날 진노의 날에 스스로에게 쏟아질 진노를 쌓아 올리고 있는 것"[2:5]이며 따라서 "진리가 아니라 오히려 불의에 순종하는 자들에게 진노와 분노가 있을 것"(2:8)이라는 경고를 받는다. 그러므로 법을 담당하는 행정관들이 신적인 진노(즉, 불의를 향한 정의의 진노)의 도구로서 봉사한다는 점은 어떤 의미에서 양날의 검인 것이다. 왜냐하면 그들의 판결의 실행으로 인해 그들은 바로 그 진노의 예봉을, 불의를 향한 정의의 진노를 받게 될 입장에 처하게 되기 때문이다.[40]

권위를 정당화하는 독자의 반응——즉 정의의 요구를 구현하는 바로 그 권위(어쨌든 어떤 의미에서 보자면 모든 권위가 그렇지 않은가?)를 정당화하는 반응——은 권력 당국자들의 진노(정의의 진노 그 자체를 '본뜬')를 피하기 위한 이유일 뿐만 아니라 스스로의 양심으로 인한 것인데, 여기에서 이런 인식은 권위 자체로서의 권위가 정의와의 어떤 근절할 수 없는 관계 내에 있다는 분명한 이해로부터 오는 듯 보인다. 심지어

---

명백해졌다. 이런 측면에서, 아우구스티누스는 서신 153(Letter 153)에서——단지 연대기적인 측면에서만이 아니라——바울에게 보다 가깝다.

**40** 주목해야 할 것은 전체적으로 파악할 때 이 논변의 구조가 이방 제국들을 향해 그들이 이스라엘의 불의에 대해 가해지는 신적인 진노의 도구가 되기도 하지만, 동시에 그들 자신의 불의로 인해 그들 자신을 향한 진노를 쌓아 올리고 있다고 말하는 예언자적 고지의 구조와 일치한다는 점이다. 이러한 종류의 예언자적 고지는 로마서 9장 17~22절에서 바울에 의해 명시적으로 적용되고 있다.

그 권위가 또한 구체적인 사례들에서 불의에 봉사하는 듯이 보일 때조차도 말이다.

이는 로마서의 논의가 전반적으로 박해의 상황을, 즉 권력 당국이 불의의 편에 서는 상황을, 그리고 그들이 바울에 의해 진리라고 상정되는 것에 적대하는 측에 편입되어 있는 상황을 시야에 두고 있다는 점을 우리가 상기하기 때문이다. 바로 이러한 정황 내에서 바울은 단적으로 무정부적인 법과 불법성의 구조들을 부인하기 직전에 선 독자들을 되돌려 세운다. 당국자들 스스로가 정의가 아닌 불의의 종들임이 드러나는 바로 이 지점에서, 그럼에도 정의가 (율)법과 합법성[율법주의, legality]의 체계로부터 떨어져 있는 채로 정립될 수 없다는 점을 상기시키는 책무가 긴급하게 요구되는 것이다. 아무리 불완전하고 심지어 도착적인 형태를 취한다 하더라도, 정의 그 자체는 법의 힘 내에서 그리고 그 힘을 통해서 표명된다. 만일 이렇지 않다면, 단적으로 모든 법 체계를 폐기해 버리기에 충분할 것이다(이것은 데리다가 말하는 해체의 유혹들 중 한 가지이며, 다른 한 가지 유혹은 또 하나의 법을 정초하는 것이다). 다른 길은 없는 것인가? 그런 또 하나의 길을 사유하기 위해, 우리는 선물 또는 은혜로서의 정의라는 문제로 논의의 방향을 돌린다.

# 4장 / 선물로서의 정의

우리의 관심은 바로 정의에 대한 것이다. 그러나 우리는 어떤 의미에서 정의가 법 바깥에 있으며, 법에 대해 외부적이라는 것을 알게 되었다. 이러한 법과 정의의 명백한 모순은 법과 폭력의 연관을 볼 때 분명해진다. 법을 정의로부터 분리시키는 것은 법의 폭력이다. 그러나 우리는 정의에 대한 관심을 규명하려 했던 목적에 전혀 가까이 와 있지 않은 듯하다. 우리는 분명히 관심사나 절차에 있어 바울과 데리다에게 어떤 확실한 공통성이 있음을 발견했다. 말하자면 양자 모두 정의와 법 사이의 긴장관계에 대해 사유하는 듯 보인다. 그리고 분명하게 드러나는 것은 이들 중 누구도 단순히 법을 기각하려 하지 않는다는 점이다. 하지만 두 사람 모두 법의 본질에 어떤 필연적인 폭력이 있다는 점을 안다. 정의를 사유하려 한다면, 정의를 법으로부터 분리하여 사유해야 한다는 의미에서의 폭력이 말이다. 그렇다면 정의는 어떤 방식으로 사유되어야 하는가?

우리가 아는 것과 같이, 바울에게 있어 (율)법 바깥에 있는 정의는 어떤 의미에서 볼 때 선물 또는 은혜라는 기초 위에 있다고 생각될 수 있을 것이다. 그러나 이러한 정의를 어떻게 사유할 수 있는가? 특히 정의에 대한 우리의 관심을, 그리고 따라서 정의의 약속과 요청의 완성에 대한 우리의 관심을 포기하지 않으면서 정의를 사유할 수 있을 것인가? 바울의 은혜에 관한 숙고와 이러한 사유가 수반하는 난점들을 다시 사유하기 위해, 나는 선물에 대한 데리다의 고찰을 읽어 내는 작업으로부터 도움을 구할 것이다. 내가 주장할 것은, 선물에 관한 데리다 독해를 통해, 바울이 의도하는 것의 중요성에 대해 그리고 그가 선물로서의 또는 선물에 기초한 정의를 사유하려고 노력하는 과정에서 봉착하게 된 난관들에 대해 해명할 수 있다는 것이다.

## 데리다 사유에서 제시되는 선물과 부채

바울에 대한 고찰로 돌아서기 이전에, 선물과 경제(economy)[1]의 관계에 대한 데리다의 고찰들이 드러내는 주요한 윤곽을 명확히 해두는 것이 중요하다. 우리는 우선 데리다의 선물에 대한 사유가 정의에 대한 사유와 관계되어 있음을 보일 것이다. 그런 이후에 경제에 관련한 선물의 불가능성이 어떤 의미로 선물에 관한 사유의 종결이 아니라 선물에 대해 보다 분명하게 사유하기 위한 기초가 되는지를 확인하는 과정이 필요할 것이다. 이러한 검토의 과정은 정의와 관련하여 바울의 은혜에 대한 사유를 해명하는 시도에 기본적인 도구들을 제공할 것이다.

### 정의에 대한 [선물의] 관계
데리다는 이미 가장 이른 시기에 정의에 대한 고찰을 통해 선물과 정의

---

1 프랑스어에서 économie는 경제라는 의미 이외에 구조, 체계, 조직을 의미하기도 한다. 그리고 어원적으로(-nomie) 법과 관련된다.—옮긴이

를 연결시켰던 바 있다. 따라서 『법의 힘』에서 그는 해체가 선물의 문제를 건드린 이상 이미 간접적으로 정의에 대해 다룬 것이라고 말했다. 그는 "교환과 분배를 넘어서는 선물에 대한······ 담론들이 ······또한 적어도 철저하게 정의에 대한 간접적인(oblique) 담론들이라는 것을 말하지 않을 수 없다"(235)고 말했다.

그러나 정의와 선물의 관계는 정의의 문제(우리는 다시 한번 주제라고 말하지 않는다)[2]에 간접적으로 관계된 종류의 담론들을 담은 목록에 선물에 관한 담론을 편입시킴으로써 얻게 되는 인상보다 훨씬 더 엄격한 것은 아닌가? 이후에 제시될 고찰에서, 데리다는 이러한 연결관계를 더욱 명시적으로 드러낸다. "정의의 문제, 즉 언제나 법 너머로 나아가는 그 문제는, 그것의 필연성이나 또는 아포리아에 있어, 더 이상 선물의 문제로부터 분리되지 않는다"(『마르크스의 유령들』, 26). 여기에서 정의와 선물이 분리 불가능하다고 말해진다는 측면에서, 무엇보다 정의에 대한 사유가 선물에 대한 사유를 의미한다는 측면에서, 적어도 우리에게 훨씬 더 철저한 관계로 여겨지는 어떤 것이 지시된다. 그러나 어떻게 그럴 수 있는가? 어쩌면 여기에서 관건이 되는 것은, 만일 우리가 잠정적으로 그렇게 말할 수 있다면, 구조의 유사성보다 더한 어떤 것, 곧 방법의 유사성일 것이다. 즉, 우리는 정의를 사유하는 것과 같은 방식으로——즉, 아포리아를, 이러한 친숙한 개념들의 자명하지 않음을 노출시키거나 밝혀내는 방식으로——선물을 사유한다는 것이다. 하지만 이보다 더한 주장이 제시되는 듯 보인다. 즉, 만일 정의가 문제라면, 선물의 문제에 대한 준거

---

2 저자에 따르면, "우리는 '선물'이라는 것이 있다고 생각할 수 없고, 따라서 선물은 하나의 문제로 남는다".—옮긴이

없이는 더 이상 이 문제에 관여할 수 없다는 주장이 말이다.

데리다는 실제로 이러한 분리 불가능성을 더욱 상세하게 설명한다. 그는 『마르크스의 유령들』에서 "일단 우리가 선물이라는 기초 위에서 펼쳐지는 정의에 관한 사유의 힘과 필요성에 대해 인지했다면"(27)이라고 말한다. 만일 우리가 정의를 사유하려 한다면, 우리는 선물의 사유라는 "기초 위에서" 그렇게 해야만 할 것이다. 이것은 몇 가지 이유에 있어 깜짝 놀랄 만한 주장이다. 우선 이 주장이 놀라운 것은 선물에 대한 사유가 정의를 사유하기 위한 기초로, 모종의 토대(우리가 보게 될 것과 같이 그 자체로는 토대 없는groundless)로 기능한다는 의미에서 어떤 분명한 위계를 제시하는 것으로 보이기 때문이다.[3] 또한 이 주장이 놀라운 다른 이유는 우리가 이전 장에서 우려했던 것인 힘(force)이라는 용어를 소환해 내고 있다는 점이다. 비록 우리가 이전 장에서 읽었던 글에서, 데리다가 다른 종류의 '힘'에 대해 서술하고 있다는 것을, 말하자면 법과 정의의 분리를 드러내는 힘이 아니라, 그가 해체에 관련시키는 힘에 대해, 그리고 따라서 정의에 관련시키는 종류의 힘에 대해 서술하고 있다는 것을 당연히 상기하게 됨에도 불구하고 말이다(『법의 힘』, 291). 이 주장은 또한 놀랍게도 우리가 즉각적으로 바울 자신이 관심을 가지고 있다고 말하는 어떤 것 ── "선물로서의 하나님의 은혜를 통해 정의롭게" 된다는 것(로마서 3:24) ──을 떠올리게 한다. 어쨌든 우리는 선물을 정의의 기초로 놓는 바울의 사유를 따라 사유하는 방향에서 데리다 읽기로부터

---

3 『협상들』에 「협상들」이라는 제목으로 수록된 권두 인터뷰에서, 데리다는 다음과 같이 말한다. "나는 위계의 소거에 대해 믿지 않는다. 내가 반대하는 것은 언제나 위계를 안정화하는 또는 안정화된 어떤 확실한 성문화다(coding)"(21).

필요한 도움을 얻을 수 있다고 상정하고 있다는 점에서 바른 길을 가고 있는 것으로 보인다.

「현실성의 해체」라는 글에서, 데리다는 다시 한번 정의가 법에 대해서뿐만이 아니라 권리들(rights)과 타자의 '존중'에 대해서조차도 이질적임을 말한다. "정의는 권리들과 동일한 것이 아닌데, 말하자면 그것은 인간의 권리들을 초과하여 정초하는 것이며, 그것은 또한 분배적 정의도 아니다. 심지어 그것은 전통적인 의미에 따른 한 인간 주체로서의 타자에 대한 존중도 아니다"(『협상들』, 105). 그러나 그는 이어서 선물에 대한 직접적인 고찰에 이른다. "타자로서의 타자의 경험, 즉 내가 타자를 타자로 둔다는 사실은 상환 없는, 재전유 없는 그리고 사법권 없는 선물을 전제한다"(같은 책, 105). 다시 한번 우리는 정의와 선물 사이에 어떤 근본적인 연관이 있음을 보게 된다.

성급하게 이 마지막 문제(정의의 기초로서의 선물 또는 은혜라는 문제)로 뛰어들기보다, 먼저 발걸음을 되돌려 선물의 문제와 정의의 문제가 최소한으로 서로에 대해 필연적인 관계를 견지하는 방식을 보다 정확하게 찾아내야만 한다. 『주어진 시간』,[4]에서, 데리다는 선물과 경제 사이의 관계(부분적으로 대립관계)에 대해 지적하며 "경제적인 것(the economic)을 이미 법칙적인 것(the nomic) 자체 내에 암시하고 있는 일종의 동어반복"이 있음을 말한다(6). 이것은 "노모스[법, nomos]가 법 일반을 의미할 뿐만 아니라, 또한 네메인[분배의 법, nemein], 즉 공유와 분배의 법 또한 의미"하고 있는 측면과 관련된다(6). 이와 같이 우리는

---

4 Jacques Derrida, *Given Time 1: Counterfeit Money*, Peggy Kamuf trans., Chicago: University of Chicago Press, 1992.

이미 적어도 선물과 정의라는 흥미로운 병렬관계의 궤적 또는 흔적 위에 놓인 것이다. 왜냐하면 선물과 정의 양자 모두가 법에 대해 유사한 관계에 들어서기 때문이다. 그리고 또한 우리는 이미 데리다가 정의와 분배(또는 보상/보복) 사이에 분리를 상정하고 있다는 점을, 말하자면 여기에서 법과 정의의 분리 상태에 있어 여전히 법의 편에 있는 것으로 이해되는 경제적인 정의관이라고 지칭할 수 있을 어떤 것에 대해 생각하고 있다는 점을 살폈던 바 있다. 여기에서 이것은 노모스와 네메인의 관계에, 법과 분배의 관계에, 또한 노모스와 경제의 관계에 묶여 있다.

선물과 경제의 관계가 정의와 법의 관계에 대한 사유와 어떤 특정한 병렬관계에 놓이게 된다는 것은 어떤 의미에서 이 관계들 내에 위치한 대립항들 역시 서로를 필요로 한다고 간주되는 방식에서 확인된다. 실제로 데리다는 선물에 대해 경제와 관련하여 이렇게 말한다. "이제 선물은, **만일 그런 것이 있기는 하다면**, 의심의 여지없이 경제와 관련될 것이다. 이런 말을 하지 않고 지나갈 수 없을 것인데, 우리는 이 경제와의 관계를 다루지 않고서는, 심지어 화폐 경제와의 관계를 다루지 않고서는 선물을 다룰 수 없다. 그러나 선물은, 그런 것이 있기는 하다면, 또한 경제를 중단시키는 어떤 것인가? 경제적 순환을 중지함을 통해, 더 이상 교환이 일어나지 못하게 하는 어떤 것인가?"(같은 책, 7) 분명히 이것은 정의와 관련하여 읽었던 어떤 것을 상기시킬 것이다. 말하자면 정의는 필연적으로 법과 관계되지만, 또한 법 너머에 또는 바깥에 있거나, 또는 여기에서 그렇듯 법을 중단시킨다는 것 말이다. 그러나 엄밀하게 말해서 중단되는 것은 교환의 법, 경제의 법, 말하자면 economy라는 단어에 '-nomy'라는 어미로 들어가 있는 법이다. 게다가 경제를 중단시키는 것이기에, "선물은 비경제적(aneconomic)인 채로 남아 있어야만" 하는데(『주어진 시간』, 7), 상당히 유사한 방식으로 정의는 법의 바깥에 또는 너머에 남게 된다. 그리고 우리는 여기에서 데리다가 법에 관해 유사한 것을 말했다는 점에 대해 상기할 수 있을 것이다(그것이 정의와 유사한 어떤 것인 이상). 말하자면, 그것은 노모스 아노모스(nomos anomos)다(『환대에 대하여』, 79).[5]

여기까지 우리는 선물과 정의가 법의 외부에 있지만 법에 대한 필연적인 관계 내에 놓이는 놀라운 관련성을 가진다는 것을 확인했다. 하지만 아직 선물이 정의를 사유함에 있어 어떻게 그 기초로 기능할 것인지에 대해 확실히 이해할 수 있는 지점에는 이르지 못했다. 따라서 우리는 선물과 정의의 관계라는 문제로 되돌아가게 될 것이다.

## 선물의 불가능성

그 문제로 되돌아가기 이전에 우리는 또 다른 문제를 해결해야만 하는데, 이것은 바로 선물의 불가능성에 대한 문제다. 선물과 그것의 불가능성에 대한 데리다의 고찰들이 선물에 대한 사유의 폐기를 수반한다고 생각하는 사람들이 있지만 그것은 잘못된 생각이다. 따라서 나는 우선 간략하게 선물이 어떻게 불가능한지, 또한 어떤 의미에서 그런지를 밝힌 연후에, 어떻게 이러한 불가능성이 선물의 사유 가능성을 의미하는지를——또는, 다른 방식으로 말하자면, 선물이 중요한 것은 불가능하기

---

5 데리다는 『환대에 대하여』에서 노모스 아노모스에 대해 무법적인 법, 법 위의 법, 법 외부의 법이라는 말로 설명하며 오이디푸스의 예를 들고 있다. 오이디푸스는 아버지-아들, 즉 자신이 어머니와 근친혼을 통해 낳은 딸들과의 관계 내에서 아버지이면서 동시에 오빠가 되는 것이다. 다시 말해, 오이디푸스는 자신의 자식들과 부자 혹은 부녀 관계에 있으면서도 동시에 이 관계의 법을 위반하는 위치에 있는 자인 것이다.——옮긴이

때문이라는 점을——규명하려 할 것이다.

데리다는 선물이 비경제적이라는 점에 대해 언급한 이후에 바로 이어서, "선물이 불가능한 것이라는 말은 아마도 이런 의미에서일 것이다"라고 말하고서, "불가능하다는 것이 아니라 불가능한 것(*the* impossible)"이라는 해명을 덧붙인다(『주어진 시간』, 7). 이를 분명히 하기 위해, 데리다는 잠정적인 선물 개념의 구조——a가 b를 c에게 주는데, 여기에서 a는 주체(주는 사람), b는 주어지는 것, c는 받는 사람——에 대해 논하기 시작한다. 여기에서 이러한 상식적인 선물과 증여행위(giving)의 구조는 그 구조에 어떠한 종류의 지적인 압력이라도 가해지면 무너지기 시작한다.[6] 이것은 상호성이 선물을 교환 경제에 속한 어떤 항목으로 만들어 버림으로써 선물을 파괴한다는 것을 인식하는 순간 명확해진다. "그것(선물)은 보상 또는 답례(countergift)가 있을 때마다 무효화된다. 그때마다, '되돌려 주기'(rendre)로 이어지는 동일한 순환적 고리에 따른 부채의 상환과 탕감이 있다"(같은 책, 12). 선물 증여(gift giving)의 상호성은 그것을 교환으로 만들거나 또는 '시장'에 종속시킨다. 나는 50달러에 그 주전자를 당신에게 준다. 여기에 선물은 없고 교환만이 있을 뿐이다. "선물이 있기 위해서는, 상호성, 되돌려 주기, 교환, 답례 또는 부

---

6 로빈 호너(Robyn Horner)는 데리다의 선물에 대한 고찰에서 절대적인 **선물**(Gift)을 선물(gift)로부터 구분하고자 시도하는데, 여기에 대해 잘 납득하지는 못하겠지만, 선물의 불가능성에 대한 그녀의 묘사는 데리다의 관점에 대한 신뢰할 만한 해석이라고 본다. *Rethinking God as Gift: Marion, Derrida, and the Limits of Phenomenology*(『선물로 다시 사유된 신: 마리옹, 데리다, 그리고 현상학의 경계』), New York: Fordham University Press, 2001, 특히 pp. 184~208. 선물과 그 불가능성에 대한 더 이른 시기의 논의들 중에 데리다가 말하는 난점을 미리 보여 주는 것은 『주어진 시간 1: 위조 화폐』이다. 『조종(弔鐘)』, pp. 242~245에 제시된 이 주제에 대한 논의를 고찰하는 것도 유용하다.

채가 없어야만 한다. 만일 타인이 내가 그 또는 그녀에게 준 것을 나에게 **되돌려 주거나, 빚지거나,** 또는 되돌려 주어야만 한다면, 선물은 이미 없을 것이다.[7] 이러한 보상이 즉각적이든 또는 장기간의 지연(deferral) 또는 차이(difference)에 대한 복잡한 계산에 의해 계획된 것이든 간에 말이다"(『주어진 시간』, 12).

이를 주는 사람의 입장에 적용해 보자. 나는 당신에게 50달러를 주지만, 그에 대한 보상으로 당신이 가진 주전자를 원하지 않는다. 그리고 그것은 당신이 언젠가 (이자를 붙여서 또는 붙이지 않고) 갚아야 할 빌린 돈도 아니다. 이것이 선물이 아니라 꿔 준 돈이라면, 상환 또는 보상은 이후로 연기되어 일어날 것이다. 그러므로 50달러를 주지만 아무것도 돌려줄 필요가 없다고 말한다. 문제는 내가 이미 나 스스로에게 보상을 한 것일 수도 있다는 점이다. 나는 얼마나 좋은 놈인가. 나는 아무개에게 50달러를 주었다. 나 자신의 관대함에 대한 스스로의 인식은 그 자체로 일종의 보상이다. 따라서 나는 선물을 준 것이 아니다. 나는 단돈 50달러로 선하고 너그러운 사람이 되는 뿌듯한 감정을 구입한 것이다. 가격도 싸고, 정말 잘 산 것이다. 데리다는 다음과 같이 설명한다.

선물은 심지어 주는 사람으로서의 주체가 개인이건 혹은 집합적인 주체들이건 간에 이들에게, 의식적으로든 무의식적으로든, 선물**로** 나타

---

7 여기에서 쓰인 시제는 미래완료 또는 전미래 시제다. 영어의 미래완료 또는 프랑스어의 전미래 시제는 현재에는 아직 이루어지지 않은 것이지만 미래의 어느 시점에 되돌아보면 이미 이루어져 있는 일을 서술할 때 사용한다. 전미래가 중요한 이유는 데리다에게 있어 약속이나 메시아적인 것은 현재나 과거에 속한 것이 아니며, 항상 전미래적으로만 가능하기 때문이다. ─옮긴이

나거나 또는 의미화되어서는 안 된다. 선물이 그것의 현상, 그것의 의미와 본질에서 선물로, 있는 그대로, 그 자체로 나타나는 그 순간으로부터, 그것은 부채의 의례적 순환 내에서 선물을 무효화하게 되는 상징적이거나, 희생적인 또는 경제적인 구조에 개입될 것이다. 주겠다는 단순한 의도는, 선물의 목적지향적인 의미가 수반되는 이상, 스스로에 대한 상환을 만들어 내기에 충분하다. 선물에 대한 단적인 의식은 즉시 그 스스로에게 선함 또는 관대함이라는, 즉 주는-존재라는 만족스러운 이미지를 되돌리며, 스스로가 그렇다는 것을 아는 일종의 자기-인식, 자기-인정, 그리고 자아도취적인 감사에 있어 순환적이며 반영적인 방식으로 스스로를 인식한다. (같은 책, 23)

그렇다면 받는 사람은 어떤가? 누군가 나에게 50달러를 주었다. 나는 이를 알고 있으며 누군가 그렇게 했음을 알고 있다. 아마도 그들은 그것이 선물이라고 말했을 것이다. 그러나 나는 빚이나 의무를 지게 되거나, 또는 스스로 그렇다고 느끼게 된다. 미국 남부에서는 매우 감사하다는 의미로 "많은 신세를 졌습니다(Much obliged)"라고 말한다. 나는 심지어 단순히 천박해 보이지 않기 위해 감사하기도 한다. 그러나 그런 경우에, 나는 선물에 대해 무엇인가를 되돌려 준 것이고, 따라서 비경제적인 것을 경제적으로 만들어 버린 것은 아닌가?

그리고 마침내 선물(gift) 그 자체, '현존하는' 것(the 'present')이 등장한다(데리다는 현존하는present 것으로서의 선물과, 현존presence, 현재the present 등의 사이에서 많은 관계를 만들어 내는데, 어쩌면 이 관계를 최대한 이용한다고 말할 수도 있을 것이다). 내가 그 선물을 소유하는 한(만일 내가 소유할 수 없다면, 그것은 실제로 주어진 것인가?), 그것은 이미 선물이 아니라 소유물이 되어 버리는데, 말하자면 나는 내 것인 어떤 것을 받을 수 없기 때문이다. 그것이 내 것이 된다면 그리고 내 것이 될 때, 그것은 더 이상 선물이 아니다. 그것이 '현존하는' 순간, 선물로서의 그것은 사라져 버린다.

이러한 성찰은 우리가 선물의 조건들로 파악하는 것(증여자donor, 수여자donee, 그리고 증여물a donated 또는 선물don을 포함하는)이 동시에 선물로서의 선물이 지닌 불가능성의 조건들이라는 점을 명확하게 하는 목적을 지닌다. 각 지점에서, 선물은 교환으로, 경제로, 교환 및 분배의 법칙 등으로 떨어져 버린다. 그러므로 선물은 불가능한 것으로 간주될 것이다.[8]

---

8 여기에서 우리는 이 선물과 부채에 대한 분석이, 모스에게도 중요한 착취의 경제와 관대함의 경제 사이의 구분(*The Gift*, W. D. Halls trans., New York: Norton, 1990[『증여론』, 이상률 옮김, 한길사, 2011], pp. 71~83)을, 어쩌면 마르크스가 의미하는 착취의 경제와 분배의 경제 사이의 구분을, 또는 마지막으로 순환의 경제와 나선운동의 경제 사이의 구분을 간단히 대체하는 것이 적합한가에 대해 물을 수 있을 것이다. 마지막으로 제시된 구분부터 살펴보기로 하자. 교환의, 시장의 경제는 말하자면 실존하는 가치들의 순환이지만, 시장 교환에 의해 가능해진 노동 분업이 전반적인 풍요로움을 보장하는 것이다. 이것은 애덤 스미스의 소위 고전적 전형이다. 하지만 마르크스의 분석에서, 노동 분업은 결백한 것이라기보다는 시장 가치를 위해 노동 가치를 착취하는 것으로부터 오는 강제된 분배의 불평등을 낳는 것이다. 이로부터 기인한 잉여가 자본으로 등재되고 자본을 소유하거나 통제하는 자들의 장부에 기입된다. 해결책은 단적으로 노동자들이 적절한 보상을 받는 것이며, 이것은 부의 재분배와 시장의 공정성으로의 회귀를 의미한다. 이런 경우, 착취는 공정한 또는 공평한 분배에 반대되는 것이다. 그러나 자본적 착취는 금융 자본의 형태에서 그 스스로의 생명을 얻었고, 이를 통해 스스로 잉여 수익을 벌어들이는 방식으로, 돈이 돈을 벌어들이게 된다. 따라서 부가 [계속적으로] 증대하는 끝없는 나선형의 상승 운동을 가정하게 된다. 이것은 순환보다 더한 것이다. 모스는 그러한 나선 운동이 착취에 기초할 수 있을 뿐만 아니라 선물에 기초할 수도 있다고 추정한다. 말하자면, 그 선물 또는 관대함은 선물/상품 순환 증대의 추동원인이다. 여기에서 우리가 비록 착취의 논리와는 매우 다른 것을 대하고 있지만, 여전히 경제적 논리에 머물러 있다는 점을 주지해야 한다. 선물과 지연된 선물의 반환, 즉 되갚기(payback)와 '선지급'(pay forward) 사이의 교호작용은 경제적 논리의 전환을 의미할 뿐이다. 즉, 데리다

다른 텍스트에서, 데리다는 불가능한 것이라는 개념에 관해 상당히 더 많은 숙고를 제시한다. "해체는 대개 불가능한 것의 (불가능한) 가능성에 대한 경험으로, 가장 불가능한 것, 즉 해체가 선물과 공유하는 조건에 대한 경험으로 정의되어 왔다."[9] 이러한 고찰이 중요한데, 왜냐하면 우선적으로 우리가 여기에서 해체와 '선물'을, 즉 또한 정의와 관련하여 마주했던 어떤 것을 해체와 관련 지었기 때문이다. 그러나 해체만이 선물과 관련된 어떤 것 ——이들 두 개념이 현실적으로 상당히 유사하게 보일 수 있다는 의미에서 ——은 아닌데, 여기에서 선물의 불가능성은 또한 불가능한 것의 가능성이라는 개념과 관련되기 때문이다.[10] 어쨌든 신

---

에게 있어 이것은 여전히 '경제'인 것이다.

여기에서 보다 날카롭게 드러나는 이 문제로 인해, 우리는 관대함의 경제가 착취의 경제로 되돌아갈 수밖에 없는 것은 아닌지에 대해 물어야 한다. 만일 그렇게 된다면, 이 경제들 사이의 구분은 (절대적) 차이가 없는 구분이다. 내게는 초기 기독교 공동체들이 관대함의 경제로 지칭될 수 있을 법한 어떤 것을 실험했음이 분명해 보인다(사도행전 2장과 4장, 바울이 예루살렘을 위해 모금에 나섰던 이야기 등). 그러한 경제는 오로지 언제나 신선한 또는 지속적인 선물의, 대가 없는 선물(gratuity)의 수혈(은혜, 성령 등)에 의존한다는 측면에서만 지속 가능한 것인가? 그런 경우, '신'은 그것으로 인해 선물이 지속적으로 경제적 체계로 수혈되는 그 값 없음이 착취를 불가능하게 하거나 불필요하게 하도록 지정할 것이다. 그러나 이때 신은 착취당하는 주체의 이름이다. 이러한 연관맥락 내에서, 데리다는 화해(reconciliation) ——여전히 경제이기는 하지만 '고귀한 경제' 또는 '전략'으로서의 —— 와 관련될 수도 있는 어떤 용서에 대해 말한다. 『신을 묻다』 p. 57, 그리고 ch. 7 이하에 제시된 용서에 관한 부분을 볼 것.

9 Jacques Derrida, *On the Name*(『이름에 관하여』), David Wood et al. trans., Stanford: Stanford University Press, 1995, p. 43.

10 리처드 비어즈워스(Richard Beardsworth)는, 법과 정의가 지닌 관계에 대한 데리다의 훌륭한 분석과 칸트로부터 헤겔, 마르크스 그리고 하이데거와 레비나스에게로 이어지는 철학적 전통의 분석을 통해 다음과 같이 주장했다. "불가능성은 가능적인 것의 **대립항**이 아니다. 불가능성은 가능적인 것을 풀어준다(release)"(*Derrida and the Political*(『데리다와 정치적인 것』), New York: Routledge, 1996, p. 26). 비록 데리다 쪽이 불가능한 것의 가능성에 대해 쓰는 빈도가 더 많기는 하지만, 비어즈워스 또한 위에서 인용된 구절에서 "불가능한 것의 (불가능한) 가능성"에 대해 기술하며, 그리고 「그것이 가능한 것처럼」(As If It Were Possible)에서는 "이 '수동적인' 결정의 불가능한 가능성"에 대해 쓰고 있다(『협상들』, 357).

학자라면 이 말을 인지할 것이다. 불가능성이라는 말은 바르트와 불트만이 은혜와 믿음에 대해 이야기했던 바로 그 용어인 것이다.[11] 여기에서 그들이 이 불가능성이라는 용어를 사용했다는 것에 대해 어떤 이야기가 있었든지 간에, 내 생각에는 그들이 이런 용어를 사용하여 믿음 또는 은혜를 단적으로 기각해 버린다고 보기는 어렵다. 그들의 저술을 접한 독자라면 누구라도 알겠지만, 그런 생각은 터무니없는 것이다. 그러나 데리다는 또한 선물을 사유할 수 없는 것으로 만든다는, 즉 불가능하기에 사유할 수 없는 것으로 만든다는 비난을 받았다.[12] 그리고 그러한 비난은 직업적인 이유로 인해 바르트나 불트만을 모를 것으로 생각되는 사람들로부터만 온 것이 아니다(철학자들은 통상 신학자들의 글을 읽지 않으며, 철학자들이 신학자들의 글을 읽는 것은 분명히 신학자들이 철학자들의 글을 읽는 만큼이나 흔한 일은 아니다).

---

11 중요한 점은 바르트나 불트만이 불가능성을 말함에 있어 데리다와 동일한 것을 의미한다는 것이 아니라, 불가능성이 선물 또는 은혜에 적용될 때 이에 대해 말하기를 망설이는 신학자들이 그들 스스로의 담론적 전통을 단적으로 망각했다는 것이다. 바르트의 기획과 데리다의 기획 사이의 관계를 다룬 논의에 대해서는 Graham Ward, *Derrida and the Language of Theology*(『데리다와 신학의 언어』), Cambridge: Cambridge University Press, 1995를 볼 것.

12 로빈 호너는 이러한 논점에 관한 밀뱅크의 오해에 대해서 응답을 제시한다(『선물로 다시 사유된 신』, 16~18). 『화해의 존재』에 나타나는 밀뱅크의 우선적인 관심사가 용서와 관련된 개념이기는 하지만, 내가 보기에 그는 아직 선물(그리고 따라서 용서)에 관한 데리다의 성찰의 성격을 완전히 이해하지 못하고 있다. 데리다는 선물이 사유할 수 없는 것이라거나 일어나지 않는 것이라는 주장을 펼치지 않는다. 오히려 그의 논점은 선물에 대한 사유가 선물의 아포리아를 통해 이루어져야만 하며, 선물을 지식에 복속시킨다면 선물로서의 선물을 파괴한다는 것이다. 『폴 드 만에 대한 회상』에서 데리다는 말한다. "그리고 아포리아는 어떤 다른 사유를, 다른 텍스트를, 또 다른 약속의 미래를 금지하기보다는 환기시키며, 더 정확히 말하면, 금지를 통해 약속한다"(133). 분명히 이 약속에 대한 논의 ─ "어떠한 경로도 선물의 아포리아 없이는 가능하지 않으며, 선물의 아포리아는 약속의 아포리아 없이 일어나지 않는다"(147) ─ 는 이 책의 8장으로 연기되어야만 하는 다른 논의로 가는 길을 열어젖힌다.

따라서 『신, 선물 그리고 포스트모더니즘』에서,[13] 데리다는 다음과 같이 해명한다. "선물 그 자체는 알 수는 없으나, 사유할 수는 있다. 우리는 우리가 알 수 없는 것을 사유할 수 있다"(60). 우리는 알지 못하는 것을 사유할 수 있다는 점뿐 아니라, 사유는 결정적으로 우리가 알지 못하는 것에 연관된다는 점 또한 사실로 보인다. 사유하기는 어떤 확실한 불가능성을, 심지어 사유를 진행하는 데 있어서의 불가능성을 요구한다. 특히 사유하기가 문제를 일소해 버리기보다는 문제와 함께 머무는 것을 목표하는 것이라면 말이다.

선물에 관련하여 사유와 이에 대립하는 지식의 관계는 『주어진 시간』에서 더욱 확장된다(실제로는 이미 확장되어 있었다). "한편으로, 사유, 언어, 욕망, 그리고 다른 한편으로, 지식, 철학, 과학, 현존의 질서 사이의 간극은 또한 선물과 경제 사이의 간극이기도 하다"(29). 그렇다면 선물에 대해 사유하기는 어떤 의미에서 "지식, 철학 그리고 과학"에 외재적이며, 그러한 이유로 "사유, 언어 그리고 욕망"과 유사하거나 또는 이와 연관된다. 중요한 것은 불가능성이, 아는 것(knowing)과 연결되지 않지만, 다시 사유하는 것(thinking)과 결정적으로 연결된다는 점에 대해 주목하는 것이다. "만일 선물이 불가능한 것을 위한 다른 이름이라면, 우리는 여전히 그것을 사유하고, 그것을 명명하며, 그것을 욕망한다. 우리는 그것을 지향한다(intend)"(29).

따라서 데리다는, 심지어 자신의 '친구들'과도 대립하여, 불가능성이라는 개념이 사유를 멈추기 위한 것이 아니라 오히려 시작하기 위한

---

13 John D. Caputo and Michael J. Scanlon ed., *God, The Gift and Postmodernism*, Bloomington: Indiana University Press, 1999.

것임을 설명하려 했다.[14] 그러므로 그는 『신, 선물 그리고 포스트모더니즘』에서 "나는 엄밀하게 선물이 있는 그대로 드러나서 그렇게 확정되는 것의 불가능성으로부터, 선물의 구조를 옮기려 했고, 이 구조를 경제의, 교환의 순환에서 선물의 절대적인 불가능성으로 빼내려 했지만, 이를 결론 짓고자 하지는 않았다. [……] 선물이 있는 그대로 실존하고 나타나는 것은 불가능하다. 그러나 나는 절대로 선물이 없다는 결론을 내리지 않았다. 내가 말하고자 했던 것은 만일 선물이 있다면, 이러한 불가능성을 통해, 선물은 이러한 불가능성의 경험이어야 하며, 불가능한 것으로 나타나야 한다는 것이다"(59). 『주어진 시간』에서 의도했던 정도보다 상당히 더 멀리 나가는 표현을 통해, 데리다는 심지어 다음과 같이 말하기도 한다. "선물은 경제, 존재론, 지식, 사실 확인적 진술들, 그리고 이론적 확정과 판단의 지평에 대해 전적으로 외래적이다"(59). 우리는 여기에서 정의와 법의 이질성에 관련된 유사한 진술들과 상응하는 선물과 경제의 서로에 대한 외부성의 정식을 얻게 되는 듯 보인다.

### '기독교적 의미의' 선물

『신, 선물 그리고 포스트모더니즘』에서, 데리다는 선물을 설명하고자 하는 또는 사유하고자 하는 바로 그러한 시도로 인해 선물을 "경제를 통해서뿐만이 아니라 심지어 기독교적 담론을 통해서도" 사유하게 되었다"(59)고 말한다. 장뤼크 마리옹(Jean-Luc Marion)과의 토론에서, 데리다는 심지어 선물을 사유함에 있어 흥미로운 것은 정확히 어떤 분명한 기독교적 의미의 선물이라고 확언한다. "나는 기독교에 대해 그리고 기독교적 의미의 선물에 대해 관심이 있다"(57). 내 생각에는 여기에서 기독교적 의미에서의 선물은 바울이 특히 로마서에서 해명을 구하고 있는 은혜에 대한 이해를 의미한다. 즉, 데리다의 선물에 대한 숙고는 기독교인들이 ——아마도 특히 바울이 —— 은혜라고 부르는 것을 검토하며, 이를 의도하는 것이다.

정의가 신의 정의로서 신적인 것임을 우리가 보았던 것처럼, 데리다는 다른 텍스트에서 증여 행위(또는 은혜를 베푸는 행위gracing) 또한 신적인 것으로 사유될 수 있는 측면에 대해 언급한다. 앙겔루스 실레시우스(Angelus Silesius)[15]에 관한 성찰에서, 데리다는 그가 "신의 신성을 선물로, 또는 주고자 하는 욕망으로 이해한다"라고 기술한다(『이름에 관하여』, 56). 내가 의도하는 것이 해체의 조건들 ——즉, 이미 여러 신학자들에 의해 너무나 많은 다른 것들을 배제한다고 취급되었던 주제의 조건들 ——하에서 신의 의미에 관해 고찰하는 것은 아니지만, 어쨌든 이 해체라는 주제는 바울과 함께 신적인 것으로서의 은혜 또는 선물에 관해 사유하기 위해 우리가 읽어 왔던 것의 타당성을 제시한다.


## 바울과 은혜

바울의 선물/은혜에 대한 사유를 다룸에 있어, 우리는 그러한 사유를 데리다의 글에서 읽었던 주제들에 연결시킬 몇 가지 항목에 주목해야 할 것이다. 이들 몇 가지 주목할 항목의 목록에는 선물과 정의의 연관, 정의

---

14 데리다가 이런 종류의 불가능성을 언급하는 전형적인 방식은 우리가 이전에 마주쳤고 앞으로도 다시 마주치게 될 아포리아라는 용어를 통하는 것이다. 이에 대해 논하면서, 그는 "아포리아 또는 **길-없음**(non-way)은 바로 걸어가기(walking)의 조건이다. 만일 아포리아가 없었다면 우리는 길을 찾지 못할 것이며, 길-트기(path-breaking)는 아포리아를 암시한다"(『환대, 정의 그리고 책임』, 73)고 말한다.

15 독일의 신비가, 시인인 요한 셰플러(Johann Scheffler)의 가명. ——옮긴이

와 관련된 것으로서의 은혜의 우선성, 은혜와 (율)법의 외부성, 부채 또는 행위에 대한 은혜의 외부성, 부채/행위에 대한 은혜의 불안정성, 그리고 지식을 넘어서는 (그러나 사유를 넘어서지 않는) 은혜 등이 있다.

## 은혜와 선물

우선 바울에게 있어 선물과 은혜가, 비록 의미론적으로 다르기는 하지만, 어쨌든 그의 사유를 통해 확인되고 있다는 점을 확인해야 할 것이다. 카리스[은혜/호의, charis]와 도레마[선물, dôrema]는 로마서에서의 바울의 사유 내에서 —— 당연히 우리가 인용했던 텍스트, "그들은 이제 선물로서의(dôrean) 하나님의 은혜를 통해 정의롭게 됩니다"(로마서 3:24)에서 —— 연관관계를 맺는다. 나는 잠시 후, 이 둘과 정의의 관계라는 문제로 돌아갈 것이다. 그러나 여기에서는 단순히 선물과 은혜의 관련성을 강조하는 데 그칠 것이다. 바울이 그리스도 사건 혹은 어쩌면 '메시아 사건'이라 불리는 편이 더 나을 법한 어떤 것에 대해 다시 이야기할 때, 이와 유사한 —— 어쩌면 훨씬 더 감정이입된 —— 결합이 발견된다.[16]

> 그러나 값없는 선물(charisma)은 죄와 같지 않습니다. 한 사람의 죄를 통해 많은 사람이 죽었다면, 분명히 훨씬 더 많은 사람들이 한 사람 예수 그리스도의 은혜(charity)가 많은 사람들을 위해 넘쳐남을 통해 하

---

16 이 책의 전체에 걸쳐, 나는 그리스도를 메시아로, 그리스도 사건을 메시아 사건으로 표기할 것이다. 이것은 바울 사유의 기본적인 '유대교적 성격'(Jewishness)을 고수하여, 이 언어들이 자동적으로 그리스도론의 잘 알려진 전제들로 빠져들어가는 것을 방지하기 위함이다. 이 연구의 종결부에서, 나는 데리다 자신이 제시하는 메시아적인 것(the messianic)에 관련된 주제들에 관한 성찰의 도움을 얻어 바울의 메시아적인 관점을 해명할 목적으로 다룰 수 있는 몇몇 주제들을 확인할 것이다.

나님의 은혜(charis)와 값없는 선물(dôrea)을 얻게 되기 때문입니다. 그리고 이 값없는 선물(charisma)은 한 사람의 죄의 결과와 같지 않습니다. 하나의 죄를 따르는 판결이 정죄를 초래했으나, 이 값없는 선물(charisma)은 많은 죄들을 따라 칭의(justification)를 가져옵니다. 만일 한 사람의 죄로 인해, 그 한 사람을 통해, 죽음이 지배권을 행사했다면[우리말 성서에서는 '왕 노릇 했다면'], 은혜(chariots)의 넘쳐남과 정의의 값없는 선물(dôreas)을 받는 그들은 더욱더 확실히 생명 안에서 지배권을 행사하게 될['왕 노릇 하게 될'] 것입니다. (5:15~5:17)

너무나 풍부한 사유를 촉발하는 이 구절은 이 지점에서 바울이 분명히 선물과 은혜 사이에 기입하고자 하는 등가성을, 말하자면 너무나 복잡하게 얽혀 있어 번역자가 이 용어들 또는 어근들로부터 발전된 용어들을 전혀 구별해 내지 못하는 등가성을 정립한다.

이 구절의 역할은 분명히 바울이 은혜의 사유를 위해 관심을 가지는 것이 무엇인지에 관해 사유하기 위한 시도에 있어(데리다에게서도 찾을 수 있는) 선물의 문제에 관한 성찰이 지닌 타당성을 확인하는 것이다.

## 은혜와 정의

우리가 이미 본 것처럼, 바울 역시 데리다와 마찬가지로 정의는 단순히 (율)법에 대한 순응으로 사유될 수 없으며, (율)법과 정의는 서로 분리되어 있고, 이러한 분리는 법의 폭력을 통해 표명된다고 인식했다. 그러나 비록 (율)법이 정의의 기초가 될 수 없다고 하더라도, 선물은 정의의 기초가 될 수 있다. 어쨌든 바울은 이러한 인식을 단언한다. 그리고 그가 선물과 은혜를 연관 짓는 바로 그 구절들에서 이를 최우선적으로 단언하고 있다. 그래서 바울은 그가 곧 해명할 것을 고지하는 일종의 주제 진술을 통해, "그들은 이제 선물(dôrean)로서의 하나님의 은혜(charis)를 통해 정의롭게 됩니다"(로마서 3:24)라고 말한다. 정의(롭게됨)의 도래에서 관건이 되는 것은 바로 선물이다. 말하자면 선물은 정의의 '토대'로 봉사하는 것이다. 그리고 이는 또한 "그러나 값없는 선물(charisma)은……칭의(justification)를 가져옵니다"라는 선물과 은혜를 연관 짓는 구절 ── 앞에서 인용한 ── 에서 단언된다. 그리고 이어서 "은혜(chariots)의 넘쳐남과 정의의 값없는 선물(dôreas)을 받는 (그들은)"(5:16, 5:17)이라는 말이 이어진다. 다시 나는 서두르지 않고 점진적으로 논의를 진행하고자 한다. 그리고 여기에서 밟아야 할 단계는 바로 정의와 정의롭게 됨(칭의)이 선물로서 정립된다는 논점이다.[17] 불행히도, 이러한 정의와 은혜의 연관은 전반적으로 바울의 신학적 '친구들'에 의해 인식되지 않았는데, 실제로 그들은 보다 일반적으로 은혜가 (율)법으로부터 구분되며 또한 그로 인해 정의의 요구가 폐기되거나 또는 중지될 것이라는 결론을 내린다. 그러나 적어도 지금까지, 바울은 그 반대를 주장하고 있다. 정의의 요구를 중지시킬 것이라는 주장과는 반대로, 은혜는 실질적으로 정의의 요구를 유효하게 하며, 실질적으로 (율)법이 할 수 없는 방식으로 그 요구를 '기초한다'. 이 논점을 명확히 하기 위해, 나는 이제 은혜가 어떻게 법을 중지하는지 ── 하지만 동시에 정의를 중지하지 않는지 ── 에 대해 검토하는 쪽으로 논의의 방향을 돌릴 것이다.

───────────────

17 나는 앞에서 정의가 선물에 기초하여 사유되어야만 한다는 데리다의 주장에 대해 언급했다. 하지만 아직 어떻게 그럴 수 있는지를 확정하지는 않았으며, 그 문제는 유예되었다. 그러나 우리는 어쨌든 바울에게 있어 은혜가 정의의 기초라는 단언이 매우 중요하다는 것을 이해할 수 있다.

## 은혜 대 (율)법

은혜가 정의의 토대로 기능한다는 점은 정의가 그런 것처럼 은혜가 어떤 (율)법과의 긴장 속에 있거나, 혹은 심지어 (율)법의 외부, 어쩌면 (율)법의 대립항이 되는 것은 아닌가 하는 의심에 이르게 된다. 그리고 이것이 바로 우리가 바울의 특정한 정식들 속에서 얻게 되는 발견이다. "여러분은 (율)법 아래 있는 것이 아니라 은혜 아래 있습니다"(6:14). 이러한 단언은 은혜와 (율)법을 분리시킬 뿐만 아니라, 불의가 아닌 정의의 도구 또는 연장이 되라는 바울의 독자들을 향한 권면을 기초한다. 즉, 그들은 불의가 아니라 정의에 봉사하라는 권면을 받는데, 이것은 그들이 (앞에서 본 것처럼 정의를 생산하지 못하는) (율)법 아래 있는 것이 아니라 (분명하게 정의를 생산하는) 은혜 아래 있기 때문이다. 바울이 이상한 방식으로 이런 주장을 상당히 펼친다고 해서 그가 다음과 같은 말을 의도한다는 점을 놓쳐서는 안 된다. "더 이상 여러분의 지체를 죄에 내맡겨서 불의의 연장이 되게 하지 마십시오.……[오히려] 여러분의 지체를 정의의 연장으로 하나님께 바치십시오.……여러분은 율법 아래 있지 않고, 은혜 아래 있기 때문입니다"(6:13~6:14).[18] 영어번역에서 이 구절의 효과는 통상적으로 불의(adikias)를 '사악함'(wickedness)으로 그리고 정의(dikaiosunes)를 '올바름'(righteousness)으로 번역하는 습관

---

18 이미 고린도 후서에서 바울은 자신의 처신에 대해 말하기 위해 이 은유—"오른손과 왼손에 정의의 무기를 들고"(6:7)—를 사용했던 바 있다. 여기에서 제시된 지체들, 즉 양손은 다른 사람들과 세계를 다루는 방식이며, 이러한 상호작용은 정의를 위해 '무장'된다. 바로 이것이 그가 이 은유에 앞서 정의롭다고 말하는 '신의 능력'이 지닌 의미다. 이 은유에 앞서 바울이 언급하는 성질들(즉, 진정한 사랑, 진실된 말)은 '신의 능력'이 인간을 무장시키는 바로 그 정의에 내용을 부여하는 것이다. 로마서에서, 이 신적인 능력이 바로 정의의 선물이라는 점은 분명해진다.

을 통해 약화된다. 그러한 통상적인 번역의 효과는 은혜와 정의의 관련성을 폐기하여 (율)법의 비판 또는 그 중지가 정의에 대한 요구의 중지로 간주되도록 하는 것이다.

바울의 말과 사유로부터 추가적으로 도출될 수 있는 것은 아무것도 없다. 정의의 요구는 은혜에 의해 파기되는 것이 아니기에, (율)법이 아니라 선물 아래 있는 자들에 대해 심지어 "정의의 종들"(로마서 6:18, 6:19) ──즉, 정의에 대해 책임을 지고, 그 요구와 명령에 사로잡힌 자들 (우리는 심지어 이들을 포로된 자들이라고 말할 수 있을지도 모른다) ──이라고 기술한다. 이런 방식으로 앞에서 정의와 신 사이에 정립된 등가성을 해명하는, 즉 신적인 정의로서의 정의를 해명하는 놀라운 정식에서, 바울은 그가 말 건네는 사람들이 정의의 종들일 뿐만 아니라 "하나님의 종들"(6:22)이라고 (칭해져야 한다고) 말할 수 있는 것이다.

### 부채/행위에 외부적인 것으로서의 은혜

이를 해명하기 위해서는, 바울의 고찰이 어떻게 우리가 살폈던 데리다의 선물과 경제 또는 교환에 관한 성찰과 연관되는지 살펴보는 것이 도움이 될 것이다. 그러한 연관을 통해, 우리는 경제가 법의 영역 안에서, 즉 경제(economy)에 어미로 딸린 '법'(-nomy) 안에서 작동한다는 점을 알게 되었다. 그리고 경제의 법(칙)은 바로 교환, 부채, 보수 등의 법이다.

바울은 또한 은혜 또는 선물을 보수와 부채의 경제에 대해 분명 외부적인 것으로 정립하고자 한다. 그는 이 관계를 행위(works)[19] 개념과 법 개념의 연관을 통해 정립한다. 이 경우에, 관건이 되는 것은 (율)법에

---

19 성서에서 쓰는 다른 말로는 공로, 현대적인 말로 하자면 '노동'. ──옮긴이

순종하는 행위 또는 어떤 특정한 합법성에 따르는 행위다. 합법성에 대한 이러한 순응은 '자랑함'이라는 개념과 연결되는데, 이것은 여기에서 데리다가 선한 양심(올바른 판단력, good conscience)이라고 칭했던 것과 상당히 유사한 방식으로 기능하고 있는 듯 보인다. 즉, 자랑함이란 (율)법에 순응했기 때문에 어떤 보수 또는 보상을 받아야만 하는, 그 자체를 충족시키는 자기자랑이다. 이러한 자기자랑은 단지 이런 방식으로 자기만족적일 뿐 아니라 또한 타인들 앞에서 보상 또는 보수로 칭찬받을 자격을 과시할 것이다.

아마도 바로 이것이, (율)법에 기초한 정의를 추구했던 자들의 특징을 말할 때, 바울이 역설하고자 하는 바일 것이다. "그런데 이스라엘은 율법에 기초한 정의를 위해 노력했지만, 그 율법을 완수함에 이르지 못했습니다. 어찌하여 그렇게 되었습니까? 그들은 믿음에 기초한 정의를 위해 노력한 것이 아니라, 마치 정의가 행위에 기초한 것과 같이 했기 때문입니다"(9:31~9:32a). 우리가 전개하는 논의를 통해 보자면, 이것은 그들이 실제로 글자 그대로의 (율)법을 완수하는 데 성공했으나, 그렇게 함으로써, (율)법의 의도—즉, 정의—를 완수하는 데 성공하지 못했다는 의미가 된다. 왜냐하면 여기에서 (율)법의 의도는 오직 선물(여기에서는 믿음이라 칭해진)에 상응하는 것을 통해서만 효과를 얻을 수 있으며, 공로의 경제 또는 행위의 법(ergonomy)[20]에 의해서는 효과를 얻을 수 없기 때문이다. 물론 바울이 여기에서 자신의 민족과 관련하여 말하는 것은 결코 이 주제에 대한 결정판은 아니다. 그리고 바울의 말은 무언가 말할 수 없는 이유로 인해, 기독교인들이라고 불리는 사람들을 정확

---

20 ergo(일)+nomy(법)=일의 법 혹은 규범.—옮긴이

하게 규정하지 않는다고 추정할 수 있다. 그는 더 나아가 "그들은 하나님으로부터 오는 정의에 무지하고, 그들 자신의 정의를 세우려 하여, 하나님의 정의에 복종하지 않게 되었습니다"(로마서 10:3)라고 말하며, 다시 메시아를 통한 (율)법의 종말──즉, 정의의 요구 또는 요청에 귀 기울이고 이를 유념하는 사람들 뿐만이 아니라, 또한 정의의 토대인 선물에 응답하거나 또는 이에 부합하는 모든 사람들에게 정의가 유효하게 되도록 하는 그러한 종말(10:4)──에 대해 말한다.

나 역시 이러한 텍스트들이 전적으로 기독교인들과 유대인들 사이에 쐐기를 박는 데 사용되어 왔으며, 따라서 유럽 내 기독교의 잔학 행위 내에 내포되어 있음을 인식한다. 그러나 나는 이 텍스트들에 대한 다음과 같은 해석을 공리적으로 받아들인다. 말하자면, 오늘날 이 텍스트들에 대한 어떠한 해석도 믿음과 행위 사이의 대립이, 만일 그러한 대립이 있다면, 모든 종교적 전승을 통해 흐르고 있는 것으로 이해되어야만 한다. 그리고 특히 이 대립은 많은 경우에 '신' 또는 '정의'와 관련하여 자기 자신의 '의로움'(righteousness)이라는 이름 혹은 타자에게 돌려지는 '악'(evil)이라는 이름으로 가장 끔찍한 행위들을 자행함으로써, 타자를 희생시키거나 자신의 양심을 만족시키고자 하는 모든 이들의 권리를 전복시키는 것으로 이해해야만 한다는 것을 말이다.

이러한 양심과의 관계를 통해[21] 우리는 선물을 불가능한 것으로 만

---

21 『신을 묻다』에 「용서에 관하여」(On Forgiveness)라는 제목으로 수록된 원탁회의의 회의록에서, 데리다는 "따라서 여러분은 내가 악한 양심[나쁜 판단력, bad conscience]을 가지는 것을 막을 수 없으며, 그것이 나의 윤리와 나의 정치의 주요한 동기다"(69)라고 말한다. 비록 이 말이 과장된 발언인 듯하겠지만, 데리다는 매우 일관적으로 '선한 양심'(good conscience)이 비양심적(unconscionable)이라고 기술한다고 말해야 할 것이다. 예를 들자면, "우리 모두는 모든 것에 대해, 모든 사람들에게, 모든 사람들 앞에서 유죄다"(*Ethics and*

드는 어떤 경제 —— 어쩌면 우리가 상징적 경제라고 말할 수 있을지도 모르는 경제 —— 와 대면하게 된다.[22] 바울이 그의 선물 또는 은혜에 대한 담화를 통해 극복하기 원하는 것은 바로 이 상징적 경제인 것이다. 따라서 그는 경제에 대한 상당히 상식적인 호소를 사용하고 있다. "일을 하는 사람에게는 품삯을 선물(gift)[23]로 주는 것으로 치지 않고 당연한 보수로 주는 것으로 생각합니다"(4:4). 여기에서 노동행위(works)는 임금, 즉 당연히 주어져야 할 것 또는 지불되어야만 할 것과 연결된다. 그러나 그는 선물이 정의를 위한 기초라고 주장한다. 여기에서 선물에 상응하는 것을 확인하는(노동[행위]이 [율]법의 경제에 상응하는 방식으로) 다른 항이 사용된다. 그 항은 바로 **믿음**(faith)이다. 이 믿음이라는 항이 무엇을 의미하든지 간에 여기에서 그것은 선물에(그리고 정의에) 상응하는 것이며, 그 자체로 노동, 임금, 부채 등에 대립된다는 것은 충분히 이

---

*Infinity: Conversations with Philippe Nemo*, Pittsburgh: Duquesne University Press, 1985, p. 98[『윤리와 무한』, 양명수 옮김, 다산글방, 2000]). 그 텍스트는 도스토옙스키의 『카라마조프가의 형제들』을 언급한다(*Brothers Kramazov*, Constance Garnett trans., New York: New American Libarary, 1957, p. 264). 비록 악한 양심이 특정한 개인적 윤리와 관련하여 중요성을 지닌다는 점은 분명한 종교적 태도로 인한 것이라고 할 수도 있겠지만, 가장 중요한 것은 이것이 정치의 기초라고 말해질 수 있다는 점이다. 다시 말해, 여기에서 관건이 되는 것은 매우 단순하지만 포괄적인 의미에서 정의 —— 선물로서 또는 선물에 기초하여 도래하는 정의 —— 의 문제다. 헨트 드 브리스는 놀라울 정도로 간명한 정식을 제공한다. "체계적인 또는 내적인 이유들로 인해, 선한 양심은 잘못된 믿음이다"(*Religioin and Violence: Philosophical Perspectives from Kant to Derrida*(『종교와 폭력: 칸트로부터 데리다에 이르는 철학적 관점들』), Baltimore: Johns Hopkins University Press, 2002, p. 386).

22 이런 측면에서, 마태복음의 예수는 선한 양심을 가진 자[성서에서는 '위선자']에 대해 그가 "이미 상을 받았다"고 말한다(6:2). 이 텍스트는, 그리고 '선한 양심'에 대한 문제 그 자체는, 이미 헤겔에 의해 『기독교의 정신』의 p. 220에서 언급되었던 바 있다. 또한 데리다의 『조종(弔鐘)』, 59를 볼 것.

23 우리말 성서에서는 '은혜'. —— 옮긴이

해할 수 있다. 그러므로 자랑은 행위의 법(경제, 또는 어쩌면 우리가 일의 법칙ergonomics=ergon nomou이라고 해야만 할)이 아니라 '믿음의 법'에 의해, 즉 선물에 상응하는 법에 의해 배제된다고, 바울은 말할 것이다(로마서 3:27). 바로 이것이 정의로 또는 정의를 위한 것으로 또는 정의를 향하는 것으로 셈해지는(count) 것이다(4:5). 그리고 이에 따라 그것은 정의 ─ 바로 믿음의 정의 ─ 이거나, 정의를 정립하거나, 또는 정초하는 것이다(4:13).

　　다시 여기에서 중요한 것은 믿음이라는 개념에 내용을 부여하는 것이 아니라 단지 그것이 어떻게 기능하는지에 주목하는 것이다. 넓은 의미에서 볼 때, 그것은 정의 그리고 선물에, 또는 선물로서의 정의에, 또는 선물에 기초한 정의에 상응하는 것이다. 좁은 의미에서 볼 때, 그것은 어떤 특정한 공로의 경제 또는 행위의 법 ─ 임금과 부채라는 법 ─ 에 대립하는 것이다. 그러므로 바울은 이후에 전개될 논증과 관련하여 다음과 같이 말한다. "그러나 그것이 은혜에 의한 것이라면, 그것은 더 이상 행위에 근거한 것이 아니며, 그렇지 않다면 그 은혜는 더 이상 은혜가 아닐 것입니다"(11:6). 이에 대해 어떤 사본들은 "그것이 행위에 의한 것이라면, 그것은 더 이상 은혜에 의한 것이 아니며, 그렇지 않다면 행위는 더 이상 행위가 아닐 것입니다"라는 문구를 더하고 있다. 여기 이 짧은 정식이나 또는 더 긴 정식에서 관건이 되는 것은 은혜 또는 선물에 대한 행위(경제)의 외부성이다. 선물은 선물이 아니다. 만일 어떤 사람이 그것으로 인해 자신이 행한 일에 대해 보상을 받는다면 말이다. 그리고 만일 어떤 사람이 자신이 행한 일에 대해 보상을 받는다면, 선물은 보수, 교환, 부채의 경제 속으로 사라져 버린다.[24]

## 구별의 불안정성

그리고 이미 우리는 데리다에 대한 논의에서 선물이 아무리 경제에 외부적인 것으로 사유될 수 있고 또 그래야만 한다고 하더라도, 선물은 언제나 경제 안에 그리고 경제에 의해 내포된다는 것을 보았다. "이제 선물은, 만일 그런 것이 있기는 하다면, 의심의 여지없이 경제와 관련될 것이다. 이런 말을 하지 않고 지나갈 수 없을 터인데, 우리는 이 경제와의 관계를 다루지 않고서는, 심지어 화폐 경제와의 관계를 다루지 않고서는 선물을 다룰 수 없다"(『주어진 시간』, 7). 우리가 본 것과 같이, 바로 이 경제와의 관계가 선물이 불가능하게 되도록, 아니 좀더 정확하게 말해서, 불가능한 **것**이 되도록 하는 것이다.

이러한 기반 위에서 우리는 선물과 경제 사이의 구별이 바울의 사유 내에서 상당히 불안정한 경향을 보인다고 가정하게 되지만, 우리는 실망하지 않을 것이다. 실제로, 노예(slave)라는 은유(그리스도의 노예, 정의의 노예, 신의 노예)는 바로 노예 제국을 떠받치는 경제의 기초 그 자체를 활용하는 경제적 은유가 아니라면 아무것도 아닌 것이다. 말하자

---

24 이것은 아우구스티누스가 그의 저서 『그리스도의 은혜에 관하여』에서 제시하는 반-펠라기우스적(antipelagian) 논쟁의 주제다(*On the Grace of Christ, Nicene and Post-Nicene Fathers First Series* I, 5:217~236)[펠라기우스는 구원에 있어 행위 또는 공로가 우선이 됨을 주장한 교부이며, 로마서에 기초한 그의 견해를 따르는 펠라기우스파는 5세기에 있었던 두 차례의 공의회에서 이단으로 선언되었다]. 많은 논증이 선물과 행위의 분리에 의존하고 있지만, 이것은 또한 선물과 믿음을 선물에 의해 환기된 반응으로 혼동하는 결과로 이어진다. 아우구스티누스는 펠라기우스파에 대해, "이 사람들은, 어쨌든 은혜가 값없는 선물로서가 아니라 빚으로서 믿음에 상환된다고 간주하는──따라서, 그것이 값없는 것이 아니기에, 더 이상 은혜가 아니게 되는──방식으로 믿음을 자유의지에 귀속시킨다"(ch. 34, p. 230). 이 텍스트 전체를 데리다의 선물에 대한 고찰들을 염두에 두고 조심스럽게 읽는 것은 하나의 흥미로운 과제가 될 것이다.

면, 간혹 '민주주의적 자본주의'라고 불리는 어떤 것의 사례에서 활용되는 '노동자'라는 은유와 매우 비슷하게 말이다.

바울은 이 [선물과 경제 사이의] 구별이 무너지는 경향에 저항한다. 예를 들어, 그는 "죄의 삯은 죽음이지만, 값없는 하나님의 선물은 영원한 생명입니다"라고 쓰고 있다(로마서 6:23). 여기에서 바울은 선물과 임금을 서로에 대한 대립항의 위치에 놓는다. 그러나 이 "영원한 생명"은 어느 정도에 이르기까지 공짜일 것인가? 이것은 정말로 무조건적인 것인가? 이 생명은 어느 지점에서 거의 보수에 준하는 것으로 여겨지는가? 이것은 단순히 이론적인 문제가 아니다. 왜냐하면 바울은 어쩌면 경제라는 용어를 사용하여 경제를 넘어서는 것에 대해 말하는 것일 수도 있기 때문이다. 그는 자신을 복음에 관하여 "빚진 자"라고 기술한다(1:14). 그러나 바울은 신의 선물 또는 은혜를 받는 자들이 이 선물 또는 그것을 주는 자에 대해 빚진 자라고 말하는 지점에 거의 근접하여 갑작스럽게 자신이 사용하던 [빚진 자라는] 수사를 중단해 버린다. 이것이 주목할 만한 점인데, 왜냐하면 그는 이런 사람들에 대해 주저하지 않고 정의의 노예들, 또는 신의 노예들이라고 말하기 때문이다. 그런 말을 하는 구절은 로마서 8장 12절이며, 여기에서 그는 "우리는 빚을 지고 사는 사람들이지만, 육신에 빚을 진 것이 아닙니다"라는 말로 시작하고 있다. 여기에서 우리는 "그러나 성령에 대해"라는 말을 기대할 수 있을지도 모른다. 그 말 대신, 우리가 대하게 되는 것은 "그러나 성령에 의해 여러분이 육신의 행실을 죽이면……살게 될 것입니다"(8:13)라는 말이다. 비록 무언가 벌어질 듯한 순간 한 걸음 물러서는 듯 보이기는 하지만, 바울은 이때에도 보상 또는 보수——"(여러분은) 살 것입니다"라는—— 를 얻는다고 간주되는 "육신의 행실을 죽이는" 작업을 수행하는 것이다.

이러한 문제를 해명하기 위해, 부채를 넘어선 의무(데리다)와 믿음의 순종(바울)에 대한 논의로 방향을 틀어야만 할 것이다.

## 얼마나 더 많이

그러나 이러한 논의에 착수하기 전에, 잠시 멈춰 서서 선물과 경제 사이의 분리가 바울에게서 어떻게 표현되고 있는지에 대해 질문해야 한다. 이것은 정의와 (율)법의 분리에 대해 내가 물었던 질문과 비슷하다. 거기에서, 우리는 이 분리가 (율)법의 폭력에 대한 인식을 통해 드러나는 것을 보았다. 나는 선물과 경제의 분리가 드러나는 경우에는 그렇지 않을 것이라고 생각한다. 즉, 여기에서 작동하는 것은 경제의 폭력이 아니라는 것이다. 비록 문제가 되는 것이 경제(economy)의 '법'(-nomy)인이상, 다시 말해 경제 질서를 보호하기 위한 법의 사용인 이상, 여기에서 경제의 폭력이 작동한다고 주장할 수도 있겠지만 말이다.

오히려 여기에는 또 다른 종류의 분리가 있다. 이 분리는 선물이 어떤 의미에서 법과 관련하여 정의와 같은지 사유할 수 있도록 할 뿐만이 아니라, 또한 (우리가 앞에서 유보했던 문제인) 어떤 의미에서 선물이 정의의 기초인지, 그리고 또한 그 기초로서 이를 가능조건으로 하는 정의와 어느 정도까지 다른지 사유할 수 있도록 한다.

요컨대 만일 정의의 요구에 대한 법의 이질성을 명확히 드러내는 것이 폭력이라면, 선물에 대한 경제의 이질성을 명확히 드러내는 것은 무엇인가? 내게 있어 그 답은 초과(excess) 또는 넘쳐남(abundance)과 같은 어떤 것으로 보인다. 이러한 초과 또는 과잉(superabundance)에 대한 사유는 우선적으로 아브라함과 사라의 이야기에 고정되는데, 왜냐하면 "죽은 자들에게 생명을 주시며 존재하지 않는 것들을 존재하게 하

시는” 이가 그들의 신(선물과 연관되어 있는 바로 그 존재)이기 때문이다
(로마서 4:17).

이때 이 초과의 ‘논리’가 등장하는 곳은 바로 은혜와 선물이 같은 성
격을 지닌다는 점이 관건이 되는 지점이다. 여기에서 중요한 문구는 “훨
씬 더 많이”(pollô mallon)라는 것이다. 따라서 그리스도의 죽음([율]법
으로부터 우리를 갈라놓는)은 장차 오게 될 것(말하자면 구원)과 비교된
다. 그 차이는 “얼마나 더 많이”(how much more)인 것이다(5:9). 이와
유사하게, 만일 신에 대한 우리의 원한이 다시 한번 신[정의]을 (율)법으
로부터 분리시키는 폭력에 의해 극복된다면, “우리가 그[신]의 생명으
로 구원을 얻으리라는 것은 더욱더 확실한 일”이다(5:10). 이어서 이러
한 논리가 죄에 의해 드러난 결핍을 초과하는 것으로서의 선물에 대한
사유에 적용된다면, 다음과 같은 결론이 나오게 될 것이다. “얼마나 더
많이 신의 은혜와 값없는 선물이 …… 많은 사람들에게 넘쳐나겠습니
까”(5:15).[25] 그리고 “죄의 삯은 사망”이지만(6:23), 부채를 넘어설 정도
로 혜택을 늘리게 될 “훨씬 더 많은 은혜와 선물의 넘쳐남”이 있다는 말
이 전해진다(5:17). 이 구절들에 대한 상세한 독해로 들어가지 않더라도
(우리는 이 구절들을 앞에서 대한 바 있다), 단순히 초과와 넘쳐남에 대한
인용이 선물의 사유를 경제의 사유로부터 분리시키는 듯이 보인다는 점
을 밝히는 것만으로도 충분할 것이다.[26]

여기에서는 바타유(Georges Bataille)가 데리다보다는 더 많은 도

---

25 “pollô mallon”이라는 문구는 통상 ‘훨씬 더 많이’로 해석되며, 이 문구가 등장하는 로마서
5장 9절, 15절은 통상적으로 평서문으로 쓰인다. 하지만 이 책의 저자는 이 문구를 ‘얼마나
더 많이’로 해석하여 이 문구가 사용된 해당 절들을 감탄문 혹은 의문문의 형태로 해석하
고 있다. — 옮긴이

움을 제공할 수도 있다는 주장이 타당할 수 있는데, 왜냐하면 충일함 (exuberance), 초과 그리고 넘쳐남은 데리다의 정의, 정치 그리고 윤리 등에 대한 사유에서 중요하게 드러나는 주제가 아니기 때문이다. 하지만 그러한 사유가 데리다에게 낯선 것이라는 말을 하려는 것은 아니다. 어떻게 『조종(弔鐘)』과 『율리시스 그라모폰』[27]의 저자에게 그럴 수 있겠는가? 그러나 그는 분명히 정의와 사유의 연관 내에서 이 용어에 대해 어떤 과묵한 태도를 보이고 있는 듯하다.[28] 어쨌든 데리다에게도 또한 경제를 선물에 대한 사유로부터 분리하는 것이 바로 넘쳐남이라는 점에 대해서는 이론(異論)의 여지가 없다.

---

26 법과 선물의 구별로 나타나는 '얼마나 더 많이'의 논리는 이미 고린도 후서에 제시되어 있다. 여기에서 바울은 다음과 같이 쓰고 있다. "만일 정죄의 직분[diakonia, 섬김과 봉사의 의미]에 광휘가 있었다면"(이것은 앞의 7절에서 언급된 죽음의 법을 지칭하는 것임), "정의의 직분은 빛남에 있어 그것을 훨씬 넘어설 것입니다[pollō mallon, 훨씬 더 많이]"(고린도 후서 3:9). 법의 직분이 광휘 또는 영광(doxa)을 수반한다는 생각은 모세의 얼굴로부터 드러났던 그리고 그로 인해 덮개로 가려야만 했던 영광과 관련하여 바울에 의해 발전된 것인데, 이것은 다음으로 우리가(즉, 정의를 섬기는 자들이) 덮개를 필요로 하지 않는다는 말로 이어진다. 이러한 바울의 말은 「(자기 자신이라는) 누에」(『종교의 행위』, 346~347)에서 데리다에 의한 어떤 논평으로, 어쩌면 성마른 것으로 말해질 수도 있는 논평으로 이어지지만, 데리다는 선행적인 법과 정의 사이의 구분과 이들 각각에 주어진 영광(비록 다르게 분배되지만)에 관해서는 논하지 않는다.

27 Jacques Derrida, *Ulysse gramophone*, Paris: Galilée, 1987.

28 카푸토의 풍부한 데리다 읽기는 초과와 정의의 사유 간의 관계에 대한 예증을 제공한다. 『자크 데리다의 기도와 눈물』, pp. 168~169을 볼 것. 질문하기에 선행하는 것으로서의 긍정에 관한 데리다의 역설에서 드러나는 이 초과의 흔적에 대한 탐구가 우리의 직접적인 관심사들로부터 비록 멀리 떨어진 것이기는 하지만, 어쨌든 "해체를 추동하는 긍정"과 관련된 고찰은 『논점들…』의 「잘 먹는다는 것」(Eating Well)에서 찾을 수 있다. 데리다는 *Spurs: Nietzsche's Styles*, Barbara Harlow trans., University of Chicago Press, 1979[『에쁘롱: 니체의 문체들』, 김다은 옮김, 동문선, 1998]에서 자신은 해체와 긍정 사이의 강한 동일화를 제안한다고 말하며 다음과 같이 쓰고 있다. "해체는 …… 이 메시아주의 없는 메시아적인 것이라는 착상에 대해 직접적으로 긍정적이며, 향수나 침울함에 대한 부정적인 운동에 다름 아니다"(『마르크스와 아들들』, 259).

이것은 『주어진 시간』에서 제시된 모스(Mauss)에 대한 논의, 즉 선물에 대한 사유를 시도하는 모스의 경제학적인 개념 설명이 정확하게 포틀래치(potlatch)에 대한 설명을 제시하는 지점에서 일종의 발작 상태로 들어가게 된다는 데리다의 언급에서 이미 명확히 드러난 바 있다. "그의 언어는, 포틀래치에 있어, 선물의 과정이 **그 자체에 대해 도취되는** 바로 그 지점에서 광기에 이른다"(46). 그러나 이와 같이 '경제적 이성의 광기'(『주어진 시간』에 실린 이 장의 제명)가 드러나기에 앞서, 데리다는 이미 모스 읽기에서 이 점에 대해 주지하게 될 것이다. "선물의 문제는 **사전에 지나친, 선험적으로**(a priori) **과장되어 있는** 그것의 본성과 관련된다. 어떤 과도함에 이르기까지 선험적으로, 양도되지 않을 증여의 경험은 …… 선물이 아닐 것이다 …… 가장 적당한 선물은 측정을 넘어 초과해야만 한다"(38). 선물로서의 선물이 지니는 성격은 "얼마나 더 많이"에 의해, 즉 초과적인 것에 의해 규정된다. 그렇지 않다면 그것은 단순한 교환일 뿐이다.

이후에 우리는 이러한 초과와 관련하여 데리다가 제시하는 훨씬 더 명시적인 텍스트들을 접하게 된다. 『죽음의 선물』에서 그는 "두 가지 경제"를 제시한다. 즉, "순환적 경제 내에 있는 보복, 즉 동등한 교환 내에 있는 한 가지, [그리고] 소비 또는 투자와는 이질적인, 절대적 잉여가치 내에 있는 다른 한 가지"를 말이다(105). 그리고 이어서, 그가 진정한 친자관계라고 지칭하는 것에 대해 이야기하면서, 이러한 관계가 "선물, 즉 **아낌없는** 사랑이 있다는 조건에서 일어난다"고 말한다(106). 초과 또는 잉여라는 개념은 『논점들……』에서 모든 책임에 대한 담화의 기초가 된다. "책임은 초과적이며 그렇지 않다면 그것은 책임이 아니다. 제한되고, 측정되며, 계산되어, 합리적으로 분배된 책임은 이미 도덕적인 바르게-됨(becoming-right)이다"(286)(책임에 대한 초과의 문제는 우리가 다음 장에서 부채를 넘어서는 의무의 문제를 다루게 될 때 다시 등장할 것이다). 이 텍스트들과 다른 텍스트들에서, 데리다는 선물이 정확하게 초과로서, 잉여로서, '남김 없는'[아낌없는, without reserve] 것으로서 경제의 법(칙)에 이질적인 것으로 사유되는 측면을 지시한다. 이런 측면에서 데리다의 선물에 관한 고찰은 선물 또는 은혜에 대한 바울의 역설과 일치하는 것으로, 다시 말해 부채와 죽음의 경제로부터 선물 또는 은혜를 갈라놓는 "얼마나 더 많이"라는 문구를 말하는 바울의 역설과 일치하는 것으로 여겨진다.[29]

## 지식의 너머

우리는 데리다에게 있어 선물에 대한 사유의 과정이 비록 우리를 사유의 너머에 이르게 하지는 않더라도 지식의 너머로 이끌어 간다는 점에 대해 주지한 바 있다. 중요한 것은 바울에게도 어떤 유사한 과정이 진행되고 있다는 점을 아는 것이다. 비록 그것이 정확하게 동일하다는 결론은 성급할 것일 수도 있지만 말이다. 바울의 주장에 따를 때, 우리가 메시아 사건(messiah event)이라고 명명했던 것에 대해 바울이 말하는 방식들은 지식의 영역과의 어떤 확실한 단절을 수반한다. 바울은 지혜와 어리석음의 구별을 중심에 두고 메시아 사건에 관한 자신의 메시지를 논함으로써 이러한 범주들을 전복한다. 따라서 그는 (그가 이해시키고자

---

29 이러한 맥락에서 로빈 호너의 "광기의 순간"이라는 어구——데리다의 선물에 관한 숙고들로부터 유래한——의 사용은 매우 시사적(示唆的, suggestive)이다(『주어진 시간』, 186, 198~200).

했던) 자신의 메시지를 그리스적인 지혜에 상반되는 "어리석은" 것으로 말하는 한편(고린도 전서 1:18), "하나님의 어리석음이 사람의 지혜보다 더 지혜롭(다)"고 단언한다(1:25).

이러한 전복은 바로 로마서에서 바울이 재차 메시아 사건의 효과에 대해 고찰하는 가운데 드러난다. 여기에서 바울은 지식의 체계를 넘어서는 신적인 지혜에 대해 사유하게 될 것이다. 비록 그가 독자들에게 이해시키고자 했던 것이 바로 이 지식의 체계라는 것임에도 불구하고 말이다. 그리고 그는 이러한 지식을 초과하는 지혜에 대해 이야기하면서, 또한 교환 또는 부채를 넘어서는 선물에 대해, 부채와 교환의 경제 내에 가두어지지 않는 신적인 은혜의 선물에 대해 말할 것이다. "오 하나님의 부와 지혜와 지식의 깊이여! …… '누가 그에게 선물을 드리고 답례를 받으려 하는가?'"(로마서 11:33, 11:35). 선물에 대한 마지막 인용구에서, 바울은 원래의 의미를 거의 뒤집는 방식으로 이 인용구를 사용하고 있다. 이 욥기 35장 7절의 인용구["누가 그에게 선물을 드리고 답례를 받으려 하는가?"]에서 욥의 친구 엘리후는 실제로 욥을 비난하며, 욥 자신의 불행에 대해 신을 심문하는 일을 삼가도록 충고하고 있다. 하지만 바울의 경우 그 비경제적 관계는 박탈의 상황(욥의 불행)이 아니라 놀라운 넘쳐남의 상황을 지시하며, 이 상황으로부터 신적인 약속은 심지어 이 약속을 거부했다고 여겨지는 자들에게도 미쳐 이들을 포함하게 된다. 그러므로 선물은 어떤 기존의 조건에 의해 동기 부여된 것이 아니라 모든 선재하는 조건들에 우선하는 것이다. 바울에 따를 때, 우리의 사유가 통상 앎의 체계 또는 인간적 지혜(신적인 지혜와 대립하는)의 체계 내에 한정되는 어떤 것을 초과할 수밖에 없다 하더라도, 이것이 바로 우리가 말할 것이며 그리고 말해야만 하는 것이다.

## 사건

바울은 단순히 데리다가 말하는 것처럼 선물이 불가능하다거나 혹은 심지어, 불트만이 말할 것과 같이, 선물이 불가능한 가능성이라고도 말하지 않는다. 이 지점에서 드러나는 바울과 데리다의 차이는 바로 바울이 가능성에 관한 성찰에 따른 준-현상학적 괄호(quasi-phenomenological bracket)로 스스로를 한정하지 않고, 오히려 사건에 대해 말해야 할 의무를, 다시 말해 이 사건의 가능성이 아니라 현실성에 대해 말해야 할 의무를 진다는 점이다.

어떤 의미에서 바울에게 메시아적 사건은 이미 도래해 있다. 비록 이 '이미'의 양식(mode)이 여전히 어떤 특정한 측면에서 아직 도래할 것의 영역 안에 남아 있음에도 불구하고 말이다. 그러나 바울의 사유를 데리다의 사유로부터 분리시키는 것은 그 사건이 '이미 도래했다는' 선행적인 양상(modality)이다. 나는 어떤 쪽이 옳다는 판정을 구하기 위해 이들의 차이를 말하는 것이 아니다. 양자 모두가 담론이 작동하는 범주의 유형에 의해 제한된다. 이는 바울이 일어난 사건에 대해 과도하게 확신한다거나, 또는 데리다가 모종의 복음적인 진리에 대한 인식에 있어 부족하다는 이야기를 하려는 것이 아니다. 양자 모두 어떤 특정한 '언어 게임'(language game)[30] 안에서, 그리고 이에 맞서 투쟁하고 있으며, 이들은 또한 다른 언어 게임과도 투쟁하고 있다. 따라서 우리가 주목하는 것은 상동성(homology)[31]이며, 결코 내용의 동일성이 아니다.

---

30 후기 비트겐슈타인의 개념. 언어를 일종의 게임으로 상정하고 어떤 언어가 그 언어에 고유한 게임 규칙에 의해 작동된다는 것을 말한다. 여기에서 저자는 바울과 데리다가 실행하는 언어 게임이 각자의 시대의 언어 게임과 투쟁하고 있으며, 또한 서로의 언어 게임과 다른 규칙으로 실행된다는 이야기를 하는 것이다. ― 옮긴이

『신, 선물 그리고 포스트모더니즘』에 수록된 글에서, 데리다는 명시적으로 선물에 대한 사유와 사건에 대한 사유를 연결 짓는다. "사건 그 자체는, 선물과 마찬가지로 하나의 사건으로 인식될 수 없다"(60). 사건의 불가지성은 계시를, 즉 선물의 출현이라는 문제를 기초로 하여, 그리고 사건의 또는 사건으로서의 계시라는 문제를 기초로 하여 개방된다. 데리다는 이 불가지성을 하이데거와의 관계 속으로 집어넣어 계시(revelation)와 계시성(revealability)의 문제를 열어 낸다.

> 동일한 난점을 다루고 있는 하이데거의 담론으로 번역된 이것은 Offenbarung과 Offenbarkeit 사이의, 즉 계시와 계시성 사이의 구별이다. 하이데거는 계시의 가능성과 나타남(manifestation)의 가능성이 없는 계시성, 또는 Offenbarkeit의 선행적 구조가 없는 계시, 또는 Offenbarung은 없을 것이라고 말했다. 그것이 하이데거의 입장이다. 나는 잘 모르겠다. 아마도 Offenbarkeit가, 역사적으로, 사유 가능하게 되는 것은 Offenbarung을 통해서일 것이다. 그것이 내가 항상 머뭇거리는 이유다. 그것이, 말하자면, 나의 십자가──여기서 이것을 달리 뭐라고 말할 수 있겠는가?──의 일부다. (『신, 선물 그리고 포스트모더니즘』, 73)

　　데리다는 이러한 대안에 대해 코라(khora)[32]에 관한 고찰이 제공하

---

31 어떤 주어진 범주 내에 속한 한 구성원이 가진 속성을 다른 구성원과 공유하는 정도를 나타내는 가족 유사성(family resemblance) 개념으로 대체하여 생각해 볼 수 있을 것이다.──옮긴이

는 어떤 것을 통해 질문하게 될 것이지만, 그는 이 지점에서 이미 우리에게 여러 생각할 문제를 제공했다. 우선 여기에서 우리는 하이데거가 제시한 우선순위의 가능한 역전을 통해 칼 바르트가 강조했던 입장을, 말하자면 최소한 신학을 위한 입장을 인지할 수 있을 것이기 때문에, 계시의 가능성을 계시의 사건으로부터 ── 즉, 무엇인가 일어났던 것으로서의 드러남[계시, revelation]으로부터 ── 사유해야만 한다. 여기에서 바울과 데리다 사이에 우리가 생각했던 만큼의 분리는 없는 듯 보인다. 그러나 여기에서 데리다는 당연히, 선물을 사유하려 한다면 그래야 한다고 말했던 것처럼, 현상학을 넘어서게 될 것이다(같은 책, 66).[33]

여기에서 훨씬 더 놀라운 것은 데리다가 계시의 현실성 또는 가능성과 관련한 주저함을 자신의 십자가와 연결 짓고 있다는 점이다. 바울을 믿는다면, 바울이 말하는 은혜가 우리에게 주어진 사건이 되기도 하는 바로 그 십자가와 무관하지 않은 그러한 십자가와 말이다. 데리다는 또한 이것이 그가 코라(khora)를 통해 도달하려 했던 어떤 것이며 그리고 이것이 정치를 위한 하나의 새로운 기초를 겨냥하고 있다고 말한다. 그러나 그는 또한 "어쩌면, 그리고 이것은 나의 가설인데 ── 그저 희망 사항이 아니라면 ── 내가 여기에서 말하고 있는 것들이 사후적으로 유

---

32 하나의 저장소, 공간, 또는 간격. 플라톤의 티마에오스 편에 나오는 말. 원래 '형상들 또는 이데아들'이 그 안에 담겨 있었던 존재도 비존재도 아닌 그 둘 사이의 간격을 말한다. ── 옮긴이

33 선물을 사유하기 위해 현상학(phenomenology)을 넘어서야만 하는가라는 문제는 장뤼크 마리옹과 데리다 사이에서 하나의 기본적인 문제의 지점이다. 선물을 현상학 내에서 사유하고자 하는 마리옹의 시도는 *Being Given: Toward a Phenomenology of Givenness*(『주어진 존재: 주어짐의 현상을 향하여』), Jeffery Kosky trans., Stanford: Stanford University Press, 2002에서 가장 잘 드러난다. 선물에 관련된 마리옹과 데리다에 관한 탁월한 논의는 호너의 『선물로 다시 사유된 신』에서 제시된다.

대교적 담론 또는 기독교적 담론 또는 이슬람교적 담론으로 번역될 수 있을 것이다. 만일 내가 지금 제시하고 있는 두려운 것들을 통합할 수 있다면"이라고 말한다(『신, 선물 그리고 포스트모더니즘』, 77). 두려운 것들은 분명히 코라와 연관된다. 그리고 나는 당분간 그것을 옆으로 밀어 두어야 한다. 그러나 데리다가 여기에서 가정하는——또는 심지어 희망하는——어떤 것은 그가 말하고 있는 것이 "사후적으로", 예를 들어, 기독교적 담론으로 번역될 수 있다는 것이다. 이것이 바로 우리가 여기에서, 적어도 바울로부터 유래하는 기독교적 담론의 부분에 관해 하고자 하는 일이다. 그러나——그리고 이것이 강조되어야만 할 터인데——이러한 번역은 결코 유대교적인 또는 이슬람교적인 번역을 (그리고 그 외에 다른 번역들을) 실격시킬 그런 배타적인 것이 아니다.

여기까지 우리는 법을 초과하는, 법 너머로 나아가는, 또는 법 바깥에 있는 정의가 경제의 바깥에 있고, 모종의 초과 또는 값없음(無償性, 근거 없음, gratuity)의 성격을 지니며, 선물을 통해 결정적인 추진력을 얻게 되는 정의라는 점을 알게 되었다. 그러나 이러한 선물은 어떻게 정의로 귀결되거나 또는 정의를 부여하는가? 다음 장은 바로 그 문제를 향해 논의의 방향을 돌린다.

# 5장 / 부채를 넘어선 의무 그리고/또는 믿음의 순종

우리는 은혜 또는 선물이 정의의 가능성을 위한 기초로 주어진다는 것을 알게 되었다. 그러나 아직 이러한 정의의 요구가 어떻게 선물과 같은 것을 수단으로 하여 실현되거나 혹은 "법과 관계없이" 효과를 얻게 되는지에 대해서는 살펴보지 않았다. 바울과 관련하여 살펴본 바에 따르면, 그 결과는 어떻게든 "법의 정의로운 요구들"이 (율)법과 동떨어진 선물 또는 은혜에 의해 실현되는 것이다. 그러나 일견 이러한 귀결은 당혹스럽게 보일 뿐이다. 우리가 법을 넘어서 선물로 주어진 정의로 이동할 때, 믿음의 순종(로마서 1:5, 16:26) 또는 그리스도의 법(갈라디아서 6:2)과 같은 표현은 어떤 의미를 가질 수 있는가? 이러한 당혹스러움을 극복할 수단을 얻기 위해, 우리는 부채를 넘어선 의무(duty)에 대한 데리다의 고찰로부터, 즉 부채와 교환의 경제를 넘어선 의무(obligation)와 유사한 어떤 것을 사유하기 위한 시도로부터 도움을 얻을 수 있을 것이다. 내 주장의 요지는 데리다의 시도가 바울이 의도하는 것을 이해하는 데 있어 우리에게 일정 이상 도움이 될 수 있다는 것이다. 이 부채를 넘어선 의무에 대한 데리다의 고찰이 중요하다는 점은 반드시 주지되어야 한다. 바울이 정말로 정의에 대해 관심을 가지고 있다는 우리의 주장을, 말하자면 그의 (율)법 비판이 단순히 정의의 요구를 폐기하는 것이 아니라는 주장을 관철시키려 한다면 말이다. 즉, 은혜가 정의의 대체물이 되는 것이 아니라(또는 정의가 은혜와, 소위 믿음이라 말하는 은혜와 일치하는 것이 아니라) 진정한 정의에 이르게 하는 것이라는 주장을 말이다.

## 부채를 넘어선 의무

그래서 나는 우선 데리다와 그의 부채를 넘어선 의무로 논의의 방향을 돌린다. 이런 생각은 여러 텍스트를 통해 다루어졌지만, 처음 발표된 것은 『다른 방향』이라는 책에 제시된 유럽에 관한 논의에서였다. 이후에 이러한 생각들 중 일부가 『죽음의 선물』에서 키르케고르에 대한 논의를 통해 나타나며, 이어서 (『이름에 관하여』에 수록된) 「열정들: 간접적인 제물」(Passions: An Oblique Offering)[1]에서, 그리고 그 이후에는 『아포리아들』에서 상세히 해명된다. 이 텍스트들은 서로를 기초로 하는 흥미로운 방식으로 구축된다.

### (다시) 불가능한 것

부채를 넘어선 의무에 대한 고찰들은 우선적으로 우리가 지금까지 정의와 선물에 대해 보았던 것과 연결될 수 있을 것이다. 말하자면 우리가 반복적으로 보았던 것처럼, 정의와 선물이 불가능한 것, 즉 통상적으로 아포리아라는 용어로 불려 왔던 것에 관련된다는 점과 말이다. 타자를 향

---

1 여기서 '제물'로 번역한 offering이라는 말에는 '희생 제물'이라는 의미 이외에도, '기여', '공헌', '선물' 등의 의미가 겹쳐진다. ─옮긴이

한 열림과 타자에 대한 그리고 타자를 위한 책임, 즉 이전에 레비나스를 따라서 정의와 연결 지었던 어떤 것에 대해 사유하면서, 데리다는 "나는 심지어 윤리, 정치 그리고 책임이, **만일 그런 것이 있다면**, 오직 아포리아의 경험과 실험으로 이미 시작되어 있을 것이라고 과감하게 말할 것이다"라고 기술한다. 아포리아적인 것은 통상 불가능한 것과 연결된다. "이 책임이라 불리는 것의 가능적 조건은 **불가능한 것의 가능성에 대한 특정한 경험과 실험**이다"(『다른 방향』, 41).[2]

이 논의는 『데리다: 비판적 독본』[3]에 수록된 몇몇 글들에 대한 응답으로 쓰여진 「열정들」에서 제시되는 의무의 문제에 대한 직접적인 접근으로 나아간다. 데리다는 자신의 글에 대해 그것이 "이 작업에 너그럽게 기고문을 보내 준 모든 사람들에 대한…… 한없는 감사의 표시로" 쓰여진 것이라고 말한다(『이름에 관하여』, 7). 그러나 감사와 이러한 감사로부터 이어지는 응답의 상황은 바로 여기에서 이중적인 혹은 심지어 모순적인 의무에 이르게 된다. "우정 그리고 또한 정중함은 이중적 **의무**를 부과한다. 말하자면 그것은 바로 어떻게든 **의례의 언어**(language of ritual)와 **의무의 언어**(language of duty) 양자 모두를 피하기 위함이 아닌가?"(같은 책, 7). 의무(duty)로 인해 응답하는 것이 아닌 감사, 그리고 이러한 감사에 의해 강제되는 의무가 있다는 것은 일종의 책임(obligation)[4]을 넘어서는 책임의 문제를, 즉 부채의 상환과 관계되지 않는 책임이라는 문제를 여는 것이다. '해야만 한다'는 것이 단순히 통상

---

2 여기에서 데리다의 각주는 『정신: 타자의 발명』(*Psyche: Inventions of the Other*)을 언급한다.

3 David Wood, *Derrida: A Critical Reader*, Cambridge, Mass.: Blackwell, 1992.

4 '의무'로 읽을 수도 있지만, 여기에서는 duty와 구분하기 위해 '책임'으로 번역하였다. —옮긴이

적인 의미의 의무로 이해될 수 없다는 것은, 데리다가 주지하듯이, 이러한 고찰을 칸트 윤리 철학과의 어떤 확실한 긴장관계에 자리하도록 하는 것이다. "의무로 인해 친절하거나 정중해지지 말아야 한다. 우리가 감히 개진하는 그러한 명제는, 의심의 여지없이, 칸트에 맞서는 것이다"(『이름에 관하여』, 7).

이러한 긴장은 매우 유익한 장문의 각주를 통해 해명된다(같은 책, 주석 3). 첫째로 데리다는 의무와 경제적 질서 사이의 긴장을 향해 몸짓한다. "순수한 도덕성은 배상 또는 재전유에 대한 의식적이거나 무의식적인 모든 계산을 초과해야만 한다. 이러한 인상은, 어쩌면 우리에게 아무것도 **지시하지** 않으면서, 우리가 의무 너머로 나아가야만 하거나 혹은 적어도 **부채로서의 의무** 너머로 가야만 한다고 **말한다**. 의무는 아무것도 빚지지 않으며, 아무것도 빚지지 말아야 하며, 어찌 되었건 그 무엇도 빚지지 말아야만 한다. 그러나 부채 없는 의무라는 것이 있을까?"(같은 책, 133) 이 말은 우리가 이미 선물에 대해 들었던 것과, 즉 어떤 의미에서 선물이 비경제적이라는 진술과 병행적 관계를 이루는 듯 보인다. 그러나 선물과 관련해서, 우리는 또한 선물이 어쨌거나 이러한 경제적 질서에 관여한다는 점을 전해 들었던 바 있으며, 그리고 여기에서 부채를 넘어서는 의무와 유사한 어떤 것을 발견하게 된다. "그러나 만일 부채가, **부채의 경제**가, 모든 의무에 출몰하기를 지속한다면, 우리는 여전히 의무가 의무를 넘어서 실행되기를 고수한다고 말할 수 있을 것인가?" 그리고 데리다는 이 질문에 대답한다. "이제 그 누가 이 출몰하는 부채의 기억이 의무에 대한 인상을 불안하게 하는 것을 그칠 수 있거나 또는 그렇게 해야만 함을 보일 것인가? 이 불안이 우리를 무한정하게 양심의 반대편으로 기울도록 하지는 않는가?"(같은 책, 133) 여기에서 의무와 부채의 서로에 대한 불가피한 오염은, 데리다가 앞서 말했던 "순수한 도덕성"의 예시화가 불가능함을 상기시키는 또 다른 잔여물로 기능한다. 정확하게 의무와 부채 사이의 확연한 구분의 불가능성은 모든 양심을 배제하는데, 우리가 보았던 바와 같이, 바로 이것이 어떤 분명한 비도덕성과 무책임의 표시일 것이다.

데리다는 『아포리아들』에 수록된 한 논의에서 이러한 고찰들을 한 걸음 더 밀고 나간다. "이러한 이중적이며 단일한 의무의 가장 일반적인 그리고 따라서 가장 불확정적인 형식은 책임 있는 결정이 아무것도 빚지지 않는 '그것은 필연적이다'(it is necessary)라는 진술에 따라야 한다는 것이며, 그것이 **아무것도 빚지지 않는 의무에, 의무이기 위해 아무것도 빚지지 말아야만 하는 의무에**, 되갚을 어떠한 부채도 없는 의무에, 부채가 없는 그리고 따라서 의무가 없는 의무에 따라야만 한다는 것이다"(『아포리아들』, 16).[5] 이것은 '초과의무'(overduty)라는 말로 표현될 수 있을 터인데, 이는 다시 한번 법 바깥의 또는 법을 넘어서는 정의의 상황을 상기시킨다. "의무는 그러한 초과-의무(over-duty)여야만 하며, 이것은 의무 없이, 규칙 또는 규범 없이(따라서 법 없이) 행동할 것을 요구한다"(같은 책, 16).

그러나 다시 한번, 여전히 이 '법 바깥'(outside the law)이라는 문구

---

5 『아포리아들』에서 제시된 부채 없는 의무와 『이름에 관하여』로부터 인용했던 부분에 대해 진행 중인 이 논의에 관해, 우리는 필연적으로 프랑스어로 쓰여진 데리다의 정식들이 지닌 역설적인 성격을 축소시킬 수밖에 없다는 점을 주지해야만 할 것인데, 여기에서 devoir는 '의무'(duty)와 '부채'(debt) 양자 모두를 의미한다. 그러나 이것은 영어 번역본이 프랑스어판을 배신한다는 의미인가? 또는 그것이 오히려 원본을 '보완하는'(complete) 것은 아닌가? 아니면 양자 모두인가? 『종교의 행위』에 수록된 「바벨의 탑들」(Des Tours de Babel), p. 121을 볼 것.

가 필연적으로 중단하는 법적 질서와의 어떤 관계를, 말하자면 데리다가 말하는 제시 가능한(presentable)[6] 관계를 맺고 있어야만 한다는 점이 상기된다. "누가 감히 의무를 아무것도 빚지지 않는 의무라고, 혹은 더 분명하게(또는 더 심하게) 말해서 **아무것도 빚지지 말아야만 하는** 의무라고 말하겠는가? 따라서 필연적으로 의무를 위한 결단과 책임이 취해져, 모든 **제시 가능한** 결정과의 관계를 중단하지만, 여전히 그 중단과의 그리고 의무가 중단하는 어떤 것과의 제시 가능한 관계를 유지하게 된다"(『아포리아들』, 17). 이러한 "그것이 중단하는 어떤 것과의 제시 가능한 관계"를 논하면서, 데리다는 우리에게 법에 대한 관계없는 관계를 상기시킨다. 즉, 부채를 넘어서는 의무가 법을 중단시키면서도, 다른 한편으로는 법에 대한 어떤 '제시 가능한 관계'를 유지한다는 점을 말이다.[7] 그러나 여기에서 관건이 되는 것은 칸트적 의미에서의 도덕법 그 자체이다. 말하자면, 도덕성의 이름으로 행해지거나 또는 행해졌거나 또는 행해질 것이 무엇인지에 대한 해명의 요구, 즉 공적으로 이해할 수 있는 해명의 요구인 것이다. 이러한 요구는 만일 그 행동 또는 결정이 부채의 질서 내에 있다면 가능적이며 의무적일 것이다(이것은 내가 해야만 하는 또는 해야 할 의무를 지는 것이다). 그러나 초과-의무, 또는 부채를 넘어서는 의무는 그러한 해명을 제시하지 못하지만(그리고 따라서 제시 가능한 결정을 중단하지만), 또한 여전히 이러한 요구로부터 면제될 수 없다

---

6 presentable이라는 어휘에는 남들에게 '제시할 수 있는', '내세울 수 있는', '적합한', 특히 선물의 논의와 관련시켜서 '선물할 수 있는'이라는 의미가 겹치고 있다. ─옮긴이

7 데리다는 보라도리의 『테러 시대의 철학』에 수록된 대화록에서 이 주제로 되돌아간다. "우리는 따라서 의무를 넘어서 의무적이어야 하며, 우리는 법, 관용, 조건적 환대, 경제 등의 너머로 나아가야 한다. 그러나 너머로 간다는 것이 우리가 뛰어넘는 그것을 의심한다는 의미는 아니다"(133).

(그리고 따라서 어떤 이해할 수 있는 해명을 제시하려는 시도와 책무에 대한 제시 가능한 관계를 유지한다).[8]

여기에서 일반적으로 이해할 수 있는 해명의 문제가 부채와 연관되어 있다는 것은 철학 자체의 문제 —— 또는 보다 정확히 말해서, "일반적으로 이해할 수 있는 해명"에 의해 의도되는 것 또는 의도될 수 있는 것을 검토하는 동시에, 여전히 그 자체에 대한 해명을 시도하는 철학(또는 철학하기)에 대한 권리의 문제 —— 를 제기한다.[9] 이에 따라 데리다는 또한 이러한 철학 자체를 부채와 부채를 초과하는 어떤 것이 지닌 동일한 문제 속에 자리하게 할 것이다. "아마도 철학의 권리는 이제부터 몇 가지 부채의 체계들 즉, 한정적 부채와 무한한 부채, 내부적 부채와 '외부적' 부채, 및 부채와 의무 사이에서의 구분을, 그리고 그 부채의 확실한 제거와 재확인을 ——때로는 재확인의 이름으로 [행해지는] 확실한 제거를—— 관통하게 될 것이다."[10]

## 사랑의 문제

『죽음의 선물』은 이 부채를 넘어서는 의무에 대한 문제에 우리의 바울 읽기에 있어 핵심이 될 다른 한 차원을 더한다. 여기에서 우리는 사랑

---

8  이 의견은 책임과 결정에 대한 데리다의 복잡하고 도발적인 논의를 향해 열리는데, 비록 이 논의가 해체와 관련된 윤리와 정치를 이해하는 데 있어 매우 중요한 것이기는 하지만, 이 지점에서는 바울을 재해석하는 우리의 시도로부터 상당히 동떨어져 있다. 예를 들어, 『논점들…』에 수록된 「잘 먹는다는 것」, pp. 272~283, 286 이하와 「광기는 사유를 감시해야 한다」(A Madness Must Watch Over Thinking), p. 359을 볼 것.

9  이 문제는 『알리바이 없이』에 수록된 「조건 없는 대학」("The University Without Conditions")이라는 글에서 어느 정도 상세하게 탐색된다.

10 Jacques Derrida, "The Right to Philosophy from a Cosmopolitan Point of View"(「세계 시민적 관점에서의 철학의 권리」), *Negotiation*(『협상들』), p. 342.

이 이 부채를 넘어서는 의무의 내용물이라는 이야기를 듣게 된다.[11] 데리다는 여기에서 파토츠카[12]에 대해 다음과 같이 논평하고 있다. "선함 (goodness)은 어떤 조건에서 모든 계산을 넘어 실존하는가? 선함이 그 스스로를 망각하며, 운동이 그 자체를 부인하는 선물의 운동이 되는, 따라서 무한한 사랑의 운동이 되는 그런 조건에서. 오직 무한한 사랑만이 그 스스로를 부인하며, 유한하게 **되어**, 타자를 사랑하기 위해, 타자를 유한한 타자로 사랑하기 위해 육화될 수 있다"(『죽음의 선물』, 50~51). 만일 잠시 무한한 사랑, 육화 등에 관련된 매우 시사적인(적어도 신학자에게는) 정식들을 옆으로 밀어 둔다면, 계산을 넘어선 선함의 문제를 통해, 어쨌든 우리가 부채를 넘어선 의무와 관련된 영역 내에 있다는 것을 알게 되며, 또한 이 의무로부터 사랑이라는, 심지어 무한한 사랑이라는 이름이 암시되는 그러한 '순수한 도덕성'의 영역 내에 있다는 것을 알게 된다.

사랑에 관해서, 데리다는 또한 『이름에 관하여』에서 다음과 같이 기술하고 있다. "그러나 왜 거기에서 사랑 그 자체를, 어떤 의미에서 **불가능한 것에 항복하는** 이 무한한 포기로서의 사랑 그 자체를 인식하지 못하는가? 타자에게 항복하는 것은 ——그리고 이것은 불가능한 것인데 ——타자를 향해 나아감에 스스로를 내맡김에, 문턱을 넘지 않지만 타자를 향해 다가감에, 그리고 심지어 타자에게 접근할 수 없게 하는 비가

---

11 물론 사랑과 같은 어떤 것이 이 장의 첫 부분에 제시되었다. 『이름에 관하여』에 수록된 「열정들」에서 의무의 언어를 피하는 우정에 관해 고찰하는 부분이 바로 그것이다.(『이름에 관하여』, 7).

12 얀 파토츠카(Jan Patočka). 체코 출신의 현상학자. 프라하, 파리, 베를린, 프라이부르크에서 수학했으며, 현상학의 창시자 후설 및 하이데거의 제자였다. 20세기 중부 유럽 출신의 가장 중요한 철학자들 중 한 사람으로 평가된다. ——옮긴이

시성을 존중하며 사랑함에 상당할 것이다"(74). 여기에서 우리는 특히 스스로를 부인하며, 자신의 요구 또는 권리를 거부하고, 타자를 향해 돌아서거나 또는 나아가는 그러한 사랑의 문제를 보게 되는 반면, 다른 한편으로는 타자의 타자성(otherness)을 보존하며, 타자로부터의 거리를 존중하는 어떤 유보가 있음을 알게 된다. 이 문제들은 이후에 다시 다루게 될 것이다.

그러므로 부채를 넘어서는 의무는 법을 넘어서는 정의의 문제에 그리고 경제 또는 교환을 넘어서는 선물의 문제에 단단히 연결되며, 이 관계는 이러한 의무의 이름으로서의 사랑의 문제로 향하도록 한다. 우리가 앞으로 보게 될 것처럼, 이것은 또한 바울의 관심사이기도 하다.

## 믿음의 순종

나는 바울 텍스트에서 나타나는 일련의 역설적인 정식들에 속하는 문구로 논의를 시작하려 하는데, 이는 그가 (율)법 바깥에 있는 정의, 즉 선물로서 도래하는 정의로부터 귀결된다고 ──또는 그에 상응한다고 ──믿는 새로운 형식의 삶과 관련된다. 그러한 역설적인 정식들 중에는 '그리스도의 법'과 '믿음의 순종'이 있다. 이 특별히 흥미로운 ['믿음의 순종'이라는] 문구를 살펴봄으로써, 우리는 바울의 관심사가 어떤 측면에서 데리다가 성찰해 왔던 것과 일치한다고 여겨지는지에 대해 고찰할수 있을 것이다. 문제가 되는 문구는 로마서 13장 8절에서 온 것이다. 바울은 지금 막 독자들에게 세상의 의무들을 지키라고, 어떤 특정한 측면──(율)법의 의무적인 주제들을 포함하는──에서 의무적이 되라고 권면하고 있던 참이다. 13장의 처음 몇 구절은 흔히 바울의 '정치 윤리'

를 요약하고 있는 것으로, 말하자면 지배에 대한, 로마의 지배에 대한 복종의 윤리를 요약하고 있는 것으로 이해되었다. 우리는 이미 그러한 해석이 의심스럽다는 점에 대해 고찰한 바 있다. 내가 특별한 관심을 기울일 이어지는 자료는 [앞에서 제시된 '정치 윤리'에 대한 구절들과는] 반대로 개인적 윤리에 가까운 어떤 것으로 가정되어 왔는데, 그 이유는 바울이 여기에서 사랑에 대해 말할 것이기 때문이다. 그런데 만일 그 사랑이 개인에 대한 것이 아니라면, 이 자료는 어떻게 해석될 수 있을까?

나는 이미 로마서 13장 1~5절이 어떻게 해석되어야 하는지에 대해 밝힌 적이 있다. 어쨌든 중요한 것은 그때 거론된 주제와 다음으로 다루게 될 구절들 사이의 구분을 공적인 것과 사적인 것, 또는 심지어 정치적인 것과 공동체주의적인 것(communitarian)을 구분한다고 보는 해석의 타당성에 이의를 제기하는 일이다. 그러한 구분은 아무리 전통적으로 존중받아 왔고, 특히 현대에 들어와 자명한 것으로 간주된다고 하더라도 간단히 인정될 수 있는 것이 아니다.[13]

바울은 이제 막 당연히 주어야 할 것에 대한 이야기를 하고 있던 참이다. "그들에게 마땅히 치러야 할 것을 주십시오. 세금을 바쳐야 할 사람에게 세금을, 관세를 주어야 할 사람에게 관세를, 존경을 돌려야 할 사

---

13 데리다는 또한 그러한 구분의 자명함에 대해 반복적으로 의문을 제기한다. 예를 들어 「약물의 수사」(The Rhetoric of Drugs)(『논점들…』, 247)에서 데리다는 "공과 사의 구분이라는 오류 없는 타당성에 대한" 믿음을 부정한다. 물론 『우편엽서』의 대부분이 이러한 구분을 전복시키는 데 바쳐진다. 실제로, 데리다는 『우편엽서』와 『조종(弔鐘)』이 "공/사 구분에 대한 수행적인 문제제기"라고 말한다. Jacques Derrida, "Remarks on Deconstruction and Pragmatism"(「해체와 실용주의에 관한 논평」), *Deconstruction and Pragmatism: Simon Critchley, Jacques Derrida, Ernesto Laclau and Richard Rorty*(『해체와 실용주의: 사이먼 크리츨리, 자크 데리다, 에르네스토 라클라우, 그리고 리처드 로티』), Chantal Mouffe ed., New York: Routledge, 1996, p. 79.

람에게는 존경을, 명예가 마땅한 사람에게는 명예를 주십시오"(로마서 13:7). 만일 이 텍스트를 [그리스어로부터] 좀더 글자 그대로 받아들이려 한다면, 우리가 얻게 되는 것은 "모든 빚(opheilas)을 (되)돌려 주십시오(apodote). 세금에는 세금을, 관세에는 관세를, 두려움에는 두려움을, 명예에는 명예를"이라는 해석이다.[14] 우리는 여기에서 빚진 것에 대해, 부채와 그 부채의 상환에 대해 이야기하고 있다. 이 부채는 상징적 질서(두려움, 명예)를 포함하는 돈과 상품들(세금, 관세)의 영역을 넘어선다. 관건이 되는 것은 부채를, 빚진 것을 상환하라는 요구가 통용되는 화폐를 통한 것인지 아니면 사회적·상징적 교환을 통한 것인지에 대한 해석의 문제다. 다음에 이어질 논의를 위한 무대를 마련하는 것은 부채의 상환이다(부채가 어떤 방식으로 발생했는지에 상관없이).

여기에서 주지해야만 할 것은, 만일 이런 결론이 바울의 이야기가 끝나는 지점이라면, 만일 이것이 바울이 제시하는 담론의 목적이라면, 그는 사실상 선한 양심(good conscience)의 사도, 즉 단순히 (율)법과 법의 경제에 대한 순응을 강요하는 사도일 뿐이라는 점이다. 그러나 우리는 이미 바울이 모든 면에서 이 양심의 경제를 중단한다는 것을 알게 되었다. 우리는 데리다가 『아포리아들』에서 이러한 선한 양심에 관련하여 말했던 것을 상기할 수 있을 것이다.

---

14 두려움이라는 관념이 권력 당국에 관한 앞선 논의에서 나타나는 반면, 명예에 대한 의견은 그렇지 않다는 점에 주목해야 한다. 분명히 그런 맥락은 "서로를 상호적인 애정으로 사랑하"며, 그런 이후에 "존경(honor)을 보임에 있어 서로를 이기십시오"라는 분명한 명령으로 우리를 되돌려 놓는다. 이와 같이 바울은 그가 두려움과 상환에 대해 했던 말을 사랑의 문제, 즉 그가 지금 여기에서 되돌아가려고 하는 문제에 결부시킨다.

주관적 확실성으로서의 선한 양심은 모든 약속, 계약, 그리고 책임 있
는 결정이 —— 만일 그런 것이 있다면 —— 무릅써야만 하는 절대적인 위
험과 서로 양립할 수 없다. 지식에 의해, 어떤 신학적 보증에 의해, 혹은
올바름의 확신에 의해 과학의 편에, 의식의 편에, 또는 이성의 편에 서
는 것에 대한 결정 및 책임을 보호하는 것은 이러한 결정을 하나의 계
획의 전개로, 규칙 또는 규범의 기술적 적용으로, 또는 확정된 '사례'의
포섭으로 전환하는 것이다. 이 모든 것은 당연히 폐기되어서는 안 될
조건들이지만, 그러나 이 조건들은 그 자체로 어떤 책임에 대해 철저하
게 이질적인 채로 남는 책임의 가드레일일 뿐이다. (『아포리아들』, 19)

독자들을 향한 채무 상환의 호소를 통해 바울이 세우는 것은 데리
다가 책임(responsibility)의 '가드레일'이라고 지칭하는 것인데, 우리는
이를 책임(accountability)[15]의 가드레일이라 말할 수 있을 것이다. 그러
나 이것이 단지 가드레일일 뿐이라는 점은 이어지는 바울의 텍스트에
의해 명백해진다.[16] 바울은 이후에 다음과 같이 말하고 있다. "서로 사랑
하는 것 이외에는 그 누구에게든지 아무것도 빚지지(신세지지) 마십시
오"[로마서 13:8]. 여기에서 바울은 부채를 넘어선 의무를 나타내기 위
해 부채를 넘어서는 듯이 보인다. 이 '~ 이외에는'(ei mai)이라는 말이
기능하는 방식에 많은 것이 걸려 있다. 이 책임의 가드레일은 내가 보기
에 이전의 것과는 다른 질서를 지시하는 기능을 수행한다. 그렇지 않다

---

15 accountability는 설명이나 계산에 대한 책임 또는 의무를 의미한다. —옮긴이
16 가드레일은 인도와 차도 사이에 세워져 둘을 구분하지만, 이 둘 사이를 철저하게 분리하지
　 는 못한다. 따라서 가드레일이란 둘의 범위를 구분할 뿐, 절대적으로 막지는 못하는 순전히
　 명목상의 경계를 의미한다. —옮긴이

면 그것은 세금이나 두려움과 같은 '빚진' 것들의 목록에 포함되었을 것이다. 그러한 책임이 독자에게 부과되는 동시에, 책임이 부과되는 만큼 부채의 면제가 독자에게 부여된다. 그 책임은 하나의 명령의 요구 아래 서게 된다. 그 명령이 어떤 다른 종류의 명령이라 하더라도 말이다. 이는 부채를 넘어선 의무의 요구라고 말할 수 있을 것이다.

만일 사랑이 사랑을 빚지고 있는 자를 향한 것이라면 ──예를 들어, 그 사랑이 나에 대한 타자의 사랑에 대응하는 것으로서의 타자에 대한 사랑이라면 ──사랑은 부채의 상환으로 이해될 수도 있을 것이다. 우리는 이것을 마치 사랑이 우리를 사랑하는 이에게 향하는 것처럼, 예를 들어 지금까지 바울의 담론이 해석되었던 방식 그대로, 신이나 메시아를 향하는 것으로 읽을 수도 있을 것이다. 신과 메시아 양자 모두, 바울의 독자 혹은 모든 로마인들을 향한 사랑의 주체 또는 행위자로 말해졌던 바 있다(5:5, 5:8, 8:39). 그러나 바울은 신을(또는 메시아를) 사랑해야만 한다고 말하고 있는 것이 아니며, 실제로 결코 이런 말을 하지 않는다. 바울은 "하나님의 사랑이 우리의 마음으로 쏟아부어졌습니다"(5:5)라고 말하고 있지만, 결코 이러한 생각이 이 사랑을 "되돌려 주는" 것, 즉 이 사랑을 갚는 것이라고 생각하지 않는다. 여기에서 다소 성급하기는 하지만, 우리는 이 사랑이 흩뿌려진다고[산종된다고, disseminated[17]],

---

17 산종(dissemination)은 해체와 함께 전기 데리다의 사유에 있어 중심적인 단어들 중 하나다. 이 말은 의미가 여기저기 퍼져 있어 결코 하나로 결정되지 않으며, 무한하게 많은 새로운 의미들을 낳고 서로에게 접붙여지는 양상을 나타내는데, 이 과정에서 텍스트는 결코 완전한 의미로 확정되지 않으며 다른 텍스트로 보충되기에, 하나로 고정된 텍스트는 없고 텍스트성(textuality)만이 남게 된다. 데리다의 『산종』이 하나의 예를 보여 준다고 할 수 있는데(dissemination, Barbara Johnson trans., Chicago: University of Chicago Press, 1981), 이 책은 플라톤의 대화편 파이드로스에서 나타나는 기억과 문자 언어의 문제를 중심으로 서

오로지 그럴 수밖에 없다고 말할 수 있을 것이다.[18] 그러한 사랑은 오로지 [사랑의 빚이] 미리 갚아졌기에 있을 수 있다.

어쨌든 여기에서 분명한 것은 우리가 다른 개인을, 다른 인간을 필요로 한다는 점이다. 부채를 넘어선 의무에 의해 사랑받는 것은 바로 이 사람이다. 여기에서 우리는 이미 데리다의 텍스트에서 읽었던 것을 기억한다. "순수한 도덕성은 배상 또는 재전유에 대한……모든 계산을 초과해야만 한다.……우리는 의무 너머로 나아가야만 하거나, 혹은 적어도 **부채로서의 의무** 너머로 가야만 한다. 의무는 아무것도 빚지지 않으며, 아무것도 빚지지 말아야 하며, 어찌 되었건 그 무엇도 빚지지 말아야만 한다"(『이름에 관하여』, 133). 데리다의 정식은 여기에서 바울이 말하는 것에 상당히 가깝게 상응하는 듯 보인다. 말하자면, [데리다가 말하는] "아무것도 빚지지 않"는, "아무것도 빚지지 말아야 하"는 의무와 바울이 말하는 "누구에게도 아무것도 빚지지" 않을 의무는 서로 매우 가깝게 근접한다. 하지만 여기에서 이러한 부채를 넘어선 의무에 대해 사용된 단어는 사랑이다. 나는 이 지점에서 서구 기독교 담론에서 나타나

---

구 형이상학을 비판하는 글인 「플라톤의 약국」(Plato's Pharmacy), 말라르메의 짧은 산문시 「흉내」(Mimique)와 플라톤의 대화편 필레보스를 대조하며 미메시스의 문제를 다루는 「이중적 세션」(Double session), 그리고 필리프 솔레르(Philippe Sollers)의 소설에 관한 글인 「산종」이라는 별다른 일관성을 나타내지 않는 세 개의 텍스트들로 구성된다. 혹자는 산종이라는 데리다의 주제에서, 데리다와 유대교 신비주의 카발라의 방법론 ── 문자들로 구성된 말의 내용보다는 글자 하나하나의 조합과 재배열을 통해 숨겨진 의미를 찾는 방법 ── 의 관계를 유추하기도 한다. ── 옮긴이

18 로빈 호너는 또한 다음과 같이 묻는다. "만일 신의 증여에 대한 나의 반응이 결코 신에게 되돌려지지 않는다면(만일 **그것을** 준 신이 비결정적으로 남아 있게 된다면) ── 그것이 타자[절대적 타자, the Other]에 대한 선물로 전환되기에 ── 어떻게 될 것인가?"(『선물로 다시 사유된 신』, 207~208)

는 사랑에 관한 전통 전반과 관련하여, 바울이 말하는 사랑이 무엇을 의미하는지에 대해 분석하거나, 또는 이 사랑이라는 말이 어떤 방식으로 다르게 이해되어야 하는지에 대해 분석하는 작업에 착수하지는 않을 것이다.[19] 여기에서 나는 오직 그러한 사랑의 보다 형식적인 또는 추상적인 특성들 중 일부를 확인하여, 그것이 어떻게 부채를 넘어선 의무에 대한 문제와 관련될 수 있는지에 대해 해명할 수 있기를 바랄 뿐이다.

우리는 사랑이라는 용어가 데리다의 의무에 대한, 즉 부채를 넘어선 의무에 대한 논의와 이질적이지 않음을 기억한다. 『죽음의 선물』에서 파토츠카에 대해 고찰하면서, 데리다는 "그 자체를 부인하는 선물의 운동, 따라서 무한한 사랑의 운동"에 대해 쓰고 있다(50~51). 확실히 데리다는 여기에서 한 사람의 타자에 대한 사유를, 또는 어쩌면 우리가 [그것에 대해] 확인한다고 말해야 할 파토츠카의 저술을 설명하고 있다. 어쨌든 사랑은 계산을 넘어서는 것의, 선물과 양립 가능한 것의 이름이다. 둘째, 우리는 또한 바울이 여기에서 이러한 인간 상호적 관계에 대한

19 데리다가 가장 많은 관심을 기울인 '사랑'에 대한 고찰은 바로 '우정'에 대한 것인데, 이것은 아가페(agape)나 카리타스(caritas)에 의한 사랑을 다루는 기독교 담론의 독점으로부터 벗어나는 데 있어 상당한 이점을 가진다. 내가 보기에, 이것은 정확히 아가페에 관한 담론의 몇 가지 한계들에서 벗어나게 하는 올바른 방향인 듯하다. 그리고 아마도 우정에 관한 담론의 한계를 밝히는 지점에서(예를 들어, 남성중심주의, 수적인 한정, 친구들의 유사성), 그 담론은 기독교적 성찰의 몇 가지 부분(예를 들어, 키르케고르의 『사랑의 역사(役事)』와 같은)과 보다 친화성이 있는 것으로 보이는 성찰에 의해 유의미하게 수정될 수 있을 것이다(*Works of Love*, Howard and Edna Hong trans., New York: Harper and Row, 1962). 어쨌든 본질적인 것은, 우정이든 아니면 아가페든 간에, 사랑 개념의 탈정치화로부터 돌파해 나오는 것이다. 그리고 이것은 데리다가 『우정의 정치』의 고찰들에서 다루고 있는 것이 매우 중요하다는 점을 드러낸다(*Politics of Friendship*, George Collins trans., London: Verso, 1997). 내가 여기에서 할 수 있으리라 기대하는 최대치는 바울의 사랑에 관한 고찰을 또한 정치적인 것을 가리키고 있다는 점을 확인하는 것이다. 적어도 정의의 예시화에 이르는 어떤 것을 말이다.

절실한 요구를 확인하는 '서로'라는 말이, 적어도 데리다에 의해 개진된 정식들 중 일부와 공명한다는 점에 대해 주목해야만 한다. 우리는 데리다가 다음과 같은 질문을 제기했던 것을 기억한다. "어떻게 이 두 어그러짐의 사이를, 부당한 것의 어긋남과 타자에 대한 관계의 무한한 비대칭성을 여는 어긋남 사이를, 말하자면 정의를 위한 장소를 식별할 수 있을 것인가?"(『마르크스의 유령들』, 22). 타자들과의 관계를 위한 공간을 여는 것, 비경제적인, 경제적인 것에 의해 소진되거나 또는 소진될 수 없는 관계를 위한 공간을 여는 것이 정의라는 점에 대해서는 이미 살펴본 바 있다. 따라서 여기에서 지시되는 그러한 대칭성은, 예를 들어, "나는 나를 사랑하는 사람을 사랑한다"는 것이 아니다. 그것은 하나의 유한한, 자기-폐쇄적인 대칭성이다. 그 대신 우리는 다른 종류의 대칭성을, 데리다가 여기에서 '무한한' 것으로 지칭하는 것을, 즉 그 안에 경제적인 것에 대한 넘어섬이 있는, 어떤 지속적인 넘어섬이 있는 대칭성을 대하게 되는 듯하다. 다른 텍스트에서 데리다는 어떤 상호성(reciprocity)에 대해 말하지만, 그 상호성은 대칭성으로서의 또는 최소한 유한하거나 자기-폐쇄적인 대칭성으로서의 상호성이 아니다(『논점들…』, 363). 하지만 그러한 상호성과 유사한 어떤 것이 나선형을 그리며 (경제적) 통제로부터 빠져나가는 사랑에 대한 바울의 지적에서 암시되는 듯 보인다. 그 사랑이 바로 '서로'에 대한 사랑이라는 의미에서 말이다. 우리는 이러한 사랑이 바울 자신이 말 건네는 '공동체'의 제한된 경제 내에 남아 있는지, 혹은 그러한 제한이 ——만일 그러한 제한이 바울의 담론 속에서 식별된다면—— 원칙적으로 바울이 진정으로 말하고자 하는 것에 의해 무너지는 것은 아닌지에 대해 살펴보아야 할 것이며, 이 문제에 대한 답은 잠시 후 보다 명확히 드러날 것이다. 일단 우리는 정의에 대한 주제에 머물 것인데, 왜냐하면 우리가 우리를 타자들과의 구별적인 관계에 위치시키는 부채를 넘어선 의무에 관심을 가지기 때문이다. "타자들에 대한 관계, 그것은 즉 정의'라고 레비나스는 서술한다"(『마르크스의 유령들』, 23).

아무것도 빚지지 않는, 아무것도 빚져서는 안 되는 의무의 명시를 거쳐, 데리다는 그러한 의무를 실현하는 책임(그리고 결단)에 대해 말하기에 이른다. "따라서 필연적으로 의무를 위한 결단과 책임이 취해지며, 모든 제시 가능한 결정과의 관계를 중단하지만, 여전히 그 중단과의 그리고 의무가 중단하는 어떤 것과의 제시 가능한 관계를 유지하게 된다"(『아포리아들』, 17). 바울의 언어에서, 누구에게도 아무것도 빚지지 않는 의무는 이로 인해 법(-nomy)의 능력, 또는 경제를 폐기하게 되지만, 그럼에도 그것이 중단하는 것에 대한 어떤 "제시 가능한 관계"를 유지한다. 그러한 관계가 바로 여기에서 바울이 말하는 (율)법의 완성을 통해 제시되고 있다. 그러므로 그는 "다른 사람을 사랑하는 사람은 율법을 완성했습니다"(로마서 13:8)라고 말하며, 이어서 "사랑은 율법의 완성입니다"(13:10)라는 결론을 제시하는 것이다. 우리는 앞에서 착수했던 법에 대한 고찰로부터 이 확고한 언명이 로마서 2장에서 바울이 말하는 "(율)법의 정의로운 요구들"을——다시 말해, (율)법의 의도, 목표, 또는 목적, 즉 정의를——완수하라는 언명이라 이해할 수 있게 된다. 이를 행함, 정의를 행함, 신적인 정의를 행함의 의미를 예시화하는 것은 바로 이 "서로를 사랑하라"는 언명이다.

이에 대해 바울이 제공하는 설명은 상당히 흥미롭다. 그는 율법을, 그의 사유의 방식에 있어 상위의 법을, 또한 모세의 법이라 칭해질 수 있을 그런 법을 인용하며, 사랑에 의해 완성된 것은 바로 이 법이라고 말한다. "'간음하지 말라. 살인하지 말라. 도둑질하지 말라. 탐내지 말라'는 계명들과, 다른 모든 계명들이 '네 이웃을 네 몸과 같이 사랑하라'는 말씀에 요약되어 있습니다"(로마서 13:9). 주목해야 할 것은, 다른 곳들에서와 마찬가지로 여기에서도, 바울이 그의 '계명(들)'의 요약에서 오로지 인간 상호 간의 정의라 칭해질 수 있는 것과 관계되는 계명들만을 인용한다는 점이다. 다시 말해, 바울은 여기에서 또는 다른 곳에서 신에 대한 관계를 향하는 계명들(너는 내 앞에서 다른 신들을 두지 말라, 너는 새겨진 상들을 만들지 말라, 너는 안식일을 지키라 등)을 인용하지 않는다. 실제로, 신약성서의 담론 어디에도 여기에서처럼 율법이, 정확히 말해서 '십계명'으로서의 율법이 완전하게 재기입되는 곳은 없다(예를 들어, 마가복음 9장 19절과 평행본문들[20]). 이에 대해서는, 다른 모든 신약성서 저자들이 바울을 따르고 있다.[21] 이 '다른' 계명들에 대해 남은 것이 무엇이든 간에, 그것은 "네 이웃을 네 몸과 같이 사랑하라"는 레위기 19장 18절에서 유래한 단 하나의 정식으로 요약되거나 또는 함축된다.[22] 여하튼

---

20  이 구절에 포함된 이야기는 부자 청년에 대한 이야기(마태복음 19:16~19:26)인데, 18절의 살인, 간음, 도둑질, 거짓 증거를 금지하는 계명에 이어, 19절에서 부모를 공경하라는 계명과 함께 이웃 사랑의 명령이 말해지고 있다. —옮긴이

21  이렇게 말할 수 있는 이유는 문헌학적으로 바울 서신의 기록 연대가 4복음서의 기록 연대보다 앞서는 것이기 때문이다. 심지어 이 두 기록물들 사이에는 유대인들의 디아스포라를 촉발시킨 유대전쟁(ACE 66~73)이라는 간극이 존재한다. —옮긴이

22  동일한 텍스트가 갈라디아서 5장 14절에 인용된 듯 보인다. "왜냐하면 모든 율법은 '네 이웃을 네 몸과 같이 사랑하라' 하신 한마디 말씀 속에 다 들어 있기 때문입니다." 때로 이 구절은 바울이 예수로부터 가져온 것이라고 추정된다. 이것은 가능한 추정이지만 어떤 의미에서도 확실한 것은 아니다. 어쨌든 바울이 이 인용구가 레위기에서, 즉 모세의 것이라 주장되는 율법에서 이런 방식으로 표명된다는 사실에 무지했다고 추정할 수 없기 때문이다. 그리고 바울은 여기에서 그 법 이외에 어떤 권위에도 호소하지 않는데, 말하자면 그는 여기에서 예수의 권위에 호소하지 않는다는 것이다. 그리고 바울이 예수의 '가르침'을 매우 잘 알고 있었을 것이라는 점을 의심할 만한 충분한 근거가 있다(갈라디아서 1장 16~17절

바울에게 있어, (율)법은 신과의 관계에 의해서가 아니라 오직 타자와의, 이웃과의, 다른 개인과의 관계에 의해서만 만족될 수 있다.[23] 그리고 우리는 바로 여기에서 부채를 넘어서는 의무와 대면하게 된다.

그럼에도 바울에게 있어, 레위기의 인용은 이웃 사랑이 계명들을 적합하게 요약한다는 그의 주장을 명료하게 정립하기에 충분하지 않다. 따라서 그는 이에 덧붙여 "사랑은 이웃에게 해를 입히지 않으며, 그러므로 사랑은 율법의 완성입니다"(로마서 13:10)라고 말한다. 사랑이 (율)법의 목표를 완성한다는 것 ——즉, 성취한다는 것 ——은 바로 사랑이 다른 개인에 대한 위해를 배제하기 때문일 뿐, 모세 또는 심지어 예수가 전했던 말씀 때문이 아니다. 물론 이것은 법들 또는 주어진 법적 책임들의 체계에 대한 순응이라는 면에서도 참이 될 수 없다. 이웃에 대한 배려와 충돌하는 듯 보이는 법들은 얼마든지 존재한다. 다음 장에서 우리는 이런 의미에서 이방인 또는 외국인에 대한 환대를 제한하지만 또한 동시에 허용하는 법들이 수행하는 역할에 대해 살펴볼 기회를 가질 것이다.

---

을 볼 것). 반면 이 이웃 사랑에 대한 집중화에서, 바울의 담론이 예수의 담론과 관련이 없다거나 또는 서로 맞지 않는다는——니체가 성급하게 내세웠던 것과 같은——주장 역시 불가능하다. Friedrich Nietzsche, *Anti-Christ*, R. J. Hollingdale trans., London: Penguin Books, 1990, pp. 162~163[『안티크리스트』, 박찬국 옮김, 아카넷, 2013].

23 야콥 타우베스는 이를 통해 바울이 신에 대한 사랑을 이웃에 대한 사랑과 연결 짓는 예수 전승(Jesus tradition)의 정식 너머로 나아간다고 말한다(타우베스는 심지어 예수 전승의 정식에 **반대하여** 말하고 있다). 타우베스는 "이것은 매우 논쟁적인 텍스트이며, 예수에 대하여 논쟁적인 것이다"(『바울의 정치신학』, 52)라고 기술한 이후, 이어서 "나는 이것을 절대적으로 혁명적인 행동으로 간주한다"(같은 책, 54)고 말한다. 바울은 여기에서 모든 것을 이웃에 대한 사랑으로 환원시키는데, 이것은 우리가 이전에 주목했던 어떤 것에 의해 요구될 것이다. 즉, '우리'를 향한 신적인 사랑이, 만일 어떤 의미에서 비경제적으로 남게 된다면, 되갚을 수 없게 된다는 주장에 의해서 말이다. 따라서 그것은 타우베스가 명시하는 것과 같이 로마서 12장 14절의 적까지도 포함하는 오로지 다른 인간에게만 향할 수 있는 사랑이다.

그리고 바울은 로마서 14장에서 ——고린도 전서 및 갈라디아서에서와 같이 ——환대를 제한하는 듯 보이는(음식과 관련하여) 다른 일군의 (율)법들에 관한 상당히 곤란한 상황에 처하게 될 것이다. 즉, 우리는 특정한 (율)법들에 의해 이웃에 대한, 또는 적어도 어떤 특정한 이웃에 대한 긍정적인 관계가 '(율)법에 반하는' 것이 되는 입장에 처하게 될 수 있으며, 반복적으로 그런 입장에 처하게 된다(나는 짐 크로우 법이 유효하던 시절의 남부에서 자랐으며, 여기에서 이것은 일상적으로 벌어지던 일이었다). 바울의 논증은 여기에서 모든 개별적인 (율)법에 대한 것이 아니라 (율)법, 즉 정의를 향하는 (율)법의 목표 또는 '정의로운 요구[정당한 요건, just requirement]'에 대한 것이다.

그렇다 하더라도 이 정식은 놀라운 것인데, 이 정식이 "사랑은 해를 입히지 않습니다"와 같이 전적인 부정의 형식으로 남아 있기 때문이다. 이것은 바울에게 사랑의 적합한 정의로 여겨지지 않는다. 중요한 것은, 사랑과 (율)법의 완수가, 즉 (율)법에 의해 요구되거나 요구되어야만 하는 것의 실행이 공속 가능한 이상, 바로 이 정식이 사랑의 정의라는 것이다. 그러나 사랑은 (율)법을 넘어서 (율)법이 단지 가리킬 수 있을 뿐인 것, 기껏해야 증언할 수 있을 뿐인 것을 실행하는 지점으로 나아간다.[24]

잘 알려진 바와 같이, 칸트는 사랑이 의무의 내용이 될 수 있다는 것

---

24 사랑이 지닌 보다 완전한 내용은, 예를 들어, 갈라디아서 5장 22~23절에서 그리고 당연히 고린도 전서 13장에서 제시된다. 지젝은 『무너지기 쉬운 절대성』에서, 바로 고린도 전서 13장에 대한 바울 독해에 의해 위반의 욕망이라는 난관의 돌파가 가능해질 것이며, 어느 정도는 법을 넘어선 또는 법 바깥의 사랑에 대해 사유하려는 라캉 자신의 시도에 대한 전유로 나아가게 될 수 있다고 말한다(pp.143, 145 그리고 또한 『죽은 신을 위하여』, pp. 115~116. 여기에서 제시된 몇몇 단락들은 『무너지기 쉬운 절대성』에서 이미 인용된 구절과 동일한 것으로 보인다).

에 대해 의심한다. 사랑은 그 자체로 요구될 수 없는 것이다. 그러나 동시에 우리는 율법의 종교들(유대교, 기독교, 이슬람교)이 실제로 사랑을 명하고 있음을 알고 있으며, 바울의 말을 믿는다면, 실제로 이 종교들이 그 이외에 다른 어떤 것도 명하지 않는다는 것을 알고 있다. 의무가 부채에 포함될 수 있다면, 사랑은 의무가 아닐 수도 있을 것이다. 그러나 (율)법이 아니라 사랑에 의해 명해진 것이 바로 이웃에 대한, 또한 어쩌면 이방인에 대한, 그리고 심지어 적들까지도 포함하는 사랑이라면 그것은 의무가 될 수밖에 없다.

사랑에 대한 이러한 가능적인 탈-제한과 관련하여, 나는 여기에서 바울에게 이미 적에 대한 언급이 있었다는 점에 주목할 뿐이다. 청자/독자들에게 "환대를 이방인들에게 제공"해야 한다고 말한 직후에(로마서 12:13), 바울은 "여러분을 박해하는 사람들을 축복하십시오. 축복하고, 저주하지 마십시오"(12:14)라고 말하며, 그런 이후 "아무에게도 악을 악으로 갚지 말고"(12:17), "당신의 원수가 주리거든 먹을 것을 주고, 그가 목말라 하거든 마실 것을 주십시오"(12:20)라고 말하기에 이른다. 여기에서 다시 한번 관건은 상환을 넘어서는 것, 즉 경제를 넘어서는 것이라는 점을 알 수 있을 것이다. 실제로 경제의 법칙은 바로 여기 이 "악을 악으로" 갚지 않는 지점에서 중단된다(비록 우리가 "명예를 명예로" 갚고 심지어 "두려움을 두려움으로" 갚아야 한다고 하더라도 말이다). 적들(원수들)을 먹이는 것과 관련된 이어지는 권면의 말에서 바울은 잠언 25장 21~22절을 인용하고 있는데, 이 인용구는 또한 그럼으로써 숯불을 [적들의] 머리 위에 쌓게 된다는 모호한 단언을 포함한다. 이것이 무엇을 지시하는 것이든 간에,[25] 흥미로운 것은 바울이 이 잠언의 인용으로부터 잘라내는 부분이다. 그는 이 인용구에서 "주님이 너에게 상급을 주실 것이다"(잠언 21:22b)라는 어떤 (지연된) 경제로 되돌리는 부분을 제거한다. 즉, 바울은 심지어 인용의 지점에서조차도 보상이나 상환의 경제로 다시 떨어지지 않도록 매우 신중하게 주의를 기울이는 것이다.

우리를 선물 또는 은혜의 문제로 복귀시키는 것은 어떤 것이며, 이 부채를 넘어선 의무는 어떻게 선물에 의해 촉발된 것으로 이해될 수 있는가라는 문제는 한 층위에서 완벽하게 명백하다. 바울이 관심을 가지는 선물 또는 은혜에 대해, 이 부채를 넘어서는 의무를 촉발하는 것은 "하나님의" 사랑, 제한 없는 혹은 무조건적인 사랑이다. 바울은 "하나님의 사랑으로부터 그 무엇도 우리를 갈라놓을 수 없다"는 점에 대해 "나는 확신합니다"라고 말한다(로마서 8:38~8:39). 따라서 선물로서의 사랑으로부터 나오는 결과가 부채를 넘어선 의무로서의 사랑이라는 점은 놀라운 것이 아니다. 우리가 이미 본 바와 같이, 이 부채를 넘어선 의무로서의 사랑은 순환적인 경제 관계와의 혼동을 피하게 된다. 대응적인 사랑, 사랑의 선물에 상응하는 사랑은 사랑하는 이 —예를 들어 신—에게 되돌려지는 사랑이 아니라 다른 사람을 향하는 사랑이라는 의미에서 말이다. 그러므로 주어진 사랑은 반환되는 것이 아니라(더구나 보유되는 것이 아니라), 주어지고 전해지는 것이다.

부채를 넘어선 의무의 문제로 인해 우리는 "믿음의 순종"이라는 바울의 기묘한 문구로 되돌아가게 되는데, 공교롭게도 이 문구는 로마인

---

25 예를 들어, 캐제만(Ernst Käsemann)은 다음과 같이 말한다. 그 구절은 "강제된 정신의 변화를 수반하는 이집트의 속죄 의식을 가리키는 것으로 보인다. 그리고 따라서 그것은 적의 후회와 굴욕을 지시한다"(*Commentary on Romans*(『로마서 주석』), Grand Rpids, Mich.: Eerdmans, 1980, p. 349). 적이나 박해자에게 음식을 줌으로써 되갚음의 경제를 중단하고, 따라서 (음식 또는 물의 증여를 통해) 적을 "서로 사랑하라"의 무한한 대칭성에 참여하는 한 사람으로 전환하는 결과를 불러오는 것은 바울의 관심사에 잘 맞는다.

들에 대한 편지 전체를 괄호치고 있다(1:5, 16:26). 이런 구조에 대한 흔한 이해(오해)는 바울이 여기에서 역설하고 있는 것이 마치 믿음 그 자체인 것처럼, 그리고 특히 교회에 대한 일군의 믿음들 또는 심지어 헌신들인 것처럼 받아들이는 것이다. 지금까지 우리가 고찰했던 바가 이러한 암시를 무너뜨리게 될 것이다. 우리가 본 그대로, 중요한 것은 바로 바울이 부채라는 말을 피하면서, 행위[공로, works]에 속한 경제적 관계의 회귀를 피하고 있다는 점이다. 그러나 그는 단순히 선물에 응답하는 삶을 지칭하기 위해 순종이라는 말을 피하는 것이 아니다. 이것은 (율)법의 의도가 지속하는 정당성(validity)이라는 측면에서, 즉 정의의 요구라는 측면에서 이해되어야만 한다. 은혜 또는 선물이 그러한 요구를 폐기하거나, 축소 또는 격하시키는 것이 아니라, 반대로 선물이 그러한 요구를 실제적이고 유효하게 만드는 것이다. 순종이라는 말로 표현되는 것은 바로 이것이다. 이러한 순종은, 바울이 또한 로마서 2장 13절에서 말하는 것과 같이, 단순한 듣기가 아니라 경청이며, (율)법에 의해, (율)법의 가장 내적인 목적 또는 정당화(justification)의 정의로운 요구를 수행하는 것이다. 그렇다면 이때 관건이 되는 것은 순종에 해당하는 선물에 대한 응답, 즉 정의를 가능하게 하고, 그래서 정의를 부여하는 선물을 통해 동력을 얻는 충실함(faithfulness)으로서의 믿음이다.[26]

이러한 연관 속에서, 바울에게는 메시아의 믿음(메시아에 **대한** 믿음 faith 또는 메시아에 **관한** 신앙belief 에 대립하는 것으로서의)과 메시아의 순

---

26 따라서 바울은 이전의 편지들에서(고린도 전서 9:10, 빌립보서 1:11) 정의의, 정의를 위한 열매를 맺으라고 말한다. 그가 편지를 쓰는 사람들이 실제로 정의롭게 행동할 것이라는 기대, 즉 정의의 요구가 그들 안에서 그리고 그들을 통해서 유효하게 될 것이라는 기대는 일관적이다.

종 양자 모두에 대해 말하는 것이 가능하다.[27] 이 메시아의 믿음과 메시아의 순종이라는 두 정식은 관습적인 '그리스도론'에 상당한 곤란을 야기한다는 면에서 비범한 정식이라 할 수 있다. 이 두 정식의 중요성을 탐색하는 작업은 이 고찰에서 우리가 주제로 삼고 있는 정의의 문제와 법을 넘어선 정의의 실현이라는 관점의 중심으로부터 멀리 떨어져 있는 것이다. 그러나 우리는 적어도 이 개념들을 우리가 여기에서 논하고 있는 몇 가지 문제 내에 위치시킬 수 있다. 내가 보기에, 메시아의 믿음은 충실성이라는 측면에서, 즉 신적인 목표와 정의의 요구 그리고 선물을 통한——또는 선물을 수단으로 하는——정의의 실현에 대한 지지라는 측면에서 이해되어야 한다. 이러한 지지, 즉 이러한 믿음은 또한 바울이 빌립보서 2장 8절에서 "죽음의 시점에 이르기까지 순종"했던 메시아의 순종에 대해 말하는 것이다.

무엇보다 바울이 이러한 메시아의 충실함 또는 순종에 대해 말할 때, 이는 이러한 순종이 또한 정확히 믿는 자 또는 지지자에게서 표명되거나 반드시 표명되어야만 하는 어떤 것을 말하기 위함이다. 따라서 믿는 자는 고유하게 그 자신에게 속했던 어떤 것(그 경우에 "하나님과의 동등성")을 부인하며 순종했던(빌립보서 2:5, 2:8) 메시아와 동일한 의식 상태를 가져야만 하는 것이다.

이와 유사한 어떤 것이 메시아에게 충실한 자가 그리고 따라서 정의롭게 되는 자가 공유하는 메시아의 믿음(직함)(faith[fullness])에 대한 바울의 이해에서 발견된다. 바울은 충실한 모든 이들을 위한 메시아

---

27 faith는 믿음 그 자체 또는 충실성, belief는 어떤 신조에 대한 믿음 혹은 종교에 대한 믿음을 말한다. 여기에서는 faith는 믿음으로 belief는 신앙으로 옮겼다. ——옮긴이

예수의 충실함을 통해 이미 드러난 바 있는 신의 정의에 대해 말했던 바 있다(로마서 3:22). 신의 정의, 또는 우리가 말해 왔던 것과 같이, 신적인 정의는 바로 메시아의 충실함을 공유하는 자들의 정의 안에서 입증되거나 또는 나타나는 것이다. 바울이 말하는 것은 다음과 같다. "[하나님은] 그의 정의를 보이시기 위해 이를 행하셨습니다.…… [그것은] 그 자신이 정의롭다는 것 그리고 그가 예수의 충실함을 가진 자를 정의롭게 만든다는 것을…… 증명하기 위한 것입니다"(3:25, 3:26). 따라서 신적인 정의와 우리의 정의 사이의 연결고리는 무엇보다 우선 메시아 예수에게 귀속되며, 이후 메시아에게 충실한 자 안에서 모방되는 믿음(faith), 아니 그보다는 충실함(faithfulness)이다. 그러므로 믿음의 순종은 바로 신적인 정의에 그 기원과 목적을 두는 이 메시아적 충실함 또는 메시아적인 것에 대한 충실함이다.

바울이 언제나 메시아적인 것을 지지하는 자들 가운데서, 이 메시아적 충실함에 참여하는 자들 가운데서, 정의와 그 실현을 사유하고 있다는 점은 그가 (율)법의 의도를 완수하는 의무의 성취에 어떤 방식으로 관심을 기울이는지를 명확히 드러낸다. 그러나 이러한 의무가 선물에 기초하며 그래서 부채의 경제를 초과하게 된다는 것은 어떤 의미에서 선물을 통해 유발되거나 야기되는 충실함이라는 개념에 의해 구획되는 것이다(marked out[28]).

(율)법을 넘어서는 정의의 구체화를 나타내는 방식으로서의 부채를 넘어선 의무라는 문제를 뒤로 하기 이전에, 우리는 바울에게 있어 이러한 정의에 대한 요구의 중요성 또는 긴급성이 종말론적 임박성이라

---

28 이 말은 '설계된다', '계획된다'의 뜻도 가진다. ―옮긴이

는 의미에 연관된다는 점에 주목해야만 한다. 데리다의 서술에 따를 때 "정의 ──또는 현실적인 정의로서의 어떤 것을 넘어서, 앞으로 그렇게 될 것을 약속하는 정의 ──는 언제나 종말론적 차원을 가진다"(『비밀에 대한 취향』, 20). 어떤 경우에도 정의는, 법 너머의 정의는 기다릴 수 없다 (『법의 힘』, 255). 정의에는 언제나 긴급성이 부여되는 것이다.

바울에게는, 이러한 긴급성을 표명하는 상당히 다른 방식이 있다. 부채를 넘어서는 그러나 그 자체로 (율)법의 요구를 완수하는 사랑에 대한 논의에 바로 이어지는 담화에서, 바울은 다음과 같이 말한다. "여러분은 지금이 몇 시인지, 어찌해서 지금이 잠에서 깨어나야 할 시각인지를 압니다. 왜냐하면 지금은 우리의 구원이 우리가 처음 믿게 되었을[충실하게 되었을] 때보다 더 가까워졌으며, 밤은 멀리 가 버리고 낮이 가까이 왔기 때문입니다. 그러므로 어둠의 행실을 치워 버리고, 빛의 갑옷을 입읍시다"(로마서 13:11~13:12). 바로 부채를 초과하지만 어떤 확실한 임박성의 지평에, 곧 일어날 그리고 근본적인 전환의 지평에 위치해야 할 (율)법의 정의로운 요건을 완수하는 것은 의무에 대한 담화인 것이다. 한편으로 그러한 전환은 아직 일어나지 않았으며, 어떤 의미에서 아직 시간은 밤중이다. 그러나 바울은 새벽을 알리는 수탉의 울음과 같이 경고의 소리를 울린다. 인류는 마치 어떤 비정상적인 수면 상태에 있는 것처럼 오로지 사법성에 기초한──또는 사법성에 대한 순응에 의한──정의의 운동을 실행할 뿐이다. 하지만 이제 일어나 정신을 차려야 할 밝고 맑은 낮을 기대할 시간이다. 우리를 이웃에 대한 사랑으로, 그리고 따라서 정의를 향한 사랑으로 일깨우는 것은 일종의 타자의 도래(구원, 신, 메시아의 날)에 대한 자각이다. 따라서 레비나스는 윤리적 관계에 특징적인 어떤 불면증을,[29] 잠의 포기와 연기를, 구성적 (심지어 존재론적이라고도 말해질 수 있을) 기면 상태로부터의 각성을, 그리고 오는 것에 대한 깨어 있음을, 따라서 이웃의, 타자의 도래에 대한 깨어 있음을 말했던 것이다.

　이웃에 대한, 타자에 대한 윤리-정치적 관계는 데리다의 논의(레비나스의 논의를 이어서 이 관계를 전환하는)에 의해 환대라는 주제로, 타자, 즉 이방인에게 제공된 환영이라는 주제로 다루어진다. 그리고 내가 다음으로 눈을 돌리게 될 것은 바로 이 환대라는 주제에 대한 논의다.

---

29 에마뉘엘 레비나스의 *Of God Who Comes to Mind*(『정신에 도래하는 신에 대하여』), Betticia Bergo trans., Stanford: Stanford University Press, 1998, pp. 15~32, 그리고 그의 *God, Death, and Time*, Stanford: Stanford University Press, 2000[『신, 죽음, 그리고 시간』, 김도형·문성원·손영창 옮김, 그린비, 2013], pp. 207~212.

# 6장 / 환대, 윤리, 그리고 정치

부채를 넘어선 의무, 경제를 넘어선 선물, 그리고 법을 넘어선 정의의 문제가 보다 구체화되는 여러 경로들 ——예를 들자면, 감사 또는 용서——이 있지만, 데리다가 정치의 문제를 제기하는 데 있어 가장 유익하다고 생각하는 것은 환대(hospitality)의 문제였던 듯하다. 이 장, '환대, 윤리, 그리고 정치'에서 나는 논의의 방향을 환대의 문제로 돌리게 될 것이다. 이를 위해, 먼저 이 문제가 왜 그리고 어떻게 정치적인 문제와 연관되는지를 확인하는 것이 적절할 것이다. 이는 다시 바울에 의해 환대의 문제에 주어진 중요성을 생각해 보는 데 도움이 될 것이며, 특히 로마서 14장과 15장 그리고 '환영'(welcome)이라는 표제하에 놓인 다른 서신들에서 이 주제를 다루는 논의를 생각해 보는 데 있어 그럴 것이다. 이는 코스모폴리타니즘[세계시민주의, cosmopolitanism]의 문제에 바울이 기여하는 바가 무엇인가라는 질문을 열게 되는데, 코스모폴리타니즘의 문제는 데리다가 비교적 최근에 제기했던 주제이며, 그가 어떤 특정한 바울을 ——즉, 에베소서의 바울을—— 명시적으로 언급했던 주제이기도 하다.

## 데리다, 환대에 관해서

윤리와 정치의 문제로서의 환대의 문제는 데리다의 사유 내에서 더욱더 두드러지는 장소를 점유하게 되었다. 이미 『다른 방향』에서 그는 유럽의 문제가 환대와 유사한 어떤 것의 문제에 열려 있다는 점을 주지했던 바 있다. "동일한 의무가 또한 외국인들을 환영하도록 명령하여 그들을 통합할 뿐만이 아니라 그들의 이타성(異他性, alterity)을 인정하고 받아들이도록 한다"(77). 환영의 문제 그리고 정치의 문제가 본질적으로 연결되어 있다는 것은 이미 여기에서 알려진 바 있다. 그리고 데리다에게 있어 이 문제는 어떤 특정한 이론적 고찰을 요구하는 것이지만(『환대에 대하여』, 「코스모폴리타니즘에 관하여」On Cosmopolitanism[1], 『종교의 행위』에 실린 「호스티피탈리티」Hospitality[2] 등), 또한 프랑스 안에서 그리고 밖에서 벌어지는 정치적 토론의 장에 대한 그의 가장 공공연한 개입들 중 일부를 촉발하는 문제로서 윤리와 정치의 문제를 지속적으로 주도하게 되었다.

환영 또는 환대의 문제가 단지 해체의 정치적 '관련성'에 대한 다른 주제들 중 하나의 예에 국한될 뿐이 아니라는 점이 몇 가지 논점에

---

1 이 글은 Jacques Derrida, *On Cosmopolitanism and Forgiveness*(『코스모폴리타니즘과 용서에 관하여』), Mark Dooley and Michael Hughes trans., London: Routledge, 2002의 첫 번째 부분이다. 『코스모폴리타니즘과 용서에 관하여』는 이하 『코스모폴리타니즘에 관하여』로 적는다. ─ 옮긴이

2 호스티피탈리티(Hostipitality)는 '환대'(hospitality)와 '적대'(hostility)가 주인(영어의 host 또는 프랑스어의 hôte)이라는 어원을 통해 겹쳐져 있다는 데리다의 사유를 보여 주는 조어법이다. 데리다는 이러한 겹침에 대하여 『환대에 대하여』와 「호스티피탈리티」에서 논하고 있다. ─ 옮긴이

서 명시된다. 예를 들어, 『코스모폴리타니즘에 관하여』에서, 데리다는 "**윤리는 환대이다.** 윤리는 환대의 경험과 너무나 철저하게 공외연적(coextensive)[3]이다"(17)라고 기술하고 있다. 게다가 그는 또한 이것이 단지 윤리(ethics)에 대해서만이 아니라, 그가 에토스(ethos)라고 또는 그보다는 이 글에서 문화라고 지칭하는 것에 대해서도 참이라고 주장한다. "우리는 환대의 윤리를 함양하는 것(cultivating)에 대해 말할 수 없다. 환대는 문화(culture) 그 자체이며 단순히 다른 윤리들 가운데 하나의 윤리가 아니다"(16). 이것은 단순히 임의적인 정식이 아니라 확고한 주장으로 반복되는 것이다. 예를 들자면, 『환대에 대하여』에서 그는 진행 중인 세미나를 언급하며 다음과 같이 기술한다. "우리는 또한, 한 지점에서, 환대의 문제가 윤리적 문제와 공외연적이라는 점을 상기했던 바 있다"(149). 그리고 데리다의 1997년 세미나에 대한 주석인 「호스티피탈리티」에서, 그는 "환대, 이것은 문화 그 자체"(『종교의 행위』, 361)라고 쓰고 있다. 환영과 환대의 문제는 이러한 대표적인 단언들을 통해 데리다의 고찰들의 전면에 위치한다.

그러나 또한 이에 따라 환영과 환대에 대한 언급이 우리가 이미 스스로 다루었던 문제들과 연관되어 있으며, 실질적으로 이 문제들과 치환 가능하다는 점에 주목해야만 한다. 우리는 데리다가 『법의 힘』에서 "해체는 정의"라고 주장했던 것을 기억한다(243).[4] 이 글에서 그는 환대와 관련하여 어떤 유사한 주장을 펼친다. "환대, 이것은 해체의 이름 또

---

3 동일한 외연을 가지는, 같은 공간 및 시간의 범위 내에 펼쳐지는, 공간 및 시간을 공유하는.—옮긴이
4 다른 형식이기는 하지만 이는 「조건 없는 대학」이라는 글에서 반복된 주장이다. 이 글에서 데리다는 해체가 '정의로서' 작동하게 되는 것이라고 말한다(『알리바이 없이』, 208).

는 예다"(「호스티피탈리티」, 364). 법과 관련된 정의에 대한 논의에서, 우리는 이미 『환대에 대하여』에서 나타나는 데리다의 고찰들에 대해 언급할 기회를 가졌던 바 있는데, 여기에서 그 정식은 가장 통상적으로 법들(laws)과 법(law)의 관계에 대한 것이었다. 그러나 그 논의에서는 또한 정의라는 주제, 즉 법 바깥의 정의라는 주제에 대한 연관이 명시적으로 드러난다. "절대적인 환대의 법은 권리에 따른 환대와의 단절을, 법 또는 권리들로서의 정의와의 단절을 명령한다"(『환대에 대하여』, 25). 이러한 정식과 유사한 정식이 또한 『고별사』에 실린 「환영의 말」에서 발견된다. "담론, 정의, 윤리적 올바름은 무엇보다 우선 **환영하기**와 관련되어야 한다"(35).

따라서 다음과 같은 문구를 읽게 되더라도 별로 놀라운 일은 아닐 것이다. 진정한 환대는 권리에 따른 환대와 이질적이기는 하지만, 진정한 환대는 "권리에 따른 환대를 영속적인 점진적 운동 내에 두며 유지[할 수 있다]. 그러나 진정한 환대는 기이하게도 권리에 따른 환대에 이질적인 것인데, 말하자면 정의가 법에 대해 이질적이지만 너무나 법에 가깝고, 실제로는 그로부터 분리 불가능한 것처럼 말이다"(『환대에 대하여』, 27). 정의의 요구가 법과의 관계에 들어서는 것처럼 여기에서 환대는 '권리'와의 관계에 들어서게 된다. 우리가 기대하게 되는 것처럼, 이 관계는 이질성의 관계이자 분리 불가능성의 관계다. 그리고 환대는 우리를 지금쯤은 이미 익숙해졌을 문제로 이끌어 가며, 특히 명료한 방식으로 이를 예시화한다. "문제는 어떻게 법을 전환하고 개선할 것인지, 그리고 이러한 개선이 역사적 공간 내에서 가능할 것인지 아는 것, 다시 말해 모든 새로 온 사람들에게, **그들이 누구이든**, 선험적으로 제공되는 어떤 무조건적인 환대의 **법**(the Law of an unconditional hospitality)과,

환대에 대한 권리를 구성하는 법들(constitutional laws) ─ 그 법들이 없다면 환대라는 무조건적인 **법**(the unconditional Law of hospitality)이 신성하고 무책임한 욕망으로 남게 될 위험에 처하는 ─ **사이**에 발생하는 역사적 공간 내에서 이러한 개선이 가능할 것인지 아는 것이다"[5](『코스모폴리타니즘에 관하여』, 22~23). 환대와 정의의 병렬적 관계는, 혹은 심지어 어떤 의미에서 '대체 가능성'은 또한 우리가 환대의 문제와 경제에 관련된 선물의 문제 사이에서 분명한 관계를 기대할 수 있도록 하며, 바로 그것이 우리가 발견하게 되는 어떤 것이다.

> 환대는, '틀림없이' 그것으로서의 어떤 것이기 위해 부채를 갚거나 또는 의무에 의해 지배되어서는 안 된다. 즉, 환대는 자비롭거나, '의무에 따르는' 혹은 심지어, 칸트적 구분을 다시 한번 사용하자면, '의무로부터' [초대되거나 또는 방문한] 손님에게 열리는 것이어서는 '안 된다'. 이 무조건적인 환대의 법은, 만일 그런 것을 사유할 수 있다면, 명령(imperative) 없는, 그리고 지시(order)나 의무 없는 법일 것이다. 요컨대 법 없는 법일 것이다. 왜냐하면 만일 내가 [단지 '의무**에 순응해서**'만이 아니라] '**의무로부터**' 환대를 실행한다면, 이러한 되갚음의 환대는 더 이상 절대적인 환대가 아니며, 그것은 더 이상 부채와 경제를 넘어서 은혜롭게 제공되는 것이 아니다. (『환대에 대하여』, 83)

---

5 '환대라는 무조건적인 법'과 '어떤 무조건적인 환대의 법', 그리고 이를 구성하는 법들 사이의 구분은 이 책의 2장에서 제시된 정의 : 법(권리) : 법들(권리들)의 구분과 동형적이다. 말하자면, 환대는 정의와 같은 위치에 놓이며, 이를 실행해야만 하는 무조건적인 법이 그 뒤에, 그리고 마지막으로 이를 구성하는 구체적인 법들이 따라 나오게 된다. ─옮긴이

우리가 데리다와 바울에 대한 고찰들에 직접적으로 관심을 기울였던 모든 주제들 또는 문제들은 이 정식에서 동시적으로 발생한다. 즉, 법을 넘어서는 법의 문제, 부채를 넘어서는 의무('해야만 하는')의 문제, 그리고 경제를 넘어서는 선물(또는 은혜)의 문제가 말이다.

그러나 법 너머의 법, 경제 바깥의 선물, 또는 부채 없는 의무와 너무나 유사한 절대적인 환대에 대해 말할 때, 우리가 의도하는 것은 무엇인가? 여기에서 관건이 되는 것은 타자로서의 타자에 대한 환영이다. 이러한 고찰들은 일반적으로 레비나스가 이미 타자에 대한 환영을 다루는 고찰을 통해 발전시켰던 논의에 대한 일종의 전유 및 변형이다. 비록 데리다가 특징적으로 환영의 문제를 환대의 문제로 전환하고 있기는 하지만 말이다.[6] 어쨌든 관건이 되는 것은 타자에 대한 열림, 즉 '나 자신'과 같은 것이 아니며 그렇게 되지도 않는 다른 것에 대한 열림이다. 환영받는 것, 즉 환대를 통해——타자를 자기의 연장 또는 반향으로 축소시키기 바라는 타자에 대한 알레르기적 반응과 상반되는 그러한 기쁨을 통해——받아들여지는 것은 바로 타자의 타자성(otherness)이라고 말할 수 있을 것이다. 이미 『다른 방향』에서 데리다는 타자, 이방인, 외국인을 통합하거나 동화하는 것(이 경우에, 그들을 유럽화하는 것)이 아니라, 그들의 타자성 또는 이타성(異他性, alterity)을 존중하며(실제로 어떤 의미에서 기뻐하며) 환영하는 의무의 문제로 이것을 정식화했던 바 있다.

환대의 개념을 복잡하게 전개하는 가운데, 데리다는 일부 레비나스

---

6 환대라는 주제와 '환영'이라는 보다 레비나스적인 용어의 관계에 관한 데리다의 고찰들을 위해서는 *Adieu to Emmanuel Levinas*(『에마뉘엘 레비나스에 대한 고별사』), Pascale-Anne Brault Michael Naas trans., Stanford: Stanford University Press, 1999, pp.21~25을 볼 것(이하 『고별사』).

의 정식들에 의존하고 있다. 예를 들어, 우리는 보통 주인을 결여가 없는 자, 다시 말해 오로지 자기-충만 속에서 같은 것이기를 지속하는 동시에 식술의 일시적인 연장으로서의 타자를 위한 공간을 만들어 내어 타자를 자비롭게 아우르는 자라고 가정할 것이다. 하지만 데리다는 프랑스어의 어원을 사용해서 hôte가 손님 또는 주인 가운데 어느 쪽이라도 말하는 것일 수 있다는 말장난을 하며,[7] 이에 따라 그런 방식의 말장난이 없었다면 자명한 것으로 간주되었을 구분을 교란한다. 레비나스의 도움을 얻어(그리고 『전체성과 무한』으로부터 『존재와 다르게』[8]에 이르기까지 등장하는 용어의 변형을 통해), 데리다는 인질(hostage)로서의 주인/손님에 대해 말하게 될 것이다. 즉, 타자에게 그리고 타자를 위해 자기-동일성을 포기하는 자로서의 주인/손님에 대해서 말이다(『고별사』, 54~55, 그리고 『환대에 대하여』, 109). 손님이 어떤 의미에서 주인의 재량에 달려 있다는 점은 어느 정도 생각할 수 있는 것이지만, 주인이 손님의 처분에 맡겨진다는 것은 약간은 더 많은 생각을 요구한다. 그 생각은 실제로 이중적인 성격을 가진다. 한편으로, 어떤 의미에서 그 또는 그녀의 집-에-있음(at-home-ness)이 세계 내에서 파생적이며 의존적이라는 의미에서, 주인은 근본적으로 손님이다. 그러나 주인으로서의 주인의 동일성은 거기에 손님이 있음에 달려 있다는 점 또한 사실이다. 주인이 되기 위해 나는 손님을 필요로 하며, 그 손님이 없다면 나는 주인이 될 수도 그

---

7 프랑스어의 hôte는 남성명사일 경우 주인을 의미하고 여성명사일 경우 손님, 방문객, 거류민을 의미한다. ― 옮긴이

8 Emmanuel Levinas, *Otherwise than Being, or Beyond Essence*, Alphonso Lingis Trans., Pittsburgh: Duquesne University Press, 1981[『존재와 다르게: 본질의 저편』, 김연숙 외 옮김, 인간사랑, 2010].

리고 '집에' 있을 수도 없다. 따라서 나의 주인으로서의 '동일성'은 손님에게 의존적이거나 또는 인질로 잡혀 있는 것이다. 그러므로 데리다는 "환대는 자기의 중단이 아닌가?"(『고별사』, 51)라고 묻는 것이다.

이 문제를 훨씬 더 급진적으로 밀어붙이는 경로들이 있는데, 이는 주체 또는 주체로서의 자기가 된다는 것이 무엇을 의미하는지에 대한 관념을 완전하게 함축하는 것, 그리고 주체가 타자와의 관계에 의해서 앞서 구성되는 방식 등이다. 이러한 경로에 대한 탐색은 신학을 위해 매우 유익하다고 생각하지만, 이 지점에서 우리는 이러한 의견들 중 몇몇으로부터, 무엇보다 바울이 로마서에서 관심을 가지는 것을 고찰함에 있어 어떤 도움을 얻을 수 있는지 이해하는 문제로 논의를 국한시켜야만 한다.


## 바울에게 있어서의 환영

바울은 로마서 14장에서 15장 47절까지 명시적으로 환영으로서의 윤리라는 주제를 전개하고 있으며, 우리는 곧 이 텍스트를 살펴볼 것이다. 그러나 우선, 우리는 이 주제가 아브라함에 대한 앞선 논의에서 이미 전제되고 있는 방식을 살펴보아야만 할 것인데, 왜냐하면 이러한 우선적인 고찰을 통해 은혜, 믿음, 그리고 정의라는 보다 익숙한 주제들과 바울의 권면이 어떻게 연결되는지 이해하는 데 도움을 얻을 수 있기 때문이다.


### 아브라함
데리다는 환대에 대한 논의를 통해, 이 [환대라는] 주제가 아브라함의 서사에 뿌리를 두고 있으며, 따라서 '아브라함적 신앙들'의 '기원'에서 유래된다고 언급한 일이 있다. "세 유일신적 종교들은, 아브라함적 종교들로서, 이 땅에 '낯선 사람, 손님(hôte), 이방인(ger)'으로 들어왔던 족장이자, 일종의 환대의 성자로부터 유래되었다"(「호스티피탈리티」, 369). 아브라함에 대한 언급은 루이 마시농(Louis Massignon)의 저술과 경력에 대한 데리다의 고찰에서 오는 것인데, 그는 종교의 개종이 아니라(마시농은 기독교인이었다), 오로지 믿음의 본질에 자리한 환대를 재현하기 위해 이슬람교인들을 환영하는 환대와 기도의 집을 설립했던 사람이다. 이것은 이중적인 의미에서 값진 예인데, 단순히 환대를 실행하고 그 예를 돌아볼 수 있는 시도였다는 이유에서만이 아니라, 마시농 또한 그가 환대를 제공했던 사람들 사이에서 한 사람의 '손님'이었기 때문이다. 이 주인과 손님의 기이한 상호 교환성은 아브라함을 상기시켜 그에 대한 숙고를 열어 내는데, 그는 그 땅에서 이방인이었으며, 어떤 부름에 응답하여 자신의 가족과 고향을 떠나게 되었던 사람이다(창세기 12:1~12:3). 창세기의 이야기는 우선 이방인들의 환대에 내맡겨진 그 거류민의 이야기다.

데리다는 그다음 아브라함이 주님[신 또는 신의 사자를 의미, the Lord]의 방문을 받게 되는 사건들로 눈을 돌리는데, 이 방문은 우선 아브라함이 [아브람이던 시절] 최초에 고향과 아버지의 집을 떠나도록 격려했던 그 약속이 반복되는 환상의 형식을 취하고 있다(창세기 15장). 바로 여기에서 그 서사로부터 "아브람이 주님을 믿으니, 주님은 그 믿음을 정의롭게 여기셨다"(15:6)는 이야기가 나온다. 이스마엘의 탄생으로 인해 외견상 약속이 성취된 이후에, 아브라함은 다시 한번 약속이 언명되고 치환되는 주님의 방문을 맞게 된다. 그러나 여기에는 데리다가 주인과 손님의 상황의 예시로 파악하는 사건이 있는데, 실제로 여기에서, 주인의 이름과 그의 정체성이 바뀌고(아브람에서 아브라함으로), 그런 것처럼 부인의 이름이 (사래에서 사라로) 바뀌게 된다.[9] 손님의 도래, 손님의 영접은 '주인'을 변화되지 않은 채로 내버려두지 않는다. 새로운 정체성이 새로운 이름에 의해 재현된다. "이것은 확실히 방문객이 '방문받은 자' 자신과 주인(hôte)의 집(chez-soi)을 근본적으로 압도하는 전형적인 환대다"(「호스티피탈리티」, 372).

여기에서 우리는 매우 간략하게, 그의 서사를 통해 환대의 당혹스러운 상황에 대한 몇 가지 특징을 보게 된다. 주인 역시 한 명의 손님이며(아브라함은 그 땅에서 손님이지만 타자의 방문에 대해서는 주인이다), 손님 또한 한 사람의 주인이고(누가 이 땅의 '소유자'인가?), 주인은 바로 그의 정체성 있어 손님의 방문에 의존적이라는 등의 특징들에 대해서 말이다. 바로 이러한 상황이 로마서 4장에서 바울이 (율)법 바깥의 또는 너머의 정의를 사유하려고 시도할 때 독자의 관심으로 들어오게 된다. 아브라함이 행하는 것은 바울에 의해 믿음과 정의 양자 모두로 칭해지는데, 바로 방문자의 도래를 환영하고, 그 자신의 정체성에 있어 방문자의 말 또는 약속에 의지하는 것이다. 믿음의 기원은 타자를 환영하고, 신뢰하며, 의지하는 환대의 장면에 있다.[10]

---

9 아브람은 '높은 아버지'라는 의미이며 아브라함은 '많은 사람의 아버지'라는 의미. 이와 유사하게 사래는 '나의 공주'를 뜻하지만 사라는 '왕녀' 또는 '귀부인'을 의미한다. ─ 옮긴이
10 비록 내가 아는 한 데리다가 이런 말을 한 적은 없지만, 방문자의 도착이라는 상황은 언제나 약속으로 기입되어 있는 듯 보인다. 즉, 방문자의 도래는 약속의 도래(물론 배신당할 수도 있는), 평화, 샬롬(shalom), 살람 알레쿰(salam alaichum), 즉 모든 환대의 문화에서 방문의 장면을 여는 말의 도래다. 아브라함에 대한 어떤 행복(well-being)의 약속은 단지 이미 모든 방문의 순간에 기입되어 있는 약속에 대한 특수한 지정일 뿐이다.

## 환영

이것을 염두에 두고, 우리는 이제 로마서에서 이 주제에 대한 보다 명시적인 표현으로 눈을 돌릴 것이다. 이것은 바울의 텍스트 중 소위 교훈적인 부분에서 나오는데, 여기에서 바울은 그의 독자들에게 법을 넘어서는 정의, 선물로서의 정의라는 주제의 전개에 이어지는 몇 가지 귀결을 제시하고자 시도한다. 이미 로마서 12장 13절에서 바울은 그 원칙을 명령의 형식으로 표명했던 바 있지만——"환대를 이방인들에게 제공하라"——다음 부분에서 그는 애초에 민족이 다르다는 의미에서의 이방인이 아니라, 다른 의견에 속한다는, 달리 말해 다른 종교에 속한다는 의미에서의 이방인들에 대해 다시 이런 형식을 취한다.

이 부분은 명령으로 시작된다. "믿음으로 약한 자들을 환영하고, 의견들에 대해 논쟁하기 위한 목적으로 하지 마십시오"(14:1). 그리고 "그러므로 그리스도께서 당신들을 환영하셨던 것과 같이, 여러분도 서로 환영하십시오"(15:7)라는 명령으로 결론을 내린다. 환영하라는 명령을 위한 계기는 일정 이상 고질적인 의견 차이들과 관련된다. 어떤 차이들인가? 고기를 절제해야만 한다고 생각하는 사람들이 있는 반면, 고기를 먹어도 좋다고 생각하는 사람들이 있었던 것이 드러난다.[11] 어떤 사람들

---

11 이것은 데리다에게 있어 중요한 주제인데, 그는 서방의 그리고 아브라함적 전통들의 육식 습관이 자신의 만족을 위해 살아 있는 것을 냉혹하게 희생시키는 특성을 드러낸다고 말한다. 이에 따라 데리다는 육식적인 섭생을 그가 그 전통을 비판하는 팔루스-로고스중심주의(phallogocenticism)에 연결시킬 수 있는 것이다(「잘 먹는다는 것」, 『논점들…』, 280~281). 나는 데리다가 채식의 원칙을 고수하는 사람들을 믿음이 약한 자들이라 말하는 바울의 태도를 전적으로 자기만족을 위한 것으로 보지 않았을 것이라고 추측한다. 비록 바울이 여러 차례 여성혐오와 가부장적 태도로 빠져드는 것을 감안하여, 여기에서 제시된 바울의 의견이 자기만족적 태도에 적합하다고 봤을 수도 있겠지만 말이다.

(같은 사람들?)은 또한 포도주를 마시는 데 반대했지만, 다른 사람들은 포도주는 별 문제 없다고 생각했던 듯하다. 또한 어떤 특정한 날이 다른 날보다 더 선하거나 또는 보다 적합한지에 대해, 또는 모든 날들이 동등하게 선한지에 대해 잠재적인 논쟁이 있다. 이 모든 차이들이 어떻게 정리될 수 있을지에 대해서는 전적으로 명확하지만은 않다. 고기를 먹거나 또는 포도주를 마시는 데 반대하는 사람들, 그리고 어떤 특정한 날의 특별함을 준수하기를 선호하는 사람들이 한 그룹으로 엮이는가? 또는 여기에서 하나 이상의 집단이 지시되고 있는가? 그리고 바울은 유대적 율법에 의해 영향을 받은 집단들에 대해 이야기하고 있는 것인가, 아니면 이교적인 관점에 의해 영향을 받은 여러 집단들에 대해 이야기하고 있는 것인가? 이 문제들은 다루기 어려운 것들이다.[12] 운 좋게도, 이 문제들을 해결하기 위해서 바울이 여기에서 애써 말하고 있는 것을 이해할 필요는 없다. 중요한 것은 이 의견 차이들은 분명히 공동체의 삶을 위협하거나, 좀더 정확하게 말해서, 새로운 정의, 법을 넘어선 정의, 선물에 기초한 정의를 공동체가 구현하기 위한 하나의 가능성을 위협하는 것이다. 분명히 그 무엇도 환대를 주고받을 가능성을 이런 정도로 위협하지는 않는다. 어떤 것을 먹을지 먹지 않을지, 혹은 먹어야 할지 먹어서는

---

12 포도주와 육식에 반대했던 이교 집단들이 있었는데, 이들은 아마도 인도로부터 유래한 관념에 영향을 받았을 것이다. 유사한 금기를 실천하던 유대인 집단이 실존했다는 증거는 거의 없지만, 적어도 일부 기독교인들이 노아 이전 시대의 생활양식을 구현하고자 했을 수도 있다. 말하자면, 노아는 포도주의 발명자이자(창세기 9:20), 인간이 육식을 해도 좋다는 신의 허락을 받았던 사람이다(9:3). 반면, 노아와의 계약은 "땅 위의 모든 육신을 입은 살아 있는 피조물"과 맺은 계약으로 재현된다(9:16). 즉, 명시적으로 인간 동물을 포함한 모든 동물들과 맺은 계약으로 말이다. 동일한 계약적 텍스트가 살인은 신에 대한 모독—"인간은 하나님의 형상이므로"—이라고 분명히 못박지만, 사형은 폐지되는 것이 아니라 인가되고 있다(9:6).

안 될지에 대한 원칙과 같은 정도로 환대를 위협하는 것은 없다는 말이다. 다른 맥락에서, 데리다 역시 이러한 논점을 제시한다.

> "우리는 잘 먹어야 한다(One must eat well)"[13]라는 주제에 대한 무한하게 환유적인 문제는 단지 나를 위해서, '자기'를 위해서만 양분이 되는 것이어서는 안 되는데, 이는 요컨대 잘 먹은 것이 아니며, 그것은 공유되어야 한다.······ 우리는 결코 전적으로 혼자서만 먹지 않는다. 이것이 "우리는 잘 먹어야 한다"는 진술에 깔려 있는 규칙을 구성한다. 그것은 무한한 환대를 제공하는 규칙이다. 그리고 모든 차이, 단절, 그리고 (심지어 종교 전쟁이라고 말할 수도 있을) 전쟁에서도, 관건은 '잘 먹는다는 것'이다. (「잘 먹는다는 것」, 282)

여기에서 두 가지 주제가 합쳐지는데, 말하자면 환대의 문제가 음식 나눔이라는 주제와, 심지어 종교 전쟁과 같은 단절에서도 관건은 바로 음식 먹기와 나눔이라는 주제가 합쳐지는 것이다. 그렇다면 타자에 대한 환대의 문제는 즉각적으로 잘 먹는다는 것이 무엇을 의미하는지에 대한, 무엇을 먹고 나누는 것이 적합한지에 대한 의견의 차이들에 의해 위협받게 된다.

여기에서 중요한 것은 바로 '종교'의 차이라고 말할 수 있을 것이다. 확실히 종교에 있어서는 다른 어떤 것의 차이보다 먹는 것의 차이가 크다. 특히 종교인들이 만나 서로를 환영하는(또는 환영하지 않는) 입장에

---

13 여기서 well이라는 단어는 '잘'이라는 의미도 담고 있지만 '제대로', '적합하게'라는 의미도 지닌다. ─옮긴이

처할 때, 이것은 참이다. 인도에서 힌두교인들과 이슬람교인들은 고기를 먹는 문제에 의해 분리된다. 기독교인들과 유대인들은 다른 여러 문제들 중 포도주를 마셔도 되는지에 대한 문제에 의해 이슬람교인들로부터 구분되는데, 예를 들어 이 문제는 사우디아라비아에서는 결코 하찮은 문제가 아니다. 유대인과 이슬람교인들은 (다른 여러 문제들 중) 돼지고기를 먹어도 되는가 하는 문제 등으로 인해 기독교인들과 의견을 달리한다. 신학자들은 신성(神性)에 대한 관념과 텍스트 해석과 같은 것들에 집중할 것이고, 사제들은 경배의 형식에 대해 고민할 터이지만, '신자들'은 가장 일반적으로 무엇을 먹을지 또는 잘 먹는 것이 어떤 것인지에 대해 의견을 달리하는 종교적 차이들에 직면하게 된다. 바로 여기에서, 거룩한 날의 문제에 대한 가능적 예외를 두고, 종교의 차이로서의 차이는 모든 날에 대해 가장 첨예한 갈등을 드러낸다. 말하자면 금요일인지, 토요일인지, 또는 일요일인지, 아니면 그 외의 다른 어떤 날이거나, 혹은 아예 그런 날이 없는지에 대한 문제에서 말이다.

바울의 인식에 따르면 이 문제들은 하찮은 문제가 아니라, 그가 말할 것처럼, 양심의 문제이다. 즉, 신에 관한 각자의 자기-이해를 수반하는 문제라는 것이다. 확실히 바울은 여기에서 자신을 음식, 마실 것, 또는 날들[거룩한 날들]에 대해 염려할 필요가 없다고 생각하는 사람들의 편에 위치시킨다. 그는 "나는 아무것도 그 자체로 부정한 것은 없다고 확신합니다"(로마서 14:4)라고 말하는데, 이 입장은 우리가 오늘날 세속적인 인본주의자에게 연관시키고 싶은 유혹을 받을 법한 것이다. 즉, 음식, 마실 것, 그리고 날들[거룩한 날들]에 대해 비종교적인 태도를 수용할 뿐만 아니라 이런 것들에 대해 그런 야단법석을 떠는 모든 종교적인 의견들에 대해 상당히 의심하는 태도를 취하는 사람과 관련시키고 싶은 유혹을 말이다. 물론 심지어 신이 없는 세계에서도, 이러한 동일한 종류의 차이들은 끝없이 제기되는 듯하다. 물론 오늘날 그러한 차이들은 가장 일반적으로 건강, 식이요법 등의 깃발을 들기는 하지만 말이다. 이는 [스스로] 안전하기 위해 그리고 타자를 안전하게 하기 위해 노력하는 다른 길들, 다시 말해 구원을 위한 다른(또는 같은?) 추구일 뿐이다.

어쨌든 바울은 여기에서 사실상 '종교'가 지닌 차이로서의 차이들의 문제를 다루고 있다. 그리고 그 차이들은 타자로서의 타자에 대한 환대, 또는 이들에 대한 환영의 가능성 자체를 위협한다. 왜냐하면 그런 차이들을 유발하는 것은 자기 자신의 견해가 올바르다고 주장하려는 시도이며, 따라서 타자를 자신의 입장 또는 종교의 올바름으로 '개종시키기' 위해 타자를 초대하려는 시도이기 때문이다.

바울이 이런 종류의 주제를 다룰 필요에 대해 인식하게 된 것은 결코 로마서가 처음이 아니다. 코셰르[유대인들의 음식에 관한 정결규례, Kosher]와 유사한 어떤 것을 준수하는 문제가 처음으로 다루어졌던 곳은 갈라디아서로 보인다. 바울과 베드로는 다른 유대인들을 대동하고 이교도들과 함께 음식을 먹었는데, 이때 환대를 제공하고, 특히 받게 되는 입장에 서기 위해 그들 스스로의 종교적인 관습을 어긴다. 그러나 율법을 보다 잘 준수하는 유대인들(당연히 그들 또한 기독교인들인)이 나타나자, 베드로는 이교도들과 함께하는 식탁에서 물러나는 모습을 보였다. 적어도 바울이 그 이야기를 되새기는 방식은 이런 것이며(갈라디아서 2:11 이하), 그는 이 일로 베드로의 표리부동을 비난한다. 왜냐하면 여기에서 본질적인 것은 서로를 환영하기 위해, 서로와 함께 빵을 떼기 위해, 종교적인 금기를 무시하는 것이라고 믿기 때문이다. 상당히 다른 정황이 고린도에서 우상들에게 바쳐진 고기를 먹는 문제 ——즉, 적어도 이교적인 희생제의에 대한 그리고 따라서 이교적인 종교에 대한 사실상의 참여 —— 와 관련하여 발생했던 것으로 보인다(고린도 전서 8~10장).[14] 이 지점에서 바울의 텍스트에 실린 세부적인 내용으로 들어갈 필요는 없다. 비록 그러한 내용이 끝없는 생각할 거리를 제공하기는 하겠지만 말이다. 우리가 이해해야 할 것은 바울에게 구체적으로 중요한 문제는 어떻게든 환대를 주고받을 수 있는 혹은 "서로를 환영"할 수 있는 조건들로 이어지는 새롭고 급진적인 정의의 형식을 예시화할 집단들의 양육이라는 점이다.

위협에 처한 환대라는 이 상당히 난처한 상황에서, 바울의 반응은 그가 자신과 동일시하는 사람들(여기에서 "[믿음이] 강한 자들"이라 지칭되는)의 주체성에 문제를 제기하는 것이다. 실제로 바울은 그들이 타자의 입장을 배려하여 그들 자신의 종교적 신념을 내려놓아야만 한다고 주장한다. 즉, 이러한 일종의 상호적인 환영의 맥락에서 환영하거나 또는 환영받을 수 있기 위해서는, 그가 말 건네는 사람들의 주체성으로부터 구별되는 의견을 희생시켜야만 한다. 그렇지 않다면 환대는 일어나지 않을 것이며, 그에 따라 법을 넘어선 정의는 일어나지 않을 것이다. 금기를 가진 사람들이 그러한 금기를 제거해야만 한다고 말하는 것은

---

14 고린도 전서와 갈라디아서에서 환대를 베푸는 것보다는 받는 문제가 강조되고 있다는 점에 주목해야만 한다. 갈라디아서에서 이 문제는 예루살렘으로부터 이주한 유대 기독교인들이 섭식 규정을 준수하지 않는 사람들과의 환대의 자리로부터 또는 이들과 음식을 나누는 자리로부터 빠져나가는 것이 문제가 되며, 한편 고린도 전서에서는 고기가 어디로부터 온 것인지에 대해 고려하지 않는 (이교도) 주인에 의해 차려진 식사를 받아들이는 것과 관련된다. 로마서에서, 이 문제는 손님과 주인 양자 모두에 대해 보다 포괄적인 것인데, 왜냐하면 관건이 서로를 환영하는 문제이기 때문이다. 나는 이후에 이 문제로 돌아가게 될 것이다.

그러한 논변을 시작하는 너무나 간편한 방식이다. 그것이 바로 바울이 갈라디아서에서 베드로에 관해 주장했다고 여겨지는 어떤 것이다. 그러나 바울은 심지어 이러한 상당히 자유주의적인 의견조차도 일종의 금기라는 점을, 즉 어떤 종교적 차이라는 점을 알고 있었고, 그 의견이 자신의 의견과 같다고 여겼기에, '깨우친[계몽된, enlightened] 사람'이 종교적인 사람에게 양보해야 한다고 말한다. 엄밀하게 볼 때 신의 지배(또는 심지어 도래할 민주주의)는 타자들에게 종교적인 관점들을 강요하는 것이 아니므로, 어떤 특정한 깨달음[계몽, enlightenment]의 입장이 강요되어서는 안 된다.[15] 우리는 환대의 상황이 (단지 손님만이 아니라) 손님과 주인 모두를 자기-과신적이며 자기-만족적인 정체성의 포기라는 입장에 위치시킨다는 것을 보았다. 그리고 이러한 상황은 우리가 여기에서 또한 [믿음이] 강한 자들을 향한(그리고 어쩌면 이후에는 약한 자들에게도 향하게 될) 바울의 권면에서 발견되는 것이다. 말하자면, 정말로 중

---

15 내가 보기에 이것은 오늘날의 상황 내에서 데리다가 잘 알고 있었던 것이며, 이런 생각은 특정한 이슬람 '근본주의자들'이 자신들의 종교적인 계율 또는 의견을 지키기 위해 '보편적인 인간적 가치들'을 위협한다고 주장하는 자들과 상당히 날카롭게 대비된다. 데리다는 다음과 같이 묻는다. "유대-기독교적 서방에 의해 최선의 대의들(국제법의, 민주주의, 인민들의 주권, 민족들 또는 국가들의, 심지어 인도주의적 명령)의 이름으로 이끌어진 전쟁들이나 군사 '개입들' 또한 어떤 특정한 측면에서 종교 전쟁들이 아닌가?"(「믿음과 앎」, 25). 종교적 관용의 옹호자들이 기억하지 못한다고 간주되는 그들의 견해가 바로 어떤 종교적 견해이며, 근본주의자들에 대한 전쟁이 종교적 전쟁이라는 점이다. 특히 그들의 견해가 보편적인 인간적 가치 및 권리들을 대표한다고 주장하면서도, 그 반대를 주장하는 것을 보자면 말이다. 이런 것의 특히 지독한 예는 전쟁을 정당화하기 위해 「왜 우리는 싸우는가」(Why We Are Fighting?)라는 제목으로 미국의 지식인들이 발표한 선언문이다. 무엇에 대한 전쟁인지는⋯⋯ 글쎄. 그것은 문제의 일부일 뿐인데, (앞서 말한) 이러한 지식인들이 특이하게도 그들이 불관용이라고 비판하는 자들에 대한 제한 없는(open-ended) 전쟁을 찬성하는 듯하기 때문이다. 즉, 이러한 정당화는, 예를 들어 어떤 특정한 테러리스트 집단을 응징하는 일에만 한정되지 않는데, 그것은 어디까지나 국가 간의 전쟁보다는 치안의 문제일 것이다.

요한 것을 위해, 선물 또는 은혜에 기초한 정의의 도래를 위해, 자신의 '정체성'을 내려놓고 서로를 받아들이라는 권고에서 말이다. 따라서 그는 "음식 때문에, 하나님의 일을 파괴하지 마십시오"(로마서 14:20)라고 말한다. 그러나 이 "하나님의 일"은, 우리가 이미 살펴본 그대로, 선물에 기초하는 그리고 부채를 넘어선 의무에서 유래하는 것이다.[16]

우리는 또한 바울에게 있어 먹을 것인지 말 것인지의 문제가, 특히 고린도 전서에서 그러나 또한 여기 로마서에서도, 어떤 의미에서 '결정 불가능'하다는 점에 대해 주목할 수 있을 것이다. 즉, 어떤 경우에도, 관건이 되는 것은 메시아, 신, 그리고 정의를 무조건적인 준거로 삼는 것이다. 그러나 먹거나 또는 먹지 않는 것, 마시거나 또는 마시지 않는 것 중 어느 쪽이라도 이러한 메시아적인 것에 대한 충성을 예시화할 수 있어야만 한다. 스스로의 마음속에서 '완전히 확신하는' 사람들 개개인은, 어쨌든, 그러한 결정이 '강령'이 될 수 없으며 단적으로 무조건적인 '원칙'으로부터 자동적으로 연역될 수도 없다는 점을 인정한다. 바울에게 있어 이러한 논의들의 완전한 전개는 또한 책임, 결정, 그리고 협상의 문제들로 향하는 데리다의 유익한 고찰로 우리를 이끌게 될 것이다. 여기에서, 이러한 전후 관계가 간단히 논급될 것이며, 이 문제들에 대한 데리다의 논의는 또 다른 기회로 미뤄진다.

---

16 정체성(identity)과 '이해관계'(interest)는 바울이 여러 차례 다시 다루는 문제다. 예를 들어, 빌립보서에서 그는 독자들을 경계(警戒)한다. "여러분은 자기 이해관계만 돌보지 말고, 서로 다른 사람들의 이해관계도 돌보아 주십시오"(로마서 2:4). 메시아의 자기-비움이 이에 대한 예시로 기능한다(2:5~2:8). 데리다는 도래할 민주주의라는 주제와 관련하여 주권 개념에 의문을 제기하는데(국가와 '주체'subject 양자 모두에 있어서), 한 가지 잠정적으로 유익한 탐색의 경로는 데리다의 이러한 문제제기, 그리고 바울이 메시아적인 것에 대한 참여에 있어 중요하다고 여기는 다양한 방식의 자기부인 사이의 관계를 살피는 것이다.

### 메시아의 환영

이 문제에 대한 논의의 말미에서, 바울은 "그리스도가 여러분을 환영하셨듯이 서로를 환영하십시오"라고 말한다(로마서 15:7). 이것은 상당히 흥미로운 문구다. 그가 "메시아가 여러분을 환영하셨듯이"라고 말하는 이유는 무엇인가? 그리고 이 문구는 서로를 환영하라는 요청을 어떤 방식으로 구체화하는가?

타자를 환영하라는 요청은 히브리서 13장 2절에서 이 요청의 구체화를 위한 상당히 다른 근거를 얻게 된다. "왜냐하면 그리하여 어떤 이들은 알지 못하고 천사들을 대접하였기 때문입니다." 이 말이 지시하는 것은 틀림없이 신의 사자들을 환영하는 아브라함의 환대이며(창세기 18장), 이 이야기 이후에는 바로 동일한 사자들을 향한 소돔 사람들의 반-환대(antihospitality)에 관한 이야기가 이어진다(19장). 그러나 그것은 또한 오비디우스(Ovidius)의 이야기에서 필레몬(Philemon)과 보키스(Baucis)가 나중에 신들(제우스와 헤르메스)이었음이 밝혀지는 이방인들을 환영하는 이야기의 주제이기도 하다(『변신』Metamorphosis, 8권).[17]

그러나 바울은 서로를 환영하라는 명령을 구체화하기 위해 이러한

---

17 제우스와 헤르메스를 환대한 필레몬과 보키스 부부의 이야기. 두 신이 이들 부부가 사는 동네에 들어왔을 때, 아무도 두 신을 집에 들여 환대하지 않았다. 필레몬과 보키스 두 부부만이 두 신을 맞아들이는데, 두 신에게 따라 주던 포도주가 줄지 않는 것을 보고 부인 보키스가 먼저 신들을 알아보게 된다. 두 신은 이들 부부에게 동네를 떠나 산꼭대기에 이를 때까지 돌아보지 말라고 명했고, 이들이 산꼭대기에 이르러 그들이 살던 동네를 돌아봤을 때, 그 동네는 이미 물에 잠겨 있었다. 이들 부부의 집은 이후에 신전이 되었고, 이들 부부는 신전 지기가 되어 평생을 함께 살다가, 죽은 이후에 졸참나무와 참피나무가 되어 함께 서 있게 되었다고 한다. 신약성서의 사도행전에는 바울과 바나바의 일화가 있는데, 이 일화는 카프카의 『변신』 이야기에 수록된 이 부부의 이야기가 두 세대나 지난 1세기경에 미쳤던 영향력을 잘 보여 준다. 사도행전 14장 11~12절 참조. ─옮긴이

예증적 서사들에 의지하지 않는다. 그 대신 그는 "메시아가 여러분을 환영하셨듯이"라고 말한다. 이러한 칭의(justification)의 형식은 우리가 레위기에서 발견하게 되는 형식과 상당히 유사한데, 여기에서 이스라엘인들은 그들이 이집트에서 이방인들이었기에 이방인들에게 환대를 베풀 수 있어야 한다는(hospitable) 명령을 받게 되며 ——"너희들은 이방인을 자신과 같이 대해야 하는데, 왜냐하면 너희가 이집트에서 이방인이었기 때문이다"(레위기 19:34) ——이러한 맥락은 율법(the Law)[18]에서 자주 반복된다(출애굽기 22:21; 신명기 10:19). 우리가 이방인이며 우리를 받아들여 준 사람들의 친절에 의존하고 있기에, 우리도 힘없는 방랑자를 친절하게 받아들여야 한다는 것이다. 바울 역시 이러한 형식을 사용할 것이지만 그럼에도 같은 내용을 사용할 수는 없다. 왜냐하면 바울은 유대인들보다는 이방인 또는 이교도에게 말하고 있기 때문이다. 그가 말 건네고 있는 사람들은 그들 스스로가 이집트에서 거류민이었던 자들이었다고 생각할 수 없다. 따라서 바울은 이집트에서의 이스라엘(Israel)[19]과 그의 아들들이 받은 환영을 대신하여, 메시아에 의해 이방인들에게까지 연장된 환영을 언급한다. 서로를 환영하라는 명령을 위한 기초로 기능하는 것은 이러한 선행적인 환영이다. 그러나 어떻게 바울이 말 건네는 자들이 메시아에 의해 환영되는가? 어떤 방식으로 그들은 이스라엘의 메시아에 의해 환영되거나 또는 받아들여졌는가?[20]

---

18 창세기·출애굽기·레위기·신명기·민수기로 이루어진 '모세 5경'을 말한다. ——옮긴이
19 야곱의 다른 이름. 이스라엘 민족은 야곱의 열두 아들의 이름을 딴 부족들로 이루어져 있다. ——옮긴이
20 다시 한번, 방점이 찍히는 곳이 환영받는 것 또는 환대를 제공받는 맥락이며, 환대 및 환영의 행위 주체가 되는 맥락이 아니라는 점에 주목한다. 이 상황이 분명히 레비나스와 데리다에 의해 설명된다고는 하지만, 어쨌든 얼마나 더 반대편에 강조가 집중되는지는, 즉 방점

이러한 질문은 원래 유대인들만을 위한 약속을 통해 이방인들이 환영을 받는다고 말하는 로마서 9~11장의 난해한 논변으로 독자를 되돌려 놓는다. 이 논변이 그가 환영과 관련된 자신의 권고를 구체화하려는 의도를 지닌 논변이라는 점은 그 부분 바로 뒤에 이어지는 구절에서 명확해진다. "왜냐하면 메시아는 하나님의 진리를 위해 할례받은 자의 종이 되어 조상들에게 주어진 약속들을 확증하셨고, 이방인들이 하나님께 그의 자비에 대해 영광을 돌리도록 하셨음을 내가 말하기 때문입니다"(로마서 15:8~15:9a). 이 자비라는 용어는 즉시 어떻게 조상들에게 약속이 성취되었는지, 그리고 어떻게 이방인들이 자비를 얻게 되는지에 대한 논의로 향한다. 그 논변은 이미 어느 정도 바울이 로마서 4장에서 아브라함에 대해 했던 말에 의해 선취되고 촉발되었던 것이다. 그러나 여기에는 동시대의 이스라엘이 처해 있는 운명에 대한 문제가 남겨져 있으며, 바울은 이를 그리 만족스러운 상황으로 받아들이지 않는다. "왜냐하면 나는 내 민족을 위해서라면 내 자신이 저주를 받아 메시아로부터 끊어져 나가는 것도 바랄 수 있기 때문입니다"(9:3). 이 지점은 바울이 이 상당히 연장된 논증에서 말하고자 하는 모든 것을 드러내는 곳이 아니다. 하지만 바울이 전개하는 논변의 요지는 자신의 민족(중 많은 사람들)이 메시아를 거부했기에 이방인들이 자비를 얻게 되는 예기

---

이 손님으로서의 주체가 아니라 주인으로서의 주체에 찍힌다는 점은 놀랍다. 생각해 볼 것은 이들의 설명에서, 심지어 서구적 주체성을 심문하고자 하는 중에도, 환대의 맥락에서 주인을 강조하는 경향이 어느 정도까지나 이러한 주체성의 의도하지 않은 지속에 기인하는지에 대한 문제다. 이러한 관점의 역전은 복음서들에서 훨씬 더 충격적인데, 여기에서 메시아의 대역들 또는 제자들은 이방인들의 친절함에 의존하게 된다(마가복음 6:10~6:11). 누가복음에서, 예수의 말씀을 경청하는 자들은 좋은 손님이 되는 길에 대해 가르침을 받는다(누가복음 10:5~10:8, 14:7~14:11).

치 못한 결과를 얻는다는 것이다. 이런 이야기는 즉, 좋은 소식이 율법과는 별개로 그들에게 직접적으로 선포된다는 이야기다. 어쨌든 바울의 논변이 말하는 것은 이방인들에 대한 열림과 그들이 조상들의 약속이라는 뿌리줄기에 접붙여짐에 의해 이스라엘이 내쳐지지 않는다는 것이다. 반대로, "하나님의 선물과 부름은 되돌릴 수 없"는 것이다(11:29). 결과적으로, 바울은 이방인들에 대한 그 자신의 소중한 사역에 의해 종국에는 "**모든** 이스라엘이 구원을 얻게" 될 것이라고 말한다(11:26). 그리고 또한 이스라엘이 이방인들에 대한 축복이 될 것이며, 이방인들에게 정의가 전달되는 길이 될 것이라는 조상들에 대한 약속은 숨겨진 방식으로 성취될 것이다. 바울은 그의 논변이 어디로 향하고 있는지 알지 못했으며, 최소한 그 논변에 의해 바울 자신조차도 로마서 독자가 놀라는 만큼이나 놀라고 있을 공산이 크다. 그 최소한의 놀람은 바로 알아들을 수 없는 말(glossolalia)[21]이 돌발적으로 터져 나오려는 상태에서 자신의 말을 끝맺는 부분이다. "오, 하나님의 부요(富饒)하심과 지혜와 지식의 깊이여! 어떻게 그의 판단들을 헤아릴 수 있으며, 그의 길들을 조사할 수 있겠습니까!"(11:33) 바로 그런 이후에 그는 선물에 관해 말하게 되며 ── "누가 그에게 선물을 드리고 답례를 받으려 합니까?"(11:35) ── 이 선물에 대한 언급으로부터 다시 경제 너머의 선물 그리고 선물의 알 수 없음에 대한 문제로 향하게 된다.

여기에서 이 비범한 논변의 핵심, 즉 바울의 편에서 보자면 대담한 공연이라고도 불릴 수 있을 법한 부분의 핵심은 그가 이제 그 문

---

21 방언, 혹은 성서에서 나타나는 성령의 감동으로 하게 되는 알아들을 수 없는 다른 지방의 말. ─옮긴이

구——메시아가 당신들을 환영했던 것처럼 서로를 환영하십시오——를 환대에 대한 권면의 기초로 내세울 수 있게 되었다는 것이다. 이는 결국 메시아가 모든 사람을, 유대인과 이방인 모두를, 그리고 따라서 모든 종교적인 거리낌, 관습, 원칙을 넘어서는 모든 것을 환영했다는 것이기 때문이다. 그러므로 환영에 의해, 이 환대의 선물을 통해 존재하게 된 새로운 사회성[교제, sociality] 내에서 발견되는 모든 사람들의 삶에 구체적으로 표현되는 것은 바로 이 포괄적인 환영이다.

## 코스모폴리타니즘

데리다에게 있어 환대 또는 환영의 문제는 단지 윤리적인 문제(*the ethical question*)에만 국한되는 것이 아니라, 또한 어떤 의미에서 볼 때, 정치적인 문제(*the* political question), 즉 오늘날의 정치에 관한 문제이다. 그리고 그가 바울을 동시대적인 정치적 삶에 있어 관건이 되는 코스모폴리타니즘의 기초로 지칭하게 된 계기는 바로 이러한 환대가 윤리적·정치적 함의를 가진다는 테제와 관련된 것이다. 어떤 의미에서 정치의 문제가 여기에서 중요한지 그리고 바울이 그런 정치의 가능성에 대한 표명에 있어 중요한 역할을 맡게 되는지, 그리고 결국 정치적인 사상가로, 심지어 정치 철학자로 이해될 수 있는지에 대해 이해하기 위해, 우리는 데리다의 사유가 지닌 이러한 차원을 탐색하고, 이런 측면에서 어느 정도까지 [데리다의] 바울 인용을 확인할 수 있을 것인지에 대해 살펴볼 것이다.

1999년 11월 유네스코(UNESCO)[22] 회의에서 행해진 "세계화, 평화 그리고 코스모폴리타니즘"이라는 제목의 연설에서, 데리다는 글로벌라이제이션(globalization)²³에 반대되는 것으로서의 몽디알리자시옹(mondialisation)의 중요성에 대해 논급하면서, 다음과 같이 말한다.

나는 그 분석을 직접적으로 추구하기보다, 시간이 부족하기 때문에, 그것을 유비로, 그저 평범한 유비가 아니라, 바로 세계(monde)와 몽디알리자시옹이라는 개념들의 예를 사용하는 유비로 예증하고자 시도할 것입니다. 만일 내가 이 개념들과 글로벌라이제이션 또는 글로발리지에룽(Globalisierung) 사이의 구분을 주장한다면(글로벌라이제이션이, 그리고 프랑스에서도 정치가들과 미디어의 수사에서 글로벌라이제이션이 더욱 강조될 정도로 전체적인 것이 되어 가고 있다는 것을 언급해야만 할 것인데),²⁴ 그것은 세계의 개념이 어떤 역사를 향하여 몸짓하며, 역사가 세계의 개념을 지구(globe), 우주(universe), 땅(earth)의 개념으로부터, 심지어 코스모스[우주, 우주적 질서, cosmos]의 개념 ──적어도 이후에 성 바울이 기독교화하여 그것이 **세계를** 인간 존재들의, 동료 피조물들의, 형제들의, 신의 아들들의 그리고 서로에 대한 이웃들의 **우애적** 공동체로 말해지도록 한 기독교 이전의 의미에서의 코스모스[의 개념] ──로부터 구분하는 기억을 가지기 때문입니다. 실제로 세계는 특

---

22 United Nations Educational, Scientific and Cultural Organization, 유엔 교육 과학 문화 기구. ──옮긴이

23 여기에서 데리다가 말하는 몽디알리자시옹(mondialisation)과 구별하기 위해 원어 발음으로 표기했다. 뜻은 둘 모두 '세계화'로 새길 수 있으나, globalization은 일자적인, 전체적인, 포괄적인 세계화를 뜻하는 것이며, mondialisation은 이러한 세계화가 아닌 있는 그대로의 모든 것이 인정되는 방식의 세계화를 말한다. ──옮긴이

24 인용단락 맨 앞에서부터 여기까지는 지은이가 생략한 부분을 옮긴이가 찾아서 넣어 준 부분이다. ──옮긴이

정한 시공간(space-time)을, 인간적 형제애로부터 기원하는 어떤 특정한 시공간을 아브라함적 전통에(유대교적-기독교적-이슬람교적이지만 지배적으로 기독교적인 전통에) 할당함으로써 시작되며, 그 전통에 머무르려는 경향이 있습니다. 즉, 바울의 언어를 통해 ——인간의 권리들 또는 인간성에 반하는 범죄라는 근대적 개념들(내가 되돌아가고자 하는 현실적인 형태의 국제법의 지평들, 그리고 원칙적으로 그리고 정당하게 몽디알리자시옹의 시작을 조건 짓는 형식)을 지속적으로 구조 짓고, 조건 짓는 바울의 언어를 통해 ——그들이 신의 피조물들이며 아들들인 이상, 우리가 **세계의 시민들**(신의 집안에 속한 성자들로 이루어진 쉼폴리테이 sympolitai, 즉 동료 시민들concitoyens), 형제들, 동료 인간들, 이웃들이라고 부르는 어떤 것으로부터 기원하는 특정한 시공간을 말입니다(『협상들』, 374~375).

이 비범한 구절에서, 데리다는 중요한 관련 문제들을 통해 역사적 과정이자 현실로서의 세계에 대한 사유가, 즉 오늘날 부적절하게 '글로벌라이제이션[세계화]'이라고 말해지는 어떤 것이 바울에 의해 관심의 집중을 받게 된 개념들에 의존하고 있으며, 심지어 그 개념들이 아브라함적 전통들의 공통적 자산이라는 점을 명확히 밝힌다. 환대의 법으로서의 아브라함적 전통들에 있어 공통적인 유산은 바로 어떠한 인종적이고 종교적인 경계도 인정할 수 없다는 것이며, 그러므로 "동료 인간들, 이웃들……신의 피조물들이며 아들들"로 이루어진 새로운 세계(데리다가 도래할 민주주의라고 명명하고자 하는 어떤 것)에 속하는 일종의 시민권을 통해 표명된다는 것이다. 여기에서 데리다가 제시하는 개념들은 1997년에 처음으로 출간되었으며, 2001년에 영어로 번역된 「코스모폴리타니즘에 관하여」라는 글에서 전개된다. 이 글에서 데리다는 바울의 공헌을 스토아학파의 코스모폴리타니즘에 연결시킨다. "이 분기점에서, 우리는 어떤 그리스적 스토아주의와 바울적 기독교에 공통적인 세계시민적(cosmopolitique) 전통을 확인할 수 있을 것인데, 그 전통의 상속자들은 계몽의 인물들이었으며, 그 전통에 대해 칸트가 의심의 여지없이 가장 엄격한 철학적 정식을 제시하게 될 것이었다"(18~19).[25] 『에마뉘엘 레비나스에 대한 고별사』에서도, 데리다는 "스토아주의 또는 바울적 기독교로부터 계몽시대로 그리고 칸트에게로 이어진 위대한 코스모폴리타니즘의 전통"에 대해 언급한다(88).[26] 칸트에 대한 언급은 엄밀하게 이 논의를 '코스모폴리타니즘'과 환대의 문제 양자 모두에 연결시키는 것인데, 왜냐하면 그것이 1795년의 『영구평화론』에 실린 「영구 평화를 위한 세번째 확정 조항: 세계시민적 권리는 보편적 환대의 조건들에 제한되어야 한다」[27]는 제목의 글에서 제시된 칸트 자신의 논의이기 때문이다.[28]

---

25 바울이 부정적으로(죄로) 그리고 긍정적으로(피조물로서의 인류 아담, 구원받은 자들로서의 인류 메시아로) 이해되는 보편적인 인류라는 개념의 기원을 제공한다는 것은 "Theological Anthropology"(「신학적 인류학」), *Theology and the Human Spirit: Essays in Honor of Perry LeFevre*(『신학과 인간의 영혼: 페리 르페브르 헌정 논문집』), Theodore W. Jennings and Susan Brooks Thistlethwaite eds., Chicago: Exploration Press, 1994, pp. 35~44에서 나 역시 주장했던 의견이다. 그 글에서 나는 또한 스토아주의와의 연관에 대해서도 언급했다. 비록 데리다가 코스모폴리타니즘의 개념들에 대해서 그리고 인간성에 대한 범죄들이라는 개념에 대해서 결론을 도출하는 데 있어 도움이 된다는 결론을 내놓지는 못했지만 말이다.

26 코스모폴리타니즘의 계보는 보라도리와의 대화에서도 반복된다(『테러 시대의 철학』, 130).

27 Immanuel Kant, "Third Definitive Article for a Perpetual Peace: Cosmopolitan Right Shall Be Limited to Conditions of Universal Hospitality", *Perpetual Peace, a Philosophical Sketch*, Cambridge: Cambridge University Press, 1970. ― 옮긴이

키케로에 관해 언급하는 부분에서 스토아주의에 대한 준거가 보다 명확하게 드러난다. "어떤 코스모폴리타니즘을 후세에 전한 사람은 바로 키케로다. 바울적 기독교는 모든 아브라함적 종교들의 일차적인 명령을 회복시켜 급진화했고, 문자 그대로 '정치화'했다.……성 바울은 이 종교들에 호소하거나 또는 이들에게 이들의 근대적 이름들을 받아쓰게 한다"(『코스모폴리타니즘에 관하여』, 19). 어떤 의미에서 일종의 보편적인 인류라는 스토아주의적 개념들은, 이 개념들이 표현되었던 제국적 조건들 내에서, 다소간 탈정치화되어 있었다. 즉, 폴리스[도시국가, polis]가 제국에 의해 교체되어 [이 정치체가 지닌] 기본적인 정치적 단위로서의 의미가 소멸됨에 따라 제국 내에서 폴리스의 시민권 개념은 무의미한 것이 되었다. 그러나 바울은, 데리다가 말하는 것과 같이, 이 보편적인 인류의 의미를 '정치화'하려는 것으로 보인다. 데리다가 그런 "바울적 코스모폴리타니즘의 세속화된 이형(異形)"에 대해 문제를 제기하려는 것은 사실이지만, 그가 문제를 제기하는 것은 거주가 아닌 방문의 환대에 대한 제한이며, 그리고 그러한 환대가 국가 주권에 의존적이어야만 한다는 점이다. 바로 이것이 바울적인 코스모폴리타니즘의 '세속적 이형'을 표명함에 있어, 칸트에 의해 보편적 환대의 개념 위에 자리하게 된 제한이다. 다시 말해서, 데리다가 특히 문제를 제기하려고 하는 것은 바울적인 정식들이 아니라 이 정식들의 세속화된 이형들이라는 말이다.

---

28 Immanuel Kant, *Perpetual Peace and Other Essays*, Ted Humphrey trans., Bloomington: Indiana University Press, 1993[『영구 평화론』, 이한구 옮김, 서광사, 2008], pp. 118~119를 볼 것. 데리다는 『환대에 대하여』에서 이 텍스트에 대한 독해와 재독해에 대해 말하며(p. 27), 사실상 이 텍스트를 다시 읽는다(pp. 70 이하).

이 텍스트들에서 데리다가 언급하는 바울은 명시적으로 로마서의 바울이 아니라 에베소서의, 특히 에베소서 2장 19~20절의 바울이다. 우리는 에베소서의 원저자가 바울인지에 대한 해묵은 논쟁을 판정하려고 하지 않을 것이다. 다만 무엇이 데리다의 관심을 끌었던 것인지에 대해 살펴볼 것이며, 우리가 로마서에서 이미 읽은 바 있는 것과 일치하는 견해들이 표현되고 있는지를 확정하고자 한다.

바울에게 서구 전통 내에서 코스모폴리타니즘이 사유될 수 있도록 하는 용어들을 발전시켰다는 공을 돌릴 때, 데리다가 언급하는 텍스트는 에베소서 2장 19절이다. "그러므로 이제 여러분은 더 이상 이방인들(zenoi)이나 거류민들이 아니며, 거룩한 자들의 동료 시민들(sympolitai)이자 하나님의 집안 식솔들(oikeioi)입니다." 이 공통적인 시민권에 대한 주장은 유대인들과 이방인들을 함께 묶는 것에 관한 에베소서의 논변에 대한 결론으로 제시되는 것이다. 이 논변은 이방인들에게 전달되는 것이며, 그들이 한때 이스라엘 시민 공동체(politeios)로부터 외국인으로 취급되었고, 따라서 zenoi(제노이) 또는 이방인들이었다는 점을 상기시킨다. 그들은 즉, '멀리 떨어진 사람'이었다. 그러나 신의 역사(役事)는 메시아 안에서 그리고 메시아를 통해, 분리하는 적대의 벽을, 여기에서 "계명들과 교의들(dogmasin)의 법"으로 나타나는 벽을 허물게 된다(에베소서 2:15a). 이 분리하는 '종교'의 구조의 폐지가 향하는 새로운 인류의 구성이라는 결말은 서로 분리되어 적대하는 인간들을 교체한다(2:15b). 이 새로운 인류는 수를 배가하여 동료 시민들로 그리고 같은 집안 또는 가족의 구성원들로 명명될 것이다.

에베소서에서 제시된 (율)법에 기초한 분리의 극복이라는 개념은 우리가 로마서에서 보게 되는 것과는 상당히 다르지만, 어쨌든 이들 사이에는 강한 관련성이 있다. 왜냐하면 우리가 로마서에서 이미 본 바와 같이, 바울의 의도는 유대인들과 이방인들 사이의 단절의 극복을 표명하는 것이었기 때문이다. 이러한 극복은 여러 방식으로 일어나게 되지만, 특히 아브라함의 서사를 사용하는 방식(율법이 아닌 은혜를 "할례받은 자"와 "할례받지 않은 자" 양자 모두를 위한 정의의 기초로 삼는 방식)에 의해서, 그리고 바울이 로마서 9~11장에서 그 결과로 "모든 사람들"이 구원받게 될 것이라고 밝히는 "구원의 역사"에 대한 서사에 의해서 그럴 것이다. 이러한 종교적인 그리고 "민족적인" 차이의 극복은, 앞에서 보았듯이, 이후에 "서로를 환영하라"는 표제 아래 공동체의 내부적 정치에 적용된다. 에베소서의 관점이 (율)법과 선물 등의 동일한 일반적 개념에 의해 결정된다는 점 또한 명백하다. "그 까닭은 여러분이 믿음을 통하여 은혜로 구원을 얻었고, 이것이 여러분 스스로의 것이 아니라,[29] 하나님의 선물이며, 행위에서 난 것이 아니기에 누구도 자랑하지 못할 것이기 때문입니다"(에베소서 2:8).

　　로마서에는 이 단일한 인류에 대한 개념이 드러나는 또 다른 방식이 있다. 그것은 로마서 5장에서 "아담적 인류" 또는 "메시아적 인류"로 제시되는 인류의 단일성이라는 개념을 통하는 길이다. 이러한 대조는 바울이 고린도 전서 15장에서 발전시켰던 것으로, 거기에서 제시된 주제가 부활이었기에, 그는 이 대조를 상당히 다른 방식으로 전개했다. 하

---

29 번역자들은 통상적으로 "당신 자신의 행위가 아닌"(not your own doing)과 같은 방식으로 번역한다. 그러나 여기에는 행위를 지시하는 그리스어 단어가 없다. 이 문구는 단지 이와 같이 믿음을 일깨우는 선물이 '받는 사람'에 의해 소유되는 것이 아님을 강조하는 "당신의 것이 아닌"(not your own)일 뿐이다. 이것은 우리가 앞에서 보았던 경제를 벗어난 선물의 문제와 일치한다.

지만 바울이 이 대조의 전개를 통해 실행하는 것은 두 가지의 서로 상반적이지만 상호의존적인 길 안에서 드러나는 인류의 단일성을 향한 몸짓이다. 아담적 인류는 분명히 창조물로서 그리고 죄와 죽음의 지배 아래 있다고 이해되는 인류 전체다. 그러한 인류는 땅에 속한 자로서의, 죽음을 향한 존재로서의, 어떤 의미에서는 '죄 있음'[유죄 상태, guiltiness]에 파묻힌 것으로서의 인간 존재다. 바울은 인류의 조상으로 상정된 자의 이름을 소환하여, 오랜 옛적의 신화적 인물이 아니라 보편적 조건을 지시한 것이다. "그리고 모든 사람이 죄를 지었기에 죽음이 모든 사람에게 퍼졌습니다"(로마서 5:12). 이 구절은 모든 인류가 죄와 죽음에 의해 특징지어진 이 땅에 속한 자라는 관점으로부터 이해될 수 있지만,[30] 또한 여기에서 '메시아'라고 이름 붙여진 또 다른 모든 인류의 단일성에 대한 예표로 상정된다. 아담(땅에 속한 자)[31]은 "장차 오실 그 분의 전형"(5:14), 말하자면 도래하는 자, 즉 메시아적인 것의 전형이었다. 다시 한번 메시아의 도래에 관하여, 우리는 어떤 분리된 메시아적 형상이 아닌 인류 그 자체의 포괄적 명칭을 대하게 된다. "그러니 한 사람의 범죄를 통해 모든 사람에게 유죄 판결이 내려지는 것과 같이, 정의

---

30 우리는 여기에서 단지 아담적 인류에 관련된 바울적 구상이 Dasein(현존재)과 관련된 하이데거의 언어 중 일부를 불길하게 선취하는 방식을 알아차릴 뿐이다(그러한 선취의 방식은 유령과 같이 출몰하는 것인가?). 그 구상은 땅의 현존재일 뿐 아니라 또한 어떠한 특정한 행위에도 앞서는 죽음을-향한-존재(being-unto-death)이며 죄 있음(guiltiness)이다. 우리는 또한 레비나스가 인류는——적어도 타자에 대면하는 인간은——땅에 뿌리내린 것이 아니라 역사에 대해 열려 있다고 말했다는 점에 주목해야 할 것이다. 그리고 데리다는 자신의 하이데거 읽기를 통해 독자들이 땅에 뿌리내리고 있음(rootedness)을 말하는 '공터'(clearing), '길'(path), 그리고 다른 하이데거적 주제들에 대해 의심하도록 만든다고 주장한다. 예를 들어, 『정신에 대해서』, pp. 109~110을 볼 것.

31 아담(Adam)은 '흙'을 의미하는 히브리어 adamah의 남성형이다.——옮긴이

(dikaiomatos)로부터 온 한 사건을 통해 모든 사람에게 정의롭게-됨이 돌아가 이들을 생명에 이르게 합니다"(로마서 5:18). 이 난해한 구절은 우리에게 명확한 병렬관계를 제시한다.

한 사람의 범죄 ▷ 모든 인간들 ▷ 유죄 판결 [▷ 죽음]

한 정의-사건 ▷ 모든 인간들 ▷ 정의롭게 됨 ▷ 생명

그렇다면 그 주장은 메시아적 인류로 명명된 단일한 인류가 대가(代價) 없는 정의의 선물이 지배하게 될, 그에 의해 죽음이 아닌 생명을 생산하게 될 그러한 인류라는 것이다.[32] 어떻게 이 모든 것이 내가 지칭하는 정의의 사건 또는 정의-사건(justice - event)을 통해 일어나는가에 대한 문제는 또 다른 논의의 문제이며, 말하자면 바울의 텍스트에서 메시아적인 것을 탐색하게 될 그리고 이에 따라 소위 그리스도론(Christology)과 종말론(eschatology)이 뒤얽히는 문제다. 이것은 데리다 읽기가 바울을 사유하는 데 도움이 될 수 있다는 점을 드러내는 데 있어 결정적으로 중요한 문제다. 하지만 이 지점에서 그 문제는 우리를 정의의 문제로부터, 따라서 환대의 문제에 대한 초점으로부터 물러나게 하는 것이다. 이 지점에서 아담과 메시아에 대한 준거로부터 얻게 되는 효과가 강조하여 드러내는 것은 어쨌든 바울에게 있어 이 각각의 항들

---

32 바디우 또한 바울 읽기를 통해 보편주의로 그려진 코스모폴리타니즘의 문제에 집중하며, 다음과 같이 선물(dorean)의 성격과 "모두를 위해"의 성격 사이의 연결고리를 제안한다. "바울에게는 '모두를 위해'와 근거 없음 사이의 본질적인 연결고리가 있다"(『사도 바울』, 77). 그는 "오로지 절대적으로 근거 없는[값없는, gratuitous] 것만이 모두에게 전해질 수 있다"고 단언한다(같은 책, 77). 나는 데리다가 이런 특정한 연관을 명시적으로 드러내는 것을 보지는 못했지만, 선물과 환대의 개념들이 관련되는 방식 내에 암시되어 있다고 본다.

이 단일한 '것'으로 간주되는 인류를 향한 몸짓을 보낸다는 점이다. 각 항은 인간의 종적 단일성으로 명명될 수도 있는 것을 지시한다.[33] 모든 인간들이 정의에 호출되어 모두가 정의의 선물을 받게 되며, 이에 따라 생명의 선물을 받게 되거나 받도록 예정된다는, 또는 실제로 받게 될 것 이라는 바울의 가정을 이해할 수 있도록 하는 것은, 아담적인 것이나 또 는 보다 중요한 메시아적인 것에 상관없는 인류의 단일성이다. 그렇다 면 이러한 인류의 단일성은 종교나 문화 또는 심지어 젠더의 구분이 하 나의 창조/코스모스 안에서 모든 인간들에게 부여되는 공통적인 '시민 권'에 부차적일 뿐이라고 상정할 수 있도록 하는 것이다.[34] 그리고 따라

---

33 우리는 또한 바울의 언어가 여기에서 나머지 창조된, 또는 땅 위의, 존재들로부터 이 인류 라는 종을 구별하지 않는다는 추가적인 논의에 주목할 수 있을 것이다. 이것은 바로 바울 이, 로마서 8장에서처럼, 이 메시아적 인류의 도래가 모든 피조물들이 기다리고 신음하 며 열망하는 어떤 것이라고 생각할 수 있는 이유다. 그리고 그것이 바로 바울 또는 그의 추 종자들 중 하나가 그 메시아적 인간이 "모든 창조물들 중 첫번째로 태어난 자"이며, 신이 그를 통해 "모든 피조물을……화해"하도록 의도하는 자라고 주장할 수 있는 이유다(골 로새서 1:15, 20)['바울의 추종자들 중 하나'라는 표현이 의미하는 것은 '골로새서'가 바울에 의 해 쓰이지 않았을 수도 있다는 점을 염두에 둔 것]. 따라서, 바울의 초점은 부인할 수 없이 인 간 존재들과 그들의 역사 그리고 운명에 맞추어져 있으며, 그는 또한 이를 인간과 인간 이 아닌 타자들 사이의 모든 가능한 경계를 초월하는 지점에 이르게 한다. 인간과 동물 사 이의 경계를 흔들리게 하는 것은, 예를 들어, 『정신에 대해서』에서 제시된 하이데거에 대 한 논의와 또한 『협상들』에 수록된 중요한 텍스트들에서 데리다가 오랫동안 관심을 기울 였던 생각이다. 이 문제는 보다 최근에 (그리고 도발적으로) "The Animal That Therefore I Am(More to Follow)"(「동물, 고로 나는 존재한다(더 이어질 것들)」), *Critical Inquiry* 28, 2002, pp. 369~418에서 다루어졌다.

34 바울이 '정치적' 사상가로 이해될 수 있고 그래야만 하는 다른 이유가 지시되고 있다. 정치 적 용어인 에클레시아(ekklesia)의 사용은 세계 내에서 메시아적 사건을 기초로 형성되는 메시아적 인류의 성격을 지시한다. 이 용어는 로마서에서 16장(흔히 다른 바울 서신의 단편 으로 생각되는)까지는 사용되지 않지만, 다른 텍스트들에서 이 용어는 바울이 특징적으로 사용하는 어휘다. 이 용어는 공동선(common good)을 위한 행동을 취하기 위해 함께 모인 자유민들의 공회(assembly)를 지시한다. 그리스-로마 도시국가에서 그것은 제정적이며 사법적인 숙의 기구로서 활동하는 정치 기구다. 이스라엘에서, 그것은 또한 인민의 삶에 중

서 바로 이것이 상호적인 환영에 관련된 구체적인 교훈의 이면에 깔려 있는 것이다. 실제로 바울은 그가 "모든 것들이 깨끗하다"(로마서 14:14)고 상정하는 방식으로, 이에 대해 몸짓한다. "그것이 부정하다고 생각하는 사람에게 그것은 부정합니다"(14:14)라는 언급에서 드러나는 것처럼, 금기 또는 깨끗한 것과 부정한 것의 범주로 사물을 분리하는 우리의 습속이 단순한 관습 이상으로 어떤 분명한 수행적 강제력을 가짐에도 불구하고 말이다.

## 정치적인 것

지금까지의 논의는 환대 또는 환영이라는 주제가 바울과 데리다에 대한 비교론적 접근에 있어 중요하다는 점을 보이기 위한 것이었다. 그에 더하여 나는 데리다에 의한 코스모폴리타니즘의 문제에 대한 강조가, 그가 직접 드러냈던 것처럼, 바울의 코스모폴리타니즘 구상에 뿌리를 두고 있다는 점에 대해 논증했다. 남은 과제는 데리다에게 있어 어떻게 이 문제가 결정적으로 정치적인 문제로 ——어쩌면 명확하게 정치적인 것 그 자체로—— 이해되는지에 대해, 그리고 어떻게 이 문제가 바울에게서 우리가 발견했던 것과 일치하는지를 밝히는 일이다.

---

요한 모든 문제들을 결정하는 숙의적 공회였다. 바울이 메시아 사건으로 이끌려 들어온 사람들이 하나의 공회, 즉 에클레시아가 된다고 생각한다는 점은, 에베소서에서 나타나는 모두가 '동료 시민들'(fellow citizen)일 수 있다는 가정 ——에클레시아라는 언어를 암시할 수밖에 없는—— 만큼이나, 그의 사유에 내재하는 정치적 어조에 대해 지시적이다. 이 정치적인 준거는 영어에서 '교회'(church)라는 용어의 사용에 의해 모호하게 되는데, 이 교회라는 용어는 어떤 의미에서도 결코 민주주의적인 차원에서 전체 사회에 관해 결정되거나 또는 책임을 지는 것으로 이해될 수 없다.

데리다에게 있어, 이방인 또는 외국인에 대한 환대 또는 환영의 문제는 이론적인 주제에 국한하여 요청될 문제가 아니다. 그것은 또한 프랑스와 유럽의 정치적 논쟁들에 대한 데리다의 가장 직접적인 관여이다. 결과적으로, 데리다의 저술에서 환대와 같은 무조건적인 것과 구체적인 정치 및 사법 체계 사이의 관계라는 문제가 가장 명확하게 집중되는 곳이 바로 이 문제인 것이다. 그는 다음과 같은 말을 쓰고 있다. "절대적인 환대의 법은 권리에 따른 환대와의 단절을, 법 또는 권리들로서의 정의와의 단절을 명령한다"(『환대에 대하여』, 25). 여기에서 이 권리로서의 환대와 법 '위에' 또는 바깥에 있는 환대의 요구 사이에 근본적인 구별이 있다는 점은 명확하다. 그러나 진정한 환대가 권리에 따른 환대에 대해 이질적이기는 하지만, 진정한 환대는 "권리에 따른 환대를 영속적인 점진적 운동 내에 두며 유지[할 수 있다]. 그러나 진정한 환대는 기이하게도 권리에 따른 환대에 이질적인 것인데, 말하자면 정의가 법에 대해 이질적이지만 너무나 법에 가깝고, 실제로는 그로부터 분리 불가능한 것처럼 말이다"(같은 책, 27). 무조건적인 환대가 법으로 성문화된 형태의 환대(예를 들어, 난민 상태의 관리)로부터 이질적이면서 동시에 분리 불가능하다는 것은 여기까지는 별달리 문제가 없는 듯 보인다. 그러나 이러한 관계는 정치적인 것에 대한 참여가 불가피하게 된다는 것을 의미한다. "나는 그럼에도 이러한 무조건적 환대의 원칙에 대한 준거를 유지하지 않는 정치는 정의에 대한 준거를 상실한 정치라고 주장한다. 그러한 정치는 환대의 권리들을(내가 여기에서 다시 한번 정의로부터 구분하는), 환대의 권리들에 대한 권리를 유지하겠지만, 어쨌든 그러한 정치는 정의를 상실한다"(『협상들』, 101).

정치가 정의에 대한 준거를 유지해야 한다는 것, 이것이 정치적-입법적-사법적 영역을 향해 정의와 환대의 지속적인 문제제기를 촉발한다는 말의 의미는 우리가 기존의 법의 전환이라는 문제에 직면하게 된다는 것이다. "문제는 어떻게 법을 전환하고 개선할 것인지, 그리고 이러한 개선이 역사적 공간 내에서 가능할 것인지 아는 것, 다시 말해 모든 새로 온 사람들에게, **그들이 누구이든**, 선험적으로 제공되는 어떤 무조건적인 환대의 **법**과, 환대에 대한 권리를 구성하는 법들(constitutional laws)——그 법들이 없다면 환대의 무조건적인 **법**이 신성하고 무책임한 욕망으로 남게 될 위험에 처하는——**사이**에 발생하는 역사적 공간 내에서 이러한 개선이 가능할 것인지 아는 것이다"(『코스모폴리타니즘에 관하여』, 22~23). 그렇다면 데리다를 이민에 관련된 법들과 정책들의 공식화와 프랑스의 소위 미등록 이주민들의 문제에 대한 정치적 논쟁의 장으로 이끄는 것은 이러한 법의 구체적인 상황에 대한 논급이다. 「현실성의 해체」에서, 데리다는 표준적인 정치적 담론의 성격을 다음과 같이 규정했던 바 있다. "사람들이 말하는 공통적인 공리, 그들이 말하는 합의된 여론은 언제나 불법 이민을 중지하라는 것, 다시 말해 과잉적이며, 비생산적이며, 파괴적인 환대에 반대한다는 것이다"(『협상들』, 100). 이미 여기에서 그는 정치적인 망명과 경제적인 망명 사이의 구분에 대해 일반적으로 인정받고 있는 의견에 의문을 제기하고 있다(같은 책, 101). 그러나 데리다는 1996년의 개입적인 글, 「정의에 대한 법의 태만」(Derelictions of the Right to Justice)(『협상들』에 수록)에서 제기한 비판을 통해 훨씬 더 첨예하게 실제 입법에 대한 각을 세운다. 불법 이주민들 또는 미등록자들(sans-papiers)[35]의 삶을 더욱 어렵게 만드는 것은 바로 법 개정의 문제였다. 이러한 법 집행의 일환으로, 프랑스 정부는 실제로 미등록자라는 것을 알면서도 이들에게 피난처를 제공했던 사람들을 향해 "환대의 범죄"라는 문구를 사용했다(1990년대 초 미국의 반-이민법 제정을 모방한 것). 바로 이 "환대의 범죄(환대에 반대하는 범죄가 아닌)"에 대한 개입을 통해 데리다는 자신의 생애에서 가장 빛나는 글의 일부를 쓰게 된다. 그는 이렇게 묻는다. "'환대의 범죄'라는 것을 인정할 때, 환대가 법과 그 대표자들이 보기에 형사적 범죄행위가 될 수 있을 때──우리는 이에 대해 의아해하지 않을 수 없을 터인데──국가는 무엇이 되며, 문화는 무엇이 되고, 언어는 무엇이 되는가?(「정의에 대한 법의 태만」, 133).[36]

이것은 '국경 통제'의 강화라는 문제를 세계화와 함께 일어나고 있는 어떤 것에 대한 예시의 자리에 위치시키는 괄목할 만한 텍스트다(「정의에 대한 법의 태만」, 140). 1990년대 미국에서 반-이민법안은 경제 활황으로 인해 상당한 기간 동안 연기되었지만, 환대의 제한이라는 법적인 문제는 2001년 9월 11일의 테러에 의해 [테러에 대한] 보복과 함께 돌아오게 된다.[37]

---

35 sans-papiers를 글자 그대로 직역하면 '종이-없는'이며, 이 말은 이민 및 노동 등록증이 없는 이주민들을 말한다.──옮긴이

36 또한 『고별사』, p. 71을 볼 것.

37 또한 여기에서 환대의 범죄라는 문제에 심지어 전쟁──현재 그 옹호자들이 주장하는 것처럼 그 자체로 세계적인 전쟁──의 구실이 있다는 점에 주목할 것. 전쟁의 이유(causus belli)가 되는 탈레반(Taliban)의 범죄는 무엇으로 인함이란 말인가? 그것은 그들이 알카에다에게, 결국 적어도 그 유래에 있어 미국에 의해 유지되고 지지되었던 집단에게 환대를 제공했다는 것이 아니었나? 그들의 끔찍한 불상 파괴나 여성에 대한 부당한 처우로 인해 전쟁이 선포된 것이 아니었다(어쩌면 이 점에 있어 전쟁 지지자들은 어떤 의미에서 탈레반의 적들──지금은 우리의 우방이 된──에 대한 강간의 정치에 호의적이었다). 전쟁이 선포된 이유는 오히려 탈레반이 아프가니스탄에서 소련군을 몰아내고자 투쟁했던 자들에게 환대를 제공했다는 것이었다. 미국이 알카에다를 내놓으라고 요구했을 때(소돔 사람들이, 우리가 기억하는 그대로, 방문자들을 내놓으라고 했던 것처럼), 탈레반은 실제로 거절했다(롯처럼, 사사기의 에브라임 지파 사람처럼[이 책 136쪽에 나오는 '기브아의 잔혹행위' 사건에 등장하는 벤

데리다가 주장했던 바와 같이, 절대적인 환대의 문제는, 오늘날 실존하는 정치적인 것(the political)의 구조 자체에 의문을 던지는데, 이는 절대적인 환대의 문제가 국경을 방어하고, 시민들을 규정하며, 정치적·경제적 권리들에, 그리고 실제로 인간으로서의 권리들을 가진 사람의 신분을 확인할 권리와 의무를 가진 국민-국가(nation-state)라는 실체의 성격에 의문을 제기하는 것이기 때문이다. 이러한 문제들은 영어로 글로벌라이제이션(globalization)이라 불리는 것 ——기초적인 사회-경제적 차원에서 작동하는 힘들이 국경으로부터 그리고 국민-국가적 정치에 대한 모든 의미 있는 관계로부터 벗어나는—— 으로 인해 우리 시대에 더욱더 긴급한 사안이 되었다. 따라서 데리다가 바울에게로 추적해 올라가는, 그리고 아브라함적, 아담적, 메시아적 인류의 개념에 뿌리를 내리고 있으며, 바울이 상호적 환대를 권면할 책임이 있음을 전제했던 새로운 사회 가운데 표현되는 코스모폴리타니즘의 문제는 우리가 나아가야 할 용감한 신세계(brave new world)[38]에서 '정치'라고 불릴 수 있는 모든 것에 관해 훨씬 더 '중요한' 것이 된다.

----

야민 지파 사람들 사이에 섞여 살던 이방인은 에브라임 지파 출신]). 그러나 여기에서조차 그들의 거부는 절대적이지 않은데, 왜냐하면 탈레반은 우선 알카에다가 했다고 주장되는 잔혹 행위에 대해 유죄라는 증거를 제공하라고 요구할 만큼 대담했기 때문이다. 그들은 증거 없이 범죄로 고발된 자들을 보호하는 그런 환대를 요구할 만큼 대담했다. 그리고 따라서 환대의 범죄는 전쟁의 이유, 흔히 미국 지식인이라 일컬어지는 몇몇 사람들이 주장하는 정당한 전쟁의 이유가 되었고, 빈라덴을 체포하기 위해(아직 달성되지 못한 어떤 것*) 전체 사회가 가증스러운 전쟁에, "롤링 썬더 작전"(rolling thunder)과 "융단 폭격"에 처해지게 되었다. 전적으로 환대의 범죄로 인해서 말이다. [* 이 책이 쓰일 당시 빈라덴은 아직 잡히지 않은 상황이었기에, '아직 달성되지 못한 어떤 것'이라고 언급하고 있다. 참고로 빈라덴은 2011년 5월 11일 미군 특공대의 급습으로 피살되었다.]

38 '용감한 신세계'는 원래 셰익스피어의 희곡 『템페스트』(Tempest)에서 유래된 말이며, 헉슬리의 『용감한 신세계』에서 미래의 디스토피아를 비꼬기 위해 사용된 표현이다. —옮긴이

하지만 단지 오늘날의 정치만이 바울이 여러 세기 전에 표명하고자 노력했던 문제에 영향을 미치거나 그로부터 영향을 받는 것은 아니다. 오히려 바울이 자신의 시대에 시도했던 것은 바리새인이자 로마 시민으로서 제국 내부에서 작동했던 지배적 정치체제(politeia)의 대척점에 서는 하나의 새로운 정치의 창안이다.[39] 바울은 그와 동시대를 살았던 스토아주의자들처럼, 단순히 그가 직면했던 사회적 현실에 굴복하고 정의를 오로지 개인적인 실존의 속성이나 목표로 만드는 데 만족하지 않았다. 오히려 바울은 법 바깥의 정의를 예시화하고, 그래서 그가 사랑이라고 칭했던 부채를 넘어선 의무를 표명하는 새로운 종류의 사회 또는 사회성(sociality)의 출현을 알리는 일에 관심을 가졌다. 바로 이 때문에 그는 환영 또는 상호적 환대의 가능성의 조건들이라는 문제에 많은 시간을 할애하는 것이며,[40] 따라서 그에게 있어 중요한 것은 환대의 제공과 수용을 너무나 어렵게 만드는 그러한 분리들(우리가 본 것과 같이 종교적인)의 극복이다. 바울은 정치적 질서의 교체나 개혁을 추구하지 않는다

---

39 이런 맥락에서, 데리다가 국가의 정치와 메시아적 정치 사이에 제안하는 구분을 상기하는 것이 유용할 것이다. 데리다가 이의를 제기하는 것은 레비나스의 정치(그리고 법)에 대한 반대에 있어 의혹의 대상인 국가의 정치인 반면, 데리다가 특히 관심을 기울였던 것은 메시아적 정치다(『고별사』, 74). 이런 유의 구분은 데리다가 다음과 같이 말할 때 작동하게 될 것이다. "나는 당신들이 환대의 정치를 무조건적 환대의 원칙 위에, 모든 새로 온 사람에게 국경을 개방하는 원칙 위에, 정초할 수 없다는 점을 알고 있습니다"(『신, 선물 그리고 포스트모더니즘』, 132). 여기에서 데리다는 아마도 "칸트가 말하는 어떤 순수한 환대의 규제 이념"에 대해 언급하는데, 어쨌든 그는 "하나의 규제 이념으로서의 칸트 자신의 환대 개념의 너머로" 나아가는 것이 필요할 것이라고 생각한다(같은 책, 133). [규제 이념에 관한 설명은 이 책 352쪽의 주석을 참고하라.]

40 우리는 또한 로마에 있는 신자들을 향한 편지의 직접적인 유인이 임박한 자신의 방문이었다는 의미에서 바울의 환대 또는 환영의 조건들에 대한 관심이 개인적이고 긴급한 성격을 지니게 된다는 점에 주목해야 한다(로마서 1:10~1:15, 15:23~15:29). 이것은 (장래에) 손님이 될 자신의 처지를 감안할 때 그의 사유에 있어 설정된 우선성을 추가적으로 확인한다.

(이런 의미에서, 니체는 그가 바울의 야망으로 보았던 것에 대해서만큼은 정확했다). 오히려 그는 기존의 질서를 새로운 법이 아니라 법 바깥에 있는 정의로 교체하고자 노력했다.

역설적인 것은 바울이 그런 새로운 사회의 무조건적인 원칙을 표명할 수 있었지만——"유대인도 이방인도, 그리스인도 야만인도, 종도 자유인도, 남자도 여자도 없습니다"——구체적으로 사회적인, 문화적인, 그리고 실제로 정치적인 정황 아래 이 메시아적 사회의 무조건성을 '협상하는'(negotiating)⁴¹ 과정에서 가장 큰 난점들에 봉착한다는 것이다. 그런 협상들의 결과에 대해 놓여질 것이 확실한 실제적인 장애가 무엇이건 간에, 특히 그러한 장애가 우리 자신의 시대에 적용될 수도 있다고 간주한다면, 인간적 연대의 무조건적인 성격이 사회 내에서 나타날 수 있도록 하는 구체적인 제도를 표명하는 것, 이것이 바로 바울의 시도였다는 점에 대한 이해가 중요하다.⁴² 너무나 많은 경우에 바울의 독자들

---

41 negotiation은 어떤 결정을 내리기 위한 대화, 의견의 절충, 결정을 의미한다.—옮긴이

42 이방인들을 향한 그리고 따라서 서로를 향한 바울적 환영의 정치적 중요성은 줄리아 크리스테바의 『우리 자신에 대한 이방인들』에서 관련된 방식으로 표명되었다. 이 책에서 크리스테바는 "바울은 외국인들과 함께하는 장소에 특징적인 영성의 본질적인 부분——환대——을 채용했고, 그것을 최고의 정도까지 발전시켰다"(79)고 말한다. 그리고 데리다가 인용했던 에베소서의 같은 구절을 인용하면서, "바울의 교회는 우선은 주변부로부터, 이후에는 그리스-로마의 성채로부터, 외국인들의 공동체로 떠오른다"고 말한다(80). 이 지점에서, 그녀는 환대가 단지 기독교가, 또는 적어도 바울적 기독교가, 그 안에서 형성되었던 장소로서의 하위 문화의 기능이라고 말하고 있는 듯 보인다. 하지만 그녀는 또한 이 환대라는 문화 기능을 [코스모폴리타니즘이라는] 다른 주제와 관련지으며, 이를 바울의 메시지에서 중심적인 주제로 간주한다. 하지만 데리다는 이 주제를 환대와 관련된 맥락에서 탐색하지 않았으며, 실제로 그녀는 코스모폴리타니즘이 어느 정도까지는 육신(flesh)과 영혼(spirit)의 내적인 분리에 따른 운동에 기초한다는 점을 확인한다. "외국인들은 오로지 그들이 그들 자신의 내부를 갈라내는 어떤 동일한 이질성에, 말하자면 육신과 영혼, 생명과 죽음 사이의 동일한 방향에 의존적이라고 인식할 때에만 어떤 정체성을 회복할 수 있다"(82).

이 이를 이해하지 못하도록 막았던 것은, 이들에게 바울이 소위 정치 철학의 몇 가지 가장 근본적인 주제들의 해결이라는 기초 위에서 현실적인 정치 문제들과 씨름하고 있었다는 점을 이해할 능력이 없었다는 점이다. 이것이 바로 데리다로부터 도움을 얻어 새롭게 사유할 수 있는 문제인 것이다.

---

그녀의 접근법에서 특별히 관심이 가는 것은 언제나 전적으로 육신과 영혼의 내면적 드라마라고 치부되었던 것을 전유하여, 그것이 근본적인 정치적 중요성을 가지고 있다고 이해하는 방식을 제안하는 측면이다. 그리고, 그로부터 크리스테바 자신의 단언 ──"바울은 단지 정치가일 뿐만 아니라 또한 심리학자다"(82) ──의 전복 가능성을 보여 준다.

# 7장 / 용서

이 장에서는 데리다로부터 도움을 받아 바울을 사유하는 시도에 있어, 어떻게 보자면 더욱 어려운 문제로 논의의 방향을 돌리게 된다. 바울의 사유에서 용서의 문제가 어려운 것은 우선 바울이 이 용어를 사용하지 않기 때문이다. 용서라는 말은 바울의 용어 중에 결코 나타나지 않는다.[1] 그러나 이에 대한 논의를 매우 어렵게 하는 것은, 그럼에도 로마인들에게 보내는 바울의 편지가 읽혔던 오랜 세월 동안, 바울의 독자들이 용서라는 주제를 모든 곳에서 찾으려 노력해 왔다는 점이다. 바울이 이야기하는 것이 마치 이 용서라는 주제밖에 없는 것처럼 말이다. 실제로 과거의 모든 죄들에 대한 신적인 사면을 [개인적 차원의] 칭의(justification)라는 의미로 만들고, 그에 따라 정의의 요청과 요구라는 문제에 대한 모든 관심을 바울로부터 제거해 버리는 것은 지금까지 정립되어 있던 바울 읽기에 대한 정통적 의견(orthodoxy)이다. 정의의 요청과 요구는 예

---

1 이런 논지는 Krister Stendahl, "Paul and the Introspective Conscience of the West"(「바울과 서구의 내성적 양심」), *Paul Among Jews and Gentiles*(『유대인들과 이방인들 중에 있는 바울』), p. 82에서 최초로 제시되었다.

고된 사면을 위해 제거되는데, 이러한 사면의 유일한 조건은 신을 대리하여 신적인 사면을 실행할 수 있도록 승인된 제도에 대한 신앙 그리고/또는 지지로 이해된 믿음이라는 합의된 대가다. 그렇다면, 이 문제로 논의의 방향을 전환함에 있어 부딪히게 되는 난점은 정의의 유발이 아니라 정의에 대한 대체물로서의 용서를 다시 확립하는 종래의 경향이다.[2]

## 데리다: 용서에 관하여

나는 바로 이러한 난점에 관해서 데리다의 용서에 대한 고찰들이 모종의 도움을 제공할 수 있을 것이라고 믿는다. 하지만 데리다가 제시하는 용서에 대한 논의는 그 자체로 독자에게 상당한 도전이 된다. 이것은 특히 최근의 논의에 있어 그러할 것인데, 왜냐하면 이 용어와 관련된 문제들이 지난 몇 년간 데리다가 진행해 온 세미나의 테마였기 때문이다. 심지어 데리다는 그가 계속 가르칠 수 있는 한 그럴 수도 있다고 말해 왔다(『신을 묻다』, 49). 결과적으로, 이미 출간된 데리다의 텍스트들에 기초해 말하는 것들이 무엇이건 간에 이미 저술이 상당히 진행 중이며 다음으로 이어서 출간될 책에 의해 대체될 것이 확실하다.

다행히 여기에서 우리의 과제는 '데리다가 말한 용서'에 대한 글을

---

2 개신교라고 불리는 어떤 것의 형태들, 특히 루터로부터 파생된 형태들에서는, '죄의 용서'가 칭의의 의미로 이해된다. 마르틴 루터를 통해, 이것은 심지어 simul Justus et peccator[정의로운 동시에 죄인인]라는 표어에서도 나타나는데, 이것은 통상 우리에게 용서와 죄(즉, 정의롭지 않음)가 동시적으로 선언됨을 통해서 '정의롭다'는 것을 의미해 왔다. 따라서 칭의는 용서와의 동일시를 통해 실제적으로 (더욱) 정의롭게 되는 것과는 더 이상 아무런 관련도 없는 것이 되었다. 이러한 귀결은 내가 앞에서 레비나스를 언급하면서 암시했던 결과들을 낳게 된다.

쓰는 것이 아니라, 데리다의 용서에 대한 사유, 그리고 바울의 사유에서 용서와 유사한 무엇이 어떤 방식으로 일정한 역할을 하게 될 것인지에 관한 모종의 전망을 탐색하는 것이다(용서는 바울의 사유에서 나타나는 주제가 아니기는 하지만). 당면 과제는 신적인 용서가 어떤 의미에서 신적인 정의와 메시아 예수에 관한 '좋은 소식'을 전해 받은 자들에 대한 정의의 요구에 반대하는 것이 아니라 오히려 그 요구에 봉사하는 것이 되는지 살펴보는 고찰이 될 것이다.

나는 전형적인 절차에 따라 우선 데리다의 저작에서 용서에 대한 사유의 장소를 해명할 것이다. 이후에 또한 이 용서라는 주제를 이전의 주제들과 구분하며, 용서가 어떤 측면에서 지금까지의 데리다 해석으로부터 알게 된 것들을 넘어서는 지점으로 향할 수 있는지 보여 주는, 용서의 구체적인 특징들 중 일부에 대해 고찰하게 될 것이다. 이런 무기를 갖춘 이후, 바울의 사유——특히, 로마서——내에서의 용서라는 용어가 부재한다는 점과, 이 부재로 인해 귀결되는 엄청난 효과에 대한 사유를 시도할 것이다. 만일 정의의 문제가 용서와 그 동종용어들[어원이 같은 말들, cognates]에 대한 이야기에 의해 폐기되지 않는다면, 이러한 시도는 바울에 대한 전통적인 독해가 어떻게 개정되어야 하는지에 대해 보여 줄 수 있을 것이다.

### 용서와 그 아포리아

이미 살펴본 바와 같이 선물이나 환대와 같은 주제들에 대한 데리다의 고찰에는 아포리아적 구조가 내재해 있다. 여기에서는 용서가 바로 이러한 아포리아적 구조에 직접적으로 연결되어 있다는 이야기로 논의를 시작하려 한다. 데리다는 그의 최근 저작인 『알리바이 없이』(*Without*

*Alibi*)에서, 용서의 문제 그리고 선물과 환대의 문제들은 이미 연결된 바있다. 예를 들자면, "모든 무조건적인 그리고 순수한 사건들(선물, 용서, 환대, 죽음)의 경험 자체를 나타내는" 어떤 수동성을 통해서 말이다(「도발」, xxxiii). 그러한 무조건적인 또는 순수한 사건으로서의 용서, 즉 "(주어진 또는 요청된) 용서의 말 건넴은, 영원히 …… 지식 체계 내의 어떠한 확정에 대해서도 이질적으로 …… 남아 있을 것이다".[3] 지식에 대해 이질적인 것으로서 용서는 어떤 의미에서 '미친' 것이다. 그러나 데리다는 다음과 같이 설명한다. "비록 내가, 생각하는 그대로, 용서는 미친 것이고, 불가능한 것의 광기로 남아 있을 것이라고 말하지만, 이것은 용서를 배제하거나 또는 실격시키기 위한 것이 아니다. 심지어 그것은 아마도 혁명과 같이 도래하여, 역사의 정상적인 과정과 정치 그리고 법을 놀라게 하는 유일한 것일지도 모른다. 왜냐하면 정상적인 것으로 이해되는 정치체계 또는 사법적인 것의 체계에 용서가 이질적인 채로 남아 있기 때문이다"(『코스모폴리타니즘에 관하여』, 39). 여느 때와 마찬가지로, 데리다는 용서에 대해서, 다른 아포리아적 구조들(예를 들어, 선물)에 대해서 말하는 것처럼, "만일 그런 것이 있다면"이라고 말한다. 그러나 데리다는 이 문구를 통해 '규정되는 것의 현실성'을 부정하려 한다는 흔한 오해를 피하기 위해, 다음과 같은 설명을 덧붙여야 했다. "내가 '그런 것이 있다면'이라고 말할 때는 그런 것의 가능적 발생을 의심한다는 의미가 아니다. 내가 의미하는 것은, 만일 용서가 발생한다면, 이때 이 경험이 'S는 P다' 같은 명제의 대상이 될 수 없다는 것이다"(『신을 묻다』, 53). 그렇다면 환대나, 부채 없는 또는 이를 넘어선 의무가 그렇듯이, 용서와

---

3 Jacques Derrida, "To Forgive"(「용서하기 위해」), *Questioning God*(『신을 묻다』), p. 36.

선물은 유사한 성격을 공유한다. 어떻게 이 개념들이 그런 아포리아적 구조의 유사성을 넘어 서로에 대해 연관되는지 살펴보기 위해, 나는 이 문제들에 대한 데리다의 논의에서 용서가 제시되는 방식으로 눈을 돌릴 것이다.

우리는 이미 환영 또는 환대라는 주제가 데리다에게 모종의 정치, 혹은 세계정치(cosmopolitics)에 관한 그의 견해들을 전개하는 데 있어 결정적이었다는 점에 대해 살펴본 바 있다. 그러한 고찰은 용서가 어떻게 이 환대라는 주제에 연관되는지 고찰하는 데 도움이 될 것이다. 이 환대라는 주제가 논의된 주요 텍스트는 「호스티피탈리티」라는 제목으로 『종교의 행위』에 실려 출간된 세미나 노트다. 1997년 2월 12일 세미나 세션의 주제는 용서였다. 용서의 문제는 처음에 방문자의 요청으로, 즉 '주인'을 중단시키며, 또는 '주인'을 침범하며 도래하는 방문자의 요청으로 제기된다. 어떤 의미에서 "환대를 요청하는 모든 사람은 용서를 요청하며, 환대를 제공하는 모든 사람은 용서를 부여한다"(「호스티피탈리티」, 380). 아마도 이것은 용서가 환대의 장면에서 암시되는 가장 알기 쉬운 의미일 것이다. 타자가 다가와, "용서하십시오"[실례합니다, Pardon me]라고 말한다. 그리고 주인은 그가 주인인 한——즉, 방문자를 환영하거나 또는 받아들이는 한——정확하게 그 요구에 대한 거절을 통해 용서를 부여한다. 말하자면, 그건 아무것도 아니오, 걱정하지 말아요, 천만에요 등의 반응을 생각해 보라. 그러나 어쩌면 이것은 결코 우리가 받게 되는 첫인상과 같이 단순한 일이 아닐지도 모른다. 데리다는 말한다. "단순히 타자에게 부여되는 용서가 최상의 선물이며 따라서 탁월한 환대라고 말해서는 안 된다. 왜냐하면 반대로 그리고 최우선적으로, 환영하는 자는 환영받는 자로부터, 심지어 용서해야 하기 전에 이미 용서를 구해야 하기 때문이다. 우리는 언제나 환대에 실패하며, 환대를 결여하고 있기 때문이다"(같은 글, 380). 그리고 데리다는 이에 대해, "나의 준비의 결여에 대한, 환원 불가능할 정도로 그리고 구성적으로 준비되어 있지 않음에 대한 용서"(같은 글, 380)라고 설명한다.

이것은 과장일까? 이 문제는 사유될 수 있는 진정한 환대가 있는가에 달려 있다. 즉, 타자에 대한 환영에 의해, 그리고 따라서 기꺼이 타자를 위한 길을, 장소를, 집을 내주는 태도에 의해 정의되는 그런 것 말이다. 그러나 우리는 결코 이러한 환대를 실행할 준비가 되어 있지 않으며, 완전하고 필연적인 의미에서[충분 및 필요조건의 의미에서], 결코 성공적으로 주인이 될 수 없다. 우리의 환영은 언제나 너무 적고 너무 느리다. 우리는 "들어오세요"라고 말할 것이다. 그리고 또 이렇게 말할 것이다. "집이 너무 엉망이죠", "냉장고에 탄산음료하고 이틀 지난 쿠키밖에 없네요. 제대로 대접하지 못하는 걸[환대 없음을] 용서하세요". 이것은 단지 "관습적인 겸양"일 뿐인가? 아니면 여기에서 관건이 되는 것은 다른 사람, 다른 누군가에 대한 환영이 의미하는 본질 자체인가? 주는 것이 그리고 환대를 제공하는 것이 잘 이루어지지 않을 때는 언제나, 내가 "어떻게 주어야 하는지를 알지 못했던 점에 대한 용서"(같은 글, 381)를 구해야만 한다는 것은 사실이 아니던가? 데리다는 다음과 같이 논의를 이어간다. "그러므로 나는 주인(hôte)[4]에게 용서를 구해야만 하는데, 왜냐하면 그에게 결코 충분히 받거나 또는 줄 수 없기에, 나는 언제나 그를 너무 많이 저버리게(abandon) 되지만, 반대로 타자에게 용서를 구하고 그의 용서를 받는 데 있어 나 자신을 그에게 내맡기기(abandon) 때문이

---

4 이 단어를 사용하는 맥락에는 주인/손님이 겹쳐 있다. —옮긴이

다"(「호스티피탈리티」, 389). 바로 여기에서 우리는 다시 타자에 대한 인질(hostage)로서의, 타자의 용서에 '스스로'를 넘겨야만 하는 자로서의 주인(host)이라는 모티브를 대하게 된다.

이 용서와 환대에 대한 논의에서, 우리는 의무의 문제와 부채를 넘어선 의무라는 주제로 돌아가게 된다. 만일 주인이 손님의 침범에 대해 용서해야만 한다면, 그리고 만일 주인이 어떻게 환영을 준비할 것인지 또는 준비하지 않을 것인지에 대해 ──환대의 사건이 발생하기 위한, 만일 그런 것이 있다면, 이 모든 것에 대해 ──알지 못함을 손님이 용서해야 한다면, 이 용서의 의무의 성격은 어떤 것인가? 데리다는 여기에서 이제 우리가 잘 알게 된 부채를 넘어서는 의무의 논리로 우리를 되돌려 놓는다.

> 우리는 그 자체로 도래하는 용서의 불가능을 실행해야만 하는가? 아마도 그래야겠지만, 이것은 결코 법, 규범, 규칙 또는 의무로 정립될 수 없을 것이다. 용서는 언제나 동기가 없으며 예측 불가능한 채로 남아 "있어야만" 한다. 칸트적 판별을 사용하자면, 우리는 결코 "의무에 따라"(pflichtmässig) 또는 심지어 "의무에서"(eigentlich aus Pflicht) 주거나(donner) 또는 용서하지(pardonner) 않는다. 만일 용서한다면, 우리는 모든 정언명령(categorical imperative)[5]을 넘어서, 부채와 의무를 넘어서 용서한다. 그리고 그럼에도 우리는 용서**해야만** 한다(il faudrait). (『협상들』, 351)

---

5 '절대적인 명령'의 의미. ──옮긴이

## 용서와 선물

이후에 용서에 대한 데리다의 많은 고찰들이 나오기는 했지만, 이미 『주어진 시간』에서 용서는 환대의 문제와, 그리고 따라서 선물의 문제와 연결되었다. 그 책에서 데리다가 "선물과 또한 용서의, ……그러나 의무와 부채를 넘어선" 불안정성에 대해 이야기하고 있기 때문이다(69). 그리고 이러한 연결은 「호스티피탈리티」라는 제목의 세미나 노트에서 더욱 명백하게 드러난다. "여기에 아마도 용서가 선물과——그리고 따라서 보상 없이 주지 않는다면 아무것도 아닌 것일 환대와——공유하는 조건[불가능한 것의 불가능성, 가능한 것의 불가능성]이 있을 것이다. 형식적인 유비를 넘어, 이것은 어쩌면 또한 우리가 용서의 불가능성의 조건을 타자에게 뒤집어씌운다는 의미가 될 것이다. 즉, 용서를 선물에 또는 선물을 용서에, 용서를 환대에 그리고 환대를 용서에 말이다"(「호스티피탈리티」, 386). 여기에서 용서가 선물과 공유하는 조건은, 데리다가 말하는 것처럼, 더 이상 단순히 형식적 유비, 구조의 유사성 또는 심지어 동일성의 문제도 아니며, 오히려 이 관념들 또는 (준)개념들의 엄격한 연관(concatenation)이나 상호적인 공함축(coimplication)의 문제다.[6] 하지만 『신을 묻다』에 실린 이어지는 글, 「용서하기 위해: 용서할 수 없는 것 그리고 시효가 없는 것」에서, 데리다는 선물과 용서의 관계에 대한 그의 가장 대담한 진술들 중 일부를 제시한다. 여기에서 그는 don(선물)과 par-don(용서)[7] 사이의 말장난으로 글을 시작하여, 다시 한번 기초적

---

6 『폴 드 만에 대한 회상』에서, 데리다는 다음과 같이 기술한다. "언제나 주는 데 대해 필수적으로 용서를 구해야 하는데, 왜냐하면 선물은 감사를 통해 폐기될 위험을 고려할 때, 결코 현재적으로(in present) 나타나지 않기 때문이다. ……주기 위해 나타나는 데 대해 용서받아야 한다"(148~149).

인 구조적 유사성을 제시할 것이다. "따라서 용서는, 만일 그런 것이 있다면, 비록 가능하다 하더라도 오로지 가능성의 법으로부터 면제됨으로써 실존한다.……그리고 이것이 바로 용서가 선물과 공유하는 것이다"(『신을 묻다』, 48).[8] 그러나 그는 이 개념들을 혼동하지 않는 것의 중요성에 대해, 즉 선물과 용서를 혼동하지 않는 것의 중요성에 대해 말한다. "우리는 이러한 선물과 용서 사이의 유비에 굴하지도, 당연히 이들의 필연성을 무시하지도 말아야 한다"(같은 책, 22). 이런 말의 의도는 무엇보다 이 개념들이 단순히 같은 것이 아니라는 점을 명백히 하는 것이다. "따라서 용서가 없이는 선물도 없으며, 선물이 없이는 용서도 없지만, 무엇보다 그 둘은 같은 것이 아니다"(같은 책, 22). 이제 우리는 이미 여기에서 로마서의 대부분에서 바울의 핵심적인 관심사로서의 선물 또는 은혜가 다시 전적으로 용서라는 측면에서 이해된다는 문제와 데리다의 고찰들 사이의 잠재적인 관련성을 보게 될 것이다. 따라서 만일 여기에서 엄격한 구분과 분리 불가능성을 동시에 정립하는 것이 가능하다면, 이때 우리는 더 나은 바울 해석으로 향하게 될 것이다. 즉, 선물을 용서에 포섭했고, 그런 후에 용서를 칭의의 전적인 의미로 삼았으며, 그리고 그에 따라 정의의 요구를 폐기했던 전통으로부터 유래된 해석보다 더 나은 바울 이해로 말이다. 그러나 그러한 엄격한 구분은 무엇으로 이

---

7 pardon은 라틴어의 perdonare에서 온 말인데, per(통하여, 철저하게)+donare(주다, 선물하다)로 분석되어 '완전하게 주다, 탕감하다, 면제하다, 용서하다'의 의미로 읽힌다. ―옮긴이

8 데리다는 "What is a Relevant Translation"(「무엇이 적절한 번역인가」), *Critical Inquiry* 27, 2001에서, 『베니스의 상인』에 등장하는 포샤(Portia)의 말에 관해 숙고하며, "용서는 계산되는 것이 아니며, 그것은 계산에, 경제에, 거래에 그리고 법에 이질적이지만, 그것은 선물과 같이 선한 것이다"라고 언급한다(192). 물론 역설적인 것은 용서의 비경제적인 성격이 연극이 끝나기도 전에 무너지게 될 것이라는 점이다.

루어질 것인가? 선물과 용서의, don과 par-don의 분리 불가능성에 대해 고려할 때, 그리고 이들의 구조적 상동성을 고려할 때, 어떻게 하나를 다른 하나로부터 명확하게 구분하는 것이 가능할 것인가?

데리다가 말하는 바에 따르면 용서와 선물의 기본적인 차이, 또는 그 차이들 중 하나는 용서가 무엇보다 과거에 관련된다는 점이다. "과거는 과거이며, 사건은 일어났고, 과실은 저질러졌으며, 이 과거는, 이 과거에 대한 기억은, 환원 불가능한 것으로, 타협할 수 없는 채로 남는다. 이것은 용서가 선물과 구별되는 한 측면이며, 선물은 원칙적으로 과거에 관련되지 않는다"(같은 책, 31). 선물이 우선적으로 과거와 관련되지 않을 경우, 우리는 또한 그것이, 이에 대한 앞선 논의에서 보았듯이, '현존하는'(present) 것으로서의 ——즉, 선물로서의 ——그 자체를 폐기하지 않고서는 단적으로 현재(the present) 안에 위치할 수 없다는 점을 상기해야만 한다. 따라서 선물은 미래를 향해 겨냥된다. 그러나 용서는 필연적으로 과거를, 이미 지나가 버린 것 또는 완수되지 못한 것을 다룬다. 하지만 바로 여기에서, 이 시간들의 구분, 이 시간화[시간 한정, temporalization] 내에서, 우리는 또한 용서와 선물 사이의 필연적인 관계를 보게 될 것이다. 실제로, 이 관계 자체를 미래를 향해 개방하기 위해, 과거의 장악력은, 용서와 선물의 관계를 지배하는 숙명은 중단되어야만 한다. 이를 위해서, 용서는 선물의 필연적인 선행자가 될 수 있을 것이다. "변형이나 이차적인 복잡화 또는 선물로부터 발생하는 복잡화와는 거리가 먼 용서가 마치 진실로 그것의 처음이자 마지막 진리인 듯이. 불가능한 선물의 불가능한 진리로서의 용서. 선물에 앞선 용서"(같은 책, 48), 이것이 바로 데리다가 용서와 선물의 관계를 말하는 방식이다. 마치 선물의 증여에 착수하기 위해, 과거의 법을, 그 법의 강철 같은 확정을 부수어 개방하기 위한 것처럼, 과거의 중지 또는 중단이, 여기에서 '용서'라고 명명된 중지가 있어야만 한다.[9]

---

9 한나 아렌트는, 『인간의 조건』에서, 이미 용서라는 생각과 행동을 인간적 행동의 이해에 있어 필수 불가결한 요건으로 놓았다(*The Human Condition*, Chicago: University of Chicago Press, 1958[『인간의 조건』, 이진우·태정호 옮김, 한길사, 1996]). 아렌트에 따르면, "돌이킬 수 없음의 곤경 ——즉, 그가 무엇을 했는지 알지 못하며, 알 수 있다 할지라도 그가 하고 있었던 것을 되돌릴 수 없는 곤경 ——으로부터의 구원을 가능하게 하는 것은 용서의 능력이다"(『인간의 조건』, 237). 매우 정확하게, 그녀는 이 문제를 바울에게 돌리기보다 예수에게, 또는 적어도 복음서들에 재현된 예수에게 돌린다. "인간사의 영역에서 용서의 역할을 발견한 사람은 나사렛 예수였다. 그가 종교적 맥락에서 이를 발견했으며 종교적 언어로 이를 표명했다는 사실은 엄격하게 세속적인 의미에서 그것을 조금이라도 덜 중요하게 받아들여야 할 이유가 아니다"(같은 책, 238). 이것이 "엄격하게 세속적인 의미"에서 이해될 수 있다는 점은 아렌트의 고찰들을 우리가 데리다의 고찰로부터 얻게 된 주제들과 결부시키는 연결고리다. 하지만 그녀는 여기에서, 데리다적인 의미에서라면 "용서할 수 없는"(unforgivable)이라는 용어로 말하겠지만 그녀의 언어로는 "위반"(trespass)이라고 말하는 것 ——바울적인 정죄/판단(condemnation/judgment)의 중지를 논하면서 내가 다루게 될 어떤 것에 어느 정도 상응하는 개념 ——에 대해서는 다루지 않는다.

아렌트는 용서가 의지된(willed) 악 ——최후의 심판의 몫인 ——이 아니라 "위반"에 적용되는 것이라고 주장한다. "그러나 위반은 관계들의 그물망 안에서 새로운 관계들을 항시적으로 정립하는 매일매일의 일어남이기에, 알지 못하고 행했던 것으로부터 사람들을 항시적으로 풀어 줌으로써 삶이 지속되도록 하기 위한 용서와 망각이 필요하다"(240). 아마도 이것은 또한 우리가 줄리아 크리스테바의 입장 ——크리스테바는 아렌트에 대한 상당히 많은 연구를 했으며, 무엇보다 용서라는 개념을 정신분석적 상황과 관련하여 사용한다 ——에서 이해하는 의미일 것이다. 크리스테바는 또한 종교적인 또는 기독교적인 용서 개념이 지닌 세속적인 의미를 확인한다. 분석적인 해석은 용서의 세속적 형태로서 출현하는데, 나는 이를 통해 단지 심판의 중지만이 아니라 전이/역전이(transference/countertransference)를 통해 심판을 넘어서는 의미가 부여된다고 본다. Julia Kristeva, *Intimate Revolt: The Powers and Limits of Psychoanalysis*(『내밀한 반란: 정신분석의 능력과 한계』), Jeanine Herman trans., New York: Columbia University Press, 2002, 2:12.

크리스테바가 볼 때 전이/역전이의 중요성은, "자신을 타자의 병든 존재와 동일시하여 그 존재를 보다 잘 이해하는 분석가의 편에서 볼 때, 용서와 해석이 결여된 경청 없이 그것[전이]이 불가능하다는 점"(『내밀한 반란』, 19)이다. 이것이 작용하는 방식은, 그녀의 설명에 따를 때, "판단을 넘어선 용서의 언어는 고통의 의미를 복원하는 해석이다(그리고 여기에서 나는 정신분석을 함의한다). 이 해석은, 그것이 사랑으로부터 온다는 조건에서, 처벌과 부채의 시간을 중단한다"(같은 책, 16). 이 해석은, 크리스테바가 말한 것처럼, 분석적 상황에 맞추어져 그 의미는, 우리가 보게 될 것과 같이, 선물 또는 은혜가 과거라는 준거에 의해 소진되는 것이 아니라, 오히려 약속의 구조를 지닌다는 것이다. 물론 이것은 또한 바울에게도 참인데, 왜냐하면 은혜 또는 선물의 전형이 미래, 즉 땅과 자손에 대한 미래와 관련하여 아브라함에게 주어진 선물이었고, 바울에 따를 때, 이 약속은 확장되어 죽은 자의 부활과 피조물의 해방을 포함하게 되었기 때문이다. 따라서 아무리 많은 용서가 선물에 대해(그리고 따라서 약속에 대해) 필수적이라 할지라도, 그것은 선물 전체가 될 수 없으며, 불충분하긴 하지만 오히려 선물의 필수적인——하지만 충분하지는 않은——조건으로 파악된다.

### 용서와 법

만일 그 둘 사이의 차이에도 불구하고, 용서에 어떤 선물의 성격을 지닌 것이 있다면, 우리는 용서가 기본적으로 어느 정도 법과의 긴장관계에 들어서게 된다고 예상할 수 있을 것이다.[10] 그리고 이것은 바로 우

---

있지만 어쨌든 우리에게 중요한데, 왜냐하면 이 해석이 추가적으로 부채의 문제와의 관련성을, 그리고 처벌이라는 개념을 통해 법과의 관련성을 분명히 하기 때문이다. 게다가 "용서는 어두침침한 무의식적 무시간성의 밝은 단계, 즉 후자가 법들을 변화시키고 사랑에 대한 애착을 타자와 자기를 혁신하는 원리로서 받아들이는 단계다"(같은 책, 20). 크리스테바가 보기에, 바로 이때 용서는 사랑에 대한 열림으로 작용하는데, 우리는 용서의 기능에 대한 데리다의 해석에서 유사한 것을 발견하게 된다. 말하자면, 용서의 기능은 부채를 넘어선 의무로 가는 길을 여는 방식을 통해 과거에 작동하는 것으로, 우리가 본 것처럼, 그 이름은 바로 사랑이다.

10 「무엇이 적절한 번역인가」에서, 데리다는 "자비가 정의를 연단(鍊鍛)할 때"라는 문구에 대한 번역으로 "자비가 정의를(또는 법을) 고양하고 내면화하며, 그를 통해 정의를 보존하고 부정할 때"라는 문구를 내놓는다(195). 이 논의에서, 그는 지속적으로 헤겔의 Aufhebung을 relever로 해석하는 것으로 제안하는 자신의 번역을, 즉 『조종(弔鐘)』에서 상당히 긴 지면을 할애했던 고찰을 언급하고 있다[Aufhebung은 일반적으로 '지양' 止揚을 의미하며, 데리다가 이에 대한 프랑스어 번역어로 제시하는 relever는 '들어올린다'를 의미하는 동시에 '폐지'

리가 『코스모폴리타니즘에 관하여』에 실린 「용서에 관하여」에서 발견하게 되는 것인데, 이 글에서 데리다는 이제는 독자들에게 친숙한 몸짓으로 다음과 같이 쓰고 있다. "용서는 때로 계산된 방식으로, 관련된 주제들——사과, 후회, 사면, 시효 등——과 그리고 분명히 법, 즉 원칙적으로 용서와 이질적이고 환원 불가능한 채로 남을 수밖에 없는 형사법의 지배 아래로 들어오는 너무나 많은 의미작용들과 혼동된다"(『코스모폴리타니즘에 관하여』, 27). 이것은 또한, 사면 또는 '진실과화해위원회' (truth and reconciliation commission)[11]와 같은 정치적인 예들에서 때로 혹은 심지어 정규적으로 그런 것처럼, 용서가 정상상태(normalcy)로의 회귀를 계획하는 방식과 관련하여 표현될 수도 있을 것이다. 데리다는 다음과 같이 서술한다. "매번 용서가 정상상태를 재-확립하려고 할 때마다……그럴 때 용서의 행위는 순수하지 않다.……용서는 정상적이지도, 규범적이지도, 정상화하지도 않으며, **그래서는 안 된다**. 그것은 불가능한 것에 직면하여 ——마치 역사적 시간성(temporality)의 정상적인(ordinary) 경로를 중단했던 것처럼 ——예외적이며 비정상적으로(extraordinary) 남아 **있어야만** 한다"(같은 책, 32). 이런 방식으로, 용서는 선물과 같이, 어떤 특정한 경제에 대한 중단 또는 초과로 이해될 수도 있을 것이다. 그리고 바로 이것이 "역사적 시간성의 정상적인 경로"를

---

또는 '걷어 냄'을 의미한다]. 어쨌든 나의 직접적인 목적에 있어 보다 중요한 것은 용서 또는 자비의 정의와의 관계, 혹은 법과의 관계다. 따라서 데리다의 글 앞부분으로 돌아가서 보면, 그는 포샤를 따라서 용서에 대해 기술하고 있다. "그것은 법 위로, 또는 정의 안에서 오직 법일 뿐인 어떤 것 위로 떠오른다"(「무엇이 적절한 번역인가」, 188).

11 내전, 독재정권에 의한 정적 및 반대자 살해, 인종말살전쟁 등의 과거사를 해결하기 위해 국가 차원에서 설립, 운영하는 기관. 유명한 예로는, 남아프리카공화국이나 한국의 사례를 들 수 있다.——옮긴이

중단하는 것으로, 즉 새로운 것의 도래를 위한 장소를 만드는 의미에서 과거의 지배력을 단절하는 그 지배력의 종결과 소진으로 이해되는 것이다.

이러한 용서의 불가능성이 데리다의 사유 내에서 표현되는 정규적인 방식은 조건적인 용서와 무조건적인 용서 사이의 관계를 경유하는 것이다. "나는 '분열된' 채로 남아 있다(용서, 순수한 용서에 대한 '과장된' 윤리적 환상 그리고 화해에 대한 실용적인 과정들 내에서 작동 중인 사회의 현실 사이에서). 그저 결정할 힘, 욕망, 또는 필요도 없이. 두 극단은 분명히 서로와 환원 불가능한 것이 아니라, 분리 불가능한 채로 남아 있다"(같은 책, 51). 이러한 환원 불가능성과 분리 불가능성의 상황은 선물과 경제의 관계 또는 정의와 법 사이의 관계를 상기시킬 것이다. 그리고 데리다는 이 관계를 명시적으로 드러낸다.

> 만일 우리의 용서 개념이 그것의 절대적인 준거를, 말하자면 그것의 무조건적인 순수성을 박탈당하자마자 폐허로 떨어지게 되더라도, 이 용서라는 개념은 그럼에도 그것을 역사, 정치, 실존 그 자체 속에 기입될 수 있도록 하는 많은 것들과 같이, 그것에 대해 이질적인 것들, 말하자면, 조건들, 참회, 전환의 질서로부터 분리 불가능한 채로 남을 수밖에 없다. **무조건적인 것과 조건적인 것**이라는 이 두 극단은 절대적으로 이질적이며, 서로에 대해 환원 불가능한 채로 남아 있어야만 한다. 하지만 그럼에도 이 둘은 분리 불가능한 것이다. (같은 책, 44)

단적으로 선물이 그것으로부터 여전히 이질적인 교환의 구조로 들어가야만 하며, 정의의 요구가 그것으로부터 언제나 근본적으로 외래적인 법의 구조 안에 기입되어야만 하는 것과 같이, 진정한 용서와 흔히 그것과 혼동되는 용서의 조건성 역시 그러한 관계에 있다.[12]

조건적인 용서와 무조건적인 용서의 이질성은 용서와 관련된 서구적 전통 내에서 어떤 특정한 긴장관계로 들어가게 된다. 전통이라는 모호한 표현에 대해 말하면서(그러나 여기에서는 기독교적 전통을 말하는 듯한데), 데리다는 다음과 같이 쓰고 있다. "때로, 용서(신에 의해 주어진, 또는 신적인 규정에 의해 계시받은)는 교환도 조건도 없는 은혜로운 선물이며, 때로 그것은 최소한의 조건으로 죄인의 참회와 전환을 요구한다"(『코스모폴리타니즘에 관하여』, 44). 이것은 우리가 특정한 신약성서 텍스트들에서, 아마도 다른 어느 텍스트보다 특히, 신적인 용서와 이웃, 형제 또는 자매에게 제공되는 용서 사이의 관계를 사유하려는 시도를 담고 있는 마태복음에서 발견하게 되는 어떤 것에 대한 적절한 응답을 제

---

12 내가 보기에, 데리다가 이질성과 분리 불가능성 양자를 반복적으로 주장한다는 것을 알아차리지 못하는 듯 보인다는 의미에서, 존 밀뱅크는 용서, 의무, 선물이라는 개념들에 관련하여 데리다를 이해하는 방식에 있어 고의적인 혼동에 빠져 있는 듯하다. 이 개념들이 혼동될 때, "용서는, 따라서 선물-교환의 융합을 완성한다"는 부주의한 정식이 나타나게 되며, 이런 일은 밀뱅크의 저작에서 몇 차례 반복적으로 일어나는 듯 보인다(『화해의 존재』, pp. 70, 72를 볼 것). 그는 심지어 다음과 같이 말하기도 한다. "윤리적인 것은 오로지 진정하게 하나의 상호적이며 끝없는 선물 교환으로 상상될 수밖에 없으며, 신적인 선물의 도래——은혜——에 대한 도덕적 요행 또는 절대적 믿음으로 해석된다"(같은 책, 154). 정작 문제가 되는 것은 은혜 또는 선물에 대한 '내맡김'(또는 아마도 불가능한 것——그렇지 않다면, 왜 여기에서 내맡김에 대해 말하는가?——)에 대한 최종적인 구상이 아니라, 그가 비경제적인 것을 경제화하는 방식이다. "오로지 완전한 노출만이 윤리를 구성한다"(같은 책, 148)라는 그의 진술은 정확하다. 하지만 문제는 완전한 노출의 자리에 그가 때로 의존할 수 있는 선물과 용서를 두는 경향이 있다는 점이다. 그가 데리다를 비판할 때, 그 비판은 흔히 오로지 데리다에게 있는 '이질성'만을 듣고 '분리 불가능성'에는 귀를 닫아 버리기 때문에 가능해지는 듯 보인다. 그러나 그는 이 문제를 이질성을 분리 불가능성으로 교체하는 것으로 '수정'하여, 남김 없는 교환으로, '융합'으로, 설명될 수 있는 교환으로 들어가는 방식을 추구한다.

공할 것이다. 이 신약성서 텍스트는 데리다가 상당한 관심을 기울였던, 특히 『죽음의 선물』에서 현저한 관심을 기울였던 텍스트다. 마태복음에서 우리는 신적인 용서가 어떤 측면에서 이웃의 용서에 달려 있다고 말하는, "너희가 용서한 것과 같이, 또한 너희도 용서받게 될 것이다(마태복음 6:14~6:15)"라는 단언을 발견한다. 한편으로 이전의 자격 있음(worthiness)에, 이전의 참회에, 또는 심지어 이전의 고백에 의존하지 않는다는 의미에서, [마태복음과 데리다] 양자 모두가 무조건적이다. 여하튼 신에 의해 부여된 용서는 우리가 서로에게 부여하는 용서를 반향한다고 말해진다.[13] 그러나 명확히 해야만 할 것은 우리가 바울에게서 발견할 수 있는 것이 어떤 방식으로 데리다가 구분했던 용서의 조건성 또는 무조건성 중 어느 한쪽에 부합하는지에 대한 문제이다.

하지만 무조건적인 용서와 조건적인 용서 사이의 이질성은 간단히 대립관계의 이질성이 되도록 허용될 수 없다. 양자가 분리 불가능하다는 것 또한 명확해져야만 한다. 그러므로 데리다는 다음과 같이 서술하고 있다. "하지만 무조건성과 조건성 사이의 구분은 그 자체를 하나의 단순한 대립관계로 결정되지 못하도록 할 만큼 교묘하다. 무조건적인 것과 조건적인 것은 분명히 절대적으로 이질적이고, 이는 영원히 경계

---

13 용서의 무조건성(그것은 고백/참회/자격 있음에 의존하지 않는다)과 조건성(당신은 용서하는 이상, 용서될 것이다) 사이의 긴장을 해명하기 위한 한 가지 길은, 무조건적인 신적 용서가 우리 안에 또는 우리에게 도착했는지를 명확하게 보여 주는 표징이 서로에 대해 용서함에 있다고 말하는 것이다. 신적인 용서가 도착했다면, 그런 이상 그것은 우리 안에서 또는 우리를 관통하여 용서를 생산한다. 바로 그러한 용서가 과거의 폐쇄성(예를 들어, 부채, 보복)을 새로운 것의 반복(용서 이후에 용서로 계속 복제되는 용서)으로 열어젖히는 한에 있어 이미 도착해 있을 것이다. 그러나 그러한 열림 또는 그러한 열림의 반복이 없는 곳에서, 용서는 도착해 있지 않을 것이며, 과거, 부채, 보복의 경계의 끝없는 반복으로 이미 흔적도 없이 사라져 있을 것이다.

의 어느 한편에 있지만, 이 둘은 또한 분리 불가능한 것이다. 그 운동 안에, 무조건적인 용서의 동요 안에서 유효하게 되고, 드러나 결정되는 것의 내적인 긴급성이, 그리고 그 자체를 결정함에 있어 조건성에 대한 굽힘이 있다"(「용서하기 위해」, 45). 우리는 곧 이 둘의 이중적 관계가 어떻게 공적인 또는 정치적인 무대 위에 펼쳐지게 되는지 보게 될 것이다.

데리다가 용서 또는 '순수한 용서' 또는 '무조건적인 용서'의 아포리아적 구조를 해명하려 했던 가장 중요한 방식들 중 한 가지는 용서할 수 없는 것의 문제에 용서를 관련 짓는 것이다. 바로 여기에서 용서의 '불가능성'이 그리고 그에 따라 조건성의 경제와 용서 사이의 구분이 완전하게 시야에 들어오게 된다. 따라서 『협상들』에서, 데리다는 자신의 진행 중인 세미나를 언급하면서, "마치 그것이 가능한 것처럼" 기술한다. "우리는 오직 용서할 수 없는 것을 용서한다. 단지 이미 용서할 수 있는 것에 대한 용서를 통해서라면, 우리는 아무것도 용서하지 않는 것이다. 결과적으로 용서는 오직 그 자체로 용서할 수 없는 것에 대면하는 곳에서만 가능하며, 따라서 그것은 불가능해 보인다"(349). 유사한 논점이 용서(그리고 위증)에 대한 세미나에 앞서 진행되었던 환대에 대한 세미나에서 제시된다. "용서의 불가능성은, 진실로, 그것의 유일한 가능성으로서 사유에 제공된다. 왜 용서는 불가능한가? …… 단적으로 용서해야 할 것은 용서할 수 없는 것이어야 하며, 그런 것으로 남아 있어야 하기 때문이다. 만일 용서가 가능하다면, 만일 용서가 있다면, 그것은 용서할 수 없는 것을 용서하는 것이어야 한다. 그런 것이 용서의 논리적 아포리아다. [……] 만일 우리가 오직 용서할 수 있는 것만을, 말하자면, 심지어 눈감아 줄 수 있는 것, 경미한 것, 또는 대수롭지 않은 것만을 용서해야 했다면, 우리는 용서하는 것이 아니었을 것이다. 우리가 눈감아 주고, 용서하고, 잊어버린다면, 우리는 용서하는 것이 아니다"(「호스티피탈리티」, 385).

쉽게 이해할 수 있는 것처럼, 용서의 조건성은 바로 용서할 수 있는 것에, 다시 말해 어떤 정황들하에서 봐줄 수 있는 것, 즉 기억으로부터 잊혀질 수 있는 것에 관계된다. 여기에는 과거와의 어떠한 근본적인 단절도 관련되지 않는다. 과거의 과오는 단순히 현재 또는 미래에 대한 어떠한 불가피한 결과도 만들어 내지 못하고 소거되며, 진정으로 지나가 버린 일이 될 수 있다. "그건 잊어버려"라고 하듯이 말이다. 또는 과거의 과오는 보상적 경제(retributive economy) 안에 남아 있는 일종의 보충적인 효과들(고백, 참회, 개심)의 대응경제(countereconomy)[14]를 통해 경제(economy)에 통합된다. 당신이 고백하면, 내가 용서하는 주고받음. 어떤 경우에도, 과거의 과오는 완전히 용서할 수 있는 것이다. 왜냐하면 과거의 과오는 하찮은 것(또는 경미한 것)이거나, 또는 그 과오에 의해 하나의 보충적인 인과적 결합체가 일련의 과정과 나란히, 즉 고백, 뉘우침 등의 작용에 의존하는 과정과 나란히 정립되기 때문이다. 각각의 경우에, 법은 강제력으로 유지된다. 시간성의 법, 사법성의 법, 보상적 경제의 법으로. 어떠한 놀라운 것도 일어나지 않았고, 어떠한 새로운 것도 도래하지 않은 것이다.

그러나 용서는, 만일 그런 것이 존재한다면, 우리가 반복적으로 보아 왔던 그대로, 매우 다른 구조를 가진다. 그것은 불가능한 것과 관련된다. 그리고 이것은 용서가, 만일 그런 것이 일어난다면, 참아줄 수 없는,

---

14 여기서 이 단어는 용서에 대한 반응과 관련된다. 즉, 용서와 그에 대한 반응으로서의 고백, 참회, 개심에서 나타나는 순환을 말한다. ― 옮긴이

잊혀질 수 없는, 삭제될 수 없는 그런 것 ─ 요컨대, 용서될 수 없는 것, 용서할 수 없는 것 ─의 용서라는 의미이다. 그러나 용서할 수 없는 것은 어떤 것인가? 말하자면, 너무나 끔찍해서 사법성의 범위 안에, 또는 감형이나 사죄, 또는 자격 있음으로 이루어진 경제의 범위 안에 들어갈 수 없는 범죄, 위반은 무엇인가?

　여기에서 제시된 데리다의 숙고들은 어떤 특정한 세계정치적 현상에 관한 그의 관찰에 의해 확정되는데, 이 관찰은 코스모폴리타니즘과 국제법과 같은 것의 출현과 관련하여 우리가 이전 장에서 보았던 사안들에 밀접하게 연관된 것이다. 따라서 용서할 수 없는 것의 성격을 해명하기 위해, 우리는 정치의 몽디알리자시옹(mondialisation)이라는 장면으로 되돌아가야만 한다. 『협상들』에서, 데리다는 다음과 같이 언급한다. "오늘날 하나의 세계화가, 참회와 용서를 구하는 무대에서 펼쳐지는 세계적인 극화(劇化)가 있다. 그것은 우리의 아브라함적 유산으로 팽창한 기반과 국제법에 대한 새로운 입장에 의해 조건 지어진다"(381). 그는 여기에서 우선 정부가 과거의 범죄들과의 공모를 인정하고 용서를 구하는 길에 대해 언급한다. 따라서, 예를 들자면, 그는 2차 세계대전기에 일본군에 의해 자행되었던 특정한 범죄들에 대해 용서를 구하는 일본 수상에 대해 언급한다. 보다 최근에, 데리다는 동일한 시기에 프랑스에서 비시 정부(Vichy Government)가 보인 행위들에 대한 책임 인정에 대해서, 미테랑[15]에 의해 기각되었지만 이제 시라크[16]에 의해 허용되었던 프랑스 국가를 대표한 책임 인정에 대해서 논했던 바 있다.[17] 유사하

---

15 프랑수아 미테랑(François Mitterrand). 1981~1995년까지 프랑스 대통령 재임. ─옮긴이
16 자크 시라크(Jacques Chirac). 1995~2007년까지 프랑스 대통령 재임. ─옮긴이

게 미국은 심지어 2차 세계대전 기간 동안 일본계 미국인들에 대한 부당한 대우의 책임을 인정하고(히로시마와 나가사키의 엄청난 민간인 피해자들에 대해서는 인정하지 않지만), 심지어 노예제에 대한 책임을 인정하기에 이른다(하지만 배상 요구의 적합성에 대해서는 인정하지 않는다).

일반적으로 이러한 행동들은 실질적인 책임과는 너무나 거리가 먼 관리들에 의해 실행된다. 최근의 한 예외는 네덜란드 행정부가 자국의 (적어도 명목상의) 보호하에 있던 과거의 유고슬라비아 지역에서 자행된 인종학살을 막지 못했던 책임을 인정하고 사퇴한 것이다. 아무리 불균등할지라도, 그리고 솔직함의 정도에 상당히 심한 편차가 있더라도, 어쨌든 정부들 그리고 유사정부기구들(예를 들어 바티칸, 또는 심지어 노예제에 관해서는——인종차별에 관해서는 아니지만——미국 남부 침례회) 이 인간들의 존엄성과 생명에 대한 광범위한 침해로 귀결되었던 과거에 취해졌거나 취해지지 않은 수많은 행동들에 관해 책임을 인정하는 주목할 만한 현상이 있다. 데리다는 이 현상에 대해 다음과 같이 말한다. "용서의 세계화는 진행 중에 있는 거대한 고백의 장면과 닮아 있으며, 따라서 사실상 기독교적 전율-전회-고백과, 다시 말해 더 이상 기독교 교회가 필요하지 않은 기독교화의 과정과 닮아 있다"(『코스모폴리타니즘에 관하여』, 31).[18] 데리다가 말하는 그대로, 주목할 만한 것은 기독교와 관련이 전혀 없는 민족들과 국가들(예를 들어 일본 정부)이 여하간에 고백, 뉘우침, 그리고 참회라는 공적인 준-기독교적 행위의 실행에 관여하여,

---

17 프랑스의 사례에 대한 훌륭한 논의를 보기 위해서는, 「거짓말의 역사: 서언」(History of the Lie: Prolegomenon)을 참고하라(『알리바이 없이』, 45~52).

18 또한 『협상들』, pp. 381~384을 볼 것. 여기에서 관련된 논의는 다른 원고이기는 하지만 이 논증의 대부분이 들어가 있는 인용된 구절에서 찾을 수 있는 듯 보인다.

그에 의해 모종의 면죄를 바라고 있는 듯 보인다는 것이다. 이런 상황에서, 데리다는 일종의 교회 없는 기독교의 발생을, '기독교적 전통'에 대한 명시적인 신뢰는 없지만 그러나 여전히 그 전통에 대한 명백한 연관을 가진 모종의 기독교의 발생을 본다.

만일 그 문제가 여기에서 방치되었다면, 우리는 여전히 정상상태를 회복하려고 하는 변명 또는 고백의 경제라는 질서 내에 있을 것이다(예를 들어, 일본과 한국의 관계, 또는 바티칸과 이스라엘의 관계를 부드럽게 하는 질서).[19] 그러나 이런 현상은 서로와 밀접하게 관련되어 있다. 왜냐하면 이런 방식으로 고백되는 범죄들이 "인간성에 반하는 범죄들"이거나, 또는 그런 범죄들로 간주되기 때문이다. 이런 현상은 "바로 인류가 갑작스럽게 나서서 공개적으로, 극적으로, 그 스스로에 대해, '인간성에 반하여' 범해진 모든 범죄들에 대해, 인류를 고발하는 것이나 다름없다"(『협상들』, 383). 용서할 수 없는 것의 고백과 참회라는 공개적인 드라마를 연결시키는 것은 바로 이 장면이 표명되고 있는 조건이 인간성에 반하는 범죄라는 점이다. 고백과 요구된 용서의 극작법을 너무나 강제적으로 만드는 듯 보이는 것은 바로 그러한 범죄의 끔찍함, 즉 그들이 인간성

---

19 진실과화해위원회에 대한 연설에서, 그는 이렇게 말한다. "만일 그 목적이 화해라면 그것은 어떤 경제다. 그것은 어쩌면 매우 유용하고, 매우 고귀한 전략이지만, 그것은 용서가 아니다. 만일 내가 구원되기 위해 용서하거나, 용서를 구한다면, 그것은 하나의 고귀한 그리고 가치 있는 계산이지만, 그것은 어쨌든 순수한 용서가 아니다"(「용서하기 위해」, 57). 여하간에 그 목적은 용서 그 자체의 순수성에 단순히 반대되는 것은 아닌데, 왜냐하면 만일 추상적이거나 효과적이지 않은 채로 남아 있을 것이 아니라면, 여전히 "조건성을 향해 방향을 돌"릴 수밖에 없는, 즉 역사로 들어가 조건성에 의해 오염될 수밖에 없는 무조건적인 용서에 관해 상기하기 때문이다. 즉, 데리다가 다른 관련된 맥락에서 주장하게 될 것처럼, 그것은 협상 불가능한 것을 협상하라는 명령이다. 나는 다음 장에서 잠시 이 문제로 돌아갈 것이다.

'그 자체'를 침해한다는 점이다.

인간성에 반하는 범죄라는 바로 그 개념은 뉘른베르크 재판[20]으로부터 유래한 것이지만, 지난 세기에 즈음하여 매우 빠르게 지지기반을 얻게 되었다. 이 개념은 이전에 유고슬라비아에서 일어났던 일들과 르완다에서 상당히 다른 방식으로 벌어지고 있는 일들을 다루는 심리들의 주제가 되었다. 그것은 또한 피노체트(Augusto Pinochet)가 칠레의 국가원수였을 때 자신의 인민을 대상으로 자행했던 범죄들에 대해 그를 공소하려 했던 전례 없는 시도와 현재 칠레 정부의 헨리 키신저(Henry Kissinger)를 증언대에 세우기 위한 노력의 주제였다. 여기에는 분명히 어떤 일이 놀라운 추진력을 보이며 진행 중이지만, 그럼에도 불구하고 미국 정부는 과도하리만치 헌신적으로 호소하는 모든 국제법의 적용으로부터 스스로를 면제한다. 그러나 이 경우에, 놀라운 것은 패권국의 교만이 아니라(역사에서 그것이 참이 아니었던 적이 언제였던가?) 이 스스로 요구하는 면제가 압도적으로 다수의 정부들 및 인민들에 의해 명백히 묵과할 수 없는 일로 간주된다는 점이다.[21]

---

20 2차 세계대전 전범들에 대한 재판. ─옮긴이

21 이 글이 쓰이고 있는 동안, 미국은 자국의 국민이 모든 전쟁범죄 기소로부터 면책권을 허락받지 못한다면 보스니아에서의 UN 평화유지군 활동을 거부하겠다는 위협을 가하고 있었다. 평화유지군 인원들 중에 그런 방식의 기소를 당한 사람이 없었기에, 이런 완전히 고집스런 주장(UN 평화유지군 작전에 참여한 모든 다른 국가는 요구하지 않은)에 어떤 다른 숨겨진 의제가 있다는 것이 명백했다. 그것은 전쟁범죄 또는 인간성에 반하는 범죄로 인해 미국인들에게 취해지는 모든 가능한 기소를 방해하기 위한 시도로 보인다. 미국의 UN 대사 존 네그로폰티(John Negroponte)가 레이건 재임기간 동안 중앙 아메리카에서 진행된 미국의 정책과 작전들의 책임자였으며, 같은 방식으로 이란-콘트라(Iran-Contra) 사건을 책임졌고[1986년에 드러난 대 이란 무기 밀매 게이트. 당시 니카라과의 친미 반정부 반군조직인 콘트라에 무기와 자금을 대기 위해 무기 수출 금지국이었던 이란에 무기를 밀매하는 과정에 여러 정부요직에 재직 중인 인사들이 개입했던 정황이 드러남], 엘살바도르와 온두라스에서 암

이것은 매우 갑작스럽게, 그리고 의심의 여지없이 홀로코스트와 그것의 말할 수 없는 극악무도함으로 인해, 인간성에 반하는 범죄들이라는 바로 그 개념이 국제정치의 논의와 제도화를 통해 공통적으로 통용되는 개념이 되어 버렸기 때문이다. 이것이 이미 어떤 국제법의 몽디알리자시옹(mondialisation)에 관련하여 점증적으로 사유의 더 많은 부분을 차지하게 되면서, 인간성에 반하는 범죄들이라는 개념을 어떤 특정한 예외적 체제 또는 기간에 제한하는 것이 불가능하다는 점이 더욱 명확해지고 있다. 데리다가 주지했던 바와 같이, "모든 인간들은, 적어도 어떤 지워지지 않는 방식으로, '인간성에 반하는 범죄들'에 의해 흔적이 남은 사람들의, 또는 사건들의 상속자들이다"(『협상들』, 383). 분명히 이러한 흔적은 서구의 역사와 관련하여 ──적어도 식민지 정복, 노예무역, 그리고 세계대전과 관련된, 역사의 빠져나갈 수 없는 연루에 관해 ── 이해할 수 있는 것이지만, 이것은 또한 일본의 예가 말하는 것과 같이 단지 서구에만 국한되는 이야기가 아니다.

　　그러나 여전히 해명되어야 할 것은, 예컨대 어떻게 특정한 범죄들이 ──비록 이 범죄들이 분리된 사례들이 아니라 어떤 의미에서 모든 국가들에게 따라서 모든 인민들에게 공통적임에도 불구하고 ── 특히

---

약했던 암살대들과 미국의 협력을 책임졌던 인물이라는 점을 기억할 때, 전쟁범죄나 인간성에 반하는 범죄와 관련한 모든 가능한 전례에 대해 행정부 측에서 그렇게나 큰 관심을 나타내는 이유를 이해하게 된다. 이 행정부는 국제법의 입장에서뿐만이 아니라 미국 국내법의 견지에서 보더라도 불법이었던 정책들에 깊숙이 연루된 인사들로 구성되어 있었기 때문이다. '오늘' 미국은 UN 헌장을 위반하며 이라크로 깊숙이 전진해 들어간다. 그리고 하루가 지난 '오늘', 내가 이 주석을 고치고 있는 동안, 미국의 전쟁 포로에 관한 제네바협약 위반에 대한 증거가 국제적인 반향의 원인이 되었다. 동시에 앞에서 언급한 존 네그로폰티는 이라크 대사로(또는 보도 뉴스들이 전혀 망설이지 않고 말하는 그대로, 총독proconsul으로) 지명되었다.

극악한 것으로 간주되고, 따라서 특정한 인간들에 대한 범죄가 아니라, 인류 자체에 반하는 범죄들로 간주되는가 하는 문제다.[22] 바로 여기에서 데리다는 어떤 확실한 아브라함적 전통과의 관련성을, 그리고 무엇보다 잔여적인 또는 암묵적인 기독교적 관련성을 잡아낸다. 데리다의 『협상들』에서 나타나는 기술이 이를 보여 준다(이 인용문의 마지막 부분은 그가 「용서에 관하여」에서 말했던 것을 읽었던 사람에게는 친숙할 것이다). "만일 결과적으로, 어떤 인간성에 반하는 범죄가 살아 있는 자들에게 있어 가장 중요한 것을 건드리고, 따라서 이미 인간 안에 있는 신을, 어떤 인간이-된-신(God-become-man) 또는 신에-의해-신이-된-인간(man-become-God-by-God)을 건드린 것이라면(인간의 죽음과 신의

---

22 한 인간에 대한 범죄와 인간성 자체에 대한 범죄들 사이의 그러한 차이는 현행적인 국제법 전개에 있어 본질적인 듯 보이지만, 어쩌면 엄격하게 유지되기는 불가능할지도 모른다. 예를 들어, 인간성에 반하는 범죄는 수의 문제인가? 분명히 그런 생각이 홀로코스트의 그림자의 영향 안에 있는, 대량 학살이라는 표제하에 시작되는 듯하다. 그러나 만일 그것이 인간성 내에 있는 성스러운 것의 침해의 문제라면, 만일 모든 타자가 전적인 타자라면, 타자에 대한 침해는 어떠한 타자에 대한 것이라 하더라도 인간성(humanity)에 내재한 성스러운 것의 침해이며, 따라서 인류(humanity)에 대한 범죄 ──모든 각각의 인간으로 예시화되는 인류에 대한 범죄 ──인 것이다. 그럼에도, 우리가 희생자가 아니라 희생시키는 자 ──국가 ──의 지위를 기반으로 구별하고자 한다면, 처음에는 보다 단단한 지반 위에 설 수 있는 듯 보인다. 그러나 그 지반은, 예를 들어, 르완다에서 변동한다. 기소된 자들이 단지 국가 관리들이나 정당의 당원들에게만 국한되지 않는 그곳에서 말이다. 이와 유사한 난점이 테러리즘이라고 불리는 어떤 것에서 떠오른다. 특히 어떤 의미에서도 국가의 지원을 받지 않는 테러리즘에서 말이다. 설령 그 지반이 동기의 문제로 옮겨가게 된다 하더라도 ──다뤄지는 범죄들에 증명 가능한 정치적 동기가 있어야 하는 남아프리카 공화국의 진실과화해위원회에서와 같이 ──우리는 여전히 잔학행위에 언제 그리고 어떻게 정치적 동기가 있는지 또는 있었는지에 대해 당혹스러움을 느끼게 된다. 예를 들어, 가재(家財) 노예제나 집단학살적 침공의 사례들에서, 어떻게 정치적·경제적·종교적 동기들을 구별하는가? 유사한 난제들이 전 유고연방에 관해서도 제기될 수 있다. 이것은 단지 여기에서 건드려진 문제들이 막대하며 이전에 볼 수 없었던 결과들을 초래할 것임을 암시할 뿐이다.

죽음은 여기에서 동일한 범죄로 드러날 것이다), 용서의 몽디알리자시옹은 진행 중에 있는 거대한 고백의 과정과, 참회하는 자들의 끝없는 행렬과, 따라서 사실상의 기독교적 전율-전회-고백과, 더 이상 교회나 선교사들이 필요하지 않은 기독교화의 작업과 닮아 있다"(『협상들』, 384).

여기에서 데리다가 말하는 것은 상당히 암시적이다. 그러나 분명하게 관건이 되는 것은 인간성에 반하는 범죄의 성격이 어떤 의미에서 신적인 것에 대한 공격으로 느껴진다는 점이다. 그것이 "인간 안에 있는 신" 또는 인간 안에 있는 신성한 것 또는 신적인 것 자체일지라도 말이다. 이제 우리는 데리다에게 있어 "모든 타자는 전적인 타자"라는 것을 알게 된다. 그리고 이 명제의 의미가 어떤 타자에 대한 침범이라도 '전적인 타자'로서의 타자에 대한 침범이며, 그런 의미에서 어쨌든 신에 대한, 즉 인간 안에 있는 신 또는 인간적인 것으로서의 신에 대한 침범이라는 것을 알게 된다.[23]

그러나 데리다가 여기에서 지시하는 것은 "모든 타자는 전적인 타자이다"(tout autre est tout autre)라는 그의 보다 특징적인 정식을 상당히 넘어서는 듯 보인다. 왜냐하면 그런 특징적인 태도를 고수하기보다는 육화(incarnation) 또는 비인간화(inhumanization)에 관련된 전적으로 신학적인 전통——"어떤 인간이-된-신" 또는 심지어 "신에-의해-신이-된-인간"——을 소환하고 있기 때문이다. 내가 보기에 지금 여기에서 데리다는 의도적으로 어떤 '그리스도론적' 전통에 손을 대고 있다. 그리고 인간이-된-신이라는 전통적인 (요한복음의) 그리스도론과 같은

---

23 이상하게도, 데리다는 여기에서 이 원칙을 불러내지 않는다. 그것이 그의 가장 특징적인 정식들 중 하나임에도 불구하고 말이다(『죽음의 선물』, pp. 82 이하).

것으로 시작되는 그의 정식은 사실상 바울적 정식으로 보이는 것을 반영하도록 수정되는데, 여기에서 말하는 바울적 정식이란 로마서에서 바울이 메시아 예수에 대해 "죽은 자들로부터의 부활을 통해 거룩한 성령에 따라 권능을 가진 하나님의 아들"(로마서 1:4) —— 즉, 죽은 자들로부터의 부활에서 또는 부활을 통해, 다시 말해 불의할 뿐만 아니라 불경하기도 한 공적인 권력 당국자들의 판결을 뒤집어 신(성령)이 지명한 또는 신적으로 만든 메시아 —— 로 지명되었음을 말하면서 논의의 서두를 떼는 것이다.

데리다의 이 상당히 놀라운 정식에서 우리가 얼마나 많은 의미를 간파해 낼 수 있을지는 명확하지 않다. 이 정식은 어쨌든 인간에 대한 구체적인 폭력행위는 인간성에 대한 침범이기에 신성에 대한 모독이며,[24] 따라서 용서는 —— 바울에게 그런 것이 있다면 —— 용서할 수 없는 것을 향한다는 문제를 추가적으로 탐색하도록 하는 초청으로 읽힐 수 있을 것이다. 예를 들어, 이웃에게 가해진 상해는 용서할 수 없거나, 묵과할 수 없는, 또는 무한하게 심각한 죄가 되며, 이것은 동시에 생명의 신성함에 대한, '신의 형상'인 생명의 존엄성에 대한 모독이 아니겠는가?

## 바울: '사면'에 관해서

우리는 이미 바울의 선물에 관해 이야기하면서 두 개의 문제를 확인한 바 있다. 첫번째 문제는 바울 자신이 용서에 대해 말한 적이 없다는 것

---

24 이 문장에서는 violation이라는 단어가 세 번 반복되어 사용되었다. 문장의 의미를 살리기 위해 차례대로 폭력행위, 침범, 모독으로 번역한다. —— 옮긴이

이다. 두번째 문제는 그의 (많은) 독자들이 [용서 이외에] 다른 어떤 것도 거의 찾지 않았고, 그래서 정의의 요구를 시야에서 놓치고 있다는 것이다. 따라서 만일 용서라는 주제의 부재에도 불구하고 용서를 중요한 것으로 보게 된다면, 우리는 용서를 위해 정의의 요구를 폐기하게 되는 위험을 안게 되는 것이다. 우선 첫번째 문제부터 다루어 보자. 그런 이후에 두번째 문제는 논의의 나머지 부분에서 다루게 될 것이다.

## 용서 그리고/또는 축복

여기에서는 지금까지 일종의 학문적 합의에 의해 바울에게 귀속되는 편지들로부터 논의를 시작한다. 이 편지들에서, 용서라는 용어의 유일한 용례인 aphiein은 로마서에서 발견되지만, 그것은 시편(여기에서 다시 다윗에게 귀속되는)으로부터의 인용문 가운데 위치해 있다.[25] 그에 더해, 이 용어는 바울이 저자인지에 관해 논쟁 중인 두 편지들에서, 말하자면 에베소서와 골로새서에서 나타난다. 이 용서라는 용어는 현재 바울에게 귀속되는 [것으로 합의된] 다른 편지들(고린도 전서와 후서, 갈라디아서, 빌립보서, 빌레몬서, 데살로니카 전서) 중 어디에도 나타나지 않는다.

　이는 그 자체로 충격적인 것인데, 왜냐하면 서구 신학의 역사, 특히 개신교 신학의 역사로부터, 바울은 죄의 용서를 칭의라는 용어의 기본적인 ──사실상 독점적인 ──의미로 취하는 교의의 창시자로 상정될 것이기 때문이다.

---

25　원저작(authorship)이라는 관념에 대한 논의에 착수해 보고자 하는 유혹을 받게 되는데, 왜냐하면 이것이 데리다에 의해 크게 흔들리기 때문이다. 일반적인 바울 서신들 중에 바울이 어떤 편지의 저자인지에 관한 문제는 그 자체로 해체적 읽기에 제공된다. 결국 '바울'이라는 이름은 무엇을 의미하는가? 이 이름은 누구를 또는 무엇을 지칭하는가?

이 용서라는 용어가 나오는 것은 로마서 4장 7절이다. 바울은 아브라함이라는 인물을 막 소개한 참이고, 한편으로 신뢰 그리고 충실함으로서의 믿음, 그리고 다른 한편으로 노동[공로, work], 품삯 등의 용어를 명확히 구분하기 시작한다. 이리하여 경건하지 않은 자를 정의롭다 인정하는 분에 대한 신뢰는 그 자체로 정의를 생산하는 것이 된다(로마서 4:5). 그런 이후에 그는 [시편을 인용하여] "그래서 하나님께서 행위와는 상관없이 정의를 판단하는 사람들의 축복에 대해 다윗도 '부정한 행위가 용서되고, 죄가 덮어진 자들은 복이 있다. 주님이 죄를 판단하지 않으실 자는 복이 있다'고 말하고 있습니다"라고 기술한다(4:6~4:7). 바로 이어서 바울은 "그렇다면 이 축복은 오직 할례를 받은 자에게만 선언된 것입니까, 아니면 할례받지 않은 자들에게도 선언된 것입니까?"[4:8~4:9]라고 질문한다. 보는 바와 같이 인용문을 도입하고 그로부터 이어서 나오는 말은 바로 '축복'(blessedness)인데, 이 축복이라는 말은 바울이 시편 32장 1~2절의 인용구 ——거기에서도 이 용어가 두 번 나타나고 있다 ——에 대해 말하는 구절로 연결된다. 예를 들어, 아브라함이 '죄인'이었다는 주장, 즉 그가 (율)법을 위반했거나 또는 정의를 무시했다는 바울의 주장은 어디에도 없다. 실제로 이 지점에서 아브라함에게 불리한 방향으로 진술되는 모든 것은 그가 신에 대해 무지했다는 것, 그가 아직 부름을 받거나 또는 신을 만나지 않았다는 것인 듯하다. 어쨌든 바울의 논변 어디에도 아브라함이 죄인이라거나 또는 그가 '용서받았다'는 것을 역설하는 부분은 없다. 확실히 바울은 아브라함을 죄의 전가로부터 분리하기 위해 애쓰고 있는데, 이것은 그가 스스로 말하듯이 "율법이 없는 곳에 위반도 없기" 때문이다(로마서 4:15).

오히려 바울이 강조하는 것은 아브라함의 '축복'이며, 그 축복이 신에 의해 부름받음과 그 부름에 대한 신뢰와 순종의 응답으로부터 온다는 것이다. 따라서 바울의 논변이 방점을 찍고 있는 것은 아브라함의 (신의 부름을 듣고 응답하기 이전의) 과거가 아니라, 아브라함의 미래에 놓여진다. 왜냐하면 바로 아브라함의 미래가 신의 부름에 의해 지시되는 것이며, 그러므로 '약속', 다시 말해 "그가 세상을 유업으로 받을 것이라는 약속"이기 때문이다.

그러나 만일 바울에게 시편에서 고지된 용서의 문제를 다루려는 의도가 없었다면, 그는 왜 시편을 가져오는 것인가? 가장 뻔한 대답은 그가 보편적인 또는 총체적인 불의에 관한 긴 주석에서 시편의 몇몇 구절들을 인용했기 때문이라는 것이다(로마서 3:10~3:18). 그러므로 이 마지막 인용구는 로마서 3장 10~18절의 기소장에 의해 지시된 과거로부터 돌아서는 새로운 시작을 나타낸다. 하지만 이러한 시작에 대한 전형은 용서와 유사한 것으로서의 '축복'이 아니라, 오히려 아브라함에게 맺어진 약속 안으로 포함되는 축복, 즉 언약 그 자체와 동일한 종류의 신뢰에 참여함으로써 현실이 되는 [약속 안으로의] 포함이다. 따라서 용서는 여기에서 새로운 것이, 즉 약속에 의해 지시된 새로운 것이 시작될 수 있다는 확언을 단적으로 가능하게 한다. 용서는 인류가 아브라함의 위치에, 율법에 선행하는 위치(갈라디아서에서 논의되었던 것과 같이 430년 이후에 도래한, 그러나 로마서 4장에서는 할례에 관한 명령에 선행하는 상황으로 드러나는)에 이르게 하는 역할을 맡는다. 그렇다면 용서는 선물 또는 은혜의 필요조건이지만 아직 그 자체로 선물이나 은혜 자체는 아닌 것, 다시 말해 아직 믿음이나 정의의 선물에 상응하는 약속은 아닌 것이다. 바울이 용서에 몰두하지 않는 것은 바로 선물 또는 은혜에 가장 큰 관심을 가지기 때문이다. 여기에서 바울은, 다른 곳에서와 마찬가지로, 법을 넘어서 정의를 가능하게 하는 약속에 응하여, 과거를 되돌아보는 것이 아니라 앞으로 밀고 나간다(빌립보서 3:13).

당연히 바울이 용서에 대해 무엇을 말하든지 간에, 이 개념이 그의 사유 내에서 상당히 예비적인 그리고 가정으로서의 성격을 띠게 됨을 감안해야만 한다. 만일 우리가 용서라는 개념의 암묵적인 그리고 예비적인 성격을 참작한다 하더라도, 어쨌든 우리는 이미 읽었던 데리다의 논변에 의해 조명된 이 문제의 특정한 부분들을 확인할 수 있다.

### 자비로움 그리고/또는 용서

우리는 한 지점에서, 상당히 놀랍게도 바울에 대한 오역으로 볼 수 있을 어떤 것에서, 데리다가 용서에 대해 제시했던 몇 가지 주장들을 확인하게 된다. 성서를 영어로 읽는 독자는 바울이 그가 쓴 편지들에서 용서에 대해 말하는 것으로 보이는 또 다른 지점이 있다는 점을 기억할 것이다. 그 지점은 고린도 후서인데, 여기에서 시야에 들어오는 것은 어떤 무도한 행위로 인해 공동체로부터 배제되었던 사람이다. 고린도 전서 5장 1~5절에서 자신의 (의붓)어머니와 육체 관계를 맺고 있었던 사람을 지칭하는 부분이 관련된 사례일 가능성이 있다(나는 그럴 개연성이 있다고 생각한다). 고린도 후서에서, 바울은 다음과 같이 쓰고 있다. "여러분 대다수는 그러한 사람에게 이미 충분한 벌을 내렸습니다. 그러니 이제 도리어 여러분은 그를 용서하고 위로해 주어, 그 사람이 지나친 슬픔에 짓눌리는 일이 없도록 해야 합니다. 그러므로 나는 여러분이 그에 대한 사랑을 다시 확인하기를 강권합니다.……여러분이 용서하는 누구라도, 나 역시 용서합니다. 어떤 것이라도 내가 용서했다면, 내가 이미 용서한 것은 메시아의 현존 안에서 여러분을 위한 것입니다"(고린도 후서

2:6~2:8, 2:10). 이 부분을 부주의하게 본다면 바울이 여기에서 보통 '용서하다'로 번역될 용어 aphiein을 사용하고 있다고 생각할 것이다.[26] 그러나 실제로 바울은 비록 그의 글들 중 다른 곳에서 나타나기는 하지만, 결코 '용서하다'로 번역되지 않는 용어를 사용한다. 그 용어는 charis, 즉 선물 또는 은혜의 동사형인 chariszomai이다. 우리가 은혜 또는 선의의 의미를 끌어내는 방식으로 이 구절에 대한 재번역을 시도한다면, 이것이[선물 또는 은혜가] 어떻게 작동하는지에 대해 어느 정도 의미 파악을 할 수 있을 것이다. 고린도 전서 5장에 제시된 벌 ──공동체로부터의 제명 또는 추방──을 우리의 논의가 시작되는 지점으로 한다면, 이것은 훨씬 더 명백하게 될 것이다. 이때 고린도 후서에 있는 구절은 이렇게 읽히게 될 것이다. "여러분 대다수가 내린 벌은 그런 사람에게 충분합니다. 그러니 이제 도리어 여러분은 그를 환영하고(또는 그에게 은혜로 대하고) 위로해 주어, 그 사람이 지나친 슬픔에 짓눌리지 않도록 해야 합니다. 그러므로 나는 여러분이 그에 대한 사랑을 다시 확인하기를 강권합니다"(고린도 후서 2:6~2:8). 실제로 우리는 누군가에 대한 환영 그리고 그에 대한 선의를 가짐 또는 은혜로 대함이라는 개념이 통상적으로 '용서'로 알려지고 실천되는 것보다 '위로'와 '사랑'의 의미에 더 잘 맞는다는 것을 알 수 있다. 이것은 심지어 이 가르침을 결론짓는 그리고 앞으로 다시 보게 될 다음과 같은 기묘한 구절을 통해서도 표현된다. "여러분이 선의를 보이는 누구라도, 나 역시 선의를 보입니다. 어느 누구에게라도

---

**26** 이 단어는 로마서 4장 7절에서 사용되었고 복음서 전반에 걸쳐, 특히 마태복음에서, '용서하다'라는 의미로 사용되는 용어다. 이 단어는 또한 흔히 신약성서에서 '(뒤로하고) 떠나다' 또는 '가르다'라는 일반적인 의미로 나타나는데, 이런 의미로는 고린도 전서 7장 11절에서 남편들에게 부인들을 버리지 말라는 말을 할 때 쓰이고 있다.

내가 선의를 보였다면, 내가 이미 그를 환영하고 있는(또는 은혜로 대하고 있는) 것은 메시아의 현존 안에서 여러분을 위한 것입니다"(2:10). 확실히 여기에서 관건이 되는 심경의 변화가 있지만, 이것은 공동체의 편에서 드러난(그리고 따라서 바울의 편에서 드러난) 심경의 변화다. 비록 그런 심경의 변화가 용서로 표현될 수도 있겠으나, 그것이 쫓겨난 자에 대한 은혜로운 환영과 포함으로 표현된다고 보는 편이 더 사리에 맞는다. 그리고 이것은 바울이 은혜의 주격 형태 charis를 사용하여 배제된 자를 포함하는 신의 행위로 표현했던 상황에 정합적이다. 그렇다면 그것에 수반되거나 또는 심지어 그것을 예견하는 바울의 중심적인 관심사는 용서가 아니라 바로 선물일 것이다.

따라서 바울이 말하고 있는 것은 참회의 상황과 아무런 관련이 없다. 오히려 바울은 배제되었던 자가 이제 환영받게 된다는 것을, 그리고 일반적으로 선물과 관련되었던 한 용어를 통해 이 사람의 환영을 제시하는 것이다. 그렇다면 여기에서 표현된 것은 선물과 환영 그리고 용서와 유사한 어떤 것 사이의 밀접한 관계다. 비록 내가 알기로 데리다가 이러한 논점의 유래로 삼을 (바울에 의해 사용된) 그리스어 단어에 기초한 의미론적 자원을 이용하지 않았음에도 불구하고 말이다. 그러므로 이러한 의미론적 영역에 추가적인 관심을 기울이는 것이 유익할 것이다.

이러한 논점은 우리가 이 용어의 사용을 소위 제2 바울 서신[27]의 텍

---

27 신약학자들은 문헌학적 분석에 따라 바울 텍스트들 중 바울의 저술임이 분명한 텍스트들을 바울의 진정서신, 바울의 저술임이 분명치 않고 학자들 간에 논쟁 중에 있는 텍스트들을 제2 바울 서신으로 분류한다. 진정서신에는 로마서, 고린도 전후서, 갈라디아서, 빌립보서, 데살로니카 전서, 빌레몬서 등이 있으며, 제2 바울 서신에는 에베소서, 골로새서, 데살로니카 후서, 디모데 전후서, 디도서 등이 있다.—옮긴이

스트들에 포함시킬 때 훨씬 명백해질 수 있을 것이다. 따라서 우리는 골로새서에서 "서로를 참아 주고, 누군가가 다른 누군가에게 불평할 것이 있더라도, 서로 용서하여 주십시오. 주님이[또는 메시아가] 여러분을 이미 용서하신 것과 같이, 여러분도 서로 용서해야만 합니다"(3:13)라는 구절을 찾게 되며, 그리고 에베소서에서는 "그리고 서로에게 친절하고, 부드러운 마음으로 대하며, 메시아 안에서 하나님이 여러분을 용서하신 것과 같이, 서로를 용서하십시오"(4:32)라는 구절을 대하게 된다. 어느 경우에도 그리스어에서의 **용서**를 뜻하는 단어는 없으며, 두 경우 모두에서 보통 다른 사람에 대해 선의를 보이라거나 또는 은혜로 대하라고 번역되는 단어가 사용된다. 두 경우 모두, 우리는 로마서에서 나타나는 "서로를 환영하십시오"라는 바울의 권고와 상당한 유사성을 보인다는 점을 알게 된다(15:7). 즉, 관건이 되는 것은 부채를 넘어서는 그리고 용서와 유사한 어떤 것을 전제한다고 여겨지는 선물과 환영의 공함축이다. 비록 이 선물과 환영의 공함축이, 번역된 성서가 보여 주는 외양과는 반대로, 언어 자체에 의해 제시되지 않는 듯 보임에도 불구하고 말이다. 에베소서 텍스트에서, 분명히 용서의 의미를 피하는 번역을 취해야만 한다는 점이 명확해진다. 이에 따라 그 구절은 다음과 같이 읽힐 것이다. "그리고 서로에게 친절하고, 부드러운 마음으로 대하며, 메시아 안에서 하나님이 여러분에게 은혜로우셨던 것과 같이, 서로에게 은혜로 대하십시오." 서로에 대한 친절함, 부드러운 마음, 은혜로움, 선의를 가짐, 또는 심지어 환대를 보임은 여기에서 함께 사용될 때 '용서'라는 개념이 삽입된 경우에 비해 보다 적합해 보이는 개념들이다. 물론 우리는 데리다를 따라 선물과 환영이 일반적으로 용서를 전제하며, 여기에서도 또한 그렇다고 말할 수 있을지도 모르겠지만, 바울에게 있어 특징적으로 나타나는 강조의 지점은 다른 곳에, 심지어 용서에 대한 용어가 (아주 짧게라도) 나타나지 않는 곳에 놓이는 듯 보인다.

골로새서로부터 나온 관련 텍스트는 적어도 상당히 더 현저하게 용서가 전제된 상황을 제시하는 것으로 보이는데, 왜냐하면 그 텍스트가 공동체의 구성원들이 서로에 대한 '불만'을 품고 있을 가능성을 감안하고 있기 때문이다. 말하자면, 환영 또는 은혜로움이 이미 이전에 존재하는 분노나 또는 심지어 적개심의 상황을 극복해야만 한다(하지만 여기에서 통상적인 의미의 죄와 유사한 어떤 것에 대한 제시는 없다). 그런 과거의 적개심 또는 선물이나 환대를 막는 장벽의 극복은——여기에서 관건은 결코 그런 것이 아님에도 불구하고——용서의 의미를 정확하게 제시할 수도 있는 것이다.

나는 charizomai라는 단어가 '용서하다'로 번역되는 구절에서 은혜로움이나 심지어 환대, 환영의 개념이 [용서보다] 우위에 있음을 강조했다. 이를 강조하는 데 대한 근거는, 아마도 이 용어가 나타나는 경우의 대부분에서, 그 번역이 논쟁의 여지없이 선물 또는 증여라는 점을 상기해 볼 때 좀더 명백해질 것이다. 따라서, 예를 들어, 로마서 8장 32절, 고린도 전서 2장 12절, 그리고 갈라디아서 3장 18절에서, 이 구절들에 대한 영어 번역은 정확하게 값없이 주어진 은혜로운 선물을 강조한다. 그렇다면 선물(은혜)의 선의와 모든 차이들에도 불구하고 주어지는 타자에 대한 환영은, 적어도 번역자들이 보기에, 용서와 유사한 어떤 것을 전제로 제시하는 듯 보인다. 비록 때로 이 의미에 배타적인 색채를 띨 정도로 어떤 부당한 우위가 부여된다고 여겨지더라도 말이다.[28]

하지만 이것은 번역에 있어 전적으로 결백한 결정이라고 할 수 없는데, 왜냐하면 그러한 결정이 우리가 이의를 제기해야 할 사안에 너무나 잘 부합하기 때문이다. 즉, 용서에 의한 선물 또는 은혜의 병합, 이들 양자 모두의 정의로부터의 분리, 또한 심지어 선물 또는 은혜에 기초하여 이 개념들에 의해 유발되는 정의라는 사안에 말이다. 따라서 우리는 바울에게 있어 용서로 보이는 것에 대한 사유가 결코 중심적인 것이 아니며, 기껏해야 언제나 선물 또는 은혜에 대한 사유의 함축이나 전제일 뿐이라는 점을 매 단계마다 스스로 상기해야 한다.

## 용서할 수 없는 그리고 무조건적인

용서라는 개념이 바울의 논증에서 하나의 명시적인 주제 또는 문제가 되기보다는, 기껏해야 암시적인 것이 될 수밖에 없음에도 불구하고, 데리다의 용서에 대한 고찰들이 바울의 선물에 대한 사유 내에서 진행되고 있는 어떤 것을 부분적으로나마 조명해 낼 수도 있다는 것은 여전히 [유효한] 사실일 것이다. 우리가 만일, 데리다가 말했던 것과 같이, 선물 또는 은혜라는 개념이 용서라는 관념과 비슷한 어떤 것을 수반한다고 기대할 수 있다면, 이것은 참일 것이다. 데리다는 용서가, 만일 그런 것이 일어난다면, 근본적으로 용서할 수 없는 것에 대해 전달되며, 따라

---

28 어느 정도 논평해야 할 다른 지점이 있는데, 이것은 고린도 후서에서 charis의 동사형이 '용서하다'로 번역되고 있는 사례에 관한 것이다. "만일 내가 무엇이라도 용서했다면"[고린도 후서 2:10]이라는 문구는 이상하다. 물론 이 기묘함은 그들이 행동하는 대로 행동하고 이에 따라 그의 뜻을 그들의 뜻에 가려지도록 하기 위해 회중의 행동에 따르는 바울의 방식으로 설명될 수 있을 것이다. 그러나 분명히 데리다를 읽었던 사람이라면 누구나, "나는 용서한다" 또는 "나는 용서했다"는 말의 사용이 생각해 볼 수 있는 모든 용서의 장면에, 혹은 적어도 인간 상호적인 용서의 장면에 부적절한 일종의 주권적 주체의 오만을 유발할 것이기 때문에, 이런 말의 사용이 적절하지 않은 것이라는 데리다의 반복되는 경고들을 상기할 수밖에 없을 것이다. 여기에서 바울의 말투는 정확하게 데리다가 용서의 사건 ——만일 그런 것이 있기는 하다면 ——에 대해 말하는 듯한 어떤 것을 선취한다.

서 만일 그런 것이 일어난다면 무조건적인 방식으로 일어나야만 함을 말했던 바 있다. 바울의 논증에서 어떤 방식으로 이와 같은 것이 표현될 것인가?

우리는 우선 바울의 논증 가운데 불의는 '용서할 수 없는' 것이라는 점에 주목할 것이다. 이것은 바울이 불경건과 불의라는 개념들을 그리스-로마 사회에 대한 포괄적인 기소장을 통해 함께 연결시키는 방식에서 명백하게 드러난다. "하나님의 진노[신적인 진노]가 하늘로부터, 불의를 통해 진리를 가두고 있는, 인류의 모든 불경건함(absebeian)과 불의(adikia)에 대하여 드러납니다"(로마서 1:18). 여기에서 지배적인 위치를 점하는 단어는 '불의'(injustice)이지만(물론 이 단어가 '사악함'wickedness으로 표현되어 있기에 영어 번역본의 독자들은 알지 못할 것이다), 그럼에도 마치 불의가 그 자체로 동시에 불경건이라도 되는 것처럼, 이 [불의라는] 단어는 불경건과 연결된다. 즉, 다른 인간에 대한 침범은 동시에 신에 대한 모독인 것이다. 그리고 이것은 특수한 사법성의 침해의 문제로서가 아니라 정의 그 자체에 대한, 바울이 로마서뿐만 아니라 다른 곳에서도 애써 말하고 있는 것과 같이, 신적인 것으로서의 정의 그 자체를 침해하는 행위의 문제이다.[29] 바로 그렇기 때문에 바울이 "그들은 그런 것들을 행하는 자들은 죽어 마땅하다는 하나님의 칙령을 알면서도, 자기들만 이런 일을 행하는 것이 아니라, 이런 일을 행하는 다른 자들을 칭찬하기까지 합니다"(1:32)라는 단호한 말로 그리스-로마 사

---

29 그리고 이러한 바울의 견해는 그가 기소하는 그리스-로마 세계에 이질적이지 않다. 왜냐하면 악명 높은 불의는 언제나 불경함으로 이해되기 때문이다. 그 불의의 사례에 대해 구체적인 법이 존재하건 아니건 간에 말이다.

회 전반에 만연한 불의에 대한 그의 기소장을 결론짓는 것이다. 불의/불경건이 너무나 널리 퍼져 더 이상 죄책감 또는 부끄러움을 느끼지 않으며, 오히려 불의한 것이 마치 정의로운 것처럼, 불경건한 것이 경건함 그 자체인 것처럼 취급된다. 바울은 이 상황의 변명할 수 없음을 강조하는 몇몇 지점에서 자신의 기소장을 "그들에게는 변명의 여지가 없습니다"(로마서 1:20)라는 말로 시작하여, "그러므로 당신들에게는 변명의 여지가 없습니다"(2:1)라는 말로 마무리 짓는다. 이러한 불경건/불의의 동시성에 속한 변명 불가능성은 무언가 사형 선고의 집행 이외에 다른 것이 (그리고 따라서 용서와 유사한 어떤 것이), 만일 그런 것이 결국 일어나야만 한다면, 무조건적으로 일어나야만 한다는 것을 의미한다.

만일 이를 출발점으로 삼는다면, 우리는 바울의 사유에 있어 용서 (pardon)와 유사한 어떤 것이 어느 정도까지 무조건성을 띤다고 말할 수 있을 것인지에 대해 질문할 수 있을 것이다. 이것은 바울이 로마서 5 장의 논증 일부에서 입증하는 것이다. 여기에서 그의 주제는 희망을 통한 메시아적 삶의 방향 설정인데, 이 희망은 아브라함이 신뢰와 충실성으로 응답하게 하여, 이에 따라 그를 정의롭게 했던 희망에 상응한다. 그렇다면, 이 주제는 불의에 발목 잡힌 과거로부터 정의의 선물을 받아들이는 방향으로의 전회다. 바울은 바로 이러한 전후 맥락에서 어떤 확실한 무조건성을 말하고 있는 것이다. "왜냐하면 우리가 아직 나약하던 시절, 메시아가 제때 불경건한 자들을 위해 죽었기 때문입니다. 실로 어떤 사람도 한 정의로운 사람을 위해 죽는 일은 거의 없을 것입니다. 또한 선한 사람을 위해 감히 죽는 일도 드뭅니다. 그러나 우리가 아직 죄인들일 때 메시아가 우리를 위해 죽었으므로 하나님은 우리에 대한 그의 사랑을 증명하셨습니다"(5:6~5:8). 여기에서 적어도 두 가지 항목에 대한 논평이 요구된다. 첫번째 항목은 우리가 이미 불경건과 불의 사이에서 인지했던 연관이다. 여기에서 네 가지 단어들—약함, 불의, 불경건, 죄—이 밀접하게 조합되어 신적인 응답에 대한 공로(그리고 따라서 조건성)의 결여를 특정한다. 이 네 단어는 신적인 선의의 어떤 부적합성과 같은 것을 지시하는 방식과 관련되며, 따라서 신적인 선의의 무조건성을 지시하는 것이다. 이 반-조건들(anticonditions)은 어떤 측면에서도, 경감되거나, 묵과되거나, 또는 보상되지 않는다. 오히려 이 반-조건들은 메시아 안에서 그리고 메시아를 통한 신의 친절함, 사랑, 관대함이라는 반-전제들(antipresuppositions)로서 정립되는 것이 허용된다.

  메시아적 사건은 여기에서 메시아의 죽음을 통해 요약된다. 우리가 이미 본 것과 같이, 역사에 대한 (율)법의 장악력에 단절을 가하는 것은 메시아의 죽음이며, 그것은 정의가 (율)법 그 자체로부터 오는 것이 아니라 신적인 선물 또는 은혜로부터 온다는 점을, 그리고 따라서, 아브라함의 경우와 같이, 신적인 약속을 경청하고 마음에 두는 것으로부터 온다는 점을 분명히 하는 것이다. 이때 (율)법의 장악력에 단절을 가하고, 그에 따라 새로운 정의의 유발을 위한 새로운 길을, 그리고 이를 '위한 능력'을 만들어 내는 것은 바로 메시아의 죽음이다. 이런 의미에서 이 죽음은 이제 메시아적 사건에 포함되는 자들의 정의롭게 됨을, 또는 이들에 대한 칭의를 생산한다. "그렇다면 우리는 이제 훨씬 더 확실하게 그의 피로 정의롭게 되었으므로 그를 통해 하나님의 진노로부터 구원받게 될 것입니다"(5:9). 우리가 아는 것과 같이, 신의 진노는 불의와 불경건을 향하는 것이다. 메시아적 사건은, 반대로, 정의와 충실성(fidelity)을 이미 생산하고 있을 것이고, 따라서 진노로부터 "구원한다".[30] 그러나 그 사건은 선행적 조건 없이 이를 실행한다. 즉, 불의와 불경건의 조건에도 불구하고, 어쨌든 인류에게는 (율)법의 장악력을 파괴하는, 심지어 불의와 불경건에 대한 보복이라는 신적인 법까지도 파괴하는 사건을 통해, 새로운 시작이 주어진다.

그렇다면 이 사건의 효과는 불의가 묵과되거나, 또는 경감되는 것이 아니다. 그리고 또한 여기에는 고백 또는 참회와 같은 어떠한 선행 조건들의 현존 가능성도 없다. 메시아적 사건의 효과는 개인들이 정의롭게 되고(우리가 이미 본 것과 같이, 사법성에 대한 순응에 의해서가 아니라, 부채를 넘어선 의무 등을 유발하는 선물을 통해서), 그래서 (신적인) 진노로부터 구원되는 것이다.

바울이 시종일관 강조하는 것은 과거의 문제가 아니라 개방된 정의를 위한 새로운 자유다. 따라서 그의 강조점은 새로운 것이 과거를 얼마나 크게 초과하는가에 놓인다. 선물에 대한 논의에서, 우리는 바울이 선물에 대한 담화에서 언급하고 있다고 논의했던 그 인물에 대해 서술되는 구절을 지배하는 "얼마나 더 많이"라는 문구에 주목했던 바 있다(예를 들어, 로마서 5:15, 5:17, 5:20).

이어지는 논증에서, 바울은 몇 개의 유비들을 발전시켜 새로운 상황이 (율)법 ——실제로는 죄와 죽음의 법 ——아래 있었던 오래된 상황

---

30 신적인 진노라는 개념은 바울 신학의 불변적 요소들 중 하나지만(예를 들어, 데살로니카 전서 5:9), 그 개념에 결부된 의미는 많은 시간이 지난 후에야 그 개념과 관련지어진 개인화된 보복이 아니다. 오히려 그 의미는 세계적 불의의 피할 수 없는 그리고 예상 가능한 결과로 야기될 세계적 파국이 불가피하다는 것이다. 만일 '진노'와 관련된 것이 개인이 아니라 조직적 불의라면, 파국의 운명을 회피할 수 있는 수단은 또한 조직적 정의일 것이다. 하지만 여기에서 우리는 메시아 사건에 연관된 종말론적 지평보다는 정의의 문제 그 자체에 중점을 둔다. 그 사건에 대한 고찰은 다른 별도의 연구로 미루어져야만 한다. 이 문제는 마지막 장에서 간략히 해명될 것이다.

과 어떻게 다른지에 대해 분명히 밝힌다. 어쨌든 그것은 바로 다음과 같은 점에서 다르다. 즉, 이제 정의를 위한 자유가 있다는 점에서 말이다. 그러므로 로마서 6장 3~14절에서 바울은 죽음의 유비(우리가 메시아와 함께 죽었다는 유비)를 사용하여 우리가 '정의의 도구들'이 되기 위해 죄와 부정의로부터 해방되었음을 지적한다. 유사한 방식으로, 6장 16~23절에서 그는 노예 상태, 즉 다른 사람의 소유물이 됨에 대한 유비를 사용하여, 우리가 이전에는 죄/불의에 속한 노예들이었으나 어떻게 이제는 정의에 속한 노예들이 될 것인지 나타낸다(6:19~6:20). 이어지는 결혼에 대한 유비는, 결혼한 여자가 남편이 죽기 전에는 남편에게 종속되어 있으므로, 그 여자가 과부가 되는 즉시 자유로워진다는 것을 말한다. 이 자유는 (율)법에 대한 자유이며(7:6), 정의에 대한 자유가 아니라고, 바울은 분명히 밝힌다.

그렇다면 일련의 유비들은 오래된 현실을 초과하는 새로운 현실을 강조하는 것이다. 새로운 현실은 정확하게 그것이 정의의 도래를 위한 열림을 제공한다는 의미에서 오래된 현실을 넘어서는 것이다. 바울이 여기에서 용서를 말하지 않는 것은 그의 관심이 과거에 있는 것이 아니라 이미 도래하여 우리를 과거로부터 갈라놓는 새로운 것에 있음을 의미한다. 만일 과거로부터의 분리를 말하기 위해 용서를 말한다면, 용서는 바울이 진정으로 강조하여 말하고자 하는 것을 위한 전제와 관련될 수밖에 없다는 점이 분명히 밝혀져야 할 것이다.

## 이중 구속

그렇다면 이러한 조건들을 통해 우리는 로마서 7장의 마지막 부분에서 바울이 향하고 있는 것이 무엇인지에 대한 이해를 추구할 수 있을 것이다. 이 장에서 바울은 후대에 아우구스티누스에게 있어(그리고, 빈번하게, 이 구절에 대한 데리다의 명시적인 독해에 있어) 너무나 중요한 것으로 간주되는 내적인 의지의 갈등을 드러내고 있다고 해석된다.

여기에서 주목할 것은 바울이 그의 시간화하는(temporalizing) 구조를 지속하지 않는 듯 보인다는 것이다(이전과 이후). 만일 이 새로운 논의를 '이전과 이후'라는 도식 내에 위치시키려 한다면, 우리가 물어야 할 것은 바울이 불의한 자들에 대해, 즉 바울이 앞에서 기소했던 것과 유사한 행위를 하는 자들에 대해 말하고 있는 것인지, 아니면 우리가 여기에서 정의롭게 되어 정의의 부름과 요구에 응답하고 있는 자들의 상황을 다루고 있는 것인지에 대한 것이다. 바울이 후자의 질문을 염두에 두고 있다는 점은 분명해 보이는데, 왜냐하면 여기에서 말하고 있는 바울은 "선을 행하길 원하고", "하나님의 율법을 즐거워하며", 의식적으로 [자신이] "하나님의 율법의 종"임을 말하기 때문이다. 이것은 바울이 너무나도 열성적으로 이전의 세 유비들에서 강조했던 '이후'의 특징들이다. 그러나 만일 이것이 참이라면, 어떻게 육신(그리고 따라서 죄의 [율]법)에 속한 '이전'이 여전히 어떤 힘을 가지는 듯이 보이는가? 이전에는 엄격했던 것이 이제는 관대하게 되면서, 죄를 향한 신적인 태도 이외에는 아무것도 변화하지 않은 것은 아닌가? 만일 해석의 전통을 통해 통상적으로 전승되어 내려온 것을 참고했다면 이런 해석이 참으로 간주될 수도 있을 것이다.

이를 다르게 사유하기 위해, 어쩌면 데리다의 정의에 대한 몇 가지 고찰과, 정의롭게 되기를 추구하는 자, 즉 정의의 부름에 응답하는 자의 상황에 대한 몇 가지 고찰로부터 도움을 얻을 수 있을 것이다. 내가 이전에 암시했으며, 실제로는 이 책의 1장에서 이미 다루어졌던 것과 같이,

이러한 사유의 단초는 데리다가 로마서 7장에 대해 명시적으로 말하는 것으로부터(데리다가 아우구스티누스의 마법하에 남아 있다고 내가 주장했던 로마서 7장으로부터) 오는 것이 아니라, 오히려 정의롭게 되기를 바라는 자의 난점에 대한 그의 고찰들에서 유래된 것일 수도 있다.

이미 『죽음의 선물』에서 데리다는 이러한 구조를 드러냈던 바 있다. 여기에서 그는 아브라함의 예시성과 같은 어떤 것을 해명하면서 의무, 책임, 그리고 희생에 대해 말한다(이 책에서는 또 다른 아브라함, 즉 아들을 제물로 바치려 하는 아브라함에 대해서 말한다. 그러나 이 사람이 진정 다른 아브라함인가?). 그는 다음과 같이 서술하고 있다. "의무 또는 책임은 나를 타자에게, 타자로서의 타자에게 구속하며, 나를 나의 타자로서의 타자라는 절대적인 단독성(singularity) 안에 묶는다.……또한 다른 타자들이, 무한한 수의 그들이, 내가 그들에 대해 동일한 책임에 의해 구속될 수밖에 없는 타자들의 셀 수 없는 일반성(generality)이 있다.……나는 다른 타자를, 다른 타자들을 희생하지 않고서는 그 요청에, 그 요구에, 그 의무에, 또는 심지어 다른 사람에 대한 사랑에 응답할 수 없다"(『죽음의 선물』, 68). 만일 정의라는 것이 우리가 타자에 대해 응답하는 것을 의미한다면, 이 사람 또는 그 사람에 대해 정의롭기를 바라는 즉시, 우리는 필연적으로 불의하게 되는 듯 보인다. 물론 데리다는 아직 여기에서 정의라는 단어를 쓰지 않고 있다. 이 말은 이후에 도래하게 될 것이다. 그러나 이 텍스트의 언어에 조금 더 머물러 보도록 하자. "내가 특정한 타자와의 관계로, 응시, 시선 요구, 사랑의 명령, 또는 타자의 요청과의 관계로 들어서자마자, 나는 오직 윤리를 희생시킴으로써, 즉 무엇이건 동일한 방식으로 동일한 순간에 또한 모든 타자들에게 응답하도록 나 자신을 강제하는 것을 희생시킴으로써만이 [그 타자에게] 응답할 수 있다는 것을 알게 된다"(『죽음의 선물』, 68). 이제 여기에서 우리의 목적에 결정적인 것은 서술된 상황이 소위 분리된 의지의 상황이 아니라는 것이다. 그것은, 예를 들어, 나의 욕망이 선한 의도를 제압하는 방식이나, 또는 무의식의 리비도적 충동들에 의해 내가 통제되는 방식과는 아무런 관계가 없다. 오히려 그것은 바로 내가 어떤 특정한 타자의 요구에 응답함으로써, 이와 동등하게 정당하고 긴급한 모든 타자들의 요구에 등을 돌리게 된다는 것이다. 우리는 이때 타자의 요청에 이미 냉담해진 사람의 조건에 대해, 또는 오직 자신의 이익만을 보는 사람의, 또는 불안과 공포에 내몰려 너무나 자기애적으로 타자의 요청과 요구를 차단하는 사람의 조건에 대해 말하고 있는 것이 아니다. 여기에서 관건이 되는 것은 의지나 그것의 무기력한 억류가 아니라, 오히려 어떤 타자의 선을 진정으로 추구하는, 이에 따라 다른 타자들의 선을 희생하게 되는 사람이 처한 상황이다.

이후의 텍스트에서, 데리다는 이 상황으로 되돌아가게 될 것이다. 그러나 지금 사용될 용어는 윤리나 희생에 대한 용어가 아니라 정의와 위증(배신) 그리고 용서에 대한 용어다. 이것이 데리다가 다른 측면에서 묘사했던 딜레마를 다시 기술하는 방식이다.

나는 용서를 구해야만 한다 ——정의롭기 위해서(pour etre juste). 이 '위해서'(pour)의 모호함에 조심스럽게 귀 기울여 보라. 나는 정의롭게 될 것을 목적으로, 정의롭게 **되기 위해**, 정의롭기를 기대하며 용서를 구해야만 한다. 그러나 나는 또한 정의로움에 대해, 정의롭다는 사실에 대해 용서를 구해야만 하는데, 왜냐하면 정의롭기 위해, 나는 불의하게 되고 배신하기 때문이다. 나는 정의로움(의 사실)에 대한 용서를 구해야만 한다. 왜냐하면 정의로운 것은 불의하기 때문이다. 나는 정의롭기 위해 언제나 누군가를 배신한다. 나는 언제나 다른 사람을 위해 누군가를 배신한다. (「용서하기 위해」, 49)[31]

여기에서 우리는 두 가지 문제를 정의로움과 연관 지었다. 한편으로, 정의롭게 되기 위해 나는 용서를 구해야만 한다. 이것은, 예를 들어, 용서와 환대의 관계에서 이미 보았던 것이다. 나는 결코 충분히 환영할 수 있을 만큼 진정으로 준비되지 않았고, 그래서 용서를 구함으로써 환영을 시작한다. 그러나 만일 어떤 의미에서 내가 이미 환영하기를 시작했다면? 만일 내가 아무리 불완전하더라도 다른 사람에 대한 환영이라는 기획에 착수하여 타자의 요구에 응답하고 있으며, 이런 의미에서, 아무리 불완전하더라도, 정의롭다면? 이때 나는 이미 불의한 상태에 있는 것이다. 왜냐하면 언제나 나에 대한 요구를 가진 다른 사람, 다른 타자가 있기 때문이다. 물론 여기에서 내가 능동적으로 제'3자'에 대해 불의하기를 추구하는 것은 아니다. 반대로, 나는 정의롭기를 추구한다. 그러나 바로 이런 방식으로 정의롭게 되기를 추구함으로써, 나는 작동 중인 또 다른 법을, 정의롭게 되기를 추구하는 행위에, 나의 전심을 다해 정의롭게 되기를 욕망하는 행위에 기입된 엄연한 불의를 발견하게 된다.

데리다가 다른 타자에 대한, 제3자에 대한 배신을 말하는 방식은 위증이라는 말하기를 경유한다. 한 사람에 대해 응답함에 있어, 나는 다른

---

31 『기록의 열병』에서, 데리다가 하는 말에 따르면, "나는 의심할 여지없이 정의에 대한 관심으로부터 불의하게 된다"(*Archive Fever*, Eric Prenowitz trans., Chicago: University of Chicago Press, 1996, p. 63).

사람들을, 제3자를 무시하게 되고, 한 사람의 요구를 존중함에 있어, 나는 이미 내가 떠맡을 것 이상을 떠맡은 것이며, 정의의 요구에 응답하는 순간에 나는 그것을 부인하여, 한 사람에게 서약함에 있어 필연적으로, 불가피하게 거짓말[위증]하게 된다. 즉 정의에 대한 나의 책임을 배신하게 된다. "이것이 내가 이미 정의의 본래적인 위증, 위증으로서의 정의라 지칭했던 것이다. 그러나 이것은 또한 내가 정의로움에 대해, 타자의, 모든 타자의 용서를 구해야 하는 곳을 의미하며, 정의를 위해, 내가 타자의 타자를, 또 다른 타자를, 제3자를 고려해야 하는 곳을 의미한다." 이것은 심지어 "충실성의 중심에 있는 불충실에 대한, 선언된 믿음의 중심에 있는 위증에 대한 용서"(「호스티피탈리티」, 388)에서 그런 것처럼, 믿음의, 즉 충실성의 구조와 같은 어떤 것으로, 다시 말해 충실성의 중심에 기입된 배신으로 드러날 수 있다. 즉, 요컨대 우리를 피할 수 없는 배신의 상황에 위치시키는 것은 바로 충실성, 신실함, 믿음의 상황인 것이다. 오직 내가 정의(신실함)에 대해 헌신적일 때에만, 나는 여기에서 위증으로 명명된 배신을 발견한다. "위증은 그것의 운명에, 그것의 숙명에, 그것의 속죄할 길 없는 목적지에, 정의에, 정의에 대한 열망에, 선행적으로 기입된다." 그리고 그 이유는 언제나 적어도 셋이 있기에 "바로 정의 그 자체가 내게 거짓말하게 하고 나를 용서의 장면으로 던져 넣"기 때문이다(「용서하기 위해」, 49).

이제 이것은 바울이 로마서 7장에서 씨름하고 있는 문제와 매우 유사하게 보인다. 최소한, 바울의 정식들 중 몇몇은 우리가 데리다의 텍스트에서 이미 읽어 내고 있었던 것과 일치하는 듯하다. "나는 스스로의 행위를 이해하지 못합니다. 왜냐하면 내가 원하는 것을 행하지 않고, 오히려 내가 증오하는 바로 그것을 행하고 있기 때문입니다"(7:15). "나는 옳은 것을 바랄 수 있으나, 그것을 행할 수 없습니다. 왜냐하면 나는 내가 원하는 선한 일은 하지 않고, 도리어 내가 원치 않는 악한 것을 행하기 때문입니다"(7:18b~7:19). 또한 "그래서 나는 내가 선한 것을 행하기 원할 때, 악이 바로 가까이에 있다는 것이 하나의 법[칙]임을 알게 됩니다"(7:21). 여기에서 묘사되고 있는 것이 선한 것을 바라고, 뜻하며, 의도하는 사람의 상황이라는 것, 말하자면 충실한 사람 또는 충실하기를 뜻하는 사람의 상황이라는 것은 분명하다. 그리고 바로 이 사람이 절박하게 용서와 유사한 어떤 것을 필요로 하는 딜레마를 발견하는 것이다.

게다가 바울에게 있어 이것이 [개인의] 분리된 의지가 아니라 인간 행위가 강고하게 뿌리 내리고 있는 타자와의 상호작용과 관련된다는 점을 보여 주는 몇 가지 징후가 있다. 여기에서 바울은 이와 같이 의지가 아니라 행위에 있어서의 또 다른 법에 대해 말한다. 악은 마음 깊은 곳이나 분열된 의지에 있는 것이 아니라 손 닿을 만큼 가까이에 있다. "나는 내 지체들에 있는 또 다른 법이 나의 마음의 법과 싸움을 벌이며, 내 지체들 안에 거하는 죄의 법에 나를 포로로 만드는 것을 봅니다"(7:23). 아우구스티누스 이래로, 이 내부적인 의지가 행하는 분쟁으로서의 분쟁에 대한 해석은 또한 여기에서 성적인 지체(肢體)의 문제로, 특히 무엇보다 어떻게 할 수 없는 남성의 성기의 통제 불능(적당하지 못한 시점에 발기되거나 또는 이완된 채로 있는, 그를 통해 [분리된] 의지의 무능력을 폭로하는 것)으로 "볼 수 있"다고 결정되었다(『신의 도시』14권, 16장). 그러나 이런 해석은 여기에서 바울이 의도하는 것과는 상당히 거리가 먼 듯 보이는데, 왜냐하면 그가 이미 이전에 "우리의 지체들을(사지를) 정의의 연장 또는 도구로 드릴 것"에 대해 이야기했기 때문이다. 이를 통해 그가 우리의 세계, 공동체 그리고 타자에 관여하는 방식을 의미한다는 점은 분명해 보인다. 그 난점은 바로 정의를 의도하고 행함에 있어 우리가 이미 한 사람의 요구에 응답하기 위해 다른 사람의 요구를 배신해야 하는 불의의 세계에 이미 뿌리내리고 있음을 발견하는 것이다.

이것은 구속(bind), 즉 불의한 자들이 아니라 정의로운 자들이 스스로 그 안에 갇혀 있음을 발견하는, 믿음이 없는 사람이 아니라 정의의 부름에 대한 충실성의 요구에 응답하고 있는 사람이 스스로 그 안에 속박되어 있음을 발견하게 되는 구속이다. 그러나 어떻게 정의롭기를 추구할 수 있는가? 만일 언제나 이미(always already) 심지어 정의롭기를 노력함에 있어서도 내가 불의함에 구속되어 있다면 정의롭고자 노력하는 목적은 무엇인가? "나는 비참한 사람입니다. 누가 나를 이 죽음의 몸으로부터 구해 주겠습니까?"(로마서 7:24). 바울 텍스트의 다른 예들과 같이(예를 들어, 로마서 12:1), 몸은 여기에서 내가 그 덕분에 세계 내에 있게 된——가시성, 상호작용 등의 특성을 가지는——것이다. 바로 이것이 정의에, 신에게, 타자에게 바쳐진다고 언급되는 것이다. 그러나 여기에서 관여하는 장소에 기입되어 있는 불의를 알게 되며, 따라서 그 장소에 죽음 또한 기입되어 있다는 것을 알게 된다. 즉, 타자의 죽음, 그리고 불의로 인해 나 자신의 죽어 마땅함이 기입되어 있음을 말이다. 어떻게 사람(정확하게 딱 한 사람)이 이 난점으로부터 풀려날 수 있을까? 물론 그것은 불가능하다(나는 비참한 사람입니다). "그래서 나는 마음으로는 하나님의 법에 속한 종이지만, 육신으로는 죄의 법에 속한 종입니다"(7:25b). 이러한 구속에 대해 바울이 말하는 방식은 내가 맹세한 믿음을 배신하고, 따라서 어쩔 수 없이 믿음을 믿음 없음으로 바꾸는 것이 육신임을, 즉 세계 내에 있는 나의 매우 제한적이고 연약한 존재임을 말하는 것이다.

데리다는 바로 내가 정의롭기에 불의하며, 그리고 따라서 정의롭게 되기 위해 용서와 유사한 어떤 것을, 즉 정의롭고자 노력함의 중심에 위치한 피할 수 없는 위증 또는 배신의 장악력을 부수는 불가능한 어떤 것을 필요로 한다고 말했던 바 있다. 관련된 맥락에서, 데리다는 계속-살기(sur-vive)[32] 위해 용서를 바랄 수 있어야 한다고 말했다. 그는 이와 관련해 다음과 같이 쓰고 있다. "이 거기-있음[현존재Dasein의 번역어, being-there], 이 실존은 구성적인 측면에서 책임질 줄 알면서도 유죄일 것이며('실존함의 죄'), 그리고 오로지 그 자체를 구성하고, 그 존재를 견뎌내며, 용서를 구함에 의해(누구에게 왜 구하는지 알지 못하면서) 그리고 용서가 있다고 가정함에 의해 계속-살아간다. 비록 용서가 주어지지 않더라도, 어쨌든 약속되거나, 기대되어 충분히 누군가 자신의 존재를 견뎌내기를 지속할 수 있더라도"(「용서하기 위해」, 43). 이때 여기에서 존재하기 위해, 그리고 더욱더 정의롭기 위해, 인간은 불가능한 어떤 것을, 지식과 정상성과 단절하는 무엇인가를, 용서를 희망해야만 한다.

바울은 "그러므로 이제 메시아 예수 안에 있는 자들에게 정죄는 없습니다"라고 쓰고 있다(로마서 8:1). 즉, 메시아적 사건이 우리를 정의로 소환하며, 그리고 동시에 이 메시아적 사건을 향해 돌아서는 자들, 도래하는 정의에 대해 충실하기를 추구하는 자들에 대해서는 어떠한 유죄판결도 고발도 없음을 보장한다는 것이다. 따라서 바울은 정의롭기를 추구하는 자들이 그가 설명해 왔던 구속으로부터 해방되며, 바로 그들

---

32 sur-vive는 '보다 오래 살다, 살아남다, 생존하다'를 뜻하는 survive를 '과잉, 위'를 의미하는 접두어 sur-와 '살다'를 의미하는 동사 -vive로 나누어 붙인 단어이다. 여기에서는 '계속-살다'라는 의미로 새겼지만, '위에-살다'로 새겨 '경계 위에서 살다'로 번역하기도 한다. ─옮긴이

에 대한 유죄 판결이 없을 것이라는 보장에 의해 풀려난다고 가정한다.

다시, 여기에서 바울은 명시적으로 용서에 대해 말하지 않는다. 그가 용서에 대한 말하기에 가장 가까이 다가간 것은 유죄 판결이 없다는 보장이다. 그리고 우리는 이러한 보장이 용서를 암시하는 것처럼 보인다고, 곧 이러한 보장이 적어도 데리다가 정의로움을 위해 그리고 정의롭게 되기 위해 ──정의를 위한 분투에 참여한 사람들이 말할 것처럼 "계속하기를 계속해 나가기 위해" ── "계속-살기"(sur-vive) 위해 용서가 필요하다는 말에서 의도하는 바였다고 말할 수 있을 것이다.

## 이중적 용서

만일 바울에게 용서라는 용어가 부재함에도 불구하고 데리다에게서 읽은 것들을 바울 이해를 위한 시도에 적용한다면, 우리는 매우 다른 두 상황들 또는 맥락들 사이에, 따라서 용서의 '의미들' 사이에, 시초적인 구별을 설정해야만 할지도 모른다. 한편으로, 불의의 체제가 지닌 보편성을 통해 인류에게 깊숙이 박혀 있는 불의의 숙명성을 단절하는 것이 있다. 여기에서 우리는 법의 장악력을 파괴하는 위대한 중단을 시야에 두게 되며, 인류에게는 과거의 장악력이 단절되고 새로운 시작이 주어지게 된다. 여기에서 바울은 전반적으로 십자가에 대해 말한다. 용서와 유사한 어떤 것(곧 사면)의 목표는 이제 여기에서 정의의 요청 또는 요구를 듣고 응답하는 것이다. 그러나 바로 이 새로운 상황 내에서 또 다른 의미의 용서가 무대에 등장하는 것으로 보인다. 여기에서 정확하게 정의에 수반되는 것, 즉 정의의 대한 지향, 의지, 심지어 실행에 수반되는 것은 새로운 시작의 문제라기보다는 불의의 문제다. 여기에서 새로운 미래를 여는 것은 무조건적 사면의 문제가 아니라, 새로운 메시아적 정의의 기획에 사로잡힌 사람들에 대한 유죄 판결의 폐지라는 문제인 것이다.

첫번째 용서(우리가 사면이라 명명하는)는 무조건적이며 보편적이다. 그것은 정의의 선물 또는 선물로서의 정의다. 그러나 그것은 충실성을 추동한다. 그러한 정의가 충실성을 유발하지 않은 곳에서는, (아직) 그것은 (우리를 위한) 사건이 되지 않은 것이다. 선행적 조건은 없지만, 일종의 텔로스[목적, telos]가 있다. 바로 정의가 있도록 하기 위한 목적이 말이다. 그리고 이것은 그 목적 안에 사로잡힌 자에게 부채를 넘어선 의무의 요구, 무제한적인 환대의 요구 등을 부과한다.

그러나 여기에 문제가 있다. 즉, 정의롭게 됨(being just)으로 인한 불의(injustice)라는 딜레마가, 법 바깥에 있지만 그럼에도 법의 진정한 의도와 일치하는 바로 그러한 정의를 위해 분투해야 하는 딜레마(아포리아)가 있다. 그리고 그 난제 또는 아포리아는 심지어 여기에서도, 어쩌면 특히 여기에서, 정의에 대한 메시아적 탐색에 사로잡힌 자에게 있어, '악은 손 닿을 만큼 가까이에 있다'는 점을 발견하게 된다는 것이다. 그래서 이제 다시 한번 용서와 유사한 어떤 것이 필요해지는데, 이것은 첫번째 의미에서의 용서는 아니다. 왜냐하면 여기에서 그 용서와 유사한 어떤 것은 오직 충실한 자들의, 정의를 구하는 자들의, 메시아적인 것에 구속된 자들의 문제일 뿐이기 때문이다. 그러므로 여기에서 문제가 되는 것은 일반 사면이 아니라 유죄 판결의 중지다.

한편으로, 이 용서의 이중적 상황은 데리다가 벤야민을 따라서, 법의 이중적 폭력——법을 시작하는 정초적 폭력과 법질서를 지탱하는 보존적 폭력——으로 간파해 냈던 것을 상기시킬 것이다. 여기에서 우리는 새로운 것을 시작하는 용서의 선물(어떤 의미에서 정의의 이름으로 법을 폐지하는)을 얻게 되고, 다른 한편으로 정의로움을 추구할 수 있는 가능성을 지속하는 용서/선물을 얻게 된다.

　여기에서는 또한 어떠한 절대적 구분도 유지될 수 없다. 왜냐하면 이 둘 모두[용서/선물]가 '불가능한 것'의 성격을 띠며, 어떤 숙명성의 장악력을, 또는 불의의 상황에 뿌리내린 고착성을 파괴하는 구조를 가지기 때문이다. 그러나 그 둘은 단순히 동일한 것도 아니다. 왜냐하면 한편은 모든 이들에게, 인류 그 자체에게 향하지만, 다른 한편은 첫번째 사면에 의해 개시된 메시아적 기획 안에 사로잡힌 인류에 속한 자들을 향하기 때문이다. 첫번째 용서는 두번째 용서를 겨냥하거나 또는 수반하는 것이며, 두번째 용서는 첫번째 용서를 지속하며, 이와 동일한 기원 및 구조를 가진다. 즉, 내가 계속 메시아적인 것이라고 지칭했던 것의 구조를 말이다.[33]

　무엇보다, 바울의 논증을 주도하는 것은 용서가 아니라 정의의 기초로서의 선물이다. 선물은 법의 장악력을 단절시키고, 그래서 어떤 의미에서 법의 바깥에 있는 정의를 위한 길을 만드는 사면으로서의 용서와 유사한 어떤 것에 의해 열리게 된다. 그러나 이 선물은 만일 그것이 단지 우리를 어떤 불가능한 상황——우리가 정의롭게 되고자 노력하기 때문에 불의하게 되는 상황——내에 위치시키기만 한다면 그것만으로는 결코 선물이 아닐 것이다. 정의의 선물이 진정하게 선물이 되기 위해

---

33 여기에서 우리는 적어도 데리다가 사건의 단독성(singularity)이 지닌 반복 가능성(iter-ability)을 주장했다는 점에 대해 지적해야만 한다(이 경우에는 용서의 사건). 그러나 이것은 데리다 읽기와, 바울이 로마서에서 착수하고 있는 기획에 대한 사유를 통해, 사건으로서의 메시아적인 것에 대해 보다 세심한 관심을 기울일 수 있는 시점으로 다시 한번 연기되어야만 한다.

서는, 어떤 다른 것이 필요하다. 바로 메시아적인 것에 의해 사로잡힌 자들을 위한 유죄 판결의 폐지가 말이다. 그렇지 않다면 정의의 요청은 단지 잔인하고, 독이 든 선물일 뿐일 것이다. 그러나 정의가 선물되었기에, 그것은 단순히 보편적인 사면을(또는 모든 이들을 위한 무조건적인 용서를) 일으킬 뿐만이 아니라, 또한 이와 같이 선물에 대한 충실성에 의해 추동되어 정의를 구하는 모든 자들에 대한 유죄 판결의 폐지를 초래한다.[34] 정의의 요구는 막을 수 없고, 피할 수 없지만, 무자비하지는 않다. 그것은 자비, 즉 전적인 선물이다.

여기에서 우리의 과제는 바울이 착수한 모든 것을 풀어내는 것이 아니다. 따라서 우리는 이 지점에서 바울이 메시아적 사건(메시아 예수라 불리는 사건)의 맥락에서 관계의 차이를 해명하려 할 때 그를 따라서 읽어 나가지 않을 것이며, 또한 바울이 첫번째 사면을 염두에 두고 있을 때 그가 메시아의 처형과 같은 어떤 것에 대해 말하는 경향이 더 크다는 가설을 확인하지 않는다. 그리고 또한 그가 두번째 용서를 염두에 두고 있을 때, 영(the spirit)——"이것은 메시아 예수 안에서 생명의 영의 법이 여러분을 이미 죄와 사망으로부터 자유하게 하였기 때문입니다"(로마서 8:2)——을 말하는 경향이 더 크다는 가설을 시험하려고 들지 않을 것이다. 왜냐하면 여기에서, 그리고 전체적으로, 우리의 관심사는 바울이 관심을 가지고 있는 것이 어떤 의미에서 정의인지 살펴보는 것이기 때문이다. 그리고 여기에서 유죄 판결의 종말이 그에게 의미하는 것은 당연히 이런 것이다. "우리 안에서 율법의 정의로운 요구들이 완수될 수

---

34 이제 상당히 명백해진 그대로, 나는 이 제한이 어쨌건 '종교적'인 것이 아니라 오히려 '윤리적'인 것이라고 생각한다.

있도록" 하는 것 말이다(로마서 8:4).

바울의 논증에 있어 지표가 되는 것은 바로 정의, 다시 말해 법 바깥에 있지만 그럼에도 엄밀한 의미에서 정의라고 해야만 할 신적인 정의다. 용서에 대한 담화에 따르는 난점은 이것이 법의 장악력을 파괴할 뿐만 아니라, 통상 정의의 요구 또한 파괴한다는 것이다. 만일 데리다의 도움을 얻어, 바울에게서 나타나는 용서와 유사한 어떤 것에 대해 다루게 된다면, 우리가 이를 다루게 될 방식은 오로지 정의의 요청과 요구를 기각하거나 무효화하지 않는 방식이어야 할 것이다. 그리고 이것은 또한 불의를 간과하거나 또는 그 심각성을 경감하지 않는 방식을 의미한다. 내게는 이것이 바로 데리다의 용서에 대한 사유를 통해서 우리가 도움을 얻을 수 있는 사안이라고 여겨진다. 데리다가 제시하는 언제나 '불가능하지만' 또한 정의가 있기 위해서는 필수적일 수밖에 없는 그러한 용서에 대한 사유를 통해서 말이다.

하지만 우리는 용서에 대한 논의를 뒤로 하기 이전에 반드시 바울의 경우에 "있는 그대로의" 용서에 대한 논의가 적절하지 않다는 것을 언급해야만 한다. 첫번째 경우, 즉 메시아적 사건을 통해 전달되는 일반적인 또는 보편적인 사면의 경우, 여기에 텔로스(telos) 또는 목적이 없다는 것은 분명히 사실이 아니다. 왜냐하면 엄밀하게 따졌을 때, 바울이 주장하고자 하는 것, 다시 말해 이 사건의 목적은 우리가 정의롭게 되고 그래서 불의한 자들에게 도래하는 '진노로부터' 구원받게 된다는 것이기 때문이다. 따라서 비록 보편적인 사면이 무조건적이더라도, 그것 자체에 외적인 목적이 없는 것은 아닌데, 바로 이것이 바울이 가장 관심을 기울이는 문제이다.[35] 두번째 경우, 즉 메시아적 사건 안에 그리고 이 사건에 의해 사로잡힌 자들에 대한 유죄 판결이 폐지되는 경우, 이 폐지는 단적으로 보편적인 것은 아니며, 그런 의미에서 어떤 조건이 있다고 할 수밖에 없는데, 왜냐하면 그것은 바로 정의롭게 되고자 하는, 정의를 실행하고자 하는 욕망과 의지를 전제하기 때문이다. 요컨대 어느 경우에도 바울의 관심사는 순전하게 용서 그 자체가 아니다. 그러므로 바울은 용서 그 자체를 말하지 않는다. 용서의 개념과 같은 어떤 것이 로마인들에게 보내는 편지에서 바울이 논변하는 몇 가지 양상들을 사유하는 데 있어 우리에게 아무리 큰 도움이 될 수 있다고 하더라도 말이다.

### 정치적 효과들

우리는 이미 데리다의 용서에 대한 관심 중 상당 부분이 (세계화, 미국적 맥락의 글로벌라이제이션과 구분되는) 몽디알리자시옹과 인간성에 반하는 범죄들에 관한 국제법의 출현이라는 문제, 그리고 사면, 고백 등의 문제에 대한 관심을 통해 표명됨을 보았다. 이러한 세계적인 무대에서, 데리다는 또한 일종의 교회 없는 기독교화를, 기독교적 전통으로부터 유래한 특정한 주제들에 대한, 때로는 무의식적인 전유를 간파해 냈던 바 있다.

　그러나 또한 중요한 것은 은혜를 용서 안에 포섭된 것으로 이해했던 어떤 특정한 기독교적 전통의 세계적인 정치적 효과들을, 그리고 더욱이 정의의 요청과 요구로부터 분리되었던 용서를 인지하는 것이다. 이 연구의 전반에 걸쳐, 나는 바울이 정의에 대해, 분명히 법 너머에 또

---

35 "따라서 용서는, 만일 그런 것이 있다면, 모든 치유나 화해의, 또는 심지어 구원이나 속죄의 시도가 결여되어야 한다"(『신을 묻다』, 57). 적어도 이것이 데리다의 관점이다. 그러나 이 점에 관해 나는 판단을 유보해야만 할 것이다.

는 바깥에 있는 정의에 대해, 선물의 기초로서 또는 그 기초 위에 도래하는, 하지만 그럼에도 정의로서 이해되는, 심지어 신적인 정의로 이해되기까지 하는 그러한 정의에 대해 관심을 가진다고 주장했던 바 있다. 만일 이러한 맥락에서, 우리가 용서에 대해 말하려 한다면, 그 용서는 정의의 요구와 요청에 관련되는 것으로 이해되어야 한다. 용서가 정의의 요구를 제거하거나 또는 대체하는 것을 허용해서는 안 된다. 분명히 용서는 정의 자체가 그런 것과 같이 사법적 질서의 중단이다. 그러나 그것은 정의의 요청과 요구의 중지가 아니다.

어쨌든 바울 해석 전통의 상당 부분은 정확히 이 지점을 망각하는 것이었다. 칭의는 단순히 용서를 의미해 왔으며, 칭의와 정의의 연관은 상실되었다. 모종의 용서로서의 칭의는 정의의 유인 또는 촉발이 되기보다는, 오히려 정의를 대체하게 된다. 믿음은 따라서 충실함으로부터, 그리고 이에 따라 믿음에 대한 순종 —— 정의의 선물에 상응하는 삶의 형태 —— 으로부터 분리되었다. 오히려 믿음(faith)은 통상적으로 특정한 교의(dogma)에 대한 공적인 동의라는 의미에서, 또는 어떤 특정한 제도 및 교의적 순응에 대한 보상으로 주어지는 절대적 용서를 베풀 능력이 있다고 주장되는 제도에 스스로를 연관 짓는 의미에서 '신앙'(belief)을 의미하게 된다. 따라서 결과로서의 정의가 아니라, 선행 조건으로서의 신앙이 용서에 대한 논의에 수반하게 되었다.

이러한 바울 해석의 역사는 피로 쓰여진 역사였다. 왜냐하면 정의의 요청과 요구라는 준거 없이 신앙의 대가로 무엇이든 할 수 있는 방종이 주어진다는 가정에 기초하여, 인간성에 반하는 범죄들이 '묵과되거나' 또는 '말소되었고', 심지어 고무되기도 했기 때문이다. 나는 서구 역사의 잔혹성이 오로지 이런 방식으로 설명될 수 있을 뿐이라고 생각한다. 십자군, 이단심문, 그리고 콩퀴스타[유럽의 라틴아메리카 침략을 일컫는 말, conquista]라는 잔혹행위들은 칭의가 정의를 수반한다는 가정에 기초한 '선한 양심'(good conscience)으로 자행될 수 있었다. 분명히, 이러한 잔혹행위는 타자에게, 모든 타자에게 주어져야 할 환영을 통해 표현되는 정의에 기초한 것이 아니다.

종교개혁은 칭의를 강조했으며, 이러한 역사를 되돌리기 위해 어떤 일도 하지 않는다. 오히려 루터의 반–유대주의(anti-Semitism)는 히틀러의 책 『나의 투쟁』(Mein Kampf)[36]을 위한 주형을 제공했으며, 독일의 선제후들에게 농노들의 반란에 대해 어떤 필요한 수단을 통해서라도 그들을 말살하라고 부추겼던 바 있다. 그리고 '이단자들'에 대해 칼뱅(Jean Calvin)이 취한 태도에서 더 나은 예를 얻을 수 있는 것도 아니다. 그렇다고 해서 근대가, 종교적이든 또는 세속적이든 간에, 보다 더 나은 예시를 제공하는 것도 아니다. 우리가 노예 무역에 대해 생각하거나, 세속적인 개신교도인(Protestant) 악덕 자본가들에 대해 생각하든지, 또는 세계 대전들, 냉전, 심지어 테러와의 전쟁에 대한 고발이라는 면에서 단독적인 근대 국가들의 선한 양심을 감안하더라도 말이다.

데리다가 반복적으로 주지했던 것처럼, 우리는 단순히 전통을 수동적으로 물려받기만 하는 것은 아니다. 전통은 해석되고, 전유되며, 사유되어야만 하는 것이다. 만일 우리가 이러한 피의 역사에 반하여, 고통받는 인류의 신체 위에 고문 기술자들의 도구들로 새겨진 불의한 고통의

---

36 아돌프 히틀러가 쿠데타 모의로 수감된 기간 동안 집필하여 1924년에 발간된 책. 이 책으로 인해 경제 및 정치적 지원을 얻게 된 히틀러는 이후 1933년 나치 정당의 집권으로 수상에 취임하게 되었다.—옮긴이

역사에 반하여 나아가야만 한다면, 이것은 다른 여러 가지 것들 중에서도 특히 우리의 전통에 대한 재사유를 요구할 것이다. 바울에 대한 재사유를 통해, 그리고 메시아적 선물로서의 신적인 정의를 통해 사유하려 하는 데리다의 복잡하고 난해하지만 궁극적으로는 가치 있는 시도 가운데, 이 작업이 담당할 역할이 있다고, 나는 믿는다. 그리고 내가 주장했던 것처럼, 바로 이러한 작업이 데리다 읽기로부터 우리에게 중요한 도움을 제공할 수 있을 것이다.

# 8장 / 결론

## 해체에 대한 믿음

이전 장들에서 전개된 논증의 의도는 바울의 로마서를 정의의 문제에
대한 최우선적인 관심이 전면에 드러나는 방식의 독해 안에 위치시키는
것이었다. 이런 방식을 통해 바울을 교회조직과 교의 안에 가두었던 간
수들로부터, 그가 기소했던 제국의 행태, 즉 "진리를 불의 안에 가두는"
행태를 줄곧 실행해 왔던 자들의 마수로부터 빼낼 수 있을 것이다. 실제
로 전통적인 바울 전유 방식은 정의의 문제를 효과적으로 침묵시키고,
그에 따라 정의의 요구와 요청으로부터 신자를 면제하는 방식으로 정의
의 문제가 있어야 할 자리에 칭의에 대한 교리를 대체해 넣는 것이었다.

정의의 문제를 고려할 때 야기되는 문제들과 관련하여 바울 서신
들을 이해할 수 있다는 것을 증명하기 위해(내가 믿기로는 이것이 바울을
이해하는 방식이어야만 할 것인데), 나는 이미 데리다의 정의에 대한 성찰
들과 연관된 문제들을 읽는 것으로부터 값을 매길 수 없는 도움을 얻을
수 있다고 말했던 바 있다. 나는 단순히 바울의 사유와 해체를 병치시키
는 작업으로부터 바울을 해명하는 효과들을 얻을 수 있다고 주장하기보

다는 데리다를 통해 바울을 읽을 때 귀결되는 이런 효과들을 드러내기 위해 노력했다. 그런 시도를 통해, 상당히 놀랍게도, 나 스스로가 데리다가 이미 그렇게 될 수 있을 것이라고 말했던 어떤 것을 실행하고 있다는 점을 알게 되었다. 「미국에서의 해체」라는 제목의 매우 흥미로운 인터뷰에서,[1] 제임스 크리치는 데리다에게 미국 내의 종교가 해체의 수용에 어떻게 영향을 미쳤을지에 대해 질문했다. 그 대답으로 데리다는 "하이데거, 칼 바르트 등을 중심으로 하는, 독일과 유럽의 개신교적 사유에 대한 해석의 전체 역사"를 분석할 필요가 있다고 언급한다. 이 이름에 대한 언급은 우리에게 직접적으로 바울 해석의 문제를 지시하는데(내가 알기로 데리다는 어떤 다른 저작에서도 하이데거와 바르트를 함께 언급하지 않는다), 왜냐하면 우선적으로 바르트뿐 아니라, 어느 정도까지는 하이데거나 마르부르크 대학에서 그와 상당히 가깝게 지냈던 동료 루돌프 불트만도 또한 바울 해석가들의 반열에 들어가기 때문이다.[2] 그러나 데리다는 보다 구체적으로 다음과 같이 말하기에 이른다. "핵심은 신학을 그것에 이식된 것으로부터 해방시키는 것, 신학을 그것의 형이상학적–철학적 초자아(super-ego)로부터 해방시켜, '복음서'의, 복음적 메시지의 진정성(authenticity)을 드러내는 것으로 보인다. 그리고 따라서, 믿음

---

1 온전한 제목은 「미국에서의 해체: 자크 데리다와의 인터뷰」이다("Deconstruction in America: An Interview with Jacques Derrida", conducted by James Creech, Peggy Kamuf, Jane Todd, *Critical Exchange* 17, 1985, pp. 1~33).

2 바울을 이해하기 위한 하이데거의 초기 시도와, 이 시도가 어떤 방식으로 이후에 그가 사용했던 '방법'을 예표하는지에 대해서는, 헨트 드브리스에 의한 훌륭한 연구서 *Philosophy and the Turn to Religion*(『철학 그리고 종교를 향한 전회』), Baltimore: Johns Hopkins University Press, 1999, 특히 pp. 181~122를 볼 것. 여기에는 데살로니카 전후서와 갈라디아서에 대한 초기 하이데거의 독해와 관련하여 중요한 논의들이 수록되어 있다.

의 관점에서 보았을 때, 해체는 적어도 아리스토텔레스주의 또는 토마스주의 비판에 매우 유용한 기법이 될 수 있을 것이다." 이에 대해 나는 데리다가 하지 않았을 것으로 보이는 말을, 해체는 심지어 어떤 특정한 아우구스티누스주의 비판을 위한 유용한 도구가 될 수 있다는 말을 더한다. 물론 아우구스티누스주의가 데리다의 이어지는 "또는 심지어 제도적인 관점으로부터 볼 때에도, 즉 비판해야만 할 것이 신학제도 전체일 때에도"(분명히 특정한 아우구스티누스가, 또한 어떤 특정한 하지만 '전범적인' 루터와 칼뱅이, 소위 '신학제도 전체'에 연루되어 있다)라는 말이나 "추측하건대 진정한 기독교적 메시지를 덮고, 이를 모른 체하는"이라는 말과 관련된 비판으로부터 빠질 수는 없겠지만 말이다. 데리다는 "그들의 믿음에 반대하는 것이 아니라 봉사하는 것으로서, 특정한 신학에, 심지어 어떤 특정한 대학적 신학제도에 반대하는 것으로서, 해체를 환호하고 필요로 하는" 신학자들을 언급하기도 한다(「미국에서의 해체」, 12).[3]

앞선 글에서 내가 보이려고 노력했던 것을 고려할 때, 나는 스스로 분명히 "해체를 필요"로 한다고 언급된 신학자들과 그리고 심지어 해체가 "그들의 믿음"에 중요한 도움이 된다는 것을 알게 된 신학자들과 연합한다. 특히 만일 해체가, 내가 믿는 바와 같이, 로마서 내에서 바울의 논증에 기입되어 있는 정의의 요구에 대한 확실한 충실함을 드러내는데 봉사할 수 있다면 말이다. 내가 보이고자 했던 것은 바로 해체를 통해

---

3 이 인터뷰가 책으로 나왔을 때(내 친구 두 명이 관여하였다), 나는 학문의 무대로부터 멀리 떨어져, 멕시코에서 복음주의 목사 지망생들을 가르치고 있었다. 언제나 그렇듯이, 그곳에서 나는 이 대륙에서 신학자에게는 거의 드문 기회를(어떤 신학적·학문적 제도에 특징적인 노동분업을 고려할 때), 즉 실제로 로마서에 관한 세미나를 열 기회를 얻게 되었다. 내가 데리다에 대한 이 연구서를 마무리하는 지금에서야 그 인터뷰가 분명히 하나의 역설이라는 것을 알게 된다.

정의의 문제를 어떤 특정한 신학적인(또한 교회조직적인) 제도와 특히 바울 '해석'의 제도에 맞서 우위에 설 수 있는 방식으로 다시 사유할 수 있다는 것이다. 내가 시도했던 데리다 읽기는 심지어 바울 읽기를 다시 위치 짓는 데 도움이 될 뿐만이 아니라, 또한 데리다 자신의 기획의 성격에 대한 분명한 오해를 제거하는 역할을 하기도 할 것이다. 만일 이 글이 또한 해체의 성격과 관련하여 학계에 무성한 어떤 특정한 루머들에도 불구하고 다른 이들이 데리다를 읽도록 용기를 북돋울 수 있도록 하는 데 도움이 된다면, 이 글은 메시아에 대한 충실성을 해명하는 데 도움을 제공해 주었던 점에 관해서 해체에 바치는 나의 감사의 표시에 다름 아닐 것이다. 적어도 이 충실성의 개념이 바울의 특정 정식들을 통해 표현될 수 있을 것이라는 의미에서 말이다.[4]

　로마서에서 바울이 착수하고 있는 기획에 대한 사유를 이런 방식으로 재배치하기 위해, 나는 우선 (율)법에 대한 비판이 정의의 요청과 요구——실제로, 바울이 신적인 정의로 사유하는 어떤 것——에 봉사하게 된다는 점을 보이려 했다. 따라서 (율)법이 해체될 수 있고 해체되어야만 하는 것은 바로 정의의 이름을 통해서이며, 정의의 요구의 폐지를 통해서가 아니다. 이것은 결코 (율)법에 대한 일방적인 대립을 의미하는 것이 아니다. 정의의 이름을 통한 (율)법의 해체는 오히려 정의가, 만일 그것이 발생한다면, (율)법의 외부에서 발생하며, 이에 의해 (율)법이 폐기되는 것이 아니라 오히려 완성되는 상당히 난해한 상황을 설명할 수

---

4 그로 인해 나는, 언급했던 인터뷰의 같은 페이지에서 데리다에 의해 언급된 비난으로부터 해체를 소명하고자 하지 않는다. 말하자면, "학적적 윤리를 타락시키는"이라는, 너무나 반-소크라테스적 느낌을 주는 비난을 말이다. 어떤 윤리는 절박하게 타락을 필요로 한다("가장 성性적인 의미에서의" 윤리를 제외하지 않고). 물론 정의의 이름으로.

있다. 즉, 어떤 특정한 역사와 사회성이라는 조건들하에서 정의의 요구를 예시화하는 (율)법의 의도와 관련해서 말이다.

그러나 데리다에게 있어, 그의 벤야민 읽기에 따를 때, (정의의 해체 불가능성에 상반되는) 법의 해체 가능성은 법 제도의 정초와 보존 양쪽 모두가 관련된 폭력이라는 불가피한 속성에 의해 결정된다. 바울에게 있어, (율)법의 해체 가능성은 (율)법의 이름(이스라엘과 로마 양쪽 모두의)으로 집행된 메시아의 처형이라는 폭력적인 사건에 초점을 맞추고 있다. 나는 바울에게 있어 근본적인(그리고 그저 일시적인 것이 아닌) 정의를 확립하거나 생산하지 못하는 (율)법의 무능력을 드러내는 것이 바로 이 사건이라고 논증했던 바 있다. 당연히 정의가 생산되려면, 그것은 법의 바깥에서, 어떤 의미에서는 법에 반하여 발생해야만 한다.

정의가 어떻게 법의 바깥에서, 또는 법을 통해서가 아닌 다른 방식으로 생산될 수 있을 것인지 해명하기 위해, 나는 바울이 선물과 은혜라는 개념들에 의지했다는 점을 논증했다. 이어서 바울의 선물에 대한 사유를 조명하는 데 있어, 특히 선물과 정의의 연관을 조명하는 데 있어, 데리다가 제시하는 일종의 불가능한 가능성으로서의 선물이라는 숙고로부터 도움을 얻을 수 있다는 점을 논증했다. 정의가 '행위(또는 공로)'와 연관되는 방식을 해명하기 위해, 나는 경제와 부채에 대한 선물의 연관을 성찰하는 데리다의 사유에 의지하여, 선물이 그 자체와 완전히 이질적인 경제의 영역으로 들어갈 수 있으며 또한 그럴 수밖에 없음에도 불구하고, 선물로서의 선물을 구성하는 초과 그 자체를 통해(또는 바울이 말하는 그대로 "얼마나 더 많이"를 통해) 경제를 '초월한다'는 주장을 펼쳤던 바 있다.

로마서에 대한 여러 해석들은 바울의 논증이 5장 또는 8장에서, 그리고 보다 최근의 일부 주해들에서는, 11장에서 절정에 이른다고 가정하는 것으로 보인다. 그러나 나는 12장부터 이어지는 '교훈적인' 장들이 바울의 논증에 필수 불가결한 부분이라고 보는데, 왜냐하면 그 장들에서 결국 정의가 어떤 의미에서 '선물로서의 정의'를 생산하는 메시아적 사건에 사로잡힌 사람들 가운데 실제로 작동하게 되는지가 명확해지기 때문이다. 따라서 나는 부채를 넘어선 의무에 대한 데리다의 성찰이 "사랑 외에는……아무것도 빚지지" 말아야 한다는 바울 자신의 명제, 즉 정의가 (율)법 바깥에 있는 것임에도 불구하고 (율)법이 의도하는 것과 일치한다는 주장이 무엇을 의도하는지 해명하는 과정에 도움을 줄 수 있다는 점을 확인했다. 그리고 심지어 정의가 어떤 (율)법에 빚진 또는 (율)법에 기초한 의무를 넘어선다는 점을 드러내는 작업에 있어 큰 가치를 지닌다는 것을 확인했다.

법 바깥의 정의의 문제 ──또한 선물과 의무의 문제── 에 대한 데리다의 가장 중요한 성찰들 중 일부는 환대에 대한 성찰들에서 정점에 이른다. 나는 따라서 우리가 차이들 안에서, 특히 '종교적인' 차이로 이해될 수 있는 것을 포함하는 차이들 안에서, 그리고 그런 차이들에도 불구하고, 서로를 환영하는 것에 대한 바울의 관심이 필연적으로 정의를를 드러내는 것에 대한 특히 유효한 예로서 이해될 수 있다는 점을 보이려 했다. 이를테면, 칸트로부터 차용된 개념을 재진술하여, 분명히 세계시민적(cosmopolitan) 정의라 불릴 수 있으며 오늘날 긴급하게 필요한, 그리고 그것이 없다면 우리가 생명파괴(biocide)라는 숙명(바울의 방식으로 이 말을 신적인 분노라고 말하건 하지 않건 간에)에 처해질 것으로 보이는 그런 종류의 정의에 대한 주형으로 기능할 수 있는 정의를 드러내려 했다는 말이다.

또한 환대의 문제와 관련하여, 데리다는 보다 최근에 국제법과 그 실행의 특징이 된 용서의 문제를 고찰했던 바 있다. 바울이 그 자신의 논증에서 용서와 관련된 용어를 사용하지 않는다는 사실에도 불구하고, 데리다의 선물과 환대 그리고 심지어 부채를 넘어선 의무에 대한 몇몇 관점들은 선물과 용서 간의 경계라고 지칭될 수 있을 법한 것에 대한 조명을, 다시 말해 선물이 선물이 되기 위해 과거의 결정을 단절하고 따라서 과거(그리고 현재)를 연장하기보다는 이를 초과하는 미래를 향해 스스로 나아가는 방식에 대한 유익한 조명을 제공한다. 용서의 문제를 이런 방식으로 파악함을 통해, 나는 용서가 그 자체로 칭의의 의미가 되지 않는다는 논증을 시도했는데, 왜냐하면 용서가 그 자체로 칭의의 의미가 된다면 정의와 칭의 사이의 연결관계가 단절될 것이기 때문이다. 오히려 용서는 정의라는 불가능한 선물을 가능하게 하며, 따라서 정의에 대한/정의의 촉발을 시작하는 것이다. 이런 방식으로, 나는 용서에 대한 논의가 선물의 문제를 삼켜 버리고 따라서 선물로서 도래하는 법 바깥의 정의에 대한 문제를 삼켜 버리는 [바울 해석의] 경향을 차단하기를 희망한다. 나의 바람은 이러한 시도가 전통적인 로마서 읽기에 수반되는 잔혹의 역사를 극복하는 바울에 대한 재사유를 가능하게 하는 것이다.

## 추가적인 고찰을 위해

이러한 고찰들 내에서, 나는 데리다 읽기를 통해 유익하게 조명될 수 있는 바울의 몇몇 주제들을 모두 다루지는 않았다. 전반적으로, 내가 보기에 이 지점에서 추가적인 고찰을 요청하는 두세 가지 부류의 주제들이 있다. 한 가지 부류의 주제들은 바울이 그가 양육하고 지도하는 새로운 사회들 내에서 영위될 집단적 생활에 대한 구체적인 문제들을 해결하기 위해 노력하는 측면과 관련된다. 우리가 자주 고려하게 되는 다른 부류의 주제들은 바울의 메시아주의와 연관되는 것들이다. 나는 이러한 주제들에 대해 다소간 계획적인 방식으로 간략히 안내할 것이다.

### 협상에 나선 바울

우리는 이미 바울의 (율)법을 넘어선 정의와 부채를 넘어선 의무에 대한 관심이 개인들 간의 구체적인 차이들 내에서, 그리고 그러한 차이들에도 불구하고, 인류의 단일성 또는 연대를 사유하도록 한다는 것을 알게 되었다. 그리고 우리는 정치적인 것이 특정한 사회성에 대한 구체적인 맥락 내에서 무조건적인 것(정의, 환대 등)에 대한 협상을 수반한다는 점을 고찰했던 바 있다.

데리다의 협상 불가능한 것의 협상에 대한 성찰[5] 및 책임과 결정에 대한 성찰은 바울이 그의 공동체들 안에서 이를 표현해 낼 방법(아마도 언제나 성공적이지는 않았을 방법)과 씨름하는 때에, 그가 관심을 가지는 것이 무엇인지 이해하는 데 있어 유익한 작업틀을 제공한다. 음식과 날들[성일]에 대한 문제, 따라서 '종교적' 차이들에 대한 문제는 우리가 바울의 (율)법 없는 정치 또는 (율)법을 넘어선 정치의 전개에 있어 중요하다고 보았던 사안이다. 여기에서 우리가 시도하는 것은 타자를 환영하지 않을 뿐만 아니라, 타자에 대한 관계에서 단연코 파괴적인 것으로 드러나는 종교의 차이들에 의해 지속적으로 분열되는 우리의 세계에 대한

---

5 「협상들」(『협상들』, 11~40), 「오늘날의 윤리와 정치」(같은 책, 304), 「값없는 것에 관하여」(같은 책, 58) 참조.

어떤 확실한 시의성을 가질 것이다.[6] 그러나 다른 한편으로 할례에 대한 바울의 언급은 또한 종교적 차이들을 극복하고자 하는, 그가 지닌 명확한 의도의 기반을 침식했다.[7] 이것은 어떻게 생각될 수 있는가?

바울의 협상들이 유익하다는 점에 대해 분명하게 확신할 수 없게 하는 다른 문제들이 있다. 예를 들어, 바울이 노예와 자유민 사이의 차이라는 그리스-로마적 사회를 기초하는 계급적 분리로 인해 메시아적 인류 안에서의 단일성이라는 기초적인 원칙이 파괴되지 않을 집단적 생활을 발전시킬 수 있는 방법을 모색하고자 노력한다는 점은 분명하다(빌레몬서, 고린도 전서 7:20~7:24). 불행히도 로마적 노예지배라는 사회적 사실(social fact)의 크고 단단한 배경 가운데 새로운 사회성의 출현에 대한 현실적인 정황들을 협상하고자 하는 바울의 노력 ——즉, '현실'에 대한 양보——은 [로마제국] 이후에 이어진 노예지배 체제들을 영속화시키는 위장으로 사용되었다.[8]

어쩌면 훨씬 더 큰 근거에서, 바울은 젠더적 차이들의 절대성에 대한 폐기라는 대의를 배신하고 있는 것으로 여겨진다. 여성의 베일에 관한 바울의 당혹스러운 양보(데리다가 언급하는)[9]와 여성들에게 회중 가운데 침묵하라는 상당히 이상한 권고——만일 이 권고가 정말로 바울에게 귀속될 수 있다면——를 감안할 때 말이다. 훨씬 더 당혹스러운 것은 바울이 결혼과 가족이라는 제도로 지칭될 수 있는 것에 대해 노골적인

---

6 아브라함적 종교들 간의 투쟁은 결코 데리다의 사유에서 멀어진 적이 없는 듯하다. 예를 들어, 『마르크스의 유령들』, p. 58을 볼 것.

7 할례에 관한 바울의 모호한 태도에 관해서는, 「(자기 자신이라는) 누에」(『종교의 행위』, 344~347)를 참조하라.

8 Neil Elliot, *Liberating Paul*(『바울 해방하기』), Maryknoll, N.Y.: Orbis, 1994, pp. 3~51.

9 「(자기 자신이라는) 누에」(『종교의 행위』, 345~347) 참조.

의심의 눈초리를 보내고 있음에도 여전히 가부장적인 가족 제도를 인정하고 있다는 점이다(고린도 전서 7:1~7:16).

아마도 이 문제는 섹슈얼리티[성차]의 대안적 형태들에 대한 바울의 명시적 관심사들과 관련되어 있을 것이다. 비록 이 문제가 결코 바울의 편지들에서 바울 이후의 해석가들이 어느 정도는 정욕(passions)의 문제를 언제나 협소하게 성행위로 제한된 문제들일 뿐이라고 가정함으로써 만들어 내는 문제들보다 더 큰 문제가 아니기는 하지만, 어쨌든 이 문제는 또한 바울이 그와 그의 독자들이 직면했던 무조건적인 결정과 구체적인 결정을 관련 짓고자 노력하는 분야이기도 하다.

여하튼 내 주장은 바울이 그의 편지들에서 상당한 분량을 할애하고 있는 이 특정한 논의들 내에서, 어떤 방식으로 법을 넘어서는 정의의 요구와 약속에 대한 증거를 구성할 일종의 대안적 사회를 조성할 것인지에 대한 문제와 씨름하고 있다는 것이다. 여기에서 문제는 바울의 '결정들'에 대해 비판하는 것이 아니라 그러한 결정들에 있어 관건이 되는 것이 무엇인지 이해하는 것이다. 내가 생각하기에, 우리가 다른 결정을 내릴 수 있는 위치에 있기 때문에(노예제의 폐지, 민주주의적 형식, 여성의—불행히도 여전히 불완전한—해방 등의 배경에 있기 때문에), 바울이 당시의 정황들과 타협했던 지점들을 오늘날의 정황과 비교하여 우리의 결정이 어쨌든 성공적이며 흠 없는 상태에 있다고 본다면, 그런 의견은 단적으로 타당하지 않은 것이다.

바울 사유의 '정치적' 경향성에 대한 문제에 있어 우리가 논급했던 주제들 중 한 가지는 법을 넘어선 정의와 관련된 주제들을 생산해 내려는 노력의 과정에서 그가 살았던 사회 또는 회중이 수행했던 역할에 대한 것이다. 소위 바울의 교회론이라는 것은 법을 넘어서는 그리고 따라서 기존의 제도를 넘어서는 새로운 사회체의 형성을 향한 몸짓이다. 그러나 이러한 사회성은 바울의 편지들에서 제도적인 또는 적어도 준-제도적인 형식을 취하는데, 옳건 그르건, 바울의 이름으로 쓰여진 이후의 텍스트들에서 그러한 양상은 더욱 심화된다. 여기서 중요한 것은 바울이 상정하는 정의는 협업적인 혹은 사회적인 성격을 지닐 수밖에 없다는 점이다. 우리가 볼 것처럼, 현실적으로 바울의 사유를 정치적인 것의 영역으로 이르게 하는 것은 바로 이러한 성격임에도 불구하고, 현대의 여러 스토아주의적인 바울 해석가들은 개인적인 정의의 예시화로 빠져들었다. 데리다는 ('관계론적 관점'에 대립하기에) 사회론을, 다시 말해 정의의 결코 제거할 수 없는 사회적 성격에 대한 지각을 결여한다는 비판을 받아 왔지만, 데리다의 성찰 중에는 정의에 대해 헌신하는 지식인과 행동가 등으로 이루어진 일종의 비공식적인 세계시민적 제도의 필요성을 확인하는 여러 논의가 있다.[10] 이러한 논의는 '도래할 민주주의'에 대한 데리다의 제안들과 함께, 비합법적인 정의를 구체화하는 새로운 공동체를 조성하고자 하는 바울의 시도와 이를 통해 바울이 어떤 기획에 착수하는 것인지에 대해 이해할 수 있도록 하는 길을 제시한다. 불행히도, 일반적으로 교회라고 알려진 제도적 구조(들)의 내부로부터 제시되는 바울 해석은 마치 그의 사회성에 대한 사유가 단순히 교회라는 형식을 통한 '기독교' 제도화의 전조인 것처럼 제시되는 경향이 있다. 이상하게도 바울의 '윤리적인' 성찰들에 대한 근본적인 개인화 경향——바

---

10 예를 들어, 『마르크스의 유령들』을 볼 것. 이 책의 부제는 "조정 없는, 당 없는,……공민권 없는, 한 계급으로 공통적인 귀속됨 없는……친밀함, 고난, 그리고 희망의 유대"(85)라는 조건들에 관한 특수성을 고려한 "새로운 인터내셔널"을 언급하는 것이다.

울을 경건한 스토아주의자 또는 실존주의자로 그려내는—은 심지어 해석에 대한 제도적인 작업틀이 포기된 곳에서도 [바울 해석에] 영향력을 미친다. 후자의 [개인적, 실존적] 해석은 충실한 자들의 회중들을 양성하고자 하는 바울의 강박적인 성향을 파악해 내는 데 실패한다. 전자의 (제도적인) 해석은 바울의 입장들이 지닌 임의적인 성격을 무시하고, 이런 입장들로부터 교회적인 자기-감금의 게토 바깥에 있는 어떠한 중요성도 박탈해 버린다. 양 방향 모두에서, 정치 철학으로 칭해질 수 있을 어떤 것, 즉 법 너머의 인간적 사회성을 사유하려는 시도와 바울의 사유의 관련성은 모호해지게 된다. 데리다 읽기는 이러한 성찰들을 통해 바울이 꾀하고 있는 것이 무엇인지에 대해 다시 사유하기 시작할 수 있도록 하는 한 가지 길이다.

### 메시아성과 메시아

법을 넘어서는 정의, 경제를 넘어서는 선물, 그리고 심지어 환대 또는 환영을 사유하고자 하는 시도들 전반에 걸쳐, 데리다는 어떤 메시아주의 없는 메시아성을 나타낸다. 우리의 고찰들 가운데 몇몇 지점에서, 우리는 법을 넘어선 선물로서의 정의를 사유하고자 하는 시도에 종말론적인 의미가 있다는 데리다의 주장을 마주하게 된다.

　바울이 로마서에서 그리고 그의 다른 텍스트들에서 관여하고 있는 것을 다시 사유하고자 시도할 때 문제가 되는 것은 기본적으로 모든 것이 이미 도래한 메시아를 축으로 규정된다는 것이다. 물론 바울의 고찰들 내에 있는 모든 것이, 임박하여 모든 것을 포괄하는 종말론적 예상 내에 놓이며, 따라서 눈에 보이지 않은 것에 대한 희망(로마서 8:24~8:25)이 충실한 또는 메시아적인 실존의 기본적인 성격으로 남아 있게 된다는 점 또한 사실이다.

바울에게 있어, 메시아의 도래가 어떤 의미에서 이미 알려진 한 인물의 도래라는 점은 여전히 사실이다. 그리고 바로 이러한 사실이 제도화된 형태의 기독교를 인가하여 메시아성의 모든 중요한 기능을 불필요한 것으로 하고 그 자체를 위한 절대성을 주장했던 것이다. 결과적으로 기독교는 새로운 종교가 될 수 있었으며, 유대교에 대해, 이후에는 이슬람교에 대해, 또한 다른 종교적 제도들 및 전통들과의 대체적인 또는 경쟁적인 관계에 놓여 있었다. 기독교는 개방된 그리고 본질적으로 경계 없는 희망의 사회성이 되는 대신, 조심스럽게 통제되는 전선들을 지닌 제도가 되었다. 이것은 메시아가 이미 역사 내에서 선행적으로 나타났다는 사유로부터 오는 불가피한 귀결인가?[11] 그래서 메시아는 교회조직적인 자기-이익, 자기-집착, 자기-보존의 포로가 되어 버린 것인가? 그래서 모든 인류를 위한 메시아적 희망에 대한 접근은 제도에 의해 매개되고, 따라서 이 제도는 그 자체로 헤게모니적 특권들을 주장하게 된 것인가? 그래서 구원이 ——무조건적인 선물로서의 도래 대신에 ——신앙의 통행세를, 회원 자격 따위를 부여하는 제도 또는 집단의 소유물이 되어 버린 것인가?

이것은 지난 세기의 가장 창조적인 신학자들이 씨름했던 일군의 주제들이다. 말하자면, 불트만은 이미(an already)와 아직 아닌 것(a not yet) 사이의 구분과 관계에 대해 사유하려는 시도를 통해, 바르트는 종

---

11 이것은 데리다가 "종교들의 전쟁에서 편가르기를 원치 않지만, 메시아가 도래하여, 메시아적 소명이 이미 완수된 종교들은 언제나 전체주의에 관하여 이러한 정의와 도래할 것의 초월성을 결여하게 될 위험을 떠안게 된다"고 경고할 때 우리가 이미 마주쳤던 문제이다(『비밀에 대한 취향』, 22).

교 바깥의 그리고 그에 반하는 믿음을 사유하려는 초기의 시도를 통해, 그리고 알타이저는 기독교에 반하는 복음을 사유하려는 시도를 통해, 이 문제와 대결했던 것이다. 데리다에 의해 발전된 몇 가지 개념들은 이러한 문제들을 새로운 방식으로, 메시아성과 메시아를 붙잡을 수 있도록 하는 방식으로, 다시 말해 그리스도론의 문법에 대한 칼케돈 공의회의 정식[12]이 전제하는 것들에 앞서는 바울의 논의에 보다 가까이 다가갈 수 있도록 하는 방식으로, 재사유할 수 있도록 할 것이다.

우리는 메시아가 이미 나타났다는 점이 정의와 (율)법의 분리에 대한 바울적 사유에 있어 필수 불가결한 촉매를 제공한다는 것을 이해했다. 바울이 필연적으로 (율)법을 넘어선 정의에 대해 사유하게 하고, 이에 따라 정의가 선물에 기초한다는 생각으로 그를 이끈 것은 (율)법의 힘에 의해 메시아가 유죄 판결을 받았다는 사실이다. 적어도 이 지점에서 바울의 사유는 이미 지나가 버린 메시아의 출현과 운명을 필요로 하는 듯이 여겨진다. 이것은 단순히 우연한 것인가? 다시 말해, 정의의 요구 없이 이러한 정의와 법 사이의 분리를 사유하는 것이 가능한가? 데리다는 어쩌면 하이데거 자신이 제시했을 수도 있을, 계시성(revealability)이 계시에 선행한다는 입장[13](칼 라너Karl Rahner가 중요하게 여겼던 입장)에 대해, 혹은 사유에 속한 하나의 관념 또는 범주로서의 계시성이 그 자체로 계시에 선행하는 사건과 같은 어떤 것에 의존한다

---

12 칼케돈 신경(The Creed of Calcedon)을 말한다. ACE 451년, 보스포루스 해협 양안 중 아시아 쪽에 위치한 도시인 칼케돈에서 공의회가 개최되었다. 여기에서 그리스도가 신성과 인성 모두를 지니며, 이 두 성격이 연결된다는 교리를 확정하였으며, 이로 인해 인성을 강조했던 아리우스파와 신성을 강조했던 콥트파(이집트) 그리고 양성의 분리를 주장했던 네스토리우스파는 정통교회에서 배척되었다.—옮긴이

13 예를 들어, 『믿음과 앎』 p. 16, 그리고 『기록의 열병』 p. 80을 볼 것.

는 입장(칼 바르트와 연관된 신학에서의 입장)에 대해 의문을 가졌다. 그렇지 않다면 정의와 법 양자 모두에 문제를 제기하는 이 관계를, 즉 이러한 대립 관계를 변증법적 해결책에 종속시키는 것이 아니라 해체하는 이 관계를 사유할 어떤 다른 길이 있는가? 분명히 메시아적 사건이 무력하고 어리석은 것으로 남아 있으며, 따라서 종교적 자기-확신의 은밀한 형태가 되도록 허용될 수 없다는 가정은 여기에서 피할 수 없는 것이다. 그러나 그것으로 충분할까?

이에 도달하는 길들 중 하나는 예시성의 문제에 대한 탐색을 통하는 것이다. 단독성을 지워 버리지 않으면서 그리고 그에 따라 예(例) 또는 예시(例示)의 관념적이지 않은 또는 포괄적이지 않은(nongeneric) 성격을 지워 버리지 않으면서, 어떻게 하나의 예시가 예시 '이상'의 것이 될 수 있겠는가? 이러한 문제에 대한 데리다의 숙고는 유럽의 문제, 즉 그가 말했던 어떤 특정한 기독교와 연관이 없다고 할 수 없는 문제에 의해 꽤 빈번하게 유발되었다. 그러나 데리다는 또한 예수의 죽음이 지닌 비-예시성(nonexemplarity, 非例示性)에 관한 칸트의 특정한 언급들을 다루면서 그리스도론과 유사한 것에 연관되는 것으로서의 예시성이라는 주제와 보다 직접적으로 대결했다. 데리다가 이러한 고찰들에서 보여 주는 것은 한 지점에서 예시성이 부정될 때 그러한 부정이 다른 지점에서 다시 생산된다는 역설이다(「열정들」, 140~141, n.10).

칸트의 논의는 다른 사람을 위해 죽어야만 하는 의무에 대한 문제와 관련되지만, 바울의 사유에서 메시아의 죽음에는 인류에게 무엇인가를 제공하거나 부여하는 죽음이라는 의미가 있다. 그러한 죽음은 적어도 부분적으로나마 (율)법이 지닌 유죄 판결의 권력을 폐지하는 것이다(로마서 8:1). 그러나 메시아의 죽음은 바울의 사유에서 또 다른 예시적

의미를 지닌다. 그 의미란 메시아의 자기-희생이 메시아적 사회 내에
서 타자들에 대한 특권의 포기에 대한 예시가 된다는 것이다. 놀라운 것
은 바울의 가장 유명한 '그리스도론적' 단언들이 "메시아 예수 안에 있
는 이 마음을 여러분 안에 품으"라는 가르침들 가운데 있으며, 따라서
이 단언들이 그의 독자들에게 서로에 대립하여 이득을 얻거나 또는 심
지어, 그들 스스로를, 자기 자신을 내세우려 하지 말라고 역설한다는 것
이다(빌립보서 2:5 이하, 고린도 전서 1:10 이하). 어쨌든 여기에서 예시가
되는 것은 타자, 즉 모든 타자에 대한 개방성 또는 환영을 통해 실행되는
주체의 필연적인 중단에 상응하는 것으로서의 어떤 특정한 주체성의 포
기 또는 주체 자격의 포기다.

이러한 고찰들은 명백히 희생이라는 개념과의 대결을, 그리고 다른
사람을 위한 죽음의 불가능성에 의해 제기된 문제들과의 대결을 수반한
다. 확실히 바울은 로마서와 다른 서신서들에서 제시된 논증에서 제의
적 희생 개념을 사용한다. 그러나 그는 즉각적으로 다른 사람을 위해 죽
는 사람이라는 보다 '세속적인' 개념(예를 들어, 전장에서와 같이)을 통해
그 희생을 탈-제의화하는 것으로 보인다. 나는 다른 곳에서, 적어도 마
가복음에서는, 메시아가 제자들을 위해 죽는다는 그런 [희생의] 의미가
나타난다고 주장했다. 말하자면, 권력자들의 손에 의도적으로 순교하는
전략을 사용하여 이들을 탈-정당화시키며, 이어서 권력으로부터 물러
나게 하는 ('신의 통치'와 유사한 어떤 것의) 도래를 위한 공간을 만들어
낼 방법을 제자들에게 보여 준다는 의미에서 말이다.[14] 비록 바울 역시,
메시아 운동에 대한 합법화된 반대로 인한 고난이 메시아가 겪었던 형
식적으로 유사한 운명에 참여하는 것이라고 생각할 수 있었겠지만, 바
울이 했던 작업은 그런 것이 아니었다(고린도 후서 4:10~4:11; 빌립보서

1:29). 오히려 바울이 실제로 했던 작업은, 타자와 대조되는 주체적 지위 (subjecthood)에 부여된 특권의 폐기와 이에 따르는 법을 넘어서는 정의의 예시화라는 측면에서 '메시아와 함께 죽기'의 윤리적 의의로 명명될 수도 있을 어떤 것을 표명하려는 시도이다. 이러한 고찰들의 전반적인 의의를 단락시키는 시도로는 죽음에 대한 참여를 어떤 제의적 현상으로 만드는 시도와 함께, 메시아의 죽음의 예시성에 대한 바울의 고찰들을 '윤리적' 맥락으로부터 비틀어 내어 신과 예수의 동일성에 대한 고찰에 착수하려는 시도가 있다. 우리는 바울이 그가 살던 당대의 지배적인 종교적, 철학적, 정치적 담론들 안에서 그리고 그에 반대하여 표명하고자 노력했던 것을 다른 방식으로 사유하는 데 있어 다시 한번 데리다 읽기로부터 도움을 얻게 된다.

메시아가 이미 도래했다는 점은 어느 정도까지 사건으로, 혹자가 '그리스도 사건'이라 지칭하는 어떤 것으로 사유될 수 있는가? 어떤 사건을 과거 시제로 말한다면 이 사건으로부터 사건으로서의 성격을 박탈하게 되는 것은 아닌가? 하나의 일어난 일(occurrence)이 사건(the event)이 되는 것은 어떤 의미에서 단적으로 계획, 점진적인 변증법적 운동, 또는 기존의 전제들로부터 '연역'될 수 없기 때문이다. 어쨌든 바로 이것이 데리다가 사건에 대해 사유하려 했던 방식이며, 이를 통해 바울이 메시아의 운명을 사유하는 방식에 대해 ——메시아의 사형이건 혹은 부활이건, 아니면 양자 모두이건 간에 —— 고찰함에 있어 모종의 도움

---

14 내가 쓴 책 『십자가에 달린 자의 봉기』(*Insurrection of the Crucified*)를 참조하라. [이 책은 마가복음이 지닌 성서 그대로의 정치적 성격을 드러낸 주석서이다. Theodore W. Jennings, *The Insurrection of the Crucified: The 'Gospel of Mark' as Theological Manifesto*, Chicago: Exploration Press, 2003.]

을 얻을 수 있다고 생각한다. 바울의 사유에는 하나의 긴장이 존재한다. 메시아 사건이 한편으로 "오랜 세월 동안 감추어져 왔던" 어떤 것을 성취하는 사건이라는(로마서 16:25, 골로새서 1:26 참고), 이를테면 모종의 신적인 계획에 따라 태초로부터 설정된 계획을 완성하는 사건이라는 가정과, 다른 한편으로 철저하게 새롭고 예상할 수 없던 일이 일어났고 그로 인해 놀라운 소식을, 생명과 세계를 뒤흔들고 이들을 치유하는 소식을 알리는 주체가 있을 것이며 있을 수밖에 없다는 관점 사이에 존재하는 긴장이 말이다. 게다가 이 사건이 과거 시제로 말해지게 되며 말해질 수밖에 없다는 가정과 이 사건의 도래에서 드러나는 동등한 정도의 긴급한 의미 사이에 존재하는 긴장 또한 무시할 수 없다. 이것은 어느 정도에 이르기까지 사건 '그 자체'가 이루는 지형이라 말할 수 있는가?

바울이 사건에 대해 말하는 여러 방식들 가운데 한 가지 방식 ——아마도 결정적인 방식 ——은 약속을 통해 말하는 것이다. 자손과 땅에 대한 약속이 아브라함에게 도래하며 그리고 이에 대한 아브라함의 반응은 정의로, 또는 정의를 향한다고 간주되는 것이다. 우리는 이미 아브라함에 대한 약속이 공식적으로 모든 환대의 사건에 대한 약속인 "이 집 위에 내려지는 평화"라는 약속과 유사하다는 점을 확인했던 바 있다. 그러나 우리는 그 약속이 아브라함에 대해 아마도 이러한 가부장제의 방식(자손, 재산)으로 구체화된다고 말해야만 할 것이다. 그러나 아브라함에게 약속된 모든 것은 어떤 경우에 있어서도 불가능하다. 바울은 이를 강조하여 아브라함의 나이(수태시킬 능력 없음)와 사라의 나이(가임 능력 없음)에 대해 언급한다. 유일하게 소유한 땅이 그의 부인을 장사 지내려고 취득한 조그만 땅뙈기뿐인, 방랑자들로서의 무력함은 차치하고서라도 말이다.[15] 그 약속은 현실적으로 불가능한 것을 약속한다. 그리고 이

(불가능한) 자손에 대한 약속은 비존재(nonbeing)로부터의 창조 또는 죽은 자들 가운데에서의 부활과 형식적으로 유사하다.

갈라디아서에서, 바울은 그 약속이 메시아 사건에서 완성되었다고 생각하는 경향이 있는데, 특히 '좋은 소식[복음]'을 향한 이방인들의 반응을 통해 그렇게 생각하는 것으로 보인다. 그러나 로마서에서 분명해지는 것은 그 약속의 완성이 약속의 '지평'의 확대일 수밖에 없다는 것이다. "메시아 안에" 있는 자들은 그 약속이 약속하는 것을 이미 소유했던 것이 아니다. 오히려 그들은 약속을 받은 자들, 즉 약속된 것의 여전히 미래적인 도래를 기다리는 자들이었다. 그러나 그 약속의 범위는 인식할 수 있는 범위의 너머로 확장되었다. 우리는 자손이 아니라 (모든) 죽은 자들의 부활에 대한 소식을 듣게 된다. 그리고 우리는 땅이 아니라 새로운 창조에 대한 소식을 듣게 된다. 이러한 약속된 것들의 변경된 차원은 어느 정도는 정의 그 자체의 성격으로부터 유래하는데, 왜냐하면 데리다가 이미 말했던 것과 같이, 정의의 문제는 우리를 이미 죽은 자들과의 관계(그가 일종의 유령론hauntology으로 발전시키는)[16] 속에 자리하게 하며, 그리고 정의의 문제는 우리를 오직 인간 존재 ─ 모든 침범된 피조물에 대립되는 ─ 만을 향하는 관심이 드러내는 문제성 앞에 자리하게 한다.[17]

---

15 창세기 23장 1~20절. 이 작은 땅에 아브라함도 묻혔다(창세기 25:10).

16 '유령론'에 관해서는, 『마르크스의 유령들』, p. 51을 볼 것. 죽은 자들에 관해서는, 『마르크스의 유령들』, p. xix을 보라. 바울과 비교하여 데리다에게서 드러나는 종말론적 지평의 연기(延期)와 같은 어떤 것은 데리다가 이미 죽은 자들뿐만 아니라 아직 태어나지 않은 자들을 '유령들'로 언급하는 방식에 의해 확인된다. 이 마지막 언급은, 바울의 보다 즉각적인 기대의 지평을 고려할 때, 바울의 시야에 들어오는 어떤 것은 아니다.

17 예를 들어, 「잘 먹는다는 것」(『논점들…』, 특히 p. 277 이하) 참조.

바울에게 있어 믿음의 문제는 이러한 제한할 수 없는 지평을 수반하는 것으로서 구상된 약속을 향한 방향 설정의 문제이다. 메시아성을 향한 또는 메시아성에 의한 방향 설정은 믿음으로서 기능하며, 믿음의 순종을 생산한다. 즉, 죽은 자들의 부활과 새로운 창조를 유발하는 어떤 정의의 도래에 대한 귀 기울임과 대망(待望, anticipation)을 말이다. 아브라함에 대한 인용에서 드러나듯이, 도래할 정의에 대한, 즉 산 자와 죽은 자를 그리고 '모든 것들'을 위한 제한할 수 없는 지평을 이루는 정의에 대한 방향 설정이 있는 곳이라면 어디에서나, 바울이 말하는 믿음이, 어떤 의미에서 이미 정의로 그리고 정의를 향한다고 간주된 믿음이, 즉 '구원하는' 믿음이 있다. 이때 믿음의 다른 이름은 바로 희망인데, 이는 낙관주의와 혼동될 수 있는 것이 아니라, 희망에 반대되는 희망, 보여지지 않고 따라서 알려지지 않는, 계산할 수 있거나 증명할 수 있는 것이 아닌 희망으로, 이는 요컨대 불가능한 것이다.

데리다가 그의 고찰들 내의 몇몇 지점에서 말하는 바에 따르면, 도래할 것에 어떠한 내용이나 정체성이라도 부여하려고 하는 시도는 그것이 지닌 도래할 것으로서의 성격을 지워 버리는 일에 상당한다(「믿음과 앎」, 17). 만일 이것이 거기에서 말해야 할 모든 것이었다면, 우리는 십자가형을 당한 메시아의 파루시아(parousia)[18]나 죽은 자들의 부활이라는 특정한 정식들에 대한 바울의 명백한 확신이 어떻게 '도래할 것'(to-come)의 이념 자체를 폐기하는 것이 아닌가를 이해하는 데 있어 당

---

18 파루시아는 종교적인 의미에서 그리스도의 출현 혹은 현현을 의미하며, 나아가 재림과 종말론적 차원과 연결될 수 있지만, 원래 로마제국기에 황제의 도래, 방문을 지칭하는 정치적인 의미를 지닌 말이었다. ─옮긴이

혹스러웠을 것이다. 그리고 내가 보기에, 데리다는 도래할 것의 성격에 대한 결정이 미래를 이미 존재하는 것의 펼쳐짐으로 만들고, 따라서 모든 실재적인 미래성으로부터 미래를 박탈하는 경향이 있다고 추정한다는 점에 있어 전적으로 옳은데, 왜냐하면 민주주의적 자본주의의 도래가 우리 시대의 역사의 종언이라는 추정을 통해 추구되는 것은 바로 모든 참된 미래의 제거, 즉 미래를 이미 원칙적으로 완성된 헤게모니의 청소 작용으로 만드는 것이기 때문이다(『마르크스의 유령들』, 56 이하). 이것이 통상적인 또는 심지어 전형적인 바울 해석 방식이라는 점에는 의심의 여지가 없다. 심지어 그의 사유에서 종말론을 위한 어떤 역할을 찾는 사람들에 의한 해석에 있어서도 말이다.

이때 우리는 어떤 이중 구속에 사로잡히는 듯 보인다. 종말론이 기다리는 무엇인가에 대해 결코 어떠한 방향도 제공하지 않는 내용 없는 기다림, 또는 미래로서의 종말론을 제거하는 미래의 성격 규정이라는 이중 구속에 말이다. 데리다가 이러한 이중 구속에 대해 협상하고자 시도했던 한 가지 방식은 '도래할 민주주의'에 대해 말하는 것이었다. 그가 알고 있었듯이, 이것은 매우 위태로운 움직임이다. 민주주의를 사유 가능한 것으로 만드는 개념들은——자기 지배적인 주체, 의미 있는 국경을 가진 국가 등——바로 해체되어야만 하는 개념들이다(『잘 먹는다는 것』, 266). 동시에 분리 또는 지배 없는 차이에 의해 성격이 규정되는 포괄적인 사회성으로서의 민주주의 개념이 필수적인 듯 보인다. 바울과 연관 지어 사유되어야 할 것은 바울이 제시하는 형태의 메시아적인 것이, 말하자면 충분히 분명한 윤곽선을 지니기에 '규제 이념'(regulative idea)[19]과 상당히 유사하게 기능하지만 그 특징들이 충분히 불분명하여 진정한 미래가 될 수 있는 메시아성이 데리다가 시도하는 도래할 민주주의에 대한 사유와 어떤 형식적 유사성을 가지는가 하는 문제다.

## 신의 문제

바울적 사유와 해체의 가능적 교차에 관한 이러한 주제들의 집합들을 지시함에 있어, 나는 아직 직접적으로 신의 문제를 언급하지 않았다. 이 것이 별달리 중요하지 않은 문제라 믿기 때문이 아니라, 중요할 수도 있는 다른 모든 문제들로부터의 추상작용 속에서 너무나 흔하게 생각되는 문제이기 때문이다. 내가 보기에, 이 문제는 후기 계몽시대로부터 유래한 일종의 철 지난 유물인데, 이 시대는 일종의 종교적인 또는 신학적인 합의에 대한 최소 공통분모로서의 신학의 주요 직무가 이러저러한 신에 대해 말하는 방식에 대해 변론하는 것이라고 상상했다. 따라서 은혜와 법 그리고 그리스도론과 종말론의 문제들은 '고백적' 신학이라는 뒷방으로 밀려났던 반면, 더 고귀한 지위는 겉보기에 훨씬 더 철학적으로 존중받을 만한 신의 실존과 본성에 관한 문제에 의해, 또는 보다 최근으로 와서는 신에 대한 담론의 가능성 또는 불가능성에 대한 관심에 의해 점유되었다. 그 결과, 내가 생각하기에, 신학적 담론은 상당히 무미건조하고 지나치게 신비한 것이 되어, 정의, 자유, 평화, 그리고 삶을 위한 구체적인 인간적 노력과의 모든 가능적인 관련성으로부터 분리되었다.

---

19 칸트가 『순수이성비판』에서 말하는 '이성의 규제적 사용' 또는 '규제 이념'은 마치 공리와 같은 것이며, 지성의 논리적 판단의 기준이 되는 것이다. 기본적으로 규제 이념의 문제는 결국 어떠한 긴급성도 없다는 것이다. 그것은 역사 위에 떠 있으면서, '지금 여기'의 긴급한 책임을 필요로 하지 않는다. 게다가 규제 이념은 지성의 판단을 위한 기준이 되지만(그리고 따라서 너무나 많은 내용을 가질 수 있지만), 그럼에도 지금 실행되어야만 한다는 '지금 여기' 를 주장하는 요구 또는 요청이 되지는 않는다. 라캉의 용어를 빌려 말하자면, 규제 이념은 실재나 상징계에 속할 수 없으며, 오직 상상으로서만 존재할 뿐이다. ─ 옮긴이

이것은 분명히 내가 NATO 신학[20]이라 부르고자 하는 어떤 것이 우리 시대에 세계화하는 헤게모니의 중심부 바깥에서 그리고 그러한 중심부에 반대하여 의미 있는 또는 관련성 있는 믿음을 사유하고자 고투하는 사람들을 떠났기 때문에 귀결된 효과이다. 비록 서구적 전통들이 신적인 것에 대해 어떻게 사유해 왔는가에 대한 탐문이 결정적으로 중요한 과제이며 또한 바울을 재사유하는 과제에 부과된다 하더라도, 그것은 또한 정의의 문제와 완전함에 대한 희망이라는 문제를 향해 위치를 바꾸어야 할 필요가 있다. 만일 그것이 이 세상의 삶에 관해, 끝없이 스스로를 파괴할 수 있는 삶에 관해 어떠한 입장이라도 취하려 한다면 말이다. 또한 이러한 맥락에서, '부정신학'(negative theology)[21]의 영역으로 들어가는 데리다의 모험은 타자(다른 개인)의 문제에 밀접한 연

---

20 유럽-북미권의 부유한 지역에서 만들어진 신학. NATO는 North Atlantic Treaty Organization의 약어로 국내에서는 북대서양 방위 조약 기구로 통칭된다. 냉전 시절 미국이 주도하던 서유럽 국가들의 군사 연합체로 당시의 소련과 동유럽 국가들의 바르샤바 조약 기구와 대립했다. 저자는 유럽과 미국의 자본주의적 토양에서 나온 신학에 대해 비꼬는 의미에서 NATO신학이라는 말을 하는 것으로 보인다. ― 옮긴이

21 apophasis 또는 via negative(부정의 길)는 무언가 긍정만으로는 그 진의를 '말할 수 없는 것', 무언가 단정한다고 해도 언제나 넘치기에 '전달할 수 없는 것'에 대해 말하지 않음으로써, 부정함으로써 그것에 대해 말하는 방식, 다시 말해 비밀을 말하는 방식이다. 부정신학은 신의 속성을 규정하는 정통신학과 함께 교회의 전통 안에 면면히 흐르는 신비주의의 전통이, 말할 수 없는 신에 대해 말하는 방식이며 때로 무신론과 연관되기도 한다. 9세기경의 아일랜드 출신 신학자이자 신플라톤주의 철학자인 요하네스 스코투스 에리우게나(Johannes Scotus Eriugena)의 다음과 같은 말은 부정신학의 이런 측면을 시사한다. "우리는 신이 무엇인지 알지 못한다. 신 자신도 그가 무엇인지 알지 못하는데, 왜냐하면 그는 존재가 아니기 때문이다. 글자 그대로 신은 존재하지 않는다. 왜냐하면 그는 존재를 초월하기 때문이다." 이 전통에 속하는 대표적인 인물로, 서구 신비주의 전통에서 잘 알려진 에크하르트(Johannes Eckhart)나, 데리다에 의해 여러 차례 언급된 실레시아(현재 폴란드 남부 지역) 출신의 가톨릭 교회 호교론(護敎論)자 앙겔루스 실레시우스(Angelus Silesius, 본명은 요한 셰플러) 등을 꼽을 수 있다. ― 옮긴이

관을 유지하는 장점을 지닌다. "모든 타자는 전적인 타자다"(또는 전적인 타자는 모든 타자다)라는 문구로 사유하는 시도는 초월적인 것, 또는 존재 너머에 있는 것에 대한 사유를 이웃, 타자, 인류, 창조세계를 향한, 그리고 이들을 위한 책임의 문제로부터 분리시키는 초실체론적(hyperousiological) 백일몽을 적절하게 중단한다.

그러므로 심지어 내가 이 책의 본문에서 상당히 피상적으로 논했던 문제들 너머에도, 데리다 독해가 바울 사유의 지향점을 이해하는 데 있어 특히 도움이 될 것으로 생각되는 몇 가지 다른 주제들이 있다. 이것은 분명히 양자 중 누구의 텍스트라도 ─ 그것이 바울이라는 어떤 사람에 의해 서명된 것이든 또는 데리다라는 어떤 사람에 의해 서명된 것이든 간에 ─ 서로 환원될 수 있다고 생각한다는 그런 의미가 아니다. 내가 생각하는 것은 그보다는 오히려 양자 모두가 결정적으로 중요한 문제들과, 그때도 중요했고 지금도 중요한 문제들과 씨름하고 있다는 것, 그리고 어떤 특정한 선택 범위 ─ 그 범위가 철학이든 신학이든 관계없이 ─ 에만 중요한 것이 아니라 인간적이고자 열망하는 인류 모두에 중요한 문제들과 씨름하고 있다는 것이다. 이러한 문제들에 대해 또한 노력을 경주하던 또는 경주하고 있는 다른 사상가들, 다른 '지식인들'이 있었으며 지금도 있다. 심지어 신약성서에 관해 보더라도 바울은 데리다에 의해 조명되는 유일한 저자가 아니며, 데리다 자신의 읽기 ─ 예를 들어, 요한계시록 또는 마태복음에 관한 ─ 는 바울적 주제들과 같은 어떤 것에 대한 모든 배타적인 집착을 넘어서는 지점을 가리키고 있다.

하지만 분명히 해두고 싶은 것은 데리다 읽기의 유용함은 바울 이해에 도움이 되는 점에만 국한되지 않으며, 이 사고실험을 통해 일정한 관심을 쏟는 것이 가능했던 일련의 주제들 또한 데리다 읽기를 통한 바울의 조명이라는 전반적인 과제의 틀 안에서 다른 종류의 문제들에 대해 열려 있다는 것이다. 최소한 이것은 바울이 협소하게 고백적인 또는 심지어 역사적인 연구의 게토 바깥에서도 유익하게 사유될 수 있다는 점을 분명히 할 것이다. 따라서 내가 하려고 했던 작업은 기독교권의, 그리고 심지어 특히 기독교적 신학의 게토 바깥에서 바울을 독해하고 사유하는 작업의 중요성을 제시하는 것이었다.

## '기독교 철학자'로서의 데리다

우리가 여기에서 바울, 특히 로마서의 바울에 대한 사유를 촉발하는 방편으로 삼았던 데리다 독해는 데리다와 바울에 대해 사유함에 있어 몇 가지 중요한 병렬관계들을 드러냈던 바 있다. 우리는 이 병렬관계를, 특히 그런 관계들을 찾아냈던 지점들에서 데리다가 명시적으로 바울에 대해 언급하지 않는다는 사실을 어떻게 이해해야 할 것인가? 데리다는 결국 기독교인, 아니면 적어도 바울주의자인가?[22] 혹은 데리다의 사유에는 바울, 즉 우리가 상당히 앞에서 데리다의 텍스트에서 마주쳤던, 즉 「법 앞에서」라는 텍스트에서 마주쳤던 바울의 유령이 출몰하는 것은 아닌가? 이 철학이 바울과의 관계 내에서 담당하는, 또는 바울이 해체와의 관계 내에서 담당하는 기이한 역할은 무엇인가?

　　다른 사상가들에 대한 고찰들과 근대적인 서구 전통에 대한 고찰들 내의 몇몇 지점들에서, 데리다에게는 이 사상가들의 사유가 어떤 특

---

22　야콥 타우베스는 단언한다. "지금 나는 당연히 한 사람의 바울주의자, 다시 말해 기독교인이 아닌 바울주의자이다"(『바울의 정치신학』, 88).

정한 기독교적인 전통 또는 문서고 내에 들어서는 방식에 대해 경탄할
기회가 있었다. 『죽음의 선물』에서 데리다는 파토츠카에 대해 고찰하는
도중에 다음과 같이 언급한다.

> 다른 측면들에서 그리고 다른 결과들을 통해, 레비나스 또는 마리옹의,
> 아마도 리쾨르의 담론 또한 파토츠카의 담론과 동일한 상황에 처한다.
> 그러나 이 명단이 어떠한 분명한 한계도 가지지 못하며, 어떤 특정한
> 칸트와 어떤 특정한 헤겔이, 물론 키르케고르 역시, 그리고 내가 도발
> 적인 효과를 위해 더할 수도 있는 하이데거 또한, 비-교의적인 교의의
> 이중항을, 철학적이고 형이상학적인 이중항을, 어쨌든 종교 없는 종교
> 의 가능성을 '반복하는' 어떤 **사유하기**를 제안하는 것으로 이루어지는
> 이 전통에 속한다. (『죽음의 선물』, 49)

여기에서 데리다는 이 명단을 종교적인 정체성 확인이 다소간 분명
한 사상가들 ——레비나스(유대교), 마리옹(가톨릭), 그리고 리쾨르(개신
교)——로 시작하지만, 이후에는 이를 개방하여 이러한 맥락에서 흔히
생각되지 않는 다른 사상가들을 포함시킨다(키르케고르를 제외하고). 여
기에서는 하이데거가, 데리다가 말하는 그대로, 도발적인 효과를 위해
포함되지만, 우리가 보게 될 것과 같이, 여기에는 단순한 도발적인 효과
를 내기 위한 욕망보다 상당히 더 많은 것이 들어 있다. 그는 심지어 유
적인(generic) 신앙인의 너머로 나아가 하이데거와 레비나스가 기독교
적이라고 생각해 볼 수 있다고 추정하거나 또는 적어도 그들이 기독교
적이 아니라는 말은 "분명한 것과는 거리가 멀다"고 추정하기도 한다.

"일반적으로 그들이 어떤 의미에서 하이데거와 레비나스가 기독

교인이 아니라고 말하는지에 대한 가설을, 분명한 것과는 거리가 먼 어떤 것을 따라가 보도록 하자"(같은 책, 48). 하이데거와 레비나스가 기독교적이지 않다는 의심("그것은 분명한 것과는 거리가 멀다")을 작동 상태에 놓음으로써, 데리다는 또한 자신에 대한 그런 방식의 의문 또는 의심에 대해 문을 열어 두게 될 것이다.[23] 그런 기독교적 정체성(identity) 또는 동일시(identification)에 대한 문제는 고백적이고, 제도적인 성격이 훨씬 덜한 의미에서 발생하는 것이 아니라(이것은, 예를 들어 레비나스에 대해, 문제가 될 개연성이 거의 없다), 오히려 어떤 '기독교'라는 것에 의한 확실한 감염 또는 심지어 포화 상태가 기대될 수 있는 후기-라틴 문명의 세계에서 일어나는 근본적이거나, 기초적인, 또는 긴급한 문제들에 대한 고찰에서 발생하는 것이다. 비록 그러한 정체성 또는 동일시가, 데리다가 다른 곳에서 언급하고 있는 것처럼, "기독교 교회를 더 이상 필요로 하지 않는 기독교화"라고 하더라도 말이다(『코스모폴리타니즘에 관하여』, 31).

하이데거에 관한 경우, 데리다는 이미 그가 어떤 (기묘한) 측면에서 기독교적 사상가인지 확인하는 데 상당한 지면을 할애했던 바 있다. 『정신에 대해서: 하이데거와 물음』의 마지막 장의 대부분은 이 문제를 공공연히 다루고 있는데, 이 장은 spirit과 psyche 사이의 관계를 해명하려는 하이데거의 시도들이 그 자체로 그리스어가 아닌 히브리어에 의

---

23 어떤 의미에서, 데리다는 보다 노골적으로 이 문제에 손을 대는 동시에, 이 문제를 상당히 비껴 나가기도 한다. 한 인터뷰에서, 그는 "나는 유대인이면서 아니기도 하고, 기독교인이면서 아니기도 하"다고 말한 후, 이어서 "왜냐하면 나는 의심할 여지없이 기독교적 문화에서 살고 있기 때문이다"라고 덧붙인다. "Following Theory"(「이론 이후」), *life, after, theory*(『삶, 이후, 이론』), Michael Payne, John Schad eds., New York: Continuum, 2003, p. 45.

존하고 있는 바울의 고찰과 기묘한 유사성을 띠고 있는 듯 보인다는 암시로 시작된다(『정신에 대해서』, 101). 게오르그 트라클(Georg Trakl)의 시적 통찰을 탈-기독교화하고자 하는 하이데거의 자기-의식적인(self-conscious) 시도(『언어로의 도상에서』Unterwegs zur Sprache)는 데리다에 의해, 하이데거와 "내가 신학자들이라 지칭했던 그들 그리고 그들이 대표했을 법한 모든 이들"(같은 책, 110) 사이의 가상적인 토론을 통해 해체되는데, 이 신학자들은 하이데거가 비-기독교적인 것으로 사유하기를 제안하는 것이 엄밀하게 볼 때 기독교의 본질과 같은 어떤 것이라는 입장을 고수한다. 데리다는 신학자들을 대변하여 다음과 같이 말하고 있다. "당신이 그 모든 것을 말할 때, 진정한 기독교인들이 되기를 원하는 우리는, 우리의 믿음 안에, 우리가 사유하고, 되살리고, 회복하길 원하는 어떤 것의 본질로 당신이 향하고 있다고 생각합니다. 비록 당신이 기독교를 혼란스럽게 하기를 바라는 그러한 통속적인 재현들에 대해서도 우리가 그렇게 해야 하겠지만 말입니다"(같은 책, 111). 아마도 내가 데리다 읽기에 관련하여 실행했던 작업과, 데리다가 하이데거에 관해 어떤 신학자들이 행하거나 또는 행했을 것으로 상상하는 작업 사이에는 분명한 병렬관계가 있을 것이다. 나는 물론 데리다가 어떤 특정한 공통적인 (허위)진술들로 기독교를 혼란스럽게 했다고 비난하는 것이 아니다.[24] 데리다가 주지하는 것처럼, 이 하이데거와 기독교의 본질이 기본적으로 일치하는지에 대한 문제는 기독교 자체에만 제한되는 것이 아니

---

24 비록 내가 한두 곳에서 데리다의 바울 읽기가 아우구스티누스(또는 심지어 니체)에게서 적지 않은 영향을 받았을 것이라고(특히 로마서 7장에 대한 인용들에서) 말했던 것이 상기될 수 있기는 하지만.

다. "당신은 내 친구이자 같은 종교를 믿는 메시아적 유대인들로부터 거의 유사한 대답과 반향을 듣지 못할지도 모릅니다. 나는 이슬람교인들 및 몇몇 다른 종교인들이 연주회나 또는 찬송에 참여하지 않을 것이라고 확신하지 않습니다"(같은 책, 111). 데리다는 하이데거가 할 법한 대답을 언급한다. 즉, 하이데거 자신은 단지 그런 종교적인 또는 비-종교적인 주장들을 사유하기 위한 기초를 사유하려 노력하는 것이며, 보다 근본적인 고찰로 향하고 있다고 말이다(같은 책, 111~112).

그러나 데리다는 여기에서 그 철학자에게 최종 변론을 할 기회를 부여하지 않는다. 하이데거를 더욱 끌어내고자 하는 사람들, 그를 신학적인 '타자의' 문제로, 철학의 타자, 타자 그 자체로 끌어내고자 하는 것으로 보이는 사람들은 바로 신학자들이다(같은 책, 113). 이어서 데리다는 이 텍스트에서 그가 기술했던 것에 대해 언급하며, "나는 『정신에 대해서』에서 특히, 여러 차례의 부인(否認, denegations)에도 불구하고, 하이데거가 유대-기독교적 사상가였음을 제시하려고 노력했다"고 말한다(「잘 먹는다는 것」, 284). 그리고 「믿음과 앎: 단일한 이성의 경계들에 위치한 '종교'의 두 원천들」이라는 글에서는, "(이미 그에게 있어 존재론적 반복과 실존적 분석들 내에 존재하는 확실한 원형-기독교적 동기들을 부인하기에 너무 늦어 버린 이상 그만큼이나 더 큰 폭력으로) 기독교와의 거래를 청산하거나 또는 기독교로부터 스스로 거리 두기를 멈출 수 없는 것으로 보이는" 하이데거의 문제를 다시 언급한다(『종교의 행위』, 12).

하이데거는 데리다가 비슷한 작업을 실행하는 유일한 사상가가 아니다. 「죽은 자가 뛰어간다: 안녕, 안녕」[25]이라는 글에서 우리는 유사한

---

25 Derrida, "Dead Man Running: Salut, Salut", *Negotiations*.

몸짓을 발견하게 되는데, 이 글은 사르트르에 대한, 그리고 사르트르와 그가 창립했던 월간지(『현대』Les Temps modernes)에 대한 데리다 자신의 관계를 고찰한다. 이 월간지의 창간 에세이에 나타나는 사르트르의 구원론적(soteriological) 언어에 대해 고찰하면서, 데리다는 "어떤 측면에서 이 실존주의-인본주의가 너무나 많은 부-인(否-認, de-negations)[26]에도 불구하고, 유대교적이며 기독교적인 채로, '세속화된' 채로 남아 있는지"(『협상들』, 279)에 대해 의아해하며, 이후 "어떤 종교적 주제의 말해지지 않은, 말할 수 없는 세속화"에 대해 말한다(같은 책, 285). 문제가 되는 그 주제는 일종의 구원(salvation) 또는 심지어는 구속(救贖, redemption), 즉 '안녕'(salut)[27]에 관한 것이다.

심지어 니체조차도 유사한 작업의 대상이 된다.

언제나 이렇게 말할 누군가가 있을 것이다. "그렇다. 성 바울에 대한 유대교 및 기독교적 측면들의 해체는 유대교 안에, 기독교 안에, 이슬람교 안에, 심지어 12세기 사상 안에 숨겨진 메시지의 이름이 된 것이다. 당신은 '매우 흥분하여'(hyper), 당신이 '반대해서' 말하고 있는 바

---

26 de-negation은 두번째 부정, 혹은 부정에 대한 부정이다. 이 인용문 바로 앞에는 '살아 있음의 죄'와 사르트르의 이로부터의 구원에 대한 강박이 언급되는데, 이 맥락에 '죄'는 삶에 대한 부정이며, 이 부정에 대한 부정이 구원이라 말할 수 있다. 그러나 이 맥락에서, 데리다에게 있어 부정과 인정은 확연히 구분되는 것이 아니며, 이로 인해 '실존주의-인본주의'는 '유대교적이며 기독교적인' 동시에 '세속화된' 채로 남게 되는 것이다. ― 옮긴이
27 salut는 프랑스어에서 '건강에 대한 기원', 인사말 '안녕' 등을 의미하지만 '구원'의 의미를 가지기도 한다. 사르트르에 관한 데리다의 글 제목에서도 이 '구원'이라는 의미가 겹쳐 있다. 『현대』지에 대한 일종의 편지이면서, 사르트르의 기고문들에 대한 논평의 형식을 취하는 이 글의 서두는 '안녕'이라는 인사말로부터 사르트르의 근대적 구원론으로 자연스럽게 (하지만 다소 장황하게) 넘어간다. ― 옮긴이

로 그 순간에 '초과'(hyper)를 말한다. 당신은 바로 이러한 실례들에 반 (反)하는 하나의 초-유대교적인(hyper-Jewish), 초-기독교적인(hyper-Christian) 담론을 전개하는 과정 중에 있다." 그리고 어떤 의미에서, 이 사람은 옳다.······ 그리고 그 논점은, 물론 니체에게 간단히 적용되지 않는다. (「니체와 기계」, 227)

이 구절에서 특히 흥미로운 것은 데리다가 이 구절을 단순히 대부분의 사람들이 어떤 근거를 가지고 반-기독교적이라고 또는 심지어 반-유대교적이라고 생각했을 한 사상가에 대한 더욱더 친근한 몸짓으로 만들고 있다는 점이 아니다. 흥미로운 것은 오히려 이 구절이 데리다에 대해 동일한 방식으로 사유해 보라는 분명한 초청으로 보인다는 점이다. 이것은 단지 여기에서 니체와 바울 사이의 관계(이 관계성이 우리 스스로의 이해에서 어떤 특정한 역할을 수행했던)에 대해 언급하고 있는 것 때문만이 아니라, 또한 니체가 정확하게 어떤 반-기독교적(그리고 유대교적) 고찰에 착수하고 있는 것으로 드러날 때 실제로는 초-기독교(hyper-Christianity)에 관여한다고 그려지는 니체에 대해 언급하고 있기 때문이다. 그러나 데리다는 상당히 선명하게 니체의 모든 사유를 점철하는 일종의 과장법을 스스로에게서 확인했다 (『타자의 모노링귀얼리즘』[28], 49 이하). 그것은 마치 그가 거의 뻔히 들여다보이는 어떤 은신장소로부터 신호를 보내고 있었던 것에 가깝다. "그리고 그 문제는 물론 단지 니체에게만 적용되지 않는다." 니체에게만이 아니라, 언제나 (특히

---

28 모노링귀얼리즘(monolingualism)은 한 가지 언어만을 사용할 수 있는 상태나 이를 고집하는 성향, 또는 한 가지 언어만을 사용하도록 강제하는 정책을 말한다.—옮긴이

비방자들에 의해) 어떤 특정한 니체와 관련지어지는 사람에게도 적용될 것이라고 말이다.

종교적 사상가들로서 사유되어야만 하는 특정 사상가들의 명단을 만드는, 이전에는 (도발적인 효과를 위해) 하이데거를 포함했지만 이제는 사르트르와 심지어 니체를 포함하도록 확장될 수밖에 없는 명단을 만드는 과정에서, 데리다는 그 관계의 성격을 '이중화'(doubling)로 규정지었다. 말하자면, "비-교의적인 교의의 이중항을, 철학적이고 형이상학적인 이중항을, 어쨌든 종교 없는 종교의 가능성을 '반복하는' 어떤 **사유하기**를 제안하는 것으로 이루어지는 이 전통"으로 말이다(『죽음의 선물』, 49). 정확하게 데리다에 대한 이런 방식의 사유는 존 D. 카푸토에 의해 그의 책 『자크 데리다의 기도와 눈물』――게다가 부제로 바로 앞의 인용에서 데리다가 결론 짓는 문구인 **"종교 없는 종교"**를 반복하는――에서 너무나 훌륭하게, 심지어 눈부시게 전개되었다.[29]

어쨌든 내가 시도했던, 그리고 또한 제안했던 읽기 방식에서 관건이 되는 것은 바울이 다루고 있는 일군의 문제들에 대한 "비-교의적 이중항"과 같은 어떤 것이 데리다에게 있는지 알아내는 것이다.[30] 나는 바울의 기획이 어떤 경우에도 '교의적'이라고 지칭되거나 또는 심지어, 별다른 고민 없이, '종교적'이라고 지칭되어야만 한다는 점을 결코 이해할 수 없다.

---

29 분명히 내가 훨씬 더 긴급하게 보다 광범위한 데리다 읽기에 착수하도록 했던 것은 바로 이 책이다.

30 헨트 드브리스는 해체의 약속이 이중화하는(어둡게 가리고 출몰하는) 만큼이나, 전통적으로 교조적인, 부정적인, 긍정적인, 과장적인, 또는 신비적인 신학의 형식적 구조를 존중하는 담론의 약속이 될 수 있다고 말했다.

그렇다면 데리다가 종교적인, 심지어 '기독교적인' 사상가라고 말하는 것은 의미 있는 일인가? 물론 통상적인 이해에 따르면, 데리다가 기독교적 사상가라는 것은 분명히 사실이 아닐 것이다. 그는 유대교와 단순히 혈연적인 관계 이상의 관계를 가진다(『종교의 행위』에 들어 있는 「(자기 자신이라는) 누에」라는 글을 보라). 데리다는 여러 지점에서 그 자신의 작업과 놀랍도록 친화적인 동시대의 유대인 사상가들(레비나스, 식수, 자베스)과의 직접적인 대결에 연루된다. 이런 방식으로, 그는 플라톤으로 거슬러 올라가는 서구적 근본 규범(canon)의 필연적인 (아리아 민족적) 순수성이라는 견해에 도전하여, 그러한 원리와 전통이 내포하는 필연적인 이종성(hybridity)을 주장했다.

우리는 다른 한편으로(그러나 이것이 정말로 다른 한편인가?) 데리다 자신이 '기독교적 규범'(Christian canon)에 속하는 특정 텍스트들에, 우선적으로 아우구스티누스와 같은 사상가들에, 그러나 또한 앙겔루스 실레시우스나 마이스터 에크하르트의 '부정신학'에, 그리고 물론 키르케고르에도, 관여했던 방식에 주목한다. 훨씬 더 놀라운 것은 마태복음, 요한 계시록, 그리고 당연히 바울 서신서들과 같은 신약성서의 텍스트들에 대한 데리다의 독해다.

이를 이해하는 한 가지 길은 단적으로 언제나 이미 있는 어떤 것을 향한 전통의 열림을 통해 사유하는 길이며, 그러한 열림은 이미 유대교들[31]과 기독교들에 의해(그리고 유럽 중세 이래, 이슬람교들에 의해) 형성되었다. 즉 유럽 내에서의 사유의 과제는 바로 유대교, 기독교, 그리고

---

31 흥미롭게도, 데리다는 '기독교들'과 '이슬람교들'을 복수화하지만 유대교는 그러지 않는다 (『코스모폴리타니즘에 관하여』, 28).

이슬람교와 함께 그리고 이들에 깊이 스며들어 있는 플라톤과 아리스토텔레스 그리고 고대의 다른 기념비적 업적들에 따른 철학적 전통의 이종성(『협상들』, 337)에 대한 언급 없이는 착수될 수 없다. 이런 의미에서, 데리다는 단적으로 철학과 인문분과 학문들이 이전에 저질렀던 범죄에 대해 자백하도록 한다. 엄연히 철학과 인문분과 학문들을 형성했고, 또한 자신들에 도전하는 '타자'를 억압했던 이 학문들의 범죄에 대해서 말이다. 따라서 '서구적' 전통 내에서 모든 사유는 종교라는 사유의 타자에 사로잡혀 있다. 말하자면, 집에 유령이 있다면 그럴 것처럼, 공포스럽다는 의미에서 깜짝 놀라고, 괴롭힘당하고, 염려하게 되며, 몰두하게 된다는 의미에서 사로잡혀 있는 것이다.

그러나 여기에는 어쩌면 문서고의 회복 또는 의식 안으로 억압된 것들의 호출 이상으로 중요한 것이 있을지도 모른다. 오로지 사유될 수 있을 뿐인 특정한 것들, 또는 사유와 비사유를 사유하는 특정한 방법들은 오히려 초월적인 것과 세속적인 것의 관계를 사유하는 분명한 유대교-기독교-이슬람교적 방법의 영역에 있다. 레비나스는 확실히 이런 인식에 대한 선구자였다. 그러나 언어와 지식의 한계에 대해 사유하는 해체는 필연적으로 이 전통들에 고질적인, 그리고 이 전통들로부터 본질적인 자원을 제공받는 사유의 양식들과의 관계에 관여한다. 말하자면, 바로 이 전통들이 해체라고 지칭되는 사유의 양식에 자원을 제공하는 것이다. 이 책의 데리다 읽기가 명백하게 드러내고자 했던 그대로, 이것은 (레비나스가 이미 보여 준) 윤리적인 것 또는 정치적인 것에 대한 사유에 관하여 전적으로 진실이다.

그러나 아마도 여기에는 훨씬 더 중요한 것이 있을 것이다. 그것은 일정 이상 데리다가 하이데거나 또는 심지어 니체에 대해 했던 말에서 드러난다. 관건이 되는 것은 기독교로 알려져 왔던 것을 넘어서는 그리고 심지어 그것에 반하는 '기독교의 본질'의 분명한 회복일 것이다. 이 것은 분명히 데리다가 가장 선호하던 사상가들 중 한 명인 키르케고르에게서 작동하고 있는데(『비밀에 대한 취향』, 40쪽에서 데리다는 그렇게 말한다), 키르케고르는 정확하게 기독교권이 대표한다고 주장했던 것의 이름으로 기독교권을 공격한다.

거의 반세기 동안 쓰여진 뛰어난 저술의 본문에서, 토머스 알타이 저는 기독교가 진정으로 의도하는 것이 기독교 자체로부터 사라져 버렸고, 근대 시기에 '복음서의 진리'와 같은 어떤 것(그것을 기독교적 무신론의 복음이라고 지칭하자)은 기독교 또는 기독교라고 통용되었던 것의 외부에 그리고 그 너머에 머무르게 되었다는 주장을 펼쳤던 바 있다. 따라서 그는 그러한 기독교의 '본질'을 말하는 다수의 근대적 예언자들을 제시했는데, 여기에는 키르케고르, 윌리엄 블레이크(William Blake), 도스토옙스키, 니체, 그리고 데리다가 선호하는 또 다른 작가 제임스 조이스(James Joyce)가 포함된다. 분명히 나는 데리다가 확실히 기독교라 불리는 것으로부터 너무나 일반적으로, 그리고 의도적으로 배제되어 왔던 어떤 분명한 기독교의 진수를 표현하려고 노력했던 사람들의 명단에 추가될 수 있을 것이라고 생각하며, 그렇게 생각하게 된 사람은 알타이저의 제자들과 동료들 중 나 한 사람만이 아니다. 나는 여기에서 데리다가 『죽음의 선물』에서 파토츠카가 관심을 가졌을 것이라고 생각하는 어떤 것을 특징짓기 위해 사용하는 정식을 상기한다. "아직 어떤 것이 기독교에, 그리고 결코 기독교를 통해서 도래하지 않았다. 아직 기독교에 도래하지 않은 것 또는 일어나지 않은 것은 바로 기독교다. 기독교는 아직 기독교에 이르지 않았다"(28). 그리고 남아프리카 공화국의 진실과화해위원회의 세계화에 대한 언급에서, 데리다는 더 이상 기독교를 필요로 하지 않는 세계의 필연적인 기독교화에 대해 말했다.

기독교가 없는 또는 기독교라 자칭하는 어떤 것이 없는 복음에 대한 19세기의 그리고 심지어 20세기의 예언자들 중 몇몇으로부터 데리다를 구분하는 특징들 중 한 가지는 그가 실제로 상당히 분명하게 '후기-기독교적'(post-Christian)인 맥락 안에서 작업한다는 것이다. 자신의 시대의 루터교 정통파에 맞서 싸웠던 키르케고르나, 또는 어떤 확실한 복음주의적 루터교 내에서 이에 맞서 싸웠던 니체, 또는 아일랜드의 과도하게 가톨릭적인 상황 내에서 글을 썼던 조이스, 또는 러시아 정교에 의해 확정된 지성적 지형 내에 있었던 도스토옙스키와는 달리, 데리다는 심지어 그 징후들이 드러나는 기독교권에서조차 상당히 잊혀질 수도 있었던 계몽시대의 문화라는 틀 내에서 작업한다. 따라서 그의 작업은 기독교권에 대한 공격이 아니라 오히려 아브라함적 전통이 사유에 제공하는 것에 대한 침착한 숙고에 의해 특징지어진다. 따라서 우리가 보았듯이, 데리다는 심지어 선물에 대한 그의 사유와 관련하여 이렇게 말하기도 한다. 즉, 선물을 사유함에 있어 그에게 흥미로운 것은 바로 어떤 필연적인 기독교적 의미에서의 선물이라고 말이다. "나는 기독교에 대해 그리고 기독교적 의미의 선물에 대해 관심을 가진다"(『신, 선물, 그리고 포스트모더니즘』, 57). 실제로 데리다가 맞서 사유하고 있는 '정통'(orthodoxy)은 아브라함적 전통들을 떠났다고 상정되는 계몽적 사유의 정통이라고 말할 수 있을 것이다(본회퍼Dietrich Bonhoeffer가 실제로 동료 교인들과는 종교와 신을 이야기할 수 없지만, 무신론자나 또는 심지어 적당히 무신론자로 통하는 사람과는 신에 대해 상당히 침착하게 그리고 방어적이지 않은 방식으로 이야기할 수 있다고 말했던 것을 기억한다).

하지만 이러한 고찰들의 핵심은 데리다가 어떤 기묘한 의미에서 기독교인 또는 심지어 바울주의자인지에 대해, 또는 바울이 원형적-해체론자(protodeconstructionist)인지에 대해 묻거나 또는 답하기 위한 것이 아니다. 핵심은 오히려 바울과 데리다가 그들 각자의 문명이 당면한 긴급한 문제들과, 무엇보다 정의의 문제와 씨름하고 있다는 점이다. 그리고 그들은, 바로 이러한 문제들과 씨름하고 있기에, 서로의 기획에 흥미로운 그리고 빛을 비추는 방식으로 관여한다고 여겨질 수 있는 것이다. 내가 생각하기에, 정의와 그 불가능한 가능성의 문제, 즉 정의가 법의 정교화가 아닌 메시아적 약속과 소명에 대해 우리를 일깨우는 선물을 통해서 오게 된다는 문제는 우리가 스스로 기독교인, 해체론자 혹은 다른 무엇이라 부르는지에 관계없이 모든 인간에게 관계된다. 그 문제는 단적으로 이 행성의 종말과 약속을──그런 것이 있다면──공유하는, 그리고 결연하게 우리의 공통적인 운명에 대해 사유하는 의무를 지닌 인간 존재들로서의 우리와 관계되는 것이다. 우리의 사유의 과제가 지식과 과학을 초월하는 것이기에, 지식이 많은 자들에게는 어리석음으로, 힘있는 자들에게는 약함으로 여겨질 것을 끌어안게 될지라도.

# 참고문헌

Agamben, Giorgio, *Homo Sacer: Sovereign Power and Bare Life*, Stanford: Stanford University Press, 1998[『호모 사케르: 주권과 벌거벗은 생명』, 박진우 옮김, 새물결, 2008].

_____, *Il tempo che resta: Un commento alla Lettera ai Romani*, Toreino: Bollat Boringhieri, 2000[『남겨진 시간』, 강승훈 옮김, 코나투스, 2008].

Arendt, Hannah, *The Human Condition*, Chicago: University of Chicago Press, 1958[『인간의 조건』, 이진우·태정호 옮김, 한길사, 1996].

Augustinus, *De Civitate Dei*, AD 413~427[『신국론』, 성염 옮김, 분도출판사, 2004].

_____, Letter 153, Written to the magistrate Macedonius, *From Irenaeus to Grotius*, Edited by Oliver O'Donovan and Joan Lockwood O'Donovan, Grand Rapids, Mich.: Eerdmans, 1999.

_____, *On the Grace of Christ*, Nicene and Post-Nicene Fathers First Series vol. 5, Peabody, Mass.: Hendrickson Publishers, 1994.

Badiou, Alain, *Saint Paul: The Foundation of Universalism*, Stanford: Stanford University Press, 2003[『사도 바울: 제국에 맞서는 보편주의 윤리를 찾아서』, 현성환 옮김, 새물결, 2008].

Beardsworth, Richard, *Derrida and the Political*, New York: Routledge, 1996.

Beker, J. Christiaan, *Paul the Apostle: The Triumph of God in Life and Thought*, Philadelphia: Fortress, 1980.

Benjamin, Walter, *Walter Benjamin: Reflections*, Edited by Peter Demetz, New York: Harcourt Brace Jovanovich, 1978.

_____, *Zur Kritik der Gewalt*, Frankfurt am Main: Suhrkamp, 1965[『역사 개념에 대하여, 폭력비판을 위하여, 초현실주의 외』, 최성만 옮김, 길, 2008].

Bennington, Geoffrey, *Interrupting Derrida*, New York: Routledge, 2000.

Boers, Hendrikus W., *The Justification of the Gentiles*, Peabody, Mass.: Hendrikson, 1994.

————, *Theology out of the Ghetto: A New Testament Exegetical Study Concerning Religious Exclusiveness*, Leiden: E. J. Brill, 1971.

Borradori, Giovanna, *Philosophy in a Time of Terror: Dialogues with Jürgen Habermas and Jacques Derrida*, Chicago: University of Chicago Press, 2003[『테러 시대의 철학』, 손철성 옮김, 문학과지성사, 2004].

Bultmann, Rudolf, *Theology of the New Testament*, vol. 1, Translated by Kendrick Grobel, New York: Charles Scribner's Sons, 1951[『신약성서신학』, 허혁 옮김, 성광문화사, 2004].

Calvin, John, *Institutes of the Christian Religion*, Edited by John T. McNeill, Philadelphia: Westminster Press, 1960.

Caputo, John, *The Prayers and Tears of Jacques Derrida: Religion Without Religion*, Bloomington: Indiana University Press, 1997.

Caputo, John, M. Dooley, and M. J. Scanlon, eds., *Questioning God*, Bloomington: Indiana University Press, 2001.

Caputo, John, and M. J. Scanlon eds., *God, the Gift and Postmodernism*, Bloomington: Indiana University Press, 1999.

Cornell, Druscilla, *The Philosophy of the Limit*, New York: Routledge, 1992.

Derrida, Jacques, *Acts of Literature*, Edited by Derek Attridge, New York: Routledge, 1992[『문학의 행위』, 정승훈·진주영 옮김, 문학과지성사, 2013].

————, *Acts of Religion*, Edited by Gil Anidjar, New York: Routledge, 2001.

————, *Adieu to Emmanuel Levinas*, Translated by Pascale-Anne Brault and Michael Naas, Stanford: Stanford University Press, 1999.

————, "The Animal That Therefore I Am (More to Follow)", *Critical Inquiry* 28, 2002, pp. 369~418.

————, *Aporias*, Translated by Thomas Dutoit, Stanford: Stanford University Press, 1993.

————, *Archive Fever: A Freudian Impression*, Translated by Eric Prenowitz, Chicago: University of Chicago Press, 1996.

————, *Circumfession: Fifty-nine Periods and Periphrases*, Edited by Geoffrey Bennington and Jacques Derrida, Chicago: University of Chicago Press, 1993.

————, "Deconstruction in America: An Interview with Jacques Derrida", Conducted by James Creech, Peggy Kamuf, and Jane Todd, *Critical Exchange*

17, 1985, pp. 1~33.

_____, "Faith and Knowledge: The Two Sources of 'Religion' at the Limits of Reason Alone", *Religion*, Edited by Jacques Derrida and Gianni Vattimo, Stanford: Stanford University Press, 1998.

_____, "Following Theory", *Life After Theory*, Edited by Michael Payne and John Schad, New York: Continuum, 2003.

_____, "Force of Law: The 'Mystical Foundation of Authority'"(1990), *Acts of Religion*, Edited by Gil Anidjar, New York: Routledge, 2001[『법의 힘』, 진태원 옮김, 문학과지성사, 2004].

_____, *The Gift of Death*, Translated by David Wills, Chicago: University of Chicago Press, 1995.

_____, *Given Time I: Counterfeit Money*, Translated by Peggy Kamuf, Chicago: University of Chicago Press, 1992.

_____, *Glas*, Translated by Jon P. Leavey Jr. and Richard Rand, Lincoln: University of Nebraska Press, 1986.

_____, "Hospitality, Justice and Responsibility"(Interview), *Questioning Ethics: Contemporary Debates in Philosophy*, Edited by Richard Kearney and Mark Tooley, London: Routledge, 1999.

_____, "Letter to a Japanese Friend", *Derrida and Difference*, Edited by David Wood and Robert Bernasconi, Evanston: Northwestern University Press, 1988.

_____, "Marx & Sons", *Ghostly Demarcations: A Symposium on Jacques Derrida's "Specters of Marx"*, Edited by Michael Sprinkler, London: Verso, 1999[「마르크스와 아들들」, 『마르크스주의와 해체』, 진태원·한형식 옮김, 길, 2009].

_____, *Memoires for Paul de Man*, revised edition, Translated by Cecile Lindsay, Jonathan Culler, Edwardo Cadava, and Peggy Kamuf, New York: Columbia University Press, 1989.

_____, *Monolingualism of the Other*, Translated by Patrick Mensah, Stanford: Stanford University Press, 1998.

_____, *Negotiation*, Translated by Elizabeth Rottenberg, Stanford: Stanford University Press, 2001.

_____, *Of Hospitality*(1997), Translated by Rachel Bowlby, Stanford: Stanford University Press, 2000[『환대에 대하여』, 남수인 옮김, 동문선, 2004].

_____, *Of Spirit: Heidegger and the Question*, Translated by Geoffrey Bennington and Rachel Bowlby, Chicago: University of Chicago Press, 1989[『정신에 대해서』, 박찬국 옮김, 동문선, 2005].

_____, *On Cosmopolitanism and Forgiveness*, Translated by Mark Dooley and Michael Hughes, New York: Routledge, 2001.

_____, *On the Name*, Translated by David Wood et al., Stanford: Stanford University Press, 1995.

_____, *The Other Heading: Reflections on Today's Europe*, Translated by Michael B. Naas and Pascale-Anne Brault, Bloomington: Indiana University Press, 1992[『다른 곶』, 김다은 옮김, 동문선, 1997].

_____, "Performative Powerlessness: A Response to Simon Critchley", *Constellations* 7, no. 4, 2000, pp. 466~468.

_____, *Points ⋯⋯: Interviews 1974~1994*, Translated by Peggy Kamuf, Stanford: Stanford University Press, 1995.

_____, *Politics of Friendship*, Translated by George Collins, London: Verso, 1997.

_____, *Postcard: From Socrates to Freud and Beyond*, Translated by Alan Bass, Chicago: University of Chicago Press, 1987.

_____, "Remarks on Deconstruction and Pragmatism", *Deconstruction and Pragmatism: Simon Critchley, Jacques Derrida, Ernesto Lacfau and Richard Rorty*, Edited by Chantal Mouffe, New York: Routledge, 1996.

_____, "A Silkworm of One's Own", *Acts of Religion*, Edited by Gil Anidjar, New York: Routledge, 2001.

_____, *Specters of Marx: The State of the Debt, the Work of Mourning, and the New Internatirimaf*, Translated by Peggy Kamuf, New York: Routledge, 1994[『마르크스의 유령들』, 진태원 옮김, 그린비, 근간].

_____, *Spurs Nietzsche's Styles*, Translated by Barbara Harlow, Chicago: University of Chicago Press, 1979.

_____, "To Forgive", *Questioning God*, Edited by John Caputo, M. Dooley and M. J. Scalon, Bloomington: Indiana University Press, 2001[『에쁘롱』, 김다은 옮김, 동문선, 1998].

_____, "What Is a Relevant Translation?", *Critical Inquiry* 27, 2001, pp. 174~200.

_____, *Without Alibi*, Translated by Peggy Kamuf, Stanford: Stanford University Press, 2002.

_____, *Writing and Difference*, Translated by Alan Bass, Chicago: University of Chicago Press, 1978[『글쓰기와 차이』, 남수인 옮김, 동문선, 2001].

Derrida, Jacques, and Maurizio Ferraris, *A Taste for the Secret*, Translated by Giacomo Donis, Cambridge, UK: Polity Press, 2001.

Derrida, Jacques, and Élisabeth Roudinescu, *For What Tomorrow ⋯⋯: A Dialo-*

*gue*, Translated by Jeff Fort, Stanford: Stanford University Press, 2004.

de Vries, Hent, *Philosophy and the Turn to Religion*, Baltimore: Johns Hopkins University Press, 1999.

_____, *Religion and Violence: Philosophical Perspectives from Kant to Derrida*, Baltimore: Johns Hopkins University Press, 2002.

Elliot, Neil, *Liberating Paul*, Maryknoll, N.Y.: Orbis, 1994.

Georgi, Dieter, *Theocracy in Paul's Praxis and Theology*(1987), Minneapolis, Minn.: Augsburg Fortress, 1991. Originally appeared in *Theokratie*, Edited by Jacob Taubes, Paderborn: Ferdinand Schöningh, 1987.

Hegel, G. W. F., *The Spirit of Christianity and Its Fate*, In *Early Theological Writings*, Translated by T. M. Knox, Philadelphia: University of Pennsylvania Press, 1971[「기독교의 정신과 그 운명」, 『청년 헤겔의 신학론집』, 정대성 옮김, 인간사랑, 2005].

Horner, Robyn, *Rethinking God as Gift: Marion, Derrida, and the Limits of Phenomenology*, New York: Fordham University Press, 2001.

Horsley, Richard A. ed., *Paul and Empire: Religion and Power in Roman Imperial Society*, Harrisburg: Trinity Press, 1997.

_____, *Paul and Politics*, Harrisburg: Trinity International Press, 2000.

Jennings, Theodore W., *Beyond Theism*, Oxford: Oxford University Press, 1985.

_____, *The Insurrection of the Crucified: The Gospel of Mark as Theological Manifesto*, Chicago: Exploration Press, 2003.

_____, "Theological Anthropology", *Theology and the Human Spirit: Essays in Honor of Perry LeFevre*, Edited by Theodore W. Jennings Jr. and Susan Brooks Thistlethwaite, Chicago: Exploration Press, 1994.

_____ ed., *Text and Logos: The Humanistic Interpretation of the New Testament*, Atlanta: Scholars Press, 1990.

Kamuf, Peggy, "Violence, Identity, Self-Determination, and the Question of Justice: On Specters of Marx", *Violence, Identity and Self-Determination*, Edited by Hent de Vries and Samuel Weber, Stanford: Stanford University Press, 1997.

Kant, Immanuel, *Perpetual Peace and Other Essays*, Translated by Ted Humphrey, Indianapolis: Hackett Publishing, 1993[『영구 평화론』, 이한구 옮김, 서광사, 2008].

Käsemann, Ernst, *Commentary on Romans*, Grand Rapids, Mich.: Eerdmans, 1980.

_____, *New Testament Questions of Today*, Philadelphia: Fortress, 1969.

Kierkegaard, Søren, *Works of Love*, Translated by Howard and Edna Hong, New York: Harper and Row, 1962.

Kristeva, Julia, *Intimate Revolt: The Powers and Limits of Psychoanalysis*, vol. 2, Translated by Jeanine Herman, New York: Columbia University Press, 2002.

_____, *Strangers to Ourselves*, Translated by Leon S. Roudiez, New York: Columbia University Press, 1991.

Lacan, Jacques, *Ethics of Psychoanalysis*, Translated by Dennis Porter, New York: Norton, 1992.

Levinas, Emmanuel, *Difficult Freedom: Essays on Judaism*, Translated by Sean Hand, Baltimore: Johns Hopkins University Press, 1990.

_____, *Ethics and Infinity*, Pittsburgh: Duquesne University Press, 1985[『윤리와 무한』, 양명수 옮김, 다산글방, 2000].

_____, *God, Death, and Time*, Stanford: Stanford University Press, 2000[『신, 죽음, 그리고 시간』, 김도형·문성원·손영창 옮김, 그린비, 2013].

_____, *Of God Who Comes to Mind*, Translated by Betticia Bergo, Stanford: Stanford University Press, 1998.

_____, *Otherwise than Being, or Beyond Essence*, Translated by Alphonso Lingis, Pittsburgh: Duquesne University Press, 1981[『존재와 다르게: 본질의 저편』, 김연숙 외 옮김, 인간사랑, 2010].

_____, "Philosophy and the Infinite"(Text and Commentary), Adriaan Peperzak, *To the Other*, West Lafayette, Ind.: Purdue University Press, 1993.

_____, *Totality and Infinity*, Translated by Alfonso Lingis, Pittsburgh: Duquesne University Press, 1969.

Lyotard, Jean-Françoise, and Eberhard Gruber, *The Hyphen: Between Judaism and Christianity*, Translated by Pascale-Anne Brault and Michael Naas, New York: Humanity Books, 1998.

Marion, Jean-Luc, *Being Given: Toward a Phenomenology of Givenness*, Translated by Jeffrey Kosky, Stanford: Stanford University Press, 2002.

Milbank, John, *Being Reconciled: Ontology and Pardon*, New York: Routledge, 2003.

Miranda, José Porfirio, *Marx and the Bible: A Critique of the Philosophy of Oppression*, Maryknoll, N. Y.: Orbis, 1974[『마르크스와 성서: 억압의 철학 비판』, 김쾌상 옮김, 일월서각, 1991].

Mauss, Marcel, *The Gift*, Translated by W. D. Halls, New York: Norton, 1990[『증여론』, 이상률 옮김, 한길사, 2011].

Nanos, Mark, *The Mystery of Romans*, Minneapolis: Augsburg Fortress, 1996.

Nietzsche, Friedrich, *Daybreak: Thoughts on the Prejudices of Morality*, The

Cambridge Texts in the History of Philosophy, Edited by R. J. Hollingdale, Cambridge: Cambridge University Press, 1997[『아침놀』(니체전집 10), 박찬국 옮김, 책세상, 2004].

_____ , *Twilight of the Gods and The Antichrist*, Translated by R. J. Hollingdale, London: Penguin Books, 1990[『우상의 황혼 외』, 백승영 옮김, 책세상, 2002; 『안티크리스트』, 박찬국 옮김, 아카넷, 2013].

Stendahl, Krister, "The Apostle Paul and the Introspective Conscience of the West", *Paul Among Jews and Gentiles, and Other Essays*, Philadelphia: Fortress, 1976.

Stowers, Stanley, *A Re-Reading of Romans: Justice, Jews and Gentiles*, New Haven, Conn.: Yale University Press, 1994.

Tamez, Elsa, *The Amnesty of Grace: Justification by Faith from a Latin American Perspective*, Translated by Sharon H. Ringe, Nashville: Abingdon, 1993.

Taubes, Jacob, *The Political Theology of Paul*, Translated by Dana Hollander, Edited by Aleida Assmann and Jan Assmann, Stanford: Stanford University Press, 2004(Translation of *Die Politische Theologie des Paulus*, Edited by Aleida Assmann and Jan Assmann, Munich: Wilhelm Fink Verlag, 1993)[『바울의 정치신학』, 조효원 옮김, 그린비, 2012].

Ward, Graham, *Barth, Derrida and the Language of Theology*, Cambridge: Cambridge University Press, 1995.

Wolff, Hans Walter, *Anthropology of the Old Testament*, Philadelphia: Fortress, 1974.

Žižek, Slavoj, *The Fragile Absolute, or, Why Is the Christian Legacy Worth Fighting For?*, New York: Verso, 2000[『무너지기 쉬운 절대성』, 김재영 옮김, 인간사랑, 2004].

_____ , *The Puppet and the Dwarf: The Perverse Core of Christianity*, Cambridge: MIT Press, 2003[『죽은 신을 위하여: 기독교 비판 및 유물론과 신학의 문제』, 김정아 옮김, 길, 2007].

# 바울과 데리다
: 두 낯선 이방인의 (불)가능한 만남, 그리고 환대의 공간

## 바울에 대한 어떤 오해

니코스 카잔차키스가 쓴 『최후의 유혹』의 마지막 부분은 어떤 가상적인 것을 보여 준다. 만일 예수가 십자가에서 죽지 않고 평범한 삶을 살았다면, 두 여자와 결혼하여 평범한 가정을 이루고 아이를 낳아 편안한 일생을 도모했다면 어떻게 되었을까라는 꿈과 같은 상상을, 즉 어쩌면 그가 평생토록 원했을지도 모를 그저 평범한 삶을 살아가는, 메시아가 아닌 인간 예수가 겪었을 법한 유혹을 말이다. 이 꿈속에서 자신이 원하는 평범한 삶을 살다가 노년에 접어든 예수는 어느 날 광장에서 일면식도 없는 한 사람이 많은 사람들에게 자신이 예수의 제자라고 사칭하며 예수를 메시아로 선포하고 있는 광경을 목도하게 된다. 이 꿈속의 사기꾼은 그의 거짓말에 항의하며 이를 폭로하겠다고 위협하는 평범한 노인 예수를 비웃으며 이렇게 말한다. "그러시게나. 누가 당신을 믿겠어? 오히려

---

* 이 글은 계간지 『새길 이야기』의 2012년 여름호에 실렸던 글을 보강하여 고쳐 쓴 글이다.

날 믿는 사람들이 당신을 죽일 걸. 사람들은 구세주가 필요하니까." 이어서 다른 제자들의 삶의 모습을 대하고 사람들에게 구세주가 필요하다는 점을 알게 된 예수는 신에게 다시 십자가에 매달리게 해달라고 간청한다. 그리고 예수는 곧 이 달콤한 꿈에서 깨어나, 십자가에 매달린 자신을 발견하고서 "다 이루었다"라는 말로 생을 마감한다.

사실, 예수의 꿈속에 등장하는 이 사기꾼의 이름은 바로 바울이다. 예수 운동을 종교로 만들고, 예수의 복음을 왜곡하여 역사가 증명하는바 교회가 행한 모든 전횡의 기초를 놓았으며, 교회 역사 전체에 걸쳐 인간 개개인을 내성적 죄의식으로 인한 번뇌에 빠뜨린 성마르고 자기분열적인 인물 말이다. 이 논쟁적인 소설이 그려 내는 바울에 대한 인상은 예수의 가르침을 왜곡한 인물이라는 것이다. 그리고 이러한 왜곡된 '인상'은 단순히 문학적인 허구에만 그치는 것이 아니라 19세기 이래로 지속된 '역사적 예수' 연구의 귀결이었다고 말할 수 있을 것이다. 그러나 이는 단순히 예수라는 인물에 대한 왜곡을 지적하는 데서 그칠 뿐만 아니라 그러한 왜곡을 획책하여 예수의 삶을 종교로 만들어 낸 인물로 지목된 바울이라는 인물에 대한 왜곡도 동시에 불러오는 효과를 낳게 된다.


## 바울 (다시) 생각하기

그러나 근래에 들어 국내에는 이러한 바울에 대한 '왜곡된' 인상을 뒤집는 새로운 기류가 조성되고 있다. 내가 이러한 기류를 통해 재조명된 바울을 만나게 된 것은 약 4~5년쯤 전이었다. 몇몇 지인들과 함께 시작했던 세미나에서 함께 읽게 된 프랑스 철학자 알랭 바디우의 『사도 바울』이라는 책은 교회 내에 퍼져 있는 통상적인 해석과는 다른 바울의 면모를 드러내고 있었다. 개인적인 차원의 죄와 구원의 문제에 천착하는 전통적인 독해방식의 왜곡에서 빠져나온 바울, 로마제국에 저항하는 대안적 공동체들을 건설하고 그 결속을 위해 동분서주하던 운동가이자 정의와 법 사이의 역설이라는 문제를 진지하게 고민했던 사상가로서의 바울(바디우의 표현에 따를 때 그리스도 "사건의 사상가-시인인 동시에 투사"로서의 바울[1]), 즉 정치적인 의미를 회복한 바울의 면모를 말이다.

　마침 그 세미나가 진행될 당시 국내에는 여러 권의 바울 관련 서적들이 번역 출간되고 있었고, 지금까지도 국내 인문학 및 신학계의 바울에 대한 관심은 진행형이다. 정치 및 문화 현상에 대한 전방위적인 비평을 써내고 있는 지젝의 『죽은 신을 위하여』, 이탈리아의 미학자이자 발터 벤야민 연구의 권위자 조르조 아감벤의 『남겨진 시간』, 신학자 리처드 호슬리의 『바울과 로마제국』, 그리고 최근에 출간된 유대 종교사가이자 철학자 야콥 타우베스의 강연문 『바울의 정치신학』에 이르기까지. 말하자면, 우리는 바울 르네상스의 시대를 살고 있다고 할 수 있을 것이다. 테드 제닝스의 책 『데리다를 읽는다/바울을 생각한다』 또한 바울을 다시 생각하기 위한 노력의 일환으로 볼 수 있다.

　종래의 19세기 이후의 자유주의 신학, 특히 역사적 예수 연구로 인한 바울 오해와 더불어, 이보다 더 오랜 역사를 지닌 보다 근본적인 차원의 오해가 있다. 제닝스의 견해에 따르면, 아우구스티누스와 루터의 해석 방식을 따르는 고백적인 바울 해석의 전통이 일정 이상 바울의 주된

---

1 '시인'(poet)이라는 말은 그리스어의 poiesis에서 온 것으로 '생성'을 뜻하는 말인데, 여기에서 시인이라는 말이 쓰인 이유는 바울이 무엇인가 새로운 것을 생성해 내는 사유 및 활동을 한 사람이기 때문이다.

문제의식을 희석해 왔다. 말하자면, 바울이 로마서에서 주로 관심을 가지는 '정의의 문제'는 개인적인 차원의 '올바름' 혹은 의로움으로 환원되었고, 법정적 언어인 정당화(정의로움의 인정) 또는 칭의(dikaiosune)는 죄의 용서 또는 구속(救贖)의 문제로 치환되었던 것이다. 즉, 정의의 문제를 개인적인 용서나 구원의 문제로 대체하는 해석 방식에 의해 방점이 찍히는 지점은, 마음의 법과 몸의 법 사이에서 분열되어 죄를 범할 수밖에 없는 비참한 운명에 대해 탄식하는 한 개별적 인간의 고백 ── "아, 나는 비참한 사람입니다. 누가 이 죽음의 몸에서 나를 건져주겠습니까?"(로마서 7:24) ── 그리고 이러한 비참한 운명에 처한 개인을 '죽음의 몸에서 건져' 내는 메시아의 구원이다(7:16~7:25 참조). 문제는 이러한 해석의 전통 속에서 강조되는 메시아의 구원이 언제나 개인적인 차원에 머무른다는 점이며, 이로 인해 국가에 부역하는 보수적인 교회와 교조적인 신학이 바울에 의해 정초된 교회 공동체들의 중요한 가치였던 '정의의 요구'라는, 그리고 부당한 폭력에 기초한 제국을(또는 오늘날의 국가를) 대체할 새로운 정치체 건설이라는, 보다 핵심적인 측면을 가려 왔다는 점이다.

따라서 바울의 원래 모습을 되찾는 노력은 오늘날 신학이나 인문학은 물론이거니와 바울이 이룩한 메시아적 공동체의 회복을 위해서도 필수적인 과제다. 그리고 그런 의미에서 근래에 바울을 재고하고자 한 일련의 움직임은 사실상 어떤 정치적 차원을 수반한다고 볼 수 있다. 즉, 전 지구적인 (자본의) 지배에 저항하여 이에 승리한 전범적인 예를 찾아내고, 바울이 원래 의도했던 (율)법을 넘어서는 정의라는 주제를 교회 내에 알리기 위한 노력의 차원을 말이다. 이런 맥락에서 이 책이 목표하는 것은 오랜 세월 교회 내에서 지배적 지위를 점하고 있던 '고백적 게토'

로부터 바울을 해방시켜 로마서 고유의 문제의식을 드러내는 것이다.

## 1) 바울이 말하는 정의의 역설

바울이 제기하는 정의의 문제는 모종의 역설을 전제한다. 즉, 메시아 예수의 십자가형을 통한 칭의 또는 정의로움의 인정은 (율)법 바깥에 있는 것이다(7:4, 7:6). 그러나 로마서의 바울에게 있어 (율)법은 극복해야 할 어떤 것이지만, 동시에 "거룩하고, 정의롭고, 선한" 것이다. 바로 여기에 바울이 제시한 정의의 문제에 내재하는 고유한 역설이 있다. 우리는 로마서의 이 고유한 역설의 지점에서, 분열적인 말하기가 드러나는 곳에서, 바울이 제시하는 정의의 문제와, 데리다가 말하는 정의와 법의 역설적인 관계라는 문제가 공명하는 장소를 발견하게 된다.

그렇다면 데리다는 누구인가? 자크 데리다는 서구의 역사를 관통하는 로고스, 일자적 진리에 문제를 제기하며, 음성-중심주의(phono-centricism)에서 벗어난 에크리튀르(글쓰기, écriture)를 통해 자신의 사유를 전개하는 독특한 입장을 가진 사람이다. 여러 사상가들에 대한 해체적 독해를 통해, 균열이 없는 듯 보이는 체계에서 균열의 지점을 드러내고, 닫힌 것을 열어 내어 안과 밖을 오염시키며, 이것과 저것의 동시성을 말하는 이 위대한 알제리 출신의 유대인 사상가는, 말하자면, 소크라테스적 전통 위에 서서 철학 자체의 오만(hubris)을 일깨우는 철학자다. 그러나 데리다의 해체적 독법은 매우 위험한 것이 아닌가? 당연하게 받아들여지는 것을 해체(déconstruction)라는 방법으로 뒤흔들고, 그 안에 잠재하는 역설을 드러내며, 모든 절대적인 것을 상대화하는 읽기 방식은 성서를, (율)법을, 더 나아가 정의를, 신적인 정의를, 그리고 결국에는 기독교의 토대, 즉 신 관념을 무너뜨리는 것은 아닌가?

제닝스는 오히려 그 반대라고 말한다. 성서 속에서 쉽게 간과되어 잊혀진 문제들이 오히려 해체를 통해 드러나며, 특히 기독교의 오랜 역사에 걸쳐 개인적 차원으로 숨겨지고 왜곡되었던 바울이, 그리고 그의 핵심적 문제였던 '정의의 요구와 요청'이 수면 위로 드러날 수 있다는 것이다. 그리고 무엇보다, 데리다에게 있어, 법은 해체 가능한 것이지만 정의는 법의 기원이며 해체 불가능한 것이다. 마치 바울에게 있어, (율)법은 극복되어야 할 어떤 것이지만 메시아의 정의는, 더 나아가 신적인 정의는 (율)법의 기초로서 영속할 수밖에 없는 것처럼 말이다. 1990년대 이래로, 이러한 법의 외부로서의 정의, 법의 너머에 있는 정의라는 주제는 데리다의 중요한 관심사였다. 이 책은 데리다가 제기하는 정의의 문제와 더불어 이를 둘러싸고 배치되는 선물, 부채를 넘어선 의무, 환대, 코스모폴리타니즘(cosmopolitanism, 세계시민주의), 용서 등의 주제들이 오늘날의 바울 해석에 미치는 중요한 영향력을 탐색한다.

## 2) 데리다를 통한 바울 독해의 변별점

데리다의 문제의식을 통한 바울 해석에 어떤 변별점이 있는지에 대해 의문을 던질 수 있을 것이다. 한 가지 흥미로운 사실은 바울에 대한 책을 쓴 다른 학자들과는 달리 데리다는 바울에 대해 직접적인 글을 '쓰지' 않았다는 점으로, 그의 여러 저술에서 바울은 다른 사상가들 ── 예를 들어, 니체, 키르케고르, 벤야민 등 ── 에 대한 면밀한 독해를 통해 단편적으로 다루어지고 있을 뿐이다. 즉, 데리다가 바울을 다루는 방식은 타인의 바울 해석에 대한 해체적 독해를 통해 '간접적'으로 접근하는 것인데, 어쩌면 우리는 바로 여기에서 데리다를 통한 바울 읽기의 변별점을 찾을 수 있을지도 모른다.

개략적으로 이야기하자면, 앞에서 언급한 최근의 바울 재해석에는 두 가지의 흐름이 있다. 그 한 가지는 벤야민, 타우베스, 아감벤 등이 속한 유대적 전통 안에서, '메시아적인 것'(the messianic)을 통해 바울을 읽는 흐름이며, 다른 한 가지는 바디우나 지젝이 라캉 정신분석의 영향력하에 공산주의를 재해석하는 시도로 실행하는 바울에 대한 무신론적이며 내재적인 해석의 흐름이다. 데리다는 자신의 고유한 '간접적인' 바울 독법으로 인해 이 두 흐름 중 어느 편에도 배치될 수 없는데, 그런 의미에서 그가 바울 해석에 있어서 이 두 흐름의 '경계 위에' 서 있는 듯한 기묘한 인상을 받게 된다. 데리다의 간접적인 그러나 매우 면밀한 해체적 독해를 통한 바울 해석은 바로 이런 측면에서 다른 사상가들의 해석과 구별되는 장소를 가진다고 볼 수 있다. 그러나 문제는 바울과 연관 지을 수 있는 정의의 문제를 다루는 글들이 데리다 저작 여기저기에 단편적으로 산재해 있으며, 그로 인해 데리다와 바울 사이의 연관을 생각하기가 — 완전히 불가능하지는 않더라도 — 용이하지 않다는 점이다. 제닝스의 작업이 지니는 의미는 이 단편들을 하나로 묶어 내고, 바울의 주제들과 병렬적으로 배치하는 작업을 통해 바울이, 특히 로마서의 바울이 관심을 가졌던 문제가 바로 정의에 관한 것이라는 점을, 그리고 일반적으로 유포된 오해와는 달리, 데리다에게 있어 정의의 문제가 무엇보다 긴급한 문제였다는 점을, 명확히 드러낸다는 것이다.

## 법의 너머에 있는 정의

바울과 데리다를 병치시키는 이 책은 먼저 일종의 예비적인 작업으로 데리다의 여러 글들에 흩어져 있는 정의와 법에 관한 논의들을 모아 낸다. 『법의 힘』, 『마르크스의 유령들』, 『환대에 대하여』, 『죽음의 선물』 등의 데리다 텍스트에서 법을 해체하여 정의의 해체 불가능성을, 그리고 법과 정의의 분리 불가능성을 드러내는 사유의 단초들을 불러 모으는 것이다. 여기에서 법과 정의 사이에는 모종의 이중적인 구분이 설정된다. 먼저 법과 정의의 관계는 법을 통해 구현된 정의를 나타내는 '법/권리'와 구분된다. 그리고 법/권리는 다시 이를 현실적으로 실현하는 조문들인 '법들/권리들'과 구분된다.[2] 어쨌든 데리다에게 있어 정의는 해체할 수 없는 것인 반면, 법은 해체할 수 있는 것이다. 그러나 이와 동시에 정의와 법 사이의 구분은 불안정한 것이다. 데리다에 따르면, 정의는 법의 외부이면서도(이질적), 법 안에 함축되며(분리 불가능), 그 실현을 위해서는 '법의 힘'을 거쳐야만 하기 때문이다.

이 단계에서 이 책이 데리다의 사유를 통해 제시하고자 하는 것은 정의가 지닌 어떤 부정적인 성격이다. 정의는 결코 어떤 긍정으로, 말하자면 고전적인 방식으로 정의를 말하는 "각자에게 마땅히 줄 것을 준다"는 아리스토텔레스적 규정에 의해서 완전하게 드러나지 않으며, 이러한 규정에 따른 정의는 오히려 법 혹은 권리로 환원된 정의라고 말할 수 있다. 벌을 받을 사람에게는 벌을, 상을 받을 사람에게는 상을 준다는 보복적/보상적 정의는, 그리고 한 걸음 더 나아가 분배적 정의 또한, 그런 긍정을 통해 정의를 규정하는 형식을 취하는 것이다. 무엇보다 이런 방식의 정의는 어떤 순환을, 계산이 가능한 주고받음을, 예를 들어 데리다가 『마르크스의 유령들』에서 말하는 '번민-복수-번민'의 악순환과

---

2 이러한 구분은 로마서에도 등장하는데, 말하자면 바울이 신적인 정의, 메시아의 정의와 (율)법 그 자체, 그리고 문자로서의 (율)법, 즉 조문으로 된 법을 말할 때 드러나는 듯 보인다.

같은 교환 및 순환의 관계를 가지게 된다. 하지만 이러한 순환은 언제나 폭력에 대한 더 큰 폭력으로 이어질 수밖에 없으며, 이를 고려할 때 진정한 정의는 오히려 이러한 폭력과 복수의 교환경제를 끊는 데서 발생한다. 진정한 정의가 일종의 경제적 순환의 단절에서 발생한다는 점을 고려할 때, 정의는 계산적인 주고-받음을 초과하는 의미에서 선물과 유사한 형식을 지닌다. 완전한 선물이 언제나 불가능한 것이기에, 정의는 일종의 (불)가능성, 종말론적 차원에 있는 것, 데리다의 용어로 말하자면 장래(future, futur)와 구분되는 도래할-것(to-come, l'avenir), 아직 오지 않은 것일 수밖에 없다(이러한 문제들은 『환대에 대하여』에서 한꺼번에 다루어지고 있다).

## 폭력과 십자가에서 드러나는 메시아적인 것

바울과 데리다는, 법의 집행에서 나타나는 특정한 힘 또는 폭력, 즉 '법의 힘'이라는 주제를 통해 정의가 법의 너머에 있다는 인식을 공유한다. 제닝스는 이를 보여 주기 위해 매우 흥미로운 방식으로 발터 벤야민(Walter Benjamin)의 이름을 사용한 미드라쉬적(midrashic) 견해를 개진하는데, 이것은 데리다가 「법의 힘」에서 선보였던 고찰——벤야민의 (첫번째) 이름 '발터'가 힘 또는 폭력을 의미하는 독일어 단어 게발트(Gewalt)와 연관되어 있다는——에 대한 대구로 볼 수 있을 것이다. 이 책이 제시하는 데리다의 고찰에 대한 대구란, 발터의 마지막 이름(성)인 벤야민이라는 이름과 관련된다. 성서상의 기록을 고려할 때, 이 벤야민이라는 이름에는 앞에 쓰이는 발터라는 이름 못지않은 폭력의 상황들이 결부된다는 것이다. 먼저 야곱의 아들 벤야민이 태어날 때 어머니 라헬

이 죽었던 일, 사사기에 기록된 벤야민 지파 지역에서 일어난 폭행 사건인 '기브아의 분노', 무엇보다 벤야민 지파 출신의 바울이 경험한 메시아 예수의 십자가형 및 예수의 추종자들에게 가해진 폭력(여기에서 바울이 처형 장면을 직접 목격했는지 아닌지는 중요하지 않다) 등과 같은 특정한 상황들을 고려할 때, 바울과 데리다가 접점을 찾게 되는 것은 바로 발터 벤야민의 이름에서 시작되는 '폭력'에 대한 고찰인 것이다.

어쨌든 데리다에게 있어 이 폭력이라는 주제에 대한 관심은 어떤 실제적인 사건(메시아 예수의 십자가형)을 통한 것이 아닌 발터 벤야민의 「폭력 비판을 위하여」라는 글에 대한 해체적 독해로부터 유래한 것이다. 데리다는 벤야민의 글을 해체하는 고찰인 「법의 힘」에서, 벤야민이 제시한 법 정초적 폭력과 법 보존적 폭력 사이의 구분을 고찰한다. 새로운 법을 제안하거나 만들어 내기 위한 폭력과 이미 존재하는 법의 안정성을 유지하기 위해 법질서의 집행자들이 드러내는 폭력의 구분을 말이다. 여기에서, 법질서가 이빨을 드러내는 법의 임의적 폭력에 대한 논의가 등장하는데, 이러한 법의 임의적 폭력이란 바로 법질서를 중지시키는 총파업 ——벤야민이 제시하는 국가 체제를 전복하고 새로운 형태의 정치를 정초하는 정치적 총파업이건, 혹은 국가의 지배 자체를 폐지하는 프롤레타리아 총파업이건 상관없이(둘 사이의 구분이 불안정하기에) ——을 억제하기 위해 국가와 국가 질서를 유지하는 법이 그 '무한하게' 초과적인 폭력을 드러내는 것을 말한다.

바울이 법의 폭력성을 인식하게 되는 방식은 데리다와는 달리 어떤 사건을 통한 것이다. 사울(바울의 원래 이름)은 길리기아 지방의 타르수스(다소) 출신 디아스포라 유대인으로, 로마 시민이며 바리새인이자 존경받는 율법학자 가말리엘(Gamaliel)의 문하에 있던 어떠한 결격 사유도 없는 사람이었다. 그러나 그런 그가 다마스쿠스로 예수쟁이들을 잡으러 가는 길에 경험한 예수와의 신비한 만남을 통해, 예수가 신의 아들이자 메시아임을 믿게 된 후, 이름을 바울로 바꾸고 스스로 메시아가 (이방인을 위해) 보낸 사도임을 선언한다. 그런데 바로 그 메시아 예수는 십자가로 처형된 자다. 이 처형은 당시 지중해를 둘러싼 전 지역을 연속적인 정복 전쟁을 통해 장악함으로써 제국의 경제적 평화와 번영을 구가하던 로마와, 로마제국으로부터 일정한 지위를 승인받은 유대교 사이에서 (암묵적으로) 진행된 모종의 공모에 의한 것이었다. 그런 배경에서 볼 때, 바울에게 있어 메시아의 정의는 (율)법 바깥에 있는 것이었으며, 따라서 로마서에서 바울의 비판의 칼날은 로마법과 유대교 율법 양자 모두를 향한다.

이 책이 주목하는 것은 벤야민에게서 유래한 '위대한 범죄자'의 형상이다. 대중의 지지를 얻고 사랑을 받는 이 인물의 매력은 부당한 법 바깥에 서 있다는 점인데, 이는 적극적으로 법 바깥에 서 있었으며 십자가형을 통해 법의 부당한 폭력을 폭로했던 메시아 예수에게서도 나타나는 특징이다. 법적 질서의, 국가 질서의 최종적인 폭력 수단인 사형 제도, 바로 이 지점에서 법의 성격이 그대로 드러나는 것이다. 바울에게 있어 메시아는 심지어 그가 당한 십자가형으로부터 되살아나 죽음의 체제와 (율)법으로부터 인간의 약함을 변호하는 위대한 변호사의 특성까지도 지니는 자다. 어쨌든 그로 인해 정의는 법의 '강한 힘'이 아니라 어떤 '약한 힘', 메시아 예수의 십자가형, 법적 질서 앞에서 드러나는 무력함에서 나타나는 것이다. 바울이 말하는 '하나님의 어리석음', 그리고 데리다가 벤야민으로부터 끌어오는 '메시아적인 것', 법 바깥에 그리고 법의 너머에 있는 정의란 바로 그런 약함으로부터 드러나는 것이다.[3]

## 선물로서의 정의

그렇다면 정의는 분명히 법 바깥에, 법의 너머에 있는 것이며, 따라서 법의 질서, 교환과 순환의 질서를 벗어난 것이다. 앞에서도 말했듯이, 그런 의미에서 정의는 각 사람에게 마땅히 주어야 할 것을 주는 보복적/보상적 정의가 아니며, 심지어 분배적 정의도 아니다. 그렇다면 정의는 부정을 통해서 드러날 수 밖에 없으며, 제닝스는 이런 맥락에서 데리다의 선물이라는 주제에 주목한다. 데리다가 제시하는 선물은 불가능한 것일 수밖에 없는데, 그 이유는 받는 사람이 정말로 원하는 것인지 알 수 없으며, 받은 이후에 무언가 답례를 해야만 한다는 긴장이 생긴다면, 선물은 선물이 아니라 부담이 되거나, 기껏해야 되갚아야 할 교환물이 될 수밖에 없다는 것이다. 또한 아무런 대가를 생각하지 않는 선물이라 할지라도, 주는 사람에게 (자신의 선함에 대한) 자기만족이 뒤따른다면, 이것 역시 선물을 준 것이 아니라 증여물과 자기만족을 교환한 셈이 된다. 진정한 선물이 가능하려면, 만일 그런 것이 가능하다면, 그것은 이러한 교환의 경제[4]를, 순환의 법(칙)을 중단하는 것일 수밖에 없다. 로마서가 말하는 정의 또는 칭의(정의로움의 인정) 역시 그런 것인데, 이것은 인간의 행위나 어떤 자격 같은 것과는 아무런 상관없이, 값없이 주어지는 것이기 때문이다. 그러므로 정의는 은혜 또는 선물과 유사한 어떤 것이다.

---

3 이 '약한 힘', '메시아적인 것'은 실제로 로마제국 내에서, 폭력적인 저항이 아닌 어떤 방관자적 저항을, 메시아 기다림을 지속했던 바울 공동체의 종말론적 성격과 궤를 같이한다.
4 economy 또는 경제라는 말을 어원학적으로 분석할 때 나타나는 -nomy라는 말에 비추어 볼 때, 경제 자체가 일종의 법(칙)이다.

## 환대의 의무와 서로 환영하라는 메시아의 법

그러나 선물만으로는 부족하다. 비록 정의가 선물과 같이 값없이, 상환의 책임 없이 주어지는 것이라 하더라도, 우리는 정의가 법을 통하지 않고는 실현될 수 없다는 것을 알고 있다. 말하자면, 메시아를 따르는, 메시아에 충실한 자들의 공동체를 위한 새로운 법이 필요한 것이다. 물론 이 법은 이전의 (율)법과는 다른 범주에 속한 새로운 법이어야 한다. 그런 의미에서 이 책이 주목하는 것은 데리다의 '부채를 넘어선 의무' —— 로마서에도 나타나는 듯 보이는 —— 와 바울이 로마서에서 제시하는 '믿음의 순종' 및 '메시아의 법'이라는 주제들이다.

이런 새로운 규범을 매개하는 것은 사랑인데, 이 책은 바울이 예수의 이중적 사랑의 규범(신에 대한 사랑과 이웃에 대한 사랑)을 단일한 사랑의 규범(이웃 사랑)으로 전환한다는 점에 주목한다. 말하자면, 신으로부터 받은 사랑을 신에게 돌린다면, 그것은 일종의 경제로, 사랑을 교환하는 순환의 법(칙)으로 돌아감을 의미한다. 오히려 이러한 사랑의 교환 경제가 드러내는 순환을 단절하여, 신에게 받은 사랑을 신에게 돌리거나 또는 내가 독점하는 것이 아니라 이웃에게 돌린다면, 여기에서 더 이상 교환 경제 혹은 법(칙)은 성립하지 않을 것이다. 메시아를 따르는 공동체 내에서, 정의는 '메시아의 법'을 통한 이웃 사랑이며, "죽기까지 순종하신" 메시아의 '믿음의 순종'을, '메시아의 충실성'을 나누어 가진 충실한 자들의 이웃 사랑, 즉 타자에 대한 사랑인 것이다.

이 책이 데리다의 '환대'라는 주제에 주목하는 것도 바로 바울이 제시하는 '환영'이라는 새로운 공동체의 규범을 설명하기 위한 것이다. 데리다는 특히 환대와 연관 지어 앞에서 다룬 문제를, 즉 정의와 법, 법/권리 그리고 법들/권리들, 의무/부채, 선물 등에서 드러나는 역설적인 문제를 집약적으로 다루는데, 여기에 윤리라는 차원이 더해진다. 환대 혹은, 바울의 주제로 말할 때, '메시아적 환영'은 타자에게 내 집의 문을 열어 가진 것을 공유하는 윤리 또는 규범이다. 바울이 "메시아가 여러분을 환영하신 것같이[받아들이신 것같이], 여러분도 서로 환영하여서[받아들여서] 하나님의 영광을 드러내십시오"(로마서 15:7)라고 말하고 있는 것처럼 말이다. 이때 데리다의 환대와 바울의 환영은 어떤 정치적 차원으로 연결된다. 데리다의 경우, 유럽의 증가하는 폐쇄성에 맞서는 사유의 길에서 환대라는 주제가 제시되었는데, 이를 위해 외국인의 환대와 난민의 망명권을 보장하기 위해 특정 국가에 속하지 않는 도시에 대한——다시 말해, 코스모폴리타니즘에 대한——사유를 전개한 바 있다. 바울의 경우, 환영이라는 주제는 로마제국에 맞서는 새로운 정치체의 창안에 대한 사유라는 맥락과 관련되어 있다. 그러나 그가 추구한 새로운 정치체는 제국의 질서를 전복하거나 이를 개혁하는 데 관심을 두는 것이 아니었다. 그것은 법 외부의 정의를 현실로 끌어들이기 위해 노력하는 공동체, 종말론적이지만 그렇다고 해서 메시아만을 기다리며 다른 삶의 문제들을 등한시하는 것이 아니라, 이 땅 위에 메시아의 법을, 이웃 사랑으로 대변되는 메시아의 환영을 구현하기 위해 노력하는 공동체였다.


## 용서/선물 그리고 이중적 용서

이 책은 용서라는 주제 또한 서로에 대한 환영이라는 맥락에서 다루고 있는데, 이는 특히 주목할 만한 지점이다. 왜냐하면 기독교 역사를 통틀어 매우 오랜 기간 동안, 바울의 칭의라는 주제가 개인적이고 내밀한 죄의 용서와, 믿음을 통한 속죄와 동일시되어 왔기 때문이다. 즉, (교회 안에서) 용서 혹은 개인적 차원의 속죄가 너무나 오랜 세월 동안 정의의 대체물로 작동해 왔고, 그로 인해 신학의, 특히 바울의 정치적 차원이 가려져 왔던 것이다. 그렇다면 바울은 용서라는 주제를 어떻게 생각했을까? 그리고 우리는 데리다를 통해 어떻게 이 용서라는 주제에 대한 오해를 가로지를 수 있을까?

먼저 이 책은 데리다가 말하는 용서의 불가능성에 대해 이야기한다. 데리다에게 있어 용서란 어떤 용서할 수 없는, 변명할 수 없는 것에 대한 용서다. 만일 누군가 나에게 용서받을 만한 잘못을 저질렀고 그래서 내가 그를 용서한다면, 그것은 과연 진정한 의미에서의 용서라고 할 수 있겠는가? 그런 의미에서, 용서는 선물과 같이 (값없이) 주어지는 것이며, 정상적인 지식의 체계를, 정상적인 법의 경제를 넘어서는 것이다. 그러나 용서와 선물은 같은 것일 수 없는데, 왜냐하면 선물이 아직 오지 않은 것, 장차 도래할 것에 관계되는 반면, 용서는 용서해야 할 과오가 이미 지나간 시간에 속하는 것이라는 의미에서 과거와 관계되기 때문이다.

데리다와 달리, 바울은 용서라는 주제에 관심을 가지지 않는다. 이 책에 따르면, 로마서에서, 서로에 대한 '용서'로 번역되는 유일한 단어인 aphiein은 바울이 스스로 쓴 말이 아니라 구약성서의 시편의 인용구 속에 들어 있는 것이며, 이 단어가 등장하는 구절의 강조점은 용서가 아니라 축복에 찍힌다. 그리고 '용서하라'로 번역되는 다른 말은 은혜나 자비를 뜻하는 charis에 어원을 둔 charizomein인데, 이 말은 용서하라는 의미보다는 오히려 서로를 자비로 대하고 환영해 주라는 의미이다. 그렇다면 용서라는 주제와 관련하여, 데리다와 바울의 교차점은 없는 것이 아닌가. 다시 말해 데리다를 통한 바울 읽기는, 적어도 용서에 관한

한, 어떤 의미도 찾을 수 없는 것 아닌가?

하지만 이것은 그렇게 크게 문제가 되지 않는다. 여기에서 제닝스가 목표로 하는 것은 용서라는 특정한 주제를 통해 바울과 데리다를 연결하는 것이 아니라, 데리다의 용서/선물을 전유하여 (일정 이상의 해석적 폭력 ── 바울과 데리다 양자 모두에게 보이는 충실한 배신 ──을 무릅쓰고서라도) 바울과 관련된 용서에 대한 오독을, 용서의 개인화를, 더 나아가 사유화를, 정의를 폐기하는 사유화된 용서를, 특히 이런 방식으로 수용되어 왔던 로마서 7장 해석을 개정하는 작업이기 때문이다. 이를 위해 이 책은 데리다로부터 정의가 지닌 또 다른 역설을 끌어온다. 데리다는 「용서하기 위해」라는 글에서, 정의와 위증(배신)의 딜레마에 빠진 자신에 대해 말하는데, 그 딜레마란 정의롭기 위해 누군가 한 사람을 배신해야 하는 상황, 정의롭기 위해 불의해야만 하는 당혹스러운 상황이다. 그리고 바로 이런 이유로 정의롭기 위해 용서를 구해야 함을 말하는 것이다. 제닝스의 논변에 따르면, 데리다가 제시하는 이 정의와 위증의 역설의 상황은 바로 바울이 로마서 7장에서 말하는 내용과 상응하는 것이다. 타자, 즉 이웃과의 관계에서, 나는 정의롭고자 하지만 타자를 배신하고 있으며 그로 인해 번민에 빠지게 된다. "나는 스스로의 행위를 이해하지 못합니다. 왜냐하면 내가 원하는 것을 행하지 않고, 오히려 내가 증오하는 바로 그것을 행하고 있기 때문입니다"(7:15). "나는 옳은 것을 바랄 수 있으나, 그것을 행할 수 없습니다. 왜냐하면 나는 내가 원하는 선한 일은 하지 않고, 도리어 내가 원치 않는 악한 것을 행하기 때문입니다"(7:18b~7:19) 이러한 구성적인 딜레마, 또는 이중구속의 상황을 타개하기 위해서는 이중적 용서가 요구된다.

제닝스의 이야기에 따르면, 정의와 이중구속 그리고 이중적 용서는 바로 다음과 같은 과정을 통해 진행된다. 먼저 모든 사람에게 주어지는 선물과 같은 일반 사면이 주어지고, 이에 의해 정의를 위한 공간이 열린다. 여기에서, 정의, 메시아적 정의, 메시아가 죽기까지 순종했던 신적인 정의에 충실한 자들을 위한 장소가 마련되는 것이다. 그러나 여기에는 앞에서 이야기한 정의롭기 위해 불의해져야만 하는 역설이 뒤따르게 되며, 바로 이를 타개하기 위해, 메시아의 정의에 충실한 자들을 이러한 딜레마로부터 구해 내기 위해, 두번째 용서가 필요한 것이다. 흥미로운 것은, 앞에서 언급한 것처럼, 선물/용서의 이중항에서 용서는 지나간 것 또는 과거에, 선물은 도래할 것 또는 미래에 관련되는데도 불구하고, 시간적 순서와는 상관없는 일종의 뒤틀린 선후관계가 설정된다는 것이다. 즉, 미래에 관련된 선물이 선행적으로 주어져 정의의 공간을 열고, 과거와의 관계에 관련된 용서가 후행적으로 주어져 정의롭기 위해 불의해져야만 하는 역설을 풀어낸다. 여기에는 어떤 메시아적인 것의 시간성이 연관된다고 볼 수 있을 것인데, 말하자면 그것은 미래완료 혹은 전미래 시제다. 미래가 과거에 선행하고, 과거가 미래에 후행하는 이런 불가능한 것의 시제, 아직 오지 않았으며 약속과 같이 주어지는 도래할 것의 시제, 바로 그런 것이 이 미래완료 또는 전미래 시제가 지닌 성격이며, 우리가 아는 그대로, 정의는, 메시아의 정의는, 메시아가 충실했던 신적인 정의는 바로 이러한 성격을 지니고 있는 것이다.

## 맺음말

이 책을 처음 번역해야겠다는 생각이 들었던 때의 기억을 떠올려 보자면, 당시 나는 데리다에 대한 수업 청강과 책을 전전하고 있었다. 그러던 참에 한 강의 시간에 수업을 담당하시던 선생님으로부터 이 책에 관한 이야기를 듣게 되었다. 이 책이 데리다가 정의의 문제에 관심을 가지지 않았다는 오해를 불식시키면서도 언뜻 보기에 불가능한 바울과의 연관성을 찾아내는 좋은 책이라는 이야기를 말이다. 그때 마침 샌델의 『정의란 무엇인가』라는 책에 대한 열풍이 국내 서점가를 휩쓸고 있었다. 대중적 열풍을 불러일으키는 책이 언제나 그렇듯, 샌델의 책은 내게 있어 모종의 반감을 불러일으키기에 충분했다. 특히 정의에 관한 데리다의 입장을 참고하고 있던 참이니 말이다. 물론 그 책은 매우 일반적인 독자들 사이에서 일종의 윤리학 혹은 정치철학에 대한 입문서로 쓰일 수 있을 책이다. 그렇게나마 인문학 혹은 철학이라는 학문에 친숙해지는 것은 좋은 일이라 생각한다. 하지만 정의란 무엇인지를 묻고 있는 제목과는 달리, 그 책은 진정한 의미에서의 '정의'를 말하고 있지 않았다. 오히려 좋은 의미에서 당의를 입힌 과자 같은 것, 나쁜 의미에서 일종의 속임수를 팔고 있을 뿐이었다.

먼저 가장 큰 문제는 매우 비현실적인 선택을 강요하는 예시적 문제들에 있다. 샌델이 하버드 학생들을 앞에 두고 제시하는 강요된 선택에 학생들은 앞다투어 대답을 하겠다고 손을 든다(선생에게 잘 보이기 위해 노력하는 학생들을 그렇게 만드는 것도 선생의 자질일 것이다). 문제는 양자택일 중 어느 편을 선택하더라도 좋은 답이 될 수 없다는 데 있다. 예를 들자면, 한 사람을 죽일 것인지 아니면 여러 사람을 죽일 것인지를 선택하는 문제가 그런 것인데, 어느 편의 선택도 결코 '정의로운' 것이 될 수 없다는 점은 누구라도 알 법한 일이다. 오히려 여기에서 어떤 정의의 가능성을 찾는다면, 내 오랜 친구가 말하는 그대로, 그러한 길은 오히려 이런 터무니없이 강요된 선택에서 벗어나는 것밖에는 없을 것이다. 애초에 그런 윤리적 함정을 파는 방식이 일종의 속임수이기 때문이다. 그리고 샌델의 문제적 강의가 정점에 이르는 것은 아마도 칸트의 정언명령에 대한 왜곡일 것이다. 어떻게 하면 자신의 윤리적 원칙을 어기지 않으면서 거짓말을 할 수 있을 것인가를 보여 주는 샌델의 예시적 질문과 대답은, 자신의 욕망을 보편적 준칙과 연결시키고자 하는 철학자의 태도가 아니라, 차라리 법정에서 자신의 의뢰인을 위해서라면 어떤 방식도 쓸 수 있는 변호사의 태도인 것이다(이를테면, 이는 미국에서 가장 훌륭한 로스쿨로 꼽히는 하버드 로스쿨을 지망하는 학생들의 필요를 충족시키는 강의일 뿐이다). 그리고 이러한 교수 방식이 감추고 있는 사상적 맥락이 지역적 유대와 전통적 윤리라는 폐쇄적 가치관에 기반한 공동체주의라는 점을 감안한다면 문제는 더욱 심각해진다.

당시 이 책이야말로 샌델의 책이 제시하는 불량식품에 대한 대안이 될 수 있겠다는 생각이 있었던 듯하다. 물론 이것은 그저 설익은 생각이었을 뿐이었고, 이제는 그렇다고 인정한다. 정의란 그렇게 쉽게 이야기할 수 있는 것이 아니며, 불의하지 않은 것을 열거하는 방식으로, 어렴풋한 윤곽만을 그려 낼 수 있을 뿐이다. 이 책은 결코 '구체적인' 정의를 보여 주지 않는다. 하지만 데리다와 바울을 엮어 내는 이 사고실험이 아무런 의미가 없다고는 할 수 없을 것인데, 이를 통해 정의가 법적인 방식으로 구현될 수 없지만 그럼에도 어떤 새로운 제도와 법에 의해 구현되어야만 한다는 점이, 오로지 어떤 사건을 믿는 주체를 통해 실험적으로 시도될 수밖에 없는 결정을 전제한다는 점이, 그리고 그러한 실험적 결정에 의해 구현될 정의가 결코 유한하게 닫힌 것이 아닌 무한을 향해 열려 있는 것이라는 점이 드러나기 때문이다.

그리고 마지막으로 다음과 같은 질문으로 글을 맺으려 한다. 우리는 바울을 생각하기 위해 데리다를 읽어야 하는가, 아니면 데리다를 읽기 위해 바울을 생각해야 하는가? 다시 말하면, 신학을 연구하기 위해 철학 및 인문학을 연구해야 하는가, 아니면 그 반대로 철학 및 인문학을 연구하기 위해 신학을 연구해야 하는가? 이에 대한 답은 타우베스가 그의 강연록 『바울의 정치신학』에서 했던 말을 옮기는 것으로 대신하려 한다. 타우베스는 철학과에 최소한 세 명의 신학교수가 필요하다고 말한다. 신약 해석학, 구약 해석학, 조직 신학을 가르칠 교수들이 말이다. 오늘날 철학 및 인문학을 연구하는 데 신학이나 성서에 대한 지식이 필요 없다고 생각하는 경향이 팽배해 있지만, 이는 오해일 뿐이다. 동양 철학이나 역사라면 모르겠지만, 어쨌든 서구 철학 및 인문학의 역사 내에 기독교 신학과 성서는 깊이 침투하여 분리될 수 없을 정도로 혼합되어 있다. 철학과 신학이 마치 서로 관련이 없는 것처럼 여겨지는 오늘날의 학문적 상황에서, 이 책의 작업은 두 학문이 서로를 받아들이고 환영하는 공간을, 혹은 다시 말해, 정의의 도상에 선 데리다와 바울이라는 두 낯선 이방인의 마주침과 이로부터 열리게 된 서로에 대한 환대의 공간을 열어 두 학문의 관계에 대한 정당한 평가를 가능하게 해줄 것이다. 다시 말해 두 사람을 통해 정의에 대해 탐구하는 이 작업 자체가 하나의 정의의 공간으로 기능하게 될 것이다.

## 감사의 말

먼저 이 책의 작업을 계속하도록 도와준 가족들에게, 특히 지금은 돌아가신 할머니께 감사의 말씀을 드린다. 이 못난 자식에 대한 '참아 줌'이 없었다면 이 책의 번역은 글자 그대로 불가능한 일이었을 것이다. 이 책의 작업을 끝까지 지지해 준 카이로스 및 한숨결 교회 사람들에 대한 감사 역시 잊을 수 없을 것이다. 이 작업은 대부분, 지금은 접었지만 한때 남산 자락에 위치해 있던 카이로스 연구실에서 진행된 것이며, 우리 연구 공동체와 잠시 활동을 쉬고 있는 교회 식구들의 분에 넘치는 후원과 성원에 힘입은 결과물이다. 또한 아직 교정도 보지 않은 상태에서 원고를 검토하고 아낌없는 비판과 격려를 보내 준 친우 정재윤에게, 그리고 설익은 번역자일 뿐인 내게 이 책의 번역을 맡겨 준 그린비출판사와 성실하고 꼼꼼하게 편집 작업을 담당해 준 김미선 씨께 감사를 표한다. 마지막으로, 이 독창적인 책의 저자 테드 제닝스 선생께 가장 큰 감사의 말씀을 전하고 싶다. 이 보잘것없는 후학을 '정의를 향한 길 위에서 우정으로' 대해 주시는 제닝스 선생은 학문적으로나 인격적으로나 귀감이 되기에 충분하다.

2014년 4월 경주에서

박성훈

# 찾아보기